孙中山研究系列之一

马庆忠　李联海◎著

MINZU ZHENXING DE ZHUIMENGZHE
SUNZHONGSHAN

民族振兴的追梦者

孙中山

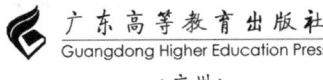

广东高等教育出版社
Guangdong Higher Education Press
·广州·

图书在版编目（CIP）数据

民族振兴的追梦者——孙中山/马庆忠，李联海著. —广州：广东高等教育出版社，2017.7

（孙中山研究系列）

ISBN 978 – 7 – 5361 – 5944 – 0

Ⅰ．①民…　Ⅱ．①马…　②李…　Ⅲ．①孙中山（1866—1925）– 人物研究　Ⅳ．①K827 – 6

中国版本图书馆 CIP 数据核字（2016）第 146898 号

出版发行	广东高等教育出版社
	地址：广州市天河区林和西横路
	邮编：510500　营销电话：(020) 87553335
	网址：www.gdgjs.com.cn
印　　刷	佛山市浩文彩色印刷有限公司
开　　本	787 毫米 ×1 092 毫米　1/16
印　　张	30.25
字　　数	475 千
版　　次	2017 年 7 月第 1 版
印　　次	2017 年 7 月第 1 次印刷
定　　价	68.00 元

驅除韃虜恢復中華

創立民國平均地權

孙中山手书的
中国同盟会纲领

任临时大总统时的孙中山

临时大总统誓词

大總統誓詞

傾覆滿洲專制政府，鞏固中華民國，圖謀民生幸福，此國民之公意，文實遵之，以忠於國，為眾服務。至專制政府既倒，國內無變亂，民國卓立於世界，為列邦公認，斯時文當解臨時大總統之職，謹以此誓於國民。

中華民國元年元旦

孫文

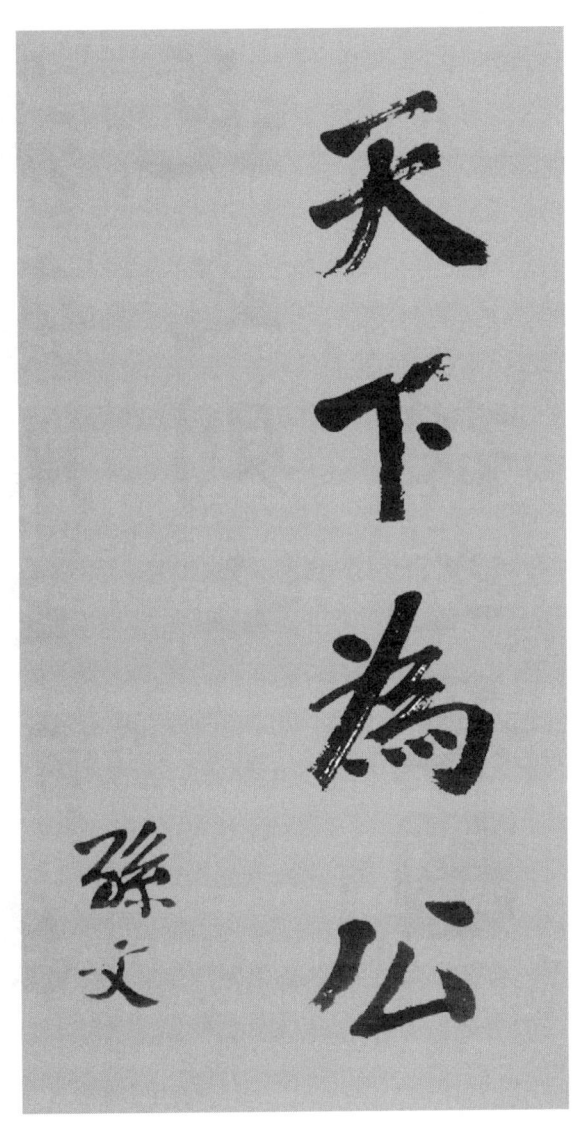

孙中山手迹（1912 年）

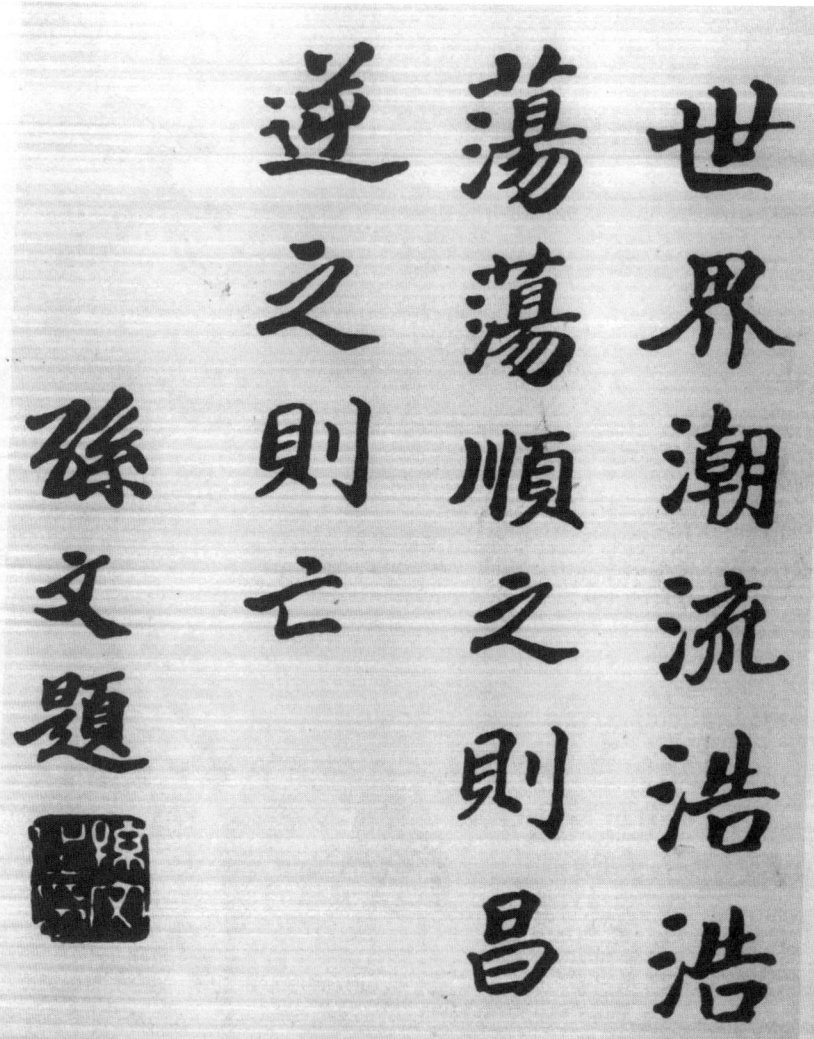

世界潮流浩浩
蕩蕩順之則昌
逆之則亡

孫文題

孙中山墨迹

序　言

　　伟大的民主革命先行者孙中山，为了中国的独立、民主和富强而奋斗终生。1894 年，孙中山在檀香山创立兴中会，提出"驱除鞑虏，恢复中国，创立合众政府"的民主革命纲领。"从孙中山组织革命的小团体起，他就进行了几次反清的武装起义。到了同盟会时期，更充满了武装起义的事迹，直至辛亥革命，武装推翻了清朝。中华革命党时期，进行了武装的反袁运动。后来的海军南下，桂林北伐和创设黄埔，都是孙中山的战争事业。"（毛泽东：《战争和战略问题》）

　　本书是一部历史传记，笔者以马克思主义为指导，以历史事实为根据，用孙中山一生寻求救国救民的真理和投身革命的主要经历为主线，运用文学的笔触，描述孙中山爱国革命、追求民族振兴的一生。对于孙中山的日常生活，例如衣、食、住、行、嗜好、读书、社交、爱情、家庭生活、音容笑貌等等，也有反映，从而展现了一个革命家的丰富生活和高尚品德。

　　纪念伟大人物的最好方法，是阐明当前的任务。宣传孙中山的爱国思想、革命精神和高尚品德，激励中华儿女为完成祖国的统一大业，把祖国建设成为现代化的社会主义强国而奋斗，是纪念孙中山的最好方法，也是我们撰写本书所寄托于读者的期望。

著　者

2016 年 3 月 12 日于广州

目　　录

1　　第一章　童年的思索

14　　第二章　少年之愿

22　　第三章　"始有志于革命"

33　　第四章　"以学堂为鼓吹之地"

43　　第五章　"借医术为入世之媒"

49　　第六章　创立兴中会

58　　第七章　广州起义

71　　第八章　伦敦蒙难

97　　第九章　东洋逢知音

109　　第十章　惠州再起

131　　第十一章　"与保皇派大战"

146　　第十二章　建立同盟会

161　　第十三章　西南的烽火

186　　第十四章　"茹困苦以进取"

199　　第十五章　碧血黄花

212　　第十六章　创建中华民国

235　　第十七章　讨袁

260　　第十八章　东渡的悲欢

281　第十九章　再次讨袁

299　第二十章　"南与北如一丘之貉"

314　第二十一章　在探索中前进

330　第二十二章　南征北伐

350　第二十三章　"祸患生于肘腋"

385　第二十四章　国共合作

418　第二十五章　手造黄埔军校

430　第二十六章　平定广州商团叛乱

443　第二十七章　"和平，奋斗，救中国！"

459　参考书目

第一章 | 童年的思索

1866 年 11 月 12 日，凌晨三时许。

广东省香山县[1]翠亨村周围的群山黑魆魆，大野阴沉沉。只是，村西南边缘的一间破烂小屋的窗口，还闪耀着微弱的灯光。屋旁雨伞似的大榕树下，偶尔明灭着一粒星火。夜幕中，一位伛偻老人的身影依稀可见，他坐在一块石板上，吸着旱烟，目光呆呆地望着小窗口。

这位老人名叫孙达成。此刻，正值妻子临产，他不便在狭小的屋子里待着，就披上麻袋做成的冬衣，在树下等待着婴儿的降临。

黑沉沉的夜空把星月遮掩得无影无踪。寒风吹过，榕树叶沙沙作响，宿鸟不停地叽叽喳喳地叫唤。坐久了，孙达成打了个寒战。他蜷缩着身子，使劲地吸着旱烟，仿佛要从那里吸取一点热量来驱寒似的。

忽然，一阵婴儿哇哇啼哭之声，划破了夜空的沉寂。孙达成不由得浑身震颤起来，一时间不敢相信自己的耳朵。他侧耳谛听了一会儿，确认这惊人的新声是从自己凝望已久的小窗口传出，才欣喜地忐忑不安地站起身来。他的第一个念头是要弄清生的是男是女。这时候，小木门"嘎吱"一声开了，他的母亲黄氏手上拿着盏小油灯，迈着小脚，颤颤巍巍地朝树下走来。

孙达成抢步迎上前去，轻唤一声："阿妈！"

小油灯照亮了黄氏的脸庞，一双深陷的眼窝和满面皱纹里都漾着笑。她乐滋滋地告诉儿子："达成，添了个男丁！"

这男丁，就是后来举世闻名的孙中山。

孙达成木然的脸上顿时露出一丝笑容。他喃喃地自言自语道："寅时生的。"[2]

这年，孙达成已经五十三岁，晚年得子，非比寻常。孙达成夫妇和村民一样，信奉村庙供奉的北方真武玄天上帝。小儿子满月那天，他们杀鸡宰鱼、烧香焚纸，抱着婴儿拜北方真武玄天上帝为"契爷"，取乳名"帝象"，祈求神明保佑其长成。

时代需要英雄，也造就英雄。在那新旧交替、风云变幻的时代，谁能预料到，四十六年后，就是这个出身农家的婴儿，竟成了中国封建王朝的掘墓人，中华民国的缔造者！

香山县，坐落在富饶美丽的珠江三角洲南部，气候温和，物产丰富，濒临南海，北通广州，水陆交通十分便利。清朝道光年间的《香山县志》曾谓："广州滨海县七，而香山独泮斗出海中，勃郁灵淑之气，与南滇奇甸争雄……洵广属沃土奥区也。"

翠亨村在香山县东南方。这个小村庄南距澳门三十七公里，北离广州一百二十公里，东南隔着水域与香港遥遥相对，四面丘陵起伏，东有黄牛山，北靠犁头尖山，南是金槟榔山。翻过金槟榔山，便是浩瀚的珠江口。蜿蜒的兰溪长流不息，从村边潺潺流过。

翠亨村虽然秀丽，但贫穷、落后这两条绳索紧紧地缠绕着它，使这里的六七十户村民喘不过气，抬不起头。

要租田地耕种吗？有，地租是"主七佃三制"，至少，也要"对分租"，或者，先交上一年按风调雨顺的标准计算的"期价银"，涝旱天灾，只是农民倒霉。呵，这真是使农民害怕得目呆舌结的地租呵！

要借钱吗？有，月息一般是百分之二、三、四。

更不要说还要应付上门催粮勒税的官府老爷了。

而且，翠亨背山临水，地多沙碛，土质硗薄，耕作技术落后，粮食产量很低。

不少农民实在忍受不了残酷的剥削和贫困的煎熬，只得离乡背井，到檀香山，到香港、澳门，到广州、上海，或垦荒耕种，或为人佣工，或经营小本生意。好些人还冒险到美国开采金矿，修筑铁路。

可是，孙中山不足一岁的时候，在美国当劳工的孙观成叔叔就积劳成疾，死在异乡[3]。他的父亲孙达成十六岁时，也曾漂流到澳门谋生。

孙中山的父母是一对勤劳、善良的夫妇，但家境却是十分困窘。对于这点，孙中山在1922年，曾对外国人士坦率说过："我是苦力，同时也是一个苦力的儿子。我生于穷人家庭，我自己仍然是穷人。"

1927年，孙中山夫人宋庆龄在《为抗议违反孙中山的革命原则和政策的声明》中也说："孙中山很穷，到十五岁才有鞋子穿。他住在多山的地区，在那里，小孩子赤足行路是件很苦的事。在他和他的兄弟没有成人以前，他的家住在一间茅屋里，几乎仅仅不致挨饿。他幼年吃的是最贱的食物，他没有米饭吃，因为米饭太贵了。他的主要食物是白薯。"[4]

贫困，使孙达成一家备受有钱有势人家的欺凌，饱尝了人间的辛酸。

面对着压迫、欺凌，孙达成思索过，甚至想到过反抗。在红豆园被姓何的霸占后，孙达成曾快快不乐地问过孙中山："孩子，你看这块地，以后还能归还给我们吗？"年幼的孙中山回答得很干脆："能！当我长大了，就一定要争回来！争不回来，我决不罢休！"

孙达成把"争"的希望寄托在孩子身上。

孙中山投身革命后，他要争的，已经扩大到为全中国贫苦农民争取"平均地权"了。

1900年，孙中山亡命日本的时候，日本友人宫崎滔天曾经问过他："先生土地平均之说得自何处？学问上之讲求抑实际上之考察？"

孙中山深沉地回答说："吾受幼时境遇之刺激，颇感实际上及学理上都有讲求此问题之必要。吾若非生而为贫困之农家子，则或忽视此重大问题亦未可知。吾自达到运用脑力思索之年龄时，为我脑海中第一疑问题者则为我自己之境遇，以为吾将终老于是境乎，抑若何而后可脱离此境也。"

孙中山既然生长在贫困的农家，六岁时就得跟随姐姐孙妙茜上山取柴草，到塘边捞塘藻；年龄稍长，就下田插秧、除草、排水、打禾、放牛，有时候，还跟随外祖父杨胜辉驾艇出海取蚝。

数十年后，孙妙茜曾经亲切地回顾孙中山童年时候的劳动生活：

"我与帝象自小就要去干除草、采野猪菜、排水、打柴等工作。有一次我和他到金槟榔山割芒草，他一到山上就乱跑，去采摘野山果食。我当时心里很着急，暗想：看你那担芒草几时才割完。我急急地去割，过了好些时间，他才开始割，我割了一半有多，没有想到他已经割完，很快就捆好了。那时，他见到我还未割完，马上又帮我割。别看帝象年纪小，他做工夫就是这样勤快敏捷的。"

这只是孙中山童年生活的一面。

大自然对人类总是慷慨无私的，问题是人们怎样去索取。正如以后的革命屡次失败不能使孙中山灰心丧气一样，贫困的童年生活，也不能使他萎靡不振，相反，他有老祖母，有双亲的抚爱，他像安琪儿那样纵情地生活，像海绵吸水那样尽情地享受大自然对农村小孩的赐予。

在老祖母辞世后，孙中山便与村童为伍了。孙中山喜欢和村童结伴游戏，喜欢游泳、捉鱼、捕蟋蟀，喜欢放风筝，踢毽子、跳田鸡，喜欢量棒、劈甘蔗，更喜欢爬上参天大树取鸟蛋、掏雏鸟。乡人见他精灵可爱，倔强好动，便给他起个"石头仔"的绰号。

中华民族勤劳、勇敢，酷爱自由，反抗压迫的精神，潜移默化，像星星之火，在孙中山面前闪耀，似涓涓细流，渗入孙中山的心田。

1864 年，太平天国革命的烈火，虽然被中外反动派联合扑灭了，但革命的火种却撒遍祖国大地，特别是在中国南方，在珠江流域。

黄昏，翠亨村旁的大榕树，是村民最好的去处。

一天傍晚，苍霭的暮色渐渐笼罩着全村。盘根错节的榕树根下，坐着一位脸色红润、满头华发的老人。他面对着十几个村童，时而慷慨激昂，时而感慨万千地说着太平天国的故事。

这位老人，就是曾经参加过太平军的冯观爽。那时，太平天国覆亡不久，胜败情景，他仍然历历在目，说到悲壮时刻，不禁老泪纵横。

村童中，听得最入神、最动情的，就是孙中山。他敛声屏气，乌黑的眼珠直盯着老人，射出明亮的光芒。听着听着，他情不自禁，自言自语地说："洪天王灭了满清就好了！"

故事讲完，天色乌暗，人们散去。孙中山还是痴痴站立，乌黑的眼睛依旧凝视着老人。

太平天国革命者的英雄形象，清朝统治者的狰狞面目，在孙中山幼小的心灵里，留下了深刻的印象，并由此埋下了反清革命思想的种子。1900年，孙中山在与宫崎滔天的交谈中，曾说到这一点。

宫崎滔天问："先生，中国革命思想胚胎于何时？"

孙中山说："革命思想之成熟固予长大后事，然革命之最初动机，则予在幼年时代与乡关宿老谈话时已起。宿老者谁？太平天国军中残败之老英雄是也。"

革命的火种照亮了孙中山的心灵，他开始思考着人间不平的事。

珠江三角洲，是反清秘密结社团体特别活跃的地区。当时，邻近翠亨村的石门坑、信福隆、峨嵋、大象埔、山门，都设有这些反清结社团体的武馆。孙中山和村塾同学杨帝贺、孙梅生，偷偷跑去观看武馆会员练习技击，回到家里，便舞拳弄棍，仿效起来。

艰苦生活的磨炼，侠义思想的熏陶，使幼年的孙中山逐渐形成了倔强的性格。孙妙茜有一段回忆，读来饶有趣味。她说：

"帝象小时常常打架，常有村人到我家向母亲诉说帝象怎样打伤了他的儿子，有时还拿着破衣服来，说是帝象撕破的。我的母亲就要赔不是，代为补缝衣服。事后责问帝象，才知道他并不是喜欢打架的顽皮小孩，总是为了见到大欺小、多欺少等等不合理的事，才挺身而出，抱打不平。"

论理，小孩七岁，就该上学了。家贫的孙中山，一直到了十岁，才享受到读书的权利。[5]村塾设在冯氏宗祠。孙中山入学那天，由孙达成带着，先向孔子神位磕了头，再向教师磕头。接着，孙达成向教师作揖，还虔诚地说："孩子要是不听话，请老师尽管打。"

村塾的教育，是跟儿童的生活情趣相悖的封建教育。刚入学的先读《三字经》《千字文》。当时，说读书，实质就是背书。背书，对孙中山来说，不是很难的事。白天，他除了上课，还得抽出时间参加劳动。晚上看书，如果有月光，父亲不准点灯，只许在月光下看书，如果没有月光，可以点灯，但只准用一根灯草。一灯如豆，光度不足，孙中山如果再加一根灯草，母亲就责备他："为什么这样耗费灯油？难道你还想去中举？"家庭即使是这样困难，孙中山还是孜孜不倦，成为班上的好学生。

入学一年以后，孙中山终于对这种只教字音，不作讲解，终日一味诵读的传统教学方法，产生怀疑以至反感了。

新学年伊始，王老师教授《大学》，打开课本，照例又是摇头晃脑，抑扬顿挫地领读了两遍，接着，又让学生死记硬背。

"大学之道，在明明德，在亲民，在止于至善。知止而后有定……"

孙中山读了几遍，引不起兴趣，双手把课本翻来覆去，心情烦躁，再也背诵不下去。老师见状，责问孙中山："阿文，你为什么不好好读书？"

孙中山就势起立，问道："老师，读这些书，一点也不懂，有什么意思？"

老师完全没有预料到孙中山会提出这么一个"大不敬"的问题来，他大吃一惊，气得发抖，拿起戒尺，便要教训孙中山。

这简直是千钧一发的时刻，整个课室顿时鸦雀无声，同学们都为孙中山捏着把汗。

孙中山却镇定地说："老师，我背给你听。"

满脸通红的老师挥舞着戒尺，厉声喊道："你背，背不出来，打破你的皮！"

"大学之道，在明明德，在亲民，在止于至善。知止而后有定，定而后能静，静而后能安，安而后能虑，虑而后能得……"孙中山果然一字不差地背诵出来。

老师垂下戒尺，但气犹未消，孙中山却又开口了："老师，这些书本里面的道理，我一点也弄不明白。什么'大学之道，在明明德'，请你讲解给我们听。"

老师对这个聪明而又倔强的学生毫无办法。他懂得，就这件事去打一个聪明的学生是不明智的。他只得气呼呼地说："熟读唐诗三百首，不会作诗也会吟。不用废话，只管用心念，念熟了自然会懂。"

事后，老师的教授方法仍旧毫无改进。这使孙中山十分失望。他在诵读课本时，常常想着："这书本上的道理，我总有一日要搜求出它来。"有时候，他又安慰着自己："道理，一定可以在翠亨村以外寻求到的。我总有一日要外出寻求道理。那时，可以不再在茫然中苦闷了。"他期望着有这么一天。

据新近在江西宁都县发现的《宁都富春孙氏伯房十二修族谱》载，孙中山是孙氏远祖、唐朝僖宗时东平侯孙诵第二十五代子孙。孙诵在江西宁都定居。孙诵第三个孙子孙士元的次子孙有敬由宁都迁入福建长汀。此后孙氏在福建历居四代，直到明朝永乐年间（1403—1424），孙诵第七代子孙孙友松从福建迁至广东紫金县。孙友松第十二代子孙孙连昌因为上代参加抗清义师，遭受迫害，在清朝康熙年间（1662—1722）由紫金县迁至增城。又因为广东沿海解禁复界，允许人民居住，迁居香山县涌口门村。接着，第十四代子孙孙殿朝又自涌口门村迁移翠亨村，从此定居。第十六代子孙孙敬贤[6]，便是孙中山的祖父。

孙家从孙连昌至孙敬贤，都是一子单传。他们在辗转迁徙、不得安宁的环境中生活。孙敬贤年方十四，即遭父丧。在寡母扶掖下，他勤劳节俭，逐渐购置了二十亩田地。但是，好景不长，他因醉心风水，迷信一姓钟的术士，不惜卖田购买墓地，重新安葬祖先，家财便被耗尽。

祖上卖田，按照当时的习俗，只是写一张"白契"给予受主，并不到官府报案盖印。如果报案盖印，买卖双方都要花一笔费用。不盖印，双方可以私下交易。这样，既可以保持卖主的体面，也可以使买主不动声色。

但这样一来，在地册上，孙家却仍旧是土地所有者，要继续负担交税的责任。官府每到收税时间，就派员到孙家来。孙家的人便要跑到真正的业主家里，代行收税。可是，年长月久，地产已经变换了好几个业主，税款实在很难收到，只得自己设法搪塞。

为此，孙达成经常拉着长脸，紧皱眉头地呆坐在大榕树下。父亲的这种烦恼和忧虑，孙中山看在眼里，急在心上。他一遍又一遍地问着自己：为什么那些官吏要这样勒索重费，使人家不得不用"白契"这种权宜的方法呢？

为什么这些官吏不依经书上合乎道德的办法去做呢？为什么"天子"容许这样不公平的法律呢？他百思不得其解，便鼓起勇气，问村里的一位长者："像这种不公平的事，有没有补救的办法呢？"

长者摇摇头，叹了口气，慢慢地说："没有的。阿文，这是皇帝定的规例，没有补救的办法。"

孙中山听长者这么说，便也默默无言。但是，他并不相信这位长者的话。他认为："一定有补救的方法来反对这些官吏的罪恶的。"

怎样补救呢？孙中山还不知道，但他思索着。

一天，村塾学童朗朗的读书声，突然被撞击墙壁的砰砰的巨响淹没。待一打听，原来是海盗正在破门抢劫一位从美国回来的侨商。

砰砰的巨响，抢杀的呐喊，震撼着全村。贫穷人家虽然害怕"城门失火，殃及池鱼"，但谁也不敢去干预。这时候，垂着小辫的孙中山和一两个同学，却匆匆朝着海盗抢劫的地方走去。

孙中山站在一个角落。他瞪着双眼，远远看着海盗肆无忌惮地用重木撞击墙壁，看着墙壁倒塌、大门洞开，看着海盗挥刀朝内冲进去，看着侨商一家从后门逃跑，看着海盗抢走一箱又一箱财物，看着侨商回到家里，倒在颓垣残瓦上绝望地呼喊："我完了！海盗把我在外洋积聚的钱都抢光了！为什么回到自己的国家，也没有法律保护啊？"

孙中山呆呆站着，脑海里，激起不平的波浪。他愤恨海盗的凶残暴虐，同情侨商的遭遇。他脑海里反复地思索着侨商的呼喊："是啊，为什么这位侨商辛辛苦苦得来的钱，连洋人也允许他带回来，在自己的国家竟得不到法律的保护？"

孙中山虽然还弄不清其中的道理，但他苦苦思索着。

孙中山和几个小朋友要到金星港去玩。

那里，有嶙峋的怪石，诱人的沙滩，辽阔的海面，翠玉似的岛屿和巨大的外国轮船，的确是小朋友活动的好去处。

孙中山的父母和二叔母程氏，却不让孙中山到那里去玩。孙学成、孙观成冒险的失败，使他们心有余悸，再也不准孩子到有洋人出没的地方活动。

明朝正德九年至十一年间（1514—1516），葡萄牙的商船开始到达这里。正德十二年（1517），有八条带有武装的葡萄牙船闯入珠江口，开炮示威。后一年，以西门·安得洛德为首的葡萄牙人，甚至在珠江口的屯门建筑碉堡，作为他们的据点。中国的史书说他们"设立营寨，大造火铳，为攻战具，杀人抢船，势甚猖獗"，甚至"剽劫行旅"，"掠买良民"。

孙中山的二叔母像说故事那样，说起洋人可怕的事情。她说，她曾经亲眼看见洋人常用的枪里冒出烟来。因此，她见了这些洋人，心里实在害怕。她的结论是：小孩子应该远远地离开他们，因为他们十分暴躁，是不好惹的。

可是，适得其反。二叔母的话，更使孙中山觉得新奇，内心更是像海滩的潮水那样不平静，脑里一直盘旋着：既然洋人这样无理，这样使人难堪，总是因为他们有所恃，也一定有值得我们研究的地方，我们应该想办法对付他们才对。

好奇，是小孩的天性。孙中山硬是非要看个水落石出不可。他和小朋友偷偷跑到金星港去，一次，二次，以至三四次。从此，关于外国人的事，他比别的小孩知道得更多一些。

孙中山十二岁那年，他的姐姐孙妙茜开始缠足。孙中山和孙妙茜平时在一起玩耍、劳动，姐弟之间的感情很好。孙中山看到姐姐终日以泪洗面，更是坐立不安，像是有四五只猫在抓他咬他一样。他再也不能沉默了，便问母亲："姐姐的脚好好的，为什么要用布把它包扎起来呢？你看姐姐痛得这么厉害，不扎不可以吗？"

母亲听了儿子的话，又看看女儿的痛苦样子，摇了摇头，伤感地说："唉，傻仔，你姐姐不缠足，将来是没有人家要的。"

孙中山十分敬重母亲，但却不同意她的说法。他气愤得攥紧拳头，直冲着母亲说："把姐姐的两足毁伤，实在是毫无道理的！"

母亲既疼爱儿子，又怜惜女儿。她自己不再动手给女儿缠足了，却请村里缠足的女"专家"给女儿缠足。

孙中山的哀求失败了。但他改造社会的工作，却是从"不要给姐姐缠足吧"这句话开始的。

儿童时期的孙中山的最大特点，就是勤于思索。他敢于面对现实，面对着时代的狂风暴雨，面对着这个魍魉世界，思索着，不断地思索着，努力寻找正确的答案。

观察、思索的结果是，孙中山对翠亨村的现状更加不满了。他渴求冲出牢笼，了解世界。

可是，世界是个什么样子呢？他不知道。

一个从远镇归来的同学告诉孙中山："镇上有个洋人牧师，那个牧师有一幅奇异的图画挂在墙壁上。这幅图画绘着山呀水呀房子呀许多东西，它还告诉我们江河的源头在什么地方，离大海有多远。"

孙中山不禁睁大了眼睛，乌黑的眼珠闪耀着寻求、探索的光辉。他惊讶地问："这幅图画叫什么名称？"

这位同学摇摇头。但这幅奇异的图画，已使孙中山产生了很大的兴趣。他渴望到远镇去看看。可惜，路，太远了。

但那时候的孙中山，是多么渴望走向世界啊！

帮助孙中山走向世界的人，是他的大哥孙眉。

孙眉是孙达成的长子。他体格强壮，聪明能干，却自幼喜欢玩耍，不肯念书，十五岁便到离翠亨村十多里路的南蓢墟地主程名桂家里做长工。两年后，母舅杨文纳正好从檀香山返回家乡，孙达成见孙眉性格强悍，不服管教，一气之下，便叫他跟随母舅外出磨炼一番。杨文纳认为，青年性格强悍，如果能得到正确指导，不见得是件坏事，也乐意带他出去。行前缺乏路费，二叔母程氏押出二亩多田地，得一百两银子，交孙眉作路费。孙眉到檀香山后，最初和同行的郑强在一个菜园里当工人，几年之后，到茂宜岛向当地政府租了块荒地，开辟成为稻田和山园，经营农牧和商业，逐渐发展成为华侨资本家。

孙眉处事果断，为人仗义疏财，在当地华侨中很有威望，被人们尊称为"茂宜王"。孙眉在檀香山当工人的时候，每月工资十五美元，他便给家里寄回十元。经济富裕以后，寄回的侨汇成了孙达成一家的主要经济来源，孙达成也不再当更夫了。1877年，孙眉正想回家成亲，适逢当地政府认为孙眉"经营农牧，成效卓著，特许以多招华人来檀，大兴垦务之权利"，于是他便回到了阔别多年的家乡。

这一年6月9日，孙中山正在田野采集猪菜，远远见到一顶轿子和好几个挑着行李的挑夫，匆匆朝村里走来。他好奇地站着观看，待他们走近身旁的时候，每袋行李上写着的"孙"字使他振奋。他又看了坐轿的人两眼，突然，他脑海里一闪亮，便拿着装猪菜的布网兜，顺着羊肠近道，一口气跑回家去。还未踏入门槛，就大声喊道："阿妈，大哥回来了！"

孙母十分诧异，走出来，只见孙中山一个人站着直喘气，便又气又笑地说他："别做梦！你大哥走的时候，你才五岁，你怎么会认识他呢？"

孙中山着急了："就是嘛，坐轿的人与照片上的大哥很像，行李上又都写着个'孙'字，怎么不是呢？"

母子正在争论，就给门外"阿妈，阿妈"的叫唤声打断：果然是孙眉回来了。

翠亨村以外的世界，大哥孙眉的言行，使得孙中山异常羡慕。孙眉也十分喜爱这个聪明活泼的弟弟。有一天，孙眉向弟弟问道："你认识去三乡的路吗？"孙中山把头一仰，朗声回答："认识，我跟阿妈去过。"孙眉让他带上一篮礼物，独自前往离翠亨村十多里路的三乡平岚村，送给和孙眉同赴檀香山做工的朋友。

孙中山拿着礼物，连蹦带跑地走着，路过偏僻的疴屎环，忽然窜出一个不三不四的人来，嘿嘿地干笑几声，上前向孙中山搭讪："细佬，到哪里去呀？"孙中山见他阴阳怪气地笑且不停地瞅着自己和篮里的东西，便没好气地回答他："到平岚村。"那人又是嘿嘿笑着："正好同路，我们一起走吧。"

当时，在偏僻的地方，常常有坏人专干抢劫或拐卖小孩的勾当。孙中山觉察出这家伙居心不良，便敷衍应酬，一路与他说话。待走到河头埔村头，孙中山突然对他说："请等等我，待我进村取些礼品送人，再和你一起去。"

那家伙满以为猎物即将到手，果真在村口等待着。可是，和他会面的，再也不是孙中山，而是村里的汉子。经过盘问，此人果真是个专门拐卖小孩的恶棍。

听说了这件事，孙眉眉飞色舞，异常开心。

9月，孙眉完婚，又办妥了一些乡亲移民的事，要回檀香山了。

跟随大哥去见识世界的渴望在孙中山心里燃烧着。他甚至恨不得自己变作小鸟，飞到广阔的世界中去。可是，鉴于以前血的教训，孙达成夫妇断然拒绝了孙中山的要求："阿文，家里有一个人出洋已经足够了；你还是小孩，那里不是你去的地方。"

孙中山的渴望成了泡影，他不由得深深地叹了一口气。

不过，人是生活在希望中的。

注释：

[1] 1925年3月12日孙中山逝世后香山县改名中山县。1984年撤销中山县，设立中山市（县级），原中山县的行政区域为中山市的行政区域。

[2] 关于孙中山的生辰，历来有争论。有人根据孙中山1896年11月在复翟理斯函中自称"生于一千八百六十六年华历十月十六日"（《孙中山全集》第一卷，中华书局1981年版，第47页），断定孙中山生于1866年10月16日。我们不同意这种看法。我们认为，孙中山所说的生辰是不准确的，是他记忆上的差错。孙科审阅过的胡去非《总理事略》（商务印书馆1937年版）一书说孙中山"从未提及家人年岁与出生日期，或有问者，每难得其确答"。孙妙茜说孙中山1924年在广州时又忘了自己的生日，特地问她。在孙中山夫人卢慕贞遗物中发现孙中山的生辰八字书明同治五年十月初六日。这是孙中山的父母亲手交给算命先生的。翠亨孙中山故居所藏的手抄本《孙氏列祖生殁纪念部》及卢慕贞复香山县商会函，均作阴历"十月初六日寅时"。孙科"亦有函证明初六日不误"。孙妙茜亦曾对其孙杨连合说过，孙中山的生辰是初六日。《总理事略》一书说孙中山"诞生于公历1866年11月12日上午4点钟，即夏历丙寅10月初6日寅时"，何香凝《回忆孙中山和廖仲恺》（三联书店1978年版）一书说："我追随孙先生20多年，向来没有听见他谈过做寿的事。那时他的诞辰到底是哪一天，我都不知道。只是在1924年的深秋，孙先生的乡亲——一位老太太远道来看他，提起了'明天就是你的生日'，我们大家才知道孙先生的诞辰，原来是11月12日那天。"由上可见，孙中山生于1866年11月12日寅时。

[3] 随着国内经济的发展，尤其是1848年加利福尼亚金矿的发现，以及中西部的开发，美国需要大量劳工。为了吸引中国人去金山开矿，美国资本家大力宣传金矿的消息，

甚至耸人听闻地鼓吹什么加利福尼亚"随地可以采金"。美国资本家还派员到广东招募华工。他们在广东各地张贴海报，诱惑人们到美国去。由于美国资本家的拐骗，不到几年，单从广州口岸运往加利福尼亚的华工逐年增加：1849 年为 900 人，1850 年为 3 118 人，1851 年为 3 502 人，1852 年上半年猛增为 15 000 人。从 1848 年发现金矿到 1882 年美国禁止华工入境，33 年中约有 30 万名华工到美国。孙达成的弟弟孙观成是翠亨村到加利福尼亚去的最早一批人中的一个。1867 年 9 月 5 日，孙观成病逝。

[4]《宋庆龄选集》，人民出版社 1966 年版，第 20 页。

[5] 孙中山入村塾读书的时间，有各种不同的说法。胡去非《总理事略》："先生七岁时，读书村塾。"吴相湘《孙逸仙先生传》（远东图书公司 1982 年版）："孙先生七岁时，达成公原想送他入学，因家贫无法致送束修（学费），未能如愿；只得在杨宝常先生的书房附读。一直到 1875 年才入村塾。"黄彦、李伯新《孙中山的家庭出身和早期事迹》（《广东文史资料》第二十五辑，广东人民出版社 1979 年版）："当孙中山七岁时，父亲孙达成本已打算送他入学，但因家贫缴不起学费而作罢。一直到了 1876 年，即孙中山十岁时才入塾读书。"本书采用黄彦、李伯新的说法。

⑥孙敬贤生于 1789 年，卒于 1850 年。

第二章 | 少 年 之 愿

　　孙中山在 1896 年复翟理斯函中写道："十三岁随母往夏威仁（按应为'夷'）岛，始见轮舟之奇、沧海之阔，自是有慕西学之心，穷天地之想。"

　　这是孙中山生命史上重要的一章。

　　1878 年 4 月底，孙眉组织的第二批移民即将出发，一只两千吨的英国轮船"格兰诺去"号在澳门等待着启航。

　　杨氏忽然决定到檀香山看看大儿子，看看他的事业。孙中山当即抓住这个绝好的机会，费了许多口舌，终于得到父亲的允许，陪同母亲前往檀香山。

　　这年 5 月初，少年的孙中山，穿着古式的唐服，拖着小长辫，登上"格兰诺去"号，远涉重洋了。[1]

　　船上的生活，对孙中山来说，一切都新鲜。香山的小木船，需要人用木桨划行，而这个庞然大物，却可以应用机器，行进自如。这使孙中山感到惊奇，简直有点不可思议：原来，世界上竟还有那么多奇妙的东西。

　　孙中山感触最深的，还是船上的铁梁。那铁梁，硕大无比，连贯着船的两边，支撑着庞大的船体，使船坚固非常。孙中山心想，这么沉重的一个铁梁，需要多少人才可以把它装配好。忽然又想到发明铁梁的人真是个天才。想到外国人能做的东西，为什么中国人不能做呢？于是，孙中山立刻觉得中国总有不对的地方。

　　轮船乘风破浪向东南方前进。经过二十多天的航行，抵达檀香山。孙眉见到自己的母亲和弟弟，高兴得眉开眼笑，亲自带领他们观赏当地的风光。

美丽的夏威夷群岛，中国人称它为檀香山。它位于太平洋中间，是东西方交往的必经之地，东北至旧金山，西北至横滨，西南至悉尼，为太平洋航路的枢纽。这里，四周碧波浩荡，天水同宽，一年四季，气候温和，树木葱茏，奇花烂漫，挺拔的高峰在岛中像翠屏似的矗立着。常常喷火冒烟的活火山，流出的熔岩浩荡壮阔，一望千顷，成为世界奇观。

更使孙中山惊叹的，还是一座有栏杆、游廊的小洋房。这座在现在看来很平常的房子，在孙中山当时看来，简直是一座有着神秘魔力的迷宫。

这就是当地的一间邮局。

事隔几十年之后，孙中山还能记起这座房子："这旧的邮政局，在我的心里还是记得很清楚，因为他们告诉我说，只要在信上贴了邮票，写了姓名住址，投入一只箱子里，便可以把它寄回中国去，像大汽船一样的快，不必等候几个星期，甚至几个月，才找到一个归国的侨民，托他带回去。所以，在当时，我当它是一所奇怪的房子。"

是呵！在中国，清朝政府虽说在 1866 年，在海关总税务司下设邮务办事处，但一直到 1896 年，才开始在个别大城市成立邮政局。比之外国，中国落后一大截了。

对于杨氏来说，檀香山再好，也不是久留之地，住了一段时间，她便返回翠亨村。

孙中山留了下来。孙眉的事业日渐扩大，自然是期望胞弟熟习商业，作为他得力的助手。起初，他叫孙中山到自己在茂宜岛茄荷蕾埠开设的商店协理店务，学习记账和珠算，学习当地楷奈楷人的方言。不久，又让孙中山进入盘罗河学校补习算术。但是，孙中山从落后的农村走到新的世界，感觉到读书的必要；而书本，又帮助孙中山进入无限广阔的知识海洋。他无心商业，只渴望读书。孙眉是个有眼光而又慷慨的人，他满足了弟弟的要求，并且认为，为着加快学习的进度和熟悉洋人的种种习俗，入寄宿学校是最适宜的。

当时，檀香山具有寄宿设备的学校，而又容许华侨子弟入学的，只有实施八年学制的意奥兰尼学校。

意奥兰尼学校设在檀香山正埠火奴鲁鲁，是一所纯粹的教会学校，由英国圣公会毕斯浦主教与威尔士夫人于1862年创立。1872年，韦礼士牧师继任校长。翌年，迁入白地斯街，扩建校舍，由夏威夷王卡麦哈麦第五为其取名意奥兰尼学校。

1879年秋天，在学校已经开课两周之后，孙中山进入意奥兰尼学校。孙中山入学的时候，已经有钟工宇、唐雄和李弼三名中国寄宿学生，后来又有六名中国学童入学，其中七人寄宿，三人走读。当时，学费每年约一百五十美元。只要我们记起，孙眉初到檀香山的时候，每月工资才十五美元，便可以知道学费是相当昂贵的。而且，书籍、蚊帐杂物也要家长负担，读书的花费实在不少。

那时，夏威夷还是一个独立的君主政体国家，意奥兰尼学校是一个英国色彩十分浓厚的学校。这里的教师所讲授的功课，只有英国史，而没有美国史，数学也只讲英币的镑、先令、便士，而不讲美元的元、角、分。所以，在1896年的广州起义失败后，韦礼士牧师在他的教区杂志上著文申辩，说他从未传授孙中山"以策划阴谋反对地方当局的传统"，并且说：

"在可能的回忆中，帝象在学校的时候，没有什么显著的特征，足以指示着他的未来的生涯。他无异于一个没有绘画图样经验而因袭知识一般学子，怎能从事于推倒威严的权力的工作？谁能料到，他这样爱好民主政治而希望在中华帝国之内发生革命，造成像夏威夷共和国的模型一样，是意奥兰尼学校中教出来的；而这些却正在朝向未来的路上走。"

其实，韦礼士牧师并没有真正了解孙中山。看看孙中山在意奥兰尼学校的思想，就可以知道他后来所走的道路并非偶然。

孙中山入学时，完全不懂英语，教师们让他在教室里安静地听着和看着。在十天的时间里，孙中山在默默观察中，发现中、英文字的区别：汉字的形声会意是以字母书写的英文所没有的，但每一个单字或词语都必须熟记；而英文，却只要熟悉二十六个字母的发音和拼读规则，便可以触类旁通。相比之下，孙中山认为，英文比中文容易学习。基于这种认识，他充满信心，相信自己一定能学好英语。

孙中山在意奥兰尼学校的生活，据同学唐雄的回忆是这样的："国父在檀读书时，中文基础已深，英文知识却浅。课余之暇，不喜与同学游戏，常独坐一隅，朗读古文；有时笔之于纸，文成毁之，不知写些什么。国父沉默寡言，不苟言笑，好读史书，对于华盛顿、林肯伟业，尤深景仰。因为喜读西方传记，故英文进步甚速。及后研究教义，亦勤谨异常。凡与论教理者，口如悬河，滔滔不绝。是时檀香山种族问题，发生许多不平现象，国父刺激甚深，遂启发其对于中国革命运动的思想。"

确实，在新的天地里，在这个与中国的私塾大不相同的学校里，他接触到了很多落后的中国所没有的东西，学习到了各种新鲜的自然科学知识。比如说地理吧，孙中山从那里看到了他渴望已久的地图，知道世界上原来除了中国、美国之外，还有许许多多别的国家和民族。又如，学校规定寄读生每天都要做一些轻便的劳动：钟工宇管理抽水机，唐雄负责铲除水塘的杂草，孙中山和其他同学则照料校园中的蔬菜。孙中山对此觉得十分惬意。学校里有一个灭火会的组织，也使孙中山很感兴趣。他回想起故乡一遇火灾，乡亲们便恐慌万状，不知如何是好。有了这样的组织，遇到火灾，群策群力，就可以化险为夷。学校的军事体操课，更是吸引了孙中山。过去，孙中山不满意家乡的私塾；现在，他觉得找到改革的办法了。

不过，孙中山在异国读书，也有他在家乡没有碰到过的苦恼。

那时，西方世界轻视东方社会。穿着长袍马褂，垂着小长辫的华侨子弟，更是受到西洋学生的歧视。被凌辱的事，也常常降临到孙中山头上。一些同学或拉着孙中山的长辫，或扯着他的长袍，然后挤眉弄眼，哈哈大笑。开始，孙中山还是忍耐，次数多了，便挥拳自卫，使这些顽皮的西洋学生受到应有的教训。西洋学生发现，孙中山对年幼的同学，却特别忍让、宽容，于是便煽动年幼的同学去干扰他。这更使孙中山感到烦恼了。

有人劝告孙中山：干脆把辫子剪掉算了。

孙中山的思想不再是那么简单了。他沉思了好一会，冷静地答道："这种愚蠢的风俗，是满洲人强迫我们做成的，必须等全体中国人，至少是大多数人决心剪辫子，我才把它剪掉。而且，这辫发不过是中国所受许多耻辱中的一种，我们应该把许多耻辱同时去掉。"

孙中山经常对比着、思索着各国之间的差异和问题。钟工宇在1922年对《纽约太阳报》记者追忆孙中山当时的思想时说："我们在课外常用方言交谈。他告诉我：他想知道英、美政府何以和人民相处得这样好。""有一天晚上，他问我：为什么满清皇帝自命天子？而我们是天子脚下的虫蚁！这样对吗？我当时无法回答。"

孙中山对此自己也曾说过："忆吾幼年，从学村塾，仅识之无。不数年得至檀香山，就傅西校，见其教法之善，远胜吾乡。故每课暇，辄与同国同学诸人，相谈衷曲，而改良祖国，拯救同群之愿，于是乎生。当时所怀，一若必使我国人民皆免苦难，皆享福乐而后快者。"

那时候，孙中山的思想已经涉及从事政治与本身职业的问题了。

在意奥兰尼学校读书期间，孙中山与广东顺德人杜南山经常往来。那时，杜南山应广州美国领事的邀请，留居檀香山，教授当地美国政府人员学习中文和粤语。工余时间，杜南山另设夜校，辅导当地华侨子弟进修中文。孙中山便是这所夜校的学员。

一天，孙中山拜访杜南山，见他的书架上放着好些医书，觉得不好理解，便向老师请教。杜南山笑着解释说："北宋范文正公说过：'不为良相，当为良医'。我取这个意思是了。"孙中山听罢，苦苦思索，过了几天，又去拜访老师，谈了自己的看法："老师所举的范文正公的话，我以为未必妥当。我国的读书人，并非一下子可以参与政治，即使参与了，又不是可以很快管理国家大事。如果费尽全力以求作相，到了不可得的时候再去行医，即使努力去做，也已经晚了。以我的意见，一方面致力于政治，一方面致力于医术，这样，或许有收获。"杜南山听罢，不由点头，觉得这个少年想得很深，说得很有道理。

孙眉十分爱护弟弟，孙中山也非常敬重哥哥。但是，他们的政治思想却有分歧，一个因循守旧，一个立意革新，守旧与革新两种对立的思想，发展到了一定的阶段，就会发生激烈的冲突。在信仰问题上，兄弟之间的矛盾尤其尖锐，终于爆发了一场斗争。

孙中山学到一些自然科学知识，便开始对神、鬼采取否定的态度。假日，他回到哥哥的农场，看到屋里烛光辉映，香烟缭绕，有病的工人不找医生医治，却跪在关羽神像跟前，口中念念有词，虔诚地祈求关帝保佑，驱除病魔。他对这种愚昧行为感到气恼，恳切地劝导工人说："关云长只不过是三国时代的一个人物，死后怎么可能降福人间，替病人消灾灭病呢？生了病，应该请医生治疗才是。"接着，他又悄悄地把大哥供奉的关帝画像扯烂。

旅居檀香山的粤籍侨胞，都奉祀关云长。在侨胞的心目中，关云长象征忠义两全、肝胆相照、患难与共、安危共尝、团结奋斗的精神。孙中山这样做，实在是大犯众怒。

有意思的是，孙中山虽看透了关帝的本质，反对人们对那些泥塑木雕顶礼膜拜，但他却逐渐信了基督教。

孙中山与基督教徒的交往，也是始于意奥兰尼学校。韦礼士牧师以传教作为对学生进行精神教育的方式，他运用强制与诱导两种手段，以图达到使七个中国寄宿生成为基督教徒的目的。开始，韦礼士特意聘请了一位年青的中国福音传教士给这七个华侨子弟讲授经文。他们却以罢课相威胁，不肯听福音传教士的宗教宣传，倒是要求传教士给他们讲述中国的历史。这时候，韦礼士宣称，如果中国学生不愿意听福音，他也不会勉强。后来，圣经课由韦礼士亲自讲授，还规定所有寄宿生每天早晚要在学校教堂祈祷，星期天要到圣安德勒教堂参加唱诗班，做礼拜。韦礼士夫妇有时候甚至和孙中山同桌吃饭，讨论教义。渐渐地，孙中山和其他中国学童竟被吸引过去了。

基督教的原始教义，使孙中山向往。有一段时间，孙中山甚至专心攻读《圣经》，参加各种宗教活动。

孙眉却不容许，当他知道孙中山有受洗礼入教的念头之后，这位"猛张飞"大发雷霆，一见到孙中山，张口便训斥道："你如果这样的话，就不让你读书了。你还信不信基督教？如果还是相信，你就回老家去；如果不信了，就让你继续在这里读书。你到底想怎样？"

孙眉为什么要反对基督教？据孙中山的好友陈少白解释说："他的反对，并不是有什么理由，不过他以为只有中国的教最好，除了中国教以外，无论什么教，都是不正派，都要反对的。"

这自然不是以理服人。孙中山是一个秉性倔强的人，用压的办法，不但制服不了他，反而引起他更大的反感："我还要信。再说，这是我的信仰自由，与他人毫无关系。虽说是长兄，也没有干涉的权利，你为什么要干涉呢？"

不过，兄弟俩的矛盾暂时还是缓和下来了。韦礼士牧师很懂得审时度势，懂得退一步、进两步的道理，他见孙眉反对得如此激烈，反而劝告孙中山暂时不要受洗礼入教。

1882年7月，十六岁的孙中山，经过三年的系统学习，在意奥兰尼学校毕业了，毕业时候获得英语文法第二名。

7月27日，在有夏威夷国王架剌鸠和王后参加的毕业典礼上，国王亲自将一本讲述中国的书作为奖品颁发给孙中山。为了郑重其事，国王的奖品又由韦礼士牧师亲自送到农场面交孙眉。侨胞把孙中山获奖，看成是华人社会的大事和莫大的光荣。孙眉更是高兴得手舞足蹈，决定将自己的部分财产划归孙中山名下，期望他因为有恒产而有恒心，好在商业上有所发展；而且，特地设宴招待牧师和侨胞。事隔多年之后，当时在场的侨工陆华造还说："我在这天也特别起劲，东奔西跑，一点不觉劳累。中山拍着我的肩膀说：'你太辛苦了！'我只是笑着，全场的工友也皆引为美谈。"

其实，孙中山在这三年的时间里，逐渐滋长了民族主义和民主主义的意识，萌发了反对殖民主义和要求民族独立的思想，那才是更主要的。

当时，正是夏威夷人民反对美国吞并夏威夷群岛而英勇斗争的时刻。

早在19世纪50年代，美国政府就认定夏威夷是美国向太平洋地区扩张的跳板，产生了吞并的野心。1861—1865年的美国南北战争刚结束，美国的势力便伸入夏威夷。1874年，美国政府乘夏威夷统治集团内讧，派出海军陆战队登陆，支持架剌鸠取得王位，接着，胁迫架剌鸠签订所谓"互惠条约"，掌控了夏威夷的政治、经济、军事大权。

美国的侵略激起了夏威夷人民极大的愤怒。他们公开喊出了"夏威夷是夏威夷人民的夏威夷"的口号，英勇反抗美国侵略者。这场斗争把当地的华侨也卷了进去。

孙中山接受了西方的科学文化知识，又目睹了夏威夷这个弱小国家人民的斗争，看到了他们反抗侵略的觉悟和勇气，他联想到中国遭受西方侵略的事实，便萌发了反对殖民主义和要求民族独立的思想。他推崇中国的商汤、周武，美国的华盛顿、林肯，提出了"神圣的权利不是永恒的"口号。[2]

是的，一切事物都在不断发展变化，"天不变，道亦不变"的信条不足为训。孙中山的思想，显然已经前进一大步了。

1882年秋天，孙中山进入了火奴鲁鲁美国基督教公理会设立的奥阿厚书院读书。

打开了知识宝库的大门，孙中山更是渴望深入下去。他"拟在此满业，即往美国入大书院，肄习专门之学"。可是，孙眉见孙中山并没有与基督教徒断绝往来，并想受洗礼入教，又认为孙中山现有的学识，足可在商业上应用，便写了一封信禀告双亲，并着令孙中山辍学归国。

向来敬重兄长的孙中山，无可奈何，只得返回家乡。

注释：

[1] 孙中山随同谁赴檀香山，有各种不同的说法。胡去非《总理事略》："1877年夏，眉公自海外归……时先生方十二……商准父母，随兄至檀。"冯自由《革命逸史》第二集："戊寅（1878）德彰以所业日进，乃函请达成公挈杨太夫人及幼弟赴檀就养，达成公无意远游，只命总理陪杨太夫人前往，时总理年仅十三而已。"黄彦、李伯新《孙中山的家庭出身和早期事迹》："孙中山受到他哥哥和一些同乡出洋的影响，早就有了到檀香山去的念头。1878年春末，十二岁的他随同郑强夫妻到香港，5月2日（光绪四年四月初一日）从香港乘搭招商局轮船'广大'（或'广利'）号，约经25天的航程，到了檀香山。"吴相湘《孙逸仙先生传》："1878年，德彰先生派同事郑强回乡迎接杨太夫人并率领召募的工人赴檀岛。孙先生因又乘机再三请求父母，这次幸获允许。1878年5月2日（清光绪四年四月初一日），孙先生满怀兴奋陪侍杨太夫人随同郑强一行，自澳门启行。"我们认为，孙中山说他是随母往檀香山的。他的回忆是最为可信的。

[2] 宋庆龄：《孙中山——坚定不移、百折不挠的革命家》（1966年11月12日），《文汇报》1966年11月13日。

第三章 | "始有志于革命"

1883 年 7 月，孙中山自檀香山启程归国。他先乘轮船到达香港，又从香港搭乘中国的沙船[1]赴香山县金星港。

临近香山的途中，要经过一个丁点大的小岛。岛上，设有清朝政府厘捐局的检查关卡。

沙船还未到达小岛，有经验的船长就向旅客们打了招呼："你们对厘捐局的老爷要忍耐些，若是触怒了他们，倒霉的还是我们大家。"

沙船照例在这个小岛停泊，等待厘捐局的检查。

一批吏员吆三喝四地上船来了，孙中山从沉思中醒来，只见他们在旅客跟前走来走去，翻箱倒筐，随意没收"违禁品"，直到好些"懂事"的旅客赔着笑脸，塞了不少"礼物"给他们，才算了事。

吏员们拿着"违禁品""礼物"扬长而去。孙中山深深地叹了一口气，把翻得乱七八糟的箱子收拾好。

孙中山的箱子刚上锁，第二批吏员又来了。

他们走到孙中山面前吆喝着："打开你的行李，让我们检查！"

"我的行李已经检查过了。"孙中山答道。

吏员鼻孔朝天，没好气地说："上次的检查，不过是收本地的海关税；我们是收厘捐税的。"

孙中山只得又把行李打开，让吏员乱翻一通。

第二批吏员刚走，第三批官吏又出现在甲板上。他们带着刀子，弄得到处丁当丁当地响。

"打开来！"官吏厉声命令孙中山。

"我的行李已经检查过两次了。"

"他们是收海关税和厘捐税的；我们是查禁私运鸦片、保护老百姓的，懂吗？"

孙中山瞪了他们一眼，无可奈何地又把箱子打开。

经过三次检查，总算可以了吧？孙中山正在嘀咕。可是，第四批军官又来了。他们穿着军服，背着军械，威风凛凛，杀气腾腾，人还在跳板上，就嚷开了，喝令道："统统打开行李！"

孙中山这次可忍耐不住了，压抑住的愤怒终于爆发了。他狠狠瞪着他们，厉声责问："你们又为什么而来？检查了三次还不够么？"

"我们是查禁私运火油、保护公众安全的；少啰唆，马上把行李打开！"军官恶狠狠地回答，贪婪的眼睛睁得大大的，像饿狗似的在旅客们的脸上和物件中瞟来瞟去。

孙中山不听则已，一听到"火油"二字，胸中的怒火正似火上加油，不禁又气又笑，讥讽地回敬他们："衣箱内也能窝藏火油吗？一点常识也不懂，实在令人可笑！"

这些官员虽然被说得面红耳赤，无言可对，但权势在身，狐假虎威，决然不肯放过，非要孙中山打开箱子接受检查不可。

孙中山气得全身如烧着烈火，他理直气壮，不甘示弱，就是不肯打开箱子。

一个军官狡黠地狞笑着——他们正好趁这个机会敲诈一笔。

有的旅客怕惹出事来，劝告孙中山："就让他们检查了吧！否则，他们要扣留我们的。"

孙中山不肯让步，他对旅客说："等到了港口，我将帮助你们上诉，官厅若是公正的，那么这些官吏一定要受罚。"

孙中山那时才十七岁，他还不晓得，朝廷鬻爵卖官，贿赂公行；官府则剥民刮地，暴过虎狼，而且官官相护，哪有"公正"可言？

结果，沙船被扣留，船长被敲诈了一笔"罚款"，翌日早晨，才准许沙船开走。

对这件事，有的旅客埋怨孙中山不懂世情，连累大伙；大多数旅客却对官吏的苛虐、敲诈愤愤不平。

这时候的孙中山，像是一头被恶棍激怒了的小狮子，满腔怒火，脸色通红，激愤地朝旅客喊道："中国掌握在这样的官吏手中，我们还能坐视不救么？"

问题是提出来了。但是，它像是一块小石子扔进水中，只泛起一丁点涟漪。

孙中山回到阔别五年的家乡。但是，故乡面貌依然如旧，没有变化。乡亲依旧在愚昧落后中度日，贫苦的农民依旧连白薯也吃不上，那些村塾学童依旧不求甚解地念着"人之初，性本善"的《三字经》。对比在檀香山的生活，现实使孙中山黯然神伤，一种迷惘惆怅的心绪萦回缭绕。往昔不堪回首了，而现实却使人忧虑不已。

孙中山决心改革故乡的落后面貌。他一边帮助家庭做些农业劳动，请正、副乡长陆星甫、杨汉川给自己辅导国文，带领青年朋友到山门溪泅水游戏、学枪法、习体操；一边在乡亲中间抨击中国政治的腐败和社会风俗的不良，宣传社会改革的必要。

随着时间的推移，孙中山感触越多，宣传也就越是激烈。他看见农村市场零零落落，气息奄奄，就说："一个政府，至少应该使人民得到一些便利商业的条件。"他看见官吏对农民横征暴敛，就对乡亲说："衙役每年到翠亨村来，向你们收取县衙所规定的钱。你们既然出了钱，他们是应该做些事情给你们看的，无论是建造学校、桥梁、马路也行。但是，你们所出的钱哪里去了？到'天子'那里去了。'天子'替翠亨村干了什么事呢？没有。这'天子'的朝廷是这样的腐败。"

开始，乡亲们对孙中山介绍檀香山的人情风俗，谈论济世利民的办法，还听得津津有味，以至推举他为"宿老议员"，有些事还听听他的意见。但是，后来听到孙中山竟敢直议朝廷，贬言皇帝，他们便大惊失色，以至轰动起来了："皇帝，也可以这样议论的吗？"不少人嘟哝了一句，慌慌张张地走开了。敢于听下去的，只是他的青年朋辈们。

在这些青年朋友中，孙中山与同乡青年陆皓东[2]、杨鹤龄[3]、杨心如[4]结成好友。他们四人不满现实，甚至计议过筹集款项，购买剪刀，鼓吹大家剪掉辫子，表示对抗清王朝的决心。后来，他们都成了兴中会会员。

在孙中山的心目中，陆皓东是位"聪明好学，能诗能画"，沉着勇毅的"命世之英才"。他们两人志同道合，于是，他们形影不离，经常在山丘、树下一起阅读经史，交流思想，讨论社会政治问题，畅谈太平天国之得失。

那时，广东正在办团练，清朝政府派阅兵大臣方耀来到香山县，在濠头乡举行检阅。香山县官府一向用虚报兵额的办法中饱私囊，这次便慌慌忙忙向各乡抽丁，冒充兵勇。陆皓东和村里数人也应征参加。陆皓东看到兵勇大半是凑数的烟民、乞丐，衣冠凌乱，队伍不整，放枪时丑态百出，极为愤慨。回到翠亨村，他把检阅的情形告诉了孙中山。孙中山听了也十分气愤。他们因此得出结论：只消五六十名健儿，便可一举夺取虎门炮台。

他们过于自信了。但他们的胆量，确实是有过人之处。

孙中山这次回国，看到乡亲衣衫褴褛，故乡凋敝不堪，唯独北极殿人来人往，香火旺盛，泥塑神像装饰一新，神气活现地接受人们的顶礼膜拜，心里很是生气。每过北极殿，他就指责之为"淫祀"，见有人向神像顶礼膜拜，他便宣传木偶无知，劝勿妄信。他认为："这些神像必须在中国能够成为一个进化的民族之前去掉。因为迷信的意思就是惧怕和愚昧。"

血气方刚的孙中山和陆皓东，决心要惩治北极殿的神像。

中秋节那天，孙中山和陆皓东走到北极殿。中秋赏月，自然是晚上的事。但此刻还是太阳高照，人们却已经早早地把月饼、水果之类，摆在北极殿的供桌上，烛台上的烛光闪闪烁烁，香炉里烟雾腾腾，弄得乌烟瘴气。在地上，好几个老人正撅着屁股跪着，口中念念有词，叩头时候，诚惶诚恐，前额碰着地板，隐隐可以听到响声。孙中山看着，不禁又气、又笑、又心痛，他走上前去，弯着腰对老人说："敬这些木偶有什么用呢？它连自己都不能保护，怎么能保护你们？"

老人们抬起头来，惊讶而惶恐地望着孙中山，仿佛根本听不懂他的话。

"如果不相信，就看看它能不能阻挡我折断它的手指。"孙中山说着，腾地跳上供桌，握着"北方真武玄天上帝"的"手"，用力一拉，只听"沙"的一声，神像的手指和身体顷刻分离，泥塑里的烂泥、稻草和木头统统裸露了出来。

一时间，这些老人蒙了，不敢相信自己的眼睛。

孙中山看见这些老人还是呆呆地跪着，便说："你们看，我折断了它的手指，它还照旧对着我笑，这样的神灵，怎能保佑我们村民？"

孙中山说罢，随手把泥塑的"手指"往地上一掷，"沙"的一声，"手指"变成了一团碎土。

这下子，老人仿佛才明白过来，连连向神像叩头作揖，口里不断地嚷着："罪过，罪过！""作孽，作孽！"

孙中山和陆皓东又走到左廊的金花殿，将专司生育的"金花娘娘"的脸蛋，画成又花又丑的大花脸，最后，干脆连它的一只"耳朵"也扯了下来。

这简直是吃了豹子胆也不敢干出来的事！

胆小的孩子大惊失色，生怕连累自己，赶快跑回家去。

有位老年人跪在地上，恐慌得浑身发抖，头也抬不起来。

孙中山和陆皓东，却是呵呵大笑，兴尽而去。

孙中山大闹北极殿的事，震撼了全村。村里的父老认为这是"亵渎天神"，"罪同大逆不道"，他们向孙达成兴师问罪。好些家长认为这是"有悖礼教"，他们严厉地教训自己的儿子："离开这个疯孩子！这都是洋鬼子教育的结果！这样亵渎神明的事只有洋鬼子才教得出来。这个罪孽足可以使我们陷入厄运。"

为了平息众怒，孙达成答应赔银十两修复神像，并令孙中山离开家乡，到香港去。这使孙中山受到了极大的刺激，他默默地说道："我，终究是要回来的！"

那时候，孙中山正是少年气盛，而且还不大懂得斗争策略。他砸菩萨这件事，自然不是无可商榷，但他要为农民砸碎神权枷锁这一点，却是值得大书特书的。

砸菩萨而被迫离开故乡，又成了孙中山革命生涯的一个转折点。

孙中山到了香港，进入英国基督教圣公会办的拔萃书室再习英文。

1883 年底，孙中山和陆皓东等由喜嘉理牧师主持，在必列者士街纲纪慎会堂受洗，加入基督教。

孙中山在受洗登记册上署名"孙日新"，取《大学》里"苟日新，日日新，又日新"之义，表示他弃旧迎新的愿望。不久，孙中山干脆迁居纲纪慎会堂二楼，与喜嘉理同住。

次年，4 月 15 日，孙中山转入中央书院，用孙帝象的姓名注册入学，学号 2746。

中央书院是香港英国当局于 1862 年 2 月创办的一所中等学校，1889 年改名域多利书院，1894 年改名皇仁书院。这所学校设备完善，教学认真，每日上课八小时：上午四小时讲授中文，下午四小时讲授英文；后来，课程还增加了代数、几何和化学。

中央书院的学生，中国籍的占大多数，其他各国学生占少数。入学的年龄没有严格规定，有时候，二十几岁的青年读低年级，十来岁的少年却是高年级学生。在这样的环境里生活、学习，无疑是有利于学生开阔眼界、扩大心胸和增长知识的。

这大概就是孙中山转学中央书院的原因吧。

孙中山在中央书院的学习情况，据同学谭虚谷的回忆：

"当时区凤墀是皇仁书院的中文教师，每周有一、二节国文课。中山先生除了白天上课外，晚上还请区凤墀辅导国学。他是班中的高材生，全班数他的英文最好，深得老师的赞许。他又无书不读，尤其爱读诸子百家的书，同学们便给他取了一个绰号叫'通天晓'。我曾问他为何这般勤学好问，他答道：'学问学问，不学不问，怎样能知？学而后知，知而后能行，否则怎能够为国家之用呢？'"

"学，然后知不足"，孙中山又沉浸在学习中了。

孙中山还需要学习。但是，树欲静而风不止，大哥又写信催促他到檀香山去。

原来，孙眉得悉孙中山在翠亨村毁坏神像，在香港又受洗入教，十分生气，曾写信严加责备，警告他若不与基督教断绝关系，即停止汇款，不再供给他学费。孙中山却毫不理会。于是，孙眉又写信给孙中山，佯称在檀香山的生意遭到失败，如今要另谋生路，但因过去有的商业财产用了孙中山的名义存着，因此需要他前去协助。孙中山接信后，便于1884年11月辍学前往檀香山。

孙中山一见到哥哥，便发现他满脸布满肃杀之气。孙中山不敢动问。果然，待吃了一顿沉闷的晚饭，孙眉的斥责便像狂风暴雨般地直朝孙中山袭来。孙眉瞪眉突眼地责骂孙中山不该在家乡毁坏神像，更不该在香港入基督教。

孙眉越说越气，简直到了雷鸣电闪的程度，责骂解不了这位"猛张飞"的气，竟动手教训了孙中山几下。

开始，孙中山还沉得住气，只是老老实实地坐着，任由哥哥责骂。当孙眉动起手来，孙中山登时火了，他不甘示弱，跑到哥哥书房，将悬挂在壁上的关帝像撕扯下来，扔进厕所。

孙眉惩罚孙中山，令他锯木头、做苦力。

孙眉又向孙中山声明：要索回以前在字面上划分给他的财产。他打算，如果孙中山不肯交出财产，就得老老实实听自己的话。他以为这样，总能将弟弟制服。

出乎孙眉的预料，孙中山立即同意了。他诚恳地对孙眉说："我使大哥失望了，我十分抱歉。我抱歉自己不能在中国古人所走的路上尽我的责任。如果我的良心允许，我也愿意按着中国的老办法做事。但是，我不能遵守已经败坏了的习惯。你所慷慨给我的产业，我很乐意交还给你，也不再有什么要求。财富不足以动我的心。金钱是中国的灾害之一。金钱可以用得正当，也可以用得不正当。在中国官场上，金钱不幸用以贿赂，以致增加人民负担，败坏了中国的政治。"

孙中山随同孙眉到律师办事处办理了退还财产的手续，心里反倒感觉轻松多了。他想："今后，我可以自由地从事改良祖国的事业了。"

这件事，更触动了孙眉，他仿佛刚刚才认识了自己的弟弟；对弟弟，真该刮目相看，再不能像对待孩子似的对待他了。

孙眉将孙中山送到茄荷蕾埠的商店当店员。店里的伙计见孙中山受到孙眉的责罚，以为孙中山被逐出家门了，便瞧不起他，什么苦役都推给他干，连上厕所也让他递送便纸。

孙中山在店里工作本非所愿，更受不了店里伙计的气。他请姐夫杨紫辉帮助自己回国升学，并说："我不堪他们这伙无知东西的苛待，但我却不愿因这区区小事惊动哥哥。我去了，你要好好帮助我哥哥；我的哥哥，不就是你的哥哥么？"

杨紫辉说了许多阻止他出走的话，但他还是悄悄地走了。

孙中山到了火奴鲁鲁，找到老同学钟工宇，在他那里住了好几个星期。

当时，钟工宇正在经营一间裁缝店，每月约有五元收入。他同情孙中山的遭遇，给了孙中山五元旅费，还告诉他："在我的店中，你可以随意选用你所需要的衣物。"

盛情难却，孙中山选了几样他需要的东西。

可是，旅费还是不够。孙中山踯躅街头的时候，正好碰上当年奥阿厚书院的教师芙兰谛文牧师。芙兰谛文对孙中山十分赏识，此刻，也同情孙中山的境遇。他自告奋勇地在朋友中筹款，帮助孙中山回国求学。

孙中山行将启程归国求学，孙眉闻讯赶来劝阻。孙中山决心已定，任凭哥哥如何劝说，也不肯再居留檀香山。他对哥哥说："船位已经定了，不能退的。"

这位"猛张飞"，对前些时候所做的事有些后悔了。但他是个心软口硬的汉子，他冲着弟弟说："那我没有钱给你，怎么办？"

"我不要你的钱！"孙中山回答得十分干脆。

轮船乘风破浪，向西北前进。

孙中山倚着船舷的栏杆，任凭风吹浪打，呆呆望着滚滚滔滔的海浪、阴云密布的低空，心情久久不能平静。

是的，孙中山这次旅行，虽说是奉命而来，扫兴而归，但他毕竟是个关心祖国命运、勤于思索的青年，不管到哪里都会有所收获的。比如：他在檀香山街头漫步时，又发现了好些新事物，便颇有感触地沉思着："夏威夷一个小岛，在短短两年内就有这么大的进步，为什么我们中国竟是如此故步自封，不求改进呢？"他在茄荷蕾埠商店当店员期间结识了侨商宋居仁，与这位热爱祖国、愤于"西人对于我华人非常苛待"的侨胞讨论了改造中国政治的方法。

孙中山走后，孙眉为自己这样对待弟弟感到内疚了；但他又觉得孙中山在外信教诸如此类的"胡作非为"，非以"成亲"的办法来羁绊他不可。于是，又匆匆汇数百元回家，要求父母迅速为孙中山办理婚事。敬爱父母的孙中山，奉父母之命，媒妁之言，于1885年5月26日，与同县外茔村[5]商人卢耀显的女儿卢慕贞[6]结婚。婚后，生子孙科[7]和女儿孙娫[8]、孙婉[9]。

1885年8月，孙中山离开翠亨村再赴香港，回到中央书院复学。次年夏天，结束了中学课程。

这两年间，对孙中山思想影响最大的，莫过于1883年12月至1885年6月的中法战争了。

1883年8月，法国政府迫使越南签订《顺化条约》后，立即把侵略的矛头指向中国。

1883年12月16日，法国侵略军进攻驻守越南的清军，中法战争爆发。

在香港读书的中国学生，都密切地注视着战事的发展。

1884年8月5日清晨，法国侵略军炮击基隆炮台，基隆守军奋起抵抗，团团包围了登陆的法军，打死打伤数十人。敌人扔掉四门大炮、十几顶帐篷和大量衣帽，退回舰上。基隆守军首战告捷，打乱了法军的侵略部署。

孙中山关心着祖国的命运，每天博览中外报刊。他对法国的侵略感到愤慨，但对清朝政府能否击败法国侵略者，却不抱乐观态度。他分析了清朝政府的兵备、人数和军械，得出结论："法国人有铁甲舰，而我们只有本制的沙船；法国人有新式的炮和精练的炮手，我们的枪是很难放一响的破枪；我们的兵没有纪律，不过是一群乌合之众，你们怎么敢说我们必定胜利？"

冷静的分析却招来异议，为"天朝上国"的胜利而如醉如痴的人，斥责孙中山是"长他人志气，灭自己威风"的"奸细"。

诅咒代替不了事实。孙中山一笑置之。

战争的进程果然不出孙中山所料。1884 年 8 月 20 日，法国军舰偷袭福州马尾港，福建水师十一艘军舰、十九艘运输船，在一个多小时内，几乎全部灰飞烟灭，官兵伤亡多达七百余人，马尾造船厂也同时被轰毁。

孙中山得知这个消息后，内心异常复杂，他沉痛地对人们说："木头船是没用的，我们应当制造钢铁的轮船。这点，我们现在应该相信了。"

法国侵略军偷袭马尾港的卑劣行径，激起了中国人民的义愤。云南、广西、广东、福建、浙江、贵州等地的人民，到处驱逐法国传教士，焚毁天主教堂。旅居美国、日本、古巴、新加坡的华侨，纷纷捐款回国，支援抗法斗争。

1884 年 9 月中旬，一艘破损的法国军舰，从台湾开到香港修理，香港船坞工人认为这是敌舰，不管威迫利诱，不怕失业的危险，坚决拒绝修理。法国商船到了香港，码头工人宁肯饿着肚子，也不肯为他们卸货。香港各行各业工人、商人也纷纷罢工、罢市，抗议法国侵略中国。接着，工人和各阶层人民掀起大规模抗暴斗争，抗议英国殖民当局勾结法国侵略者镇压中国人民的爱国运动。

中国人民同仇敌忾的举动，使孙中山看到了"中国人民已经有相当觉悟"，"中国人还有种族的团结力"，"中国不是没有办法的"。孙中山大受鼓舞，从悲痛中振奋起来。

在民族危急关头，中华民族的团结力是外国侵略者难以估量的。年近七旬的退休老将冯子材挺身而出，率领粤军赶到广西前线。1885 年 3 月的镇南关之役，法军全线崩溃，残兵败将狼狈逃窜。镇南关大捷扭转了整个中法战局的形势。中国前线将士群情振奋，决定乘胜追击逃敌，打败法国侵略者。

法军在镇南关惨败的消息传到巴黎，引起了法国统治者的巨大震动，茹费理内阁倒台，法国的军事和外交陷于一片慌乱之中。

镇南关大捷传到北京，清朝统治者却卑怯地提出"乘胜即收"，否则"大局将不可收拾"的论调，无耻地向战败的法国求和。

1885 年 6 月 9 日，清朝政府代表李鸿章和法国公使巴德诺在天津签订了正式条约：承认越南是法国的保护国，给予法国在中国广西、云南通商的特殊权益，规定中国以后如果在广西、云南两省修建铁路，要同法国"商办"。

战败的法国，竟然成了战胜国，完全达到了它发动这场侵略战争的罪恶目的。

清朝政府的腐败和卖国，极大地刺激了孙中山，更激发了他的爱国热忱。他痛感到：若不改革中国的政治，中国就必然灭亡。这时候，他记起《尚书》中伊尹对成汤说的话："兼弱攻昧，取乱侮亡。"弱而昧的国家，是可兼可攻的。这个弱而昧的清朝政府，是必须而且可以推翻的。

中法战争的失败，使孙中山产生了革命的要求和勇气。他后来回忆说："余自乙酉中法战后，始有志于革命。""余自乙酉中法战败之年，始决倾覆清廷，创建民国之志。"

注释：

[1] 广东沿海的一种帆船。底较平，结构坚固，在沙滩上搁浅时不易损坏或倾覆。

[2] 陆皓东（1867—1895），原名中桂，字献香。广东香山人。1895 年与孙中山共同组织香港兴中会，谋在广州发动武装起义，因叛徒出卖被捕，与丘四、朱贵全等同遭杀害。

[3] 杨鹤龄（1868—1934），香山县翠亨村人，广州算学馆毕业生，当时住在香港自己家庭开设的商店里，后成为兴中会会员。

[4] 杨心如，杨鹤龄的堂侄。

[5] 外茔村，今珠海市外沙村。

[6] 卢慕贞生于 1867 年，卒于 1952 年。

[7] 孙科生于 1891 年，卒于 1973 年。

[8] 孙娫生于 1895 年，卒于 1913 年。

[9] 孙婉生于 1896 年，卒年不详。

第四章 | "以学堂为鼓吹之地"

在香港中央书院毕业后，孙中山面临着就业或升学的选择。

有一些朋友劝孙中山谋个一官半职，走入官场。

孙中山知道，在中国有四种仕宦之途：一是中举，二是从军，三是被人保荐，四是拿钱买官。不管是哪种途径，要做官，都不能离开钱。孙中山对此深恶痛绝，又怎能与之为伍？况且，一介书生，也付不出巨额的门包和贿赂。

檀香山的一些朋友则希望孙中山投考神学院，将来做一名传教士。

孙中山虽然信奉基督教，但却不愿做一名传教士。

他也曾设想过进入陆军学校、海军学校或法律学校，但都没有可能。在当时，要入陆军学校，须先得清朝政府允许，还要送门包和贿赂。这是他所厌恶的。福州的海军学校，在中法战争中被法国军舰轰毁了。法律学校，则当时的中国尚未设立。

他又想到在檀香山读书的时候，与老师杜南山畅谈良医良相的情景；想到福州海战，不少受伤的中国官兵因为得不到救护医治而死亡的惨况，他觉得医术是"救人苦难术"，"惟行医最能为功于社会"。他"决定要做一个医生，用医道来为人民服务"[1]，用医道来进行拯救祖国的活动。

于是，孙中山请喜嘉理牧师介绍他到广州博济医院附设南华医学堂[2]读书。喜嘉理牧师欣然应允，给博济医院院长嘉约翰写信介绍，并且为他说项减轻学费。

1886 年夏天，20 岁的孙中山，进入了南华医学堂，住哥利支堂十号宿舍。

美国基督教长老会于 1835 年创办广州博济医院，1855 年附设南华医学堂，将二十多种西方医学教科书译成中文讲授。每年收学费二十元，招收男生入学，1879 年兼收女生。

孙中山在南华医学堂读书期间，据说家里每月只汇寄六元钱给他作生活费用，但他安然处之，专心攻读医学。1911 年 11 月中旬，孙中山与伦敦《滨海杂志》记者交谈时，还说："我很喜欢这门学科，相信我将会有一个为我的同胞行医的有益的职业。"

孙中山所在班级有男生十二人，女生四人。在同学中，他的年龄算是小的，但却是班里的高才生。当时，他给同学的印象是："年少聪明过人，记忆力极强，无事不言不笑，有事则议论滔滔，九流三教，皆可共语。竹床瓦枕，安然就寝，珍馐藜藿，甘之如饴。"

南华医学堂是一所新式的西医学校。奇怪的是，孙中山入学时候，男女学生不但座位分开，还得用帐幔分隔开来。而且，学习妇科，教师只带外国学生和中国女学生实习，却不让中国男学生跟着去。

不平则鸣。孙中山对这种荒唐的现象十分生气，和洋人教师争论了半天还是没有结果，就跑到嘉约翰院长那里去，问这位美国人："同是学生，为什么要歧视我们，不许我们到妇科实习？"

嘉约翰有恃无恐地说："你们中国人，不是遵奉'男女授受不亲'的古训吗？但我们美国人就没有这种拘束啊！"

孙中山针锋相对地回答："我们中国人学医，不也是治病救人？中国妇女有病，中国的男医生能不救吗？究竟救命要紧，还是不合理的礼教为重？想来院长是十分清楚的。"

院长愣住了，感到无言以对。不久，学堂终于取消了不许中国男学生实习妇科的禁例，教室里的帐幔，也除掉了。

孙中山除了攻读医学，还延请国文教师陈仲尧教授中国经史。

作为医科学生，孙中山这样重视国学，曾使一些同学误解。同学何允文有一段忆述，读起来饶有趣味：

民族振兴的追梦者——孙中山

"总理在博济习医时，宿舍中藏有自置之廿四史全部。同学每嘲笑其迂腐及虚伪，以为其购置此书不事攻读，只供陈设之用而已。一日，我抽其一本，考问以内容，不料总理应付如流，果真每本都读过。"

这件事传开，误解转化为钦佩。同学们誉孙中山为"通天晓"。

孙中山读书不忘救国。他依然以"洪秀全第二"自居，广交社会人士，身有余钱，不论教师、学生、工人、商贩，都视之为友，在外共餐。茶余饭后，又不问是否赞成革命，相互之间是否了解，必定谈论中国现状的危险，国人应当起而自救。可惜，当时许多人只当他是"大话书生"，一笑置之。

只有一个别具慧眼、举止诚挚的同学，经常热心倾听孙中山的言论，对他十分钦佩。

他，就是郑士良[3]。孙中山和郑士良既同处一校，又志同道合，他们结识后，就常谈论时事，十分投机，逐渐成了莫逆之交。几十年后，孙中山在《孙文学说》中追忆了他结识郑士良的经过：

"当予肄业于广州博济医学校也，于同学中物识有郑士良号弼臣者，其为人豪侠尚义，广交游，所结纳皆江湖之士，同学中无有类之者。予则一见则奇之，稍与相习，则与之谈革命。士良一闻而悦服，并告以彼曾投入会党，如他日有事，彼可为我罗致会党以听指挥云。"

在南华医学堂学习期间，孙中山还结识了尤列[4]。

一天傍晚，孙中山和郑士良上街买荔枝，忘了带钱，吩咐小贩翌日来校取款，小贩不肯赊账，双方正在争执。恰巧，尤列随同族叔、孙中山的校友尤裕堂到博济医院访友经过。尤裕堂代付了钱，然后一同回校。当晚，众人以水果当饭，侃侃而谈，非常投机。从此他们经常来往，谈论政治，结成好友。

1887年2月17日，香港议政局议员、律师兼医生何启[5]以亡妻雅丽的遗产创办了雅丽氏医院。8月，又决定在医院内设立西医书院。西医书院以掌院为执行院务首脑，初由史特渥地博士充任，下设教务长，由孟生博士和康德黎博士先后充任，推李鸿章等为名誉赞助人，何启为名誉秘书，此外，有各科教师十多人，多为专门学者与医生。9月，西医书院派人到广州招收能懂中、英文字的新生。

孙中山一听到这个消息，就立刻到香港西医书院注册入学。他在注册簿下署名"孙逸仙"。"逸仙"，是"日新"的粤语谐音。这是1886年区凤墀为他改称的。

孙中山之所以要转学，他在《孙文学说》中做了这样的解释："予在广州学医，甫一年，闻香港有英文医校开设，予以其学课较优，而地较自由，可以鼓吹革命，故投香港学校肄业。"

西医书院是一所用英语教学的医科大学，学制五年，师资水平较高，教学设备较完善，尤其注重临床实习，学生经常在雅丽氏医院门诊室和药房担任医生和药剂师的助手，上化学课的时候，还经常到实验室做实验。

孙中山在这所大学学习了五年，以优异的成绩于1892年7月毕业[6]。

陈少白曾有一段文字描述了孙中山在此学医的成绩：

"孙先生求学的用心，实为我所仅见。在雅丽氏学校读书，平时无论什么学科都是满分。到了二十七岁毕业的时候，其中只有一科是九十几分，校中教员与考试官就为他开一个会议，觉得这个学生是本校中最好的学生，学科中大部分是满分，只有一科稍为欠缺些，似乎是美中不足，会议结果，他们就送给他几分，使他得到全部满分的荣誉。所以在毕业证书上是注明'满分'的。"

在西医书院，孙中山确实是位出类拔萃的学生，但他的学习成绩并非如陈少白所说是全部满分。事实是，孙中山在五年专门考试中，从未拿过"满分"，而且还有两科不及格。陈少白这一段文字写于1929年，主旨是宣扬孙中山是个"天赋过人"的"天才"。

孙中山除了刻苦钻研医学，还常常在深夜阅读大量中国古代典籍和西方政治、经济、军事、历史、科技方面的著作。他尤其爱读《法国革命史》和达尔文的《物种起源》。他特别崇敬达尔文，多次公开赞颂"达尔文的功劳，比世界上许多皇帝的功劳，还要大些"。同时，在他的脑海里，时常涌现出这样的问题："照进化论中的天然公理说：适者生存，不适者灭亡；优者胜，劣者败。我们中华民族到底是优者呢？或是劣者呢？是适者呢？或是不适者呢？"

在当时，这是一个多么含糊不清而又多么严峻的问题呵！

孙中山很注重学以致用。用他自己的话来说："我曾一度劝乡中父老，为小规模之改良工作，如修桥、造路等，父老韪之，但谓无钱办事。我乃于放假时自告奋勇，并得他人之助，冀以自己之劳力贯彻主张。"孙妙茜也说："以前翠亨屡遭外来盗匪骚扰。帝象在香港读书，每当假期回家，时常组织乡中持枪壮丁打更防盗。"孙中山研究农学时，"每与乡间老农谈论耕植，尝教之选种之理、粪溉之法，多有成效"。

在这过程中，有一件事使孙中山深受刺激。

修路因为涉及邻村土地，引起了纠纷，孙中山只好呈请县令，请求协助解决。当时的知县李征庸表示同情，答应届时协助进行。可是，当下一个假期开始，孙中山兴冲冲赶回家乡的时候，李征庸的职位，已经由杨文骏花了五万元买去。而这个杨文骏，却是个号称"剥皮杨"的搜刮民财的能手。孙中山大失所望，扫兴而去。他从此"深知中国无良好政府，办事必不能成"。

值得注意的是，随着科学知识的增进，孙中山的宗教观念逐渐淡薄了。他自己说过："予于耶稣教之信心，随研究科学而薄弱。予在香港医学校时，颇感耶稣教之不合论理，因不安于心，遂至翻阅哲学书籍。当时予之所信，大倾于进化论，亦未完全将耶稣教弃置也。"

孙中山读书不忘革命，大学时代，可以说是他的"革命言论之时代"。请看看孙中山的几段忆述吧：

"我……又转香港雅利士医院，凡五年，以医亦救人苦难术。然继思医术救人，所济有限，其他慈善亦然。若夫最大权力者，无如政治。政治之势力，可为大善。亦能为大恶，吾国人民之艰苦，皆不良之政治为之。

"若欲救国救人，非锄去此恶劣政府必不可，而革命思潮遂时时涌现于心中。惜当时附和者少，前后数年，得同心同行者不过十人……"

"予……投香港学校肆业。数年之间，每于学课余暇，皆致力于革命之鼓吹，常往来于香港、澳门之间，大放厥辞，无所忌讳。时闻而附和者，在香港只陈少白、尤少纨、杨鹤龄三人，而上海归客则陆皓东而已。若其他之交游，闻吾言者，不以为大逆不道而避之，则以中风病狂相视也。

　　"予与陈、尤、杨三人常住香港，昕夕往还，所谈者莫不为革命之言论，所怀者莫不为革命之思想，所研究者莫不为革命之问题。四人相依甚密，非谈革命则无以为欢，数年如一日。故港澳间之戚友交游，皆呼予等为'四大寇'。此为予革命言论之时代也。"

　　一位爱国革命青年的形象跃然纸上，实在令人敬佩！

　　孙中山把学习与爱国、救国乃至反清联系起来。

　　孙中山常对人谈起太平天国的轶事，称洪秀全为"反清第一英雄"，对太平天国革命失败深表惋惜，自诩为"洪秀全第二"，以太平天国革命事业直接继承者自任。

　　他"以学堂为鼓吹之地"，常常对同学抒发爱国情怀，用"中国现状之危，我人当起而自救"一类言词来激发人们的爱国热忱。同学江英华回忆说："孙先生在院时，喜与同学谈及反满，辄为余言：医生救人只几命，反满救人无量数，吾此生舍反满莫属矣！"这样做，既激发起一些同学的爱国热忱，也招来落后同学的反对。

　　孙中山还专心研究中国地理。他的卧榻旁边，挂了一张中国大地图。他时常频频注视，筹思攻守要地。有人进来了，他就指着地图很感慨地说："如此江山，付之非人，安能忍与终古哉！"

　　孙中山还曾暗自制作炸弹。他为了试验效力，把炸药包从医院楼上掷出街外，轰隆一声，惊动了四邻。警察闻声赶来，追查了数天，还是不知头绪，最后只好不了了之。

　　孙中山利用课余或假日，经常往来香港、澳门之间，结交朋友，和有识之士共同寻找救国真理，探索中国的出路。

　　在香港，与孙中山志同道合的是杨鹤龄、尤列和陈少白[7]。

　　杨鹤龄1882年进入广州算学馆读书，与尤列同窗，毕业后到了香港，住在父亲开设的"杨耀记"商店里。孙中山得知好友到港，很是高兴，常常到"杨耀记"与杨鹤龄叙谈。

尤列在广州算学馆毕业后，1890年，经过考试，充任香港华民政务司书记。一天，尤列到歌赋街"杨耀记"访问学友杨鹤龄，恰好孙中山同时来访。在座朋友多人。孙中山高谈时事，意气激昂。尤列听着听着，忘乎所以地用手指着孙中山说："诸君未曾见过洪秀全么？此人之头脑即与洪秀全同样矣。"孙中山急中生智，马上回应他道："你是游智开。"尤、游同音，游智开是当时的广东巡抚。孙中山的话，引得众人哈哈大笑。次日，孙中山特地邀请尤列到威灵顿街杏燕楼西菜馆小叙，告诉他：现在民智尚未开通，昨日交谈的事要保守秘密。尤列点头答应。

陈少白比孙中山小三岁，他丰姿俊美，才思敏捷，诗词歌赋，琴棋书画，无所不通，有风流才子之号。

开始，陈少白在广州格致书院[8]读书。他因事要到香港，在到香港之前，老朋友区凤墀对他说："你到香港，我可以介绍给你一个人，这个人恐怕同你见解很相合的。"

区凤墀所要介绍的就是孙中山。

陈少白到了香港，请王煜初牧师带他到西医书院会见孙中山。孙中山看了介绍信，又见陈少白风度翩翩，心里十分高兴，同他谈了10分钟，就说："我们去逛逛公园吧！"陈少白初到香港，也不知道什么，就跟着孙中山到了植物园，择了一个很僻静的地方，两人坐下谈论时局，觉得很投契，谈到反清的事，竟两心相通。

过了几个星期，陈少白因为家境日衰，到了香港，准备半工半读，减轻家里的负担。孙中山常常耐心地劝陈少白学医说："医学是很有用的。"陈少白因为习性不近，老是不愿意。最后，孙中山干脆自作主张，替他报了名。陈少白答应下来，转入西医书院。他所读的班，比孙中山低两级。不久，他俩结拜为兄弟。

陈少白入学后，便和孙中山住在一起。他们的房间，除了两张铁床，都堆满书籍。他俩十分友好，但彼此也常常互相戏弄，发起脾气来，还常常互相推推打打，甚至用书籍、杂物互相抛掷。他们宿舍的窗口，正对着伦敦教会道济会堂的天阶和厨房。那时，常常有杂物从窗口掷下来，弄得道济会堂的人十分恼火。有一次，竟然连煤油灯也从窗口直飞下来。道济会堂的主持王煜初牧师没有别的办法，只好亲自到西医书院申诉，请求老师对他们严加管教。

孙中山觉得在西医书院谈论时政还有不便，便与杨鹤龄商量办法。杨鹤龄决定在"杨耀记"内独辟一楼，为朋友聚集交谈的地方。每遇闲暇，孙中山、陈少白、杨鹤龄、尤列四人便在这里聚会。他们风雨连床，畅谈竟夕，纵论天下大事，筹磋中国前途，抨击清朝的黑暗统治，提出了"勿敬朝廷"的口号。孙中山说："洪秀全未成而败，清人贬为寇，而我们四人的志向正如洪秀全一样，那么，我们四人倒成了清廷的'四大寇'了。"从此，"四大寇"的称号传了开来。

"成者为王，败者为寇。"当时，社会舆论常常把敢于向封建统治者挑战和起义造反的人贬称为"寇"。许多人听到"四大寇"发表反清言论，就有意避开，敢于附者为数甚少。其中，主要有郑士良、陆皓东和杨衢云[9]。

郑士良1888年辍学返回惠州，在淡水墟开设同生西药房，联络会党，被推为三合会首领。

陆皓东1890年在上海电报学堂毕业后，被派到安徽芜湖电报局工作。

他们两人有时到香港、广州小住，都积极支持孙中山的政治主张。郑士良还为孙中山提供了中国秘密结社的情况，对孙中山帮助很大。1900年，孙中山在与宫崎滔天谈话中特别指出这点："时郑弼臣犹肄业广东医学校，时来加入'四大寇'之列，及交愈稔，始悉彼为三合会头目之一。于是赖以得知中国向来秘密结社者之内容，大得为予实行参考之资料。然予由谈论时代入于实行时代之动机，则受郑君所赐者甚多也。"

杨衢云比孙中山小五岁。他善拳术，好打抱不平。当时，香港大马路上酒吧林立，英国军人酗酒闹事，凌辱殴打中国人的事常常发生。他每遇这种情况，即"挥拳奋击醉兵"，因此，多次被执送警署。他常常愤慨陈言："外人待我不平，同胞必须发奋图强。其所以致此，皆因满胡压逼汉人，不能致中国于强盛，故受外人欺侮也。"大约在1891年，杨衢云与孙中山相识，两人一见如故。从此，他经常到孙中山宿舍谈论救国大计。

应当说，孙中山和其他青年志士当时鼓吹的还只是反清的思想，至于

"创建民国"的念头，则还没有。

陈少白当着孙中山、尤列和杨鹤龄的面，谈论当年"四大寇"的情况，可以为证。他说："现在'四大寇'都在此地，我可以说，当时我们不过是志同道合'作乱'的青年小子，相见时就大谈特谈推倒清朝专制政府来继续太平天国未竟的事业，互相激励，共同造反而已，不特对于革命理论、主义，没有详细研究过，进行步骤也没有一定程序，组织政府、建设国家等更谈不到了。甚至革命一词，都没有用过。"

同学关景良的母亲黎氏和孙中山在当时的一段有趣的问答，也是证明。

"你志高言大，想做什么官？广东制台吗？"

"不。"

"想做钦差吗？"

"不。"

"那末想做皇帝吗？"

"皆不想，我只想推翻满清政府，还我汉族山河，那事业比皇帝更高大了。"

但不管怎样，从"改良祖国拯救同群之愿"发展为"若欲救国救人，非锄去恶劣政府必不可"的思想，不能不说是孙中山思想的一大进步。

1892年7月，孙中山以全校之冠的优异成绩毕业，获得学士学位。是月23日，在西医书院举行的第一届毕业典礼上，孙中山获得医学、产科、卫生与公共健康学三科考试成绩第一名的奖品。他的毕业执照上，用中、英两种文字写着：

"香港西医书院掌院并讲考各员等为给执照事：照得孙逸仙在本院肄业五年，医学各门，历经考验，于内外妇婴诸科，俱皆通晓，确堪行世。奉医学局赏给香港西医书院考准权宜行医字样，为此发给执照，仰该学生收执，以昭信守。"

教务长康德黎，为西医书院能够培养出孙中山这样优异的学生感到由衷高兴。毕业典礼后，他特地邀请五十人宴贺。这是孙中山得来不易的荣誉。

这年，孙中山二十六岁。羽翼丰满的山鹰，要飞翔了。

注释:

[1] 《宋庆龄选集》，人民出版社 1966 年版，第 369 页。

[2] 广州博济医院附设南华医学堂，今广州中山医科大学附属第二医院旧址。

[3] 郑士良（1863—1901），号弼臣，广东归善（今惠阳）人，曾求学于广州博济医学校，与孙中山结识，1895 年参加兴中会，负责联络会党工作，1900 年领导惠州三洲田起义，屡败清军。次年在香港被清吏毒死。

[4] 尤列（1865—1936 年），字少纨，广东顺德县人，广州算学馆毕业生，时任香港华民政务司书记，后成为兴中会会员。

[5] 何启（1858—1941），广东南海县人，字迪之，号沃生，曾留学英国。

[6] 孙中山在香港西医书院修业期限，有各种不同的说法，一说四年半，一说五年，一说五年半。我们认为五年说是对的。西医书院的学制是五年，孙中山在西医书院修业年限也是五年。根据是：康德黎 1892 年 7 月 23 日在西医书院第一届毕业典礼上发表的演说，就明白地指出："书院所研习之课程，其依据可谓与不列颠各医科学校所编定者酷似……故自始以五年编制为目标。"并提到第一届毕业生孙中山和江英华在西医书院的时间都是五年。（罗香林：《国父之大学时代》，重庆独立出版社 1945 年版）西医书院发给孙中山的毕业执照也写明："照得孙逸仙在本院肄业五年"。1896 年 11 月孙中山在复翟理斯函中说："二十一岁改习西医，先入广东省城美教士所设之博济医院肄业，次年，转入香港新创之西医书院。五年满业，考拔前茅，时二十六岁矣。"（《孙中山全集》第一卷，中华书局 1981 年版，第 48 页）1897 年他在《伦敦被难记》中说："予……闻香港创立医科大学，遂决计赴香港肄业。阅五年而毕业。"（同上书，第 50 页）1911 年 11 月他与伦敦《滨海杂志》记者的谈话中也说："当我一听到香港要开办一所医学院的消息，就立刻去见教务长康德黎博士，并且注册入学。我在那里渡过一生中欢乐的五年。"（同上书，第 547 页）

[7] 陈少白（1869—1934），原名闻韶，号夔石，广东新会人，曾入广州格致书院，1895 年参加兴中会，组织广州起义未成，流亡日本。1900 年初在香港主编《中国日报》，1905 年任香港同盟会会长。1911 年广州光复，任广东都督府外交司司长，不久辞职，组织粤航公司。1924 年任孙中山总统府顾问。

[8] 广州格致书院，即今岭南大学的前身。

[9] 杨衢云（1861—1901），原名飞鸿，字肇春，福建海澄人。曾在香港创设辅仁文社，以"开通民智，讨论时事"为宗旨，1895 年与孙中山等在香港成立兴中会总部，10 月参与广州起义，事败，奔走南洋、印度及南非各地，遍设兴中分会。1901 年在香港遇刺死亡。

第五章 | "借医术为入世之媒"

　　孙中山虽然以"最优异"的成绩获得了毕业执照，但在香港却"未有位置"。香港西医书院的课程，在香港医管局看来，并没有完全按照英国的标准设置，所以，该院的毕业文凭不被香港医管局承认。这样，孙中山手里的文凭如同废纸一张，他没有行医的权利。

　　无奈之下，孙中山就计划在香港开设药房，让陈少白替他草拟招股章程。这件事，忽然被康德黎博士知道了，连忙赶来规劝孙中山："你不应该干这种事情，不能用你的名字去开药房。因为你是本校第一届第一名的学生，应该自爱。"在英国，医师的地位很高，在社会上属于"上等人"。而做买卖的人，则不能与之相提并论。孙中山理解老师的苦心，见他如此郑重其事，只好放弃了这个计划。

　　康德黎博士十分关怀得意门生的前途，他四处奔走，请香港总督罗便臣驰书英驻北京公使，托英公使向北洋大臣李鸿章陈述孙中山、江英华两人"识优学良，能耐劳苦"，"请予任用"。李鸿章复函同意：可来京候缺，每人暂给月俸五十元，授予"钦命五品军牌"。

　　孙中山认为潜身京都，可以广泛交游，物色有志之士，从事"医国事业"，便改变原先在香港、广州活动的打算，同意上京赴任。

　　康德黎博士十分高兴，亲自带领孙中山、江英华到达广州。他俩也打算向李鸿章的哥哥、两广总督李瀚章领取军牌后，马上上京。他们没有料到，就这么一件事，却遭到总督衙门的诸多刁难，其中一项，是要详细填写侮辱人格的三代履历，方准领牌。孙中山十分生气，转身便走，立即离穗返港。

在香港行医既不可能，北上的打算又落空，到哪里去寻找一个安身立命之所呢？最后，孙中山"决定到澳门去碰碰运气"。

孙中山在西医书院求学期间，假期返家乡经过澳门的时候，曾为当地绅士、镜湖医院董事曹子基、何穗田家人诊治，原来久病不治的，一药便愈，简直是妙手回春了，大家赞叹不已。现在，孙中山到了澳门，镜湖医院立即聘请了他。

镜湖医院是一间慈善医院，专用中医中药治疗病人。孙中山向院方建议兼用西医西药，院方也破例采纳。

1892 年 12 月 18 日，孙中山通过杨鹤龄说项，澳门豪富、杨鹤龄的七妹夫吴节薇同意做担保还银人，向镜湖医院贷款本银二千元，在澳门大街开办中西药店，单独行医，成了中国籍西医生在澳门开业的第一人。

四年后，孙中山在《伦敦被难记》中，还怀着感激的心情叙述这些往事："予既卜居于澳门，澳门中国医局之华董所以提携而嘘拂之者无所不至，除给予医室及病房外，更为予购置药材及器械于伦敦。此事有大可注意者一端，则自中国有医局以来，其主事之官绅对于西医从未尝为正式之提倡，有之，自澳门始。"

当时，迷信、愚昧、偏见还禁锢着大多数中国人的头脑。他们有病，常常是不求医而求神明，或者相信中医而忌讳西医，甚至经常上巫婆和江湖骗子的当。所以，在中西药店开办的时候，有些人就对它的前途表示怀疑。1887 年，《中华基督教医学报》就提出："在香港或者上海这样的地方机会尚且有限，何况别处？"

孙中山了解这种状况，并决心改变它。还在大学期间，他曾经制止过一个工人请"江湖佬"医治脚疮的事。

1892 年春，孙中山用孙眉汇来的款项，在家乡亲自设计建筑的楼房[1]即将竣工的时候，请来几位打桩工人砌筑庭院的围墙。其中，一个工人的脚上长了一个久治未愈的大疮。一天，这个工人忽然听到"咚，咚，咚"的竹筒响声，知道是江湖医生来了，连忙请他医治。江湖医生看到病人的心情焦急，就说：这个大疮有奇毒，可以医好，但得要高昂的医药费。

这时，孙中山刚好在家看书，听到人声嘈杂，走出来问明底细，便对病人说："我是一个医生，为什么不叫我替你医治呢？"

江湖医生见孙中山与他争生意，勃然大怒，登时从袋中取出飞砣，猛地喊道："我一飞砣打断你的脚，也能替你医好。"这飞砣是个酒杯大的圆锥铁球，勾着铁索，是打人的凶器。

形势如山雨欲来，众人不禁怔住了。

穿着长衫的孙中山转身噔噔地走进正厅，打开抽屉，用手一摸，然后出来，用长袖遮着的手对着江湖医生，朗声回答："我一支'对面笑'（手枪）打死你，也能让你死里回生。"

这简直是一触即发的对峙。

江湖医生霎时面无血色，木鸡似地站着。家人恐怕孙中山闯出祸来，马上上前劝阻。江湖医生趁势溜走。

孙妙茜安定下来，才问孙中山："你哪里来的手枪？"孙中山微微一笑，露出手指，做起刚才的样子："这不是手枪吗？"众人不由哈哈大笑。不久，这个工人的毒疮也由孙中山治愈了。

孙中山决心用优良的医德、高明的医术打开局面。他自愿充当镜湖医院义务医生，不受谢礼。他在中西药店为人治病，善疗善取，对贫者甚至赠医赠药。

孙中山擅长外科手术。在镜湖医院，他曾为一个病人开刀取出一个大如鸡蛋，重一两七钱多的肾石。这在当时，是极其罕见的。

说来有趣，据康德黎回忆，那时"在中国施行外科手术不能谢绝参观。这与在英国医院的工作情况不同。当孙逸仙施行手术时，医院里非专家的华人董事们竟来坐在手术台附近地方，病人的亲族朋友也环立左右，聚精会神地注视手术的进行，特别是在为病人开刀取出的石头，最能轰动旁观者的惊讶兴味"。

施行较大手术的时候，康德黎常从香港前来协助。后来，康德黎解释他不辞跋涉的原因，在于孙中山的"天性易于吸引人们注意他：时常预备在诊室中或沙场上替他服务；一种不可解释的潜势力，一种吸引人们亲就他的磁性"。

不久，孙中山就被人们誉为"国手"，行医不满两三月，声名鹊起。

孙中山声誉日盛，引起澳门一些葡籍医生的嫉妒。他们利用孙中山未执有葡萄牙政府准予开业的证书，始则规定孙中山"不得为葡人治病"，继则"饬令药房见有他国医生所定药方，不得为之配药"。因此，孙中山的医业猝遭顿挫，虽然极力运动，终归无效，不得不取下中西药店的招牌，迁徙广州。

1893 年春，孙中山到了广州，在西关冼基创设东西药局；从便利城内病者就诊考虑，又在双门底[2]圣教书楼内设医务分所。与此同时，还在香山县石岐镇与人合资开设东西药局支店。

孙中山对贫困的病人特别优待，不单免收医药费，而且往往先送上一杯牛奶，待他们神气略定，才开始诊断。一天，孙中山在石岐镇近郊散步，看见一个人直挺挺地躺在地上，似乎已经死了，他的妻子跪在旁边号啕大哭，痛不欲生。孙中山忙上前劝慰，并将"死者"端详一会，便对妇人说："你丈夫并没有死，他的病还可有治。"妇人惊讶得简直不敢相信自己的耳朵。待农民将"死者"抬到诊所，孙中山给他注射了药物，不久，"死者"果然发出呻吟，起死回生。这样，在广州、香山一带，孙中山名声大振，以至两广总督衙门的官轿，也常常载着他入内为少爷诊治。

孙中山悬壶澳门、广州两地，虽然对贫者赠医赠药，一年仍然有一万多元的收入[3]。但，金钱不足以动摇他从事"医国事业"的决心。而且，他也不容许自己变成一个赚钱的机器。他，"借医术为入世之媒"，通过行医，与社会各阶层人士广泛接触，甚至与官绅经常往来，更是目睹了中国社会上层的黑暗和罪恶。

行医中的所见所闻，给孙中山的思想以极大的震动，使他深切体验到中国人民所遭到的种种巨大的苦难：饥荒、水患、疫病，生命和财产毫无保障。而官吏贪污，则是中国一切灾难的根源之一。"官以财得，政以贿成"，"官僚生活中的乌烟瘴气，犹如死海上的浓雾一样，唯有它那微弱的磷光，

民族振兴的追梦者——孙中山

46

才把笼罩在阴暗中的北京清廷衬托出来"。

更重要的是，孙中山在社会考察中，看到中国人民深沉的智力，看到中国人民的革命情绪正在不断增长："华人之被桎梏纵极酷烈，而其天生之性灵，深沉之智力，终不可磨灭。""满政府既藉苞苴科敛、买官鬻爵以自存，则正如粪土之壤，其存愈久而其秽愈甚；彼人民怨望之潮，又何怪其潜滋而暗长乎！"

中国的现状既然是岌岌可危，要救国救民，就非要锄去恶劣的清朝政府不可。孙中山行医期间的一段轶事，足以说明他已经进一步认识到这点。石岐镇银铺商人徐某曾追忆说："孙先生常至余家早膳。某日清晨，复莅余家，出《救国策》一本示余，所言皆革新事业。余熟视后，语先生曰：'余商人，不知国家大计，但君直言必触时忌，愿慎之。'先生闻而哂焉。越旬日遇先生石岐渡中，先生语余曰：'日前示君《救国策》，尚非根本解决，欲救国非革命排满不可。'"

要推翻清朝政府，绝不是几个人所能完成的。现在，孙中山更是积极实行他在大学时代提出的"物色有志学生，结为团体，以任国事"的主张了。

为了物色同志，孙中山煞费苦心。广东水师广丙军舰管带程璧光患有胃病，找孙中山医治。孙中山见他是位海军人才，估计以后必有大用，而且又是同志程奎光的哥哥，便想方设法结识他，共"任国事"。孙中山对程璧光说，他的病需要每天早晨到野外散步，呼吸新鲜空气，方可治愈。此后，孙中山亲自陪程璧光到郊外散步，借机谈天说地，批评时政，终于与程璧光结为朋友。就这样，他从澳门到广州以后，陆续结识了左斗山、魏友琴、程璧光、程奎光、王质甫、程耀宸等同志。

行医一年后，孙中山干脆请区凤墀的女婿尹文楷医生主持医务工作，把店里事务交托一两个伙计管理，自己"行医日只一两时，而事革命者实七八时"。他把收入用在交游上。到第二年，由于他的伙计把医金统统放在买卖上，弄得他连开销也不够，最后，陈少白不得不替他设法维持。但孙中山并不在意。对他来说，最要紧的是"医国事业"。

1893年冬，孙中山开始考虑成立革命团体的事了。他与陆皓东、郑士良等八人聚会广州广雅书局内的南园抗风轩[4]，考虑以"驱除鞑虏、恢复华夏"为宗旨，创立兴中会。只是因为人数不多，还没有具体组织起来。

不管怎样，他们确确实实行动起来，开展革命活动了。

陆皓东将翠亨村的田产变卖，与尤列、周昭岳合资，在顺德县北水乡创办兴利蚕子公司，作为联络会党的秘密场所。

郑士良四处奔走，"结纳会党，联络防营，门径既通，端倪略备"。

孙中山在香山轮船与陈少白商量"将来有机会的时候，预备怎样造反"。他在家里，试制炸药。

在翠亨村孙中山住的楼上，有个小陶缸，里面装着白色的药粉。家人也不知道它的用途，只是孙妙茜偶尔帮助他晒晾一下。

一天黄昏，孙中山掏出一些药粉，搁在一块白布上面，轻轻包扎好，小心地走下楼，加上一些沙土，走到刻有"瑞接长庚"的闸门旁，看了又看，然后挥手叫乡亲退后。

人们十分奇怪，正不知孙中山搞的什么名堂，听到孙中山说："看看炸药的威力怎样?"大家一听，更是躲得远远的了。

突然间，只见火光一闪，轰隆一声，震动了全村，待硝烟散去，人们发现，这条七尺长、一尺多高的长石上，现出了一道新的裂缝。

这火光，这响声，这裂缝，意味着孙中山开始革命的行动了。

后来，孙中山在《孙文学说》中，特别强调这一点："及予卒业之后，悬壶于澳门、羊城两地以问世，而实则为革命运动之开始也。"

注释：

[1] 1892 年春，孙眉从檀香山汇款回翠亨村兴建新居。孙中山特地返乡亲自设计建筑图样，将 1885 年孙眉所建的一所房宅加以扩建，成为一幢中西式结合的两层楼房。新居落成，孙中山亲笔写了一副对联"一椽得所，五桂安居"，悬挂在门口两旁。这幢楼房，即今"孙中山故居"。

[2] 双门底，今广州北京路北段。

[3] 孙中山 1909 年致吴稚晖函："我前此以卖药行医每年所得亦不止万余元，此固港粤人人所共知共见也。"（《孙中山全集》第一卷，中华书局 1981 年版，第 420 页）陈少白在《兴中会革命史要》说："他（指孙中山）这一年的医金收入计算一下，竟有一万元之多。"[《辛亥革命》（一），上海人民出版社 1957 年版，第 27 页]

[4] 南园抗风轩，今广州文德路中山图书馆南馆。

第六章 | 创立兴中会

1893 年冬，孙中山与陆皓东、郑士良等人聚会讨论救国的方法。多数人鉴于"外患之日迫"，主张"治标"，"偏重于请愿上书等方法，冀九重之或一垂听，政府之或一奋起"；孙中山则主张"治本"，就是"驱除鞑虏、恢复华夏"。经过连日辩论，大家同意了孙中山的主张。

孙中山虽说主张"驱除鞑虏"以救国，但在他的头脑里，仍然存在着维新改良的念头。这种念头，在一定时间内，时常表现出来。

那时候，孙中山经常反躬自问：这几年，经过多方努力，物色同志仅十人左右。而这些人中，除了程奎光、程璧光是海军军官外，其他都是手无寸铁的书生。"秀才造反，三年不成"，靠这十来个人，是难以迅速拯救中华的。他转而又想：如果清朝政府中有既识时务又掌握大权的人，能够接受自己的主张，也未尝不可挽救贫弱的中国。的确，当今朝廷像是个人体上的大毒疮，是非要除掉不可的。但是，对它，可以开刀割除，剔秽去腐；也可以投以药石，使它自行排脓，长出新肌。前者干脆、彻底，但代价很大。后者效果虽然缓慢一些，但较为稳妥。毒疮终究是要排除的，在动刀之前，何不先用药物试试？如果证明药石无效，再开刀割除，也不算太晚。

孙中山想到了李鸿章：李鸿章不是担任直隶总督兼北洋大臣，手握军政大权的汉族重臣么？他不是经营"自强求富"的洋务、海军三十多年么？他不是香港西医书院名誉赞助人么？他不是曾经同意自己上京候缺么？康德黎博士在毕业典礼上的演说中，不也称赞他是"中国之俾斯麦"么？在当今多灾多难的中国，又是多么需要一个"俾斯麦式"的人物啊！如果李鸿章能听取我的意见，玉成我志，那么，也未尝不可挽救贫弱的中国。

1894年1月底，正是春寒料峭、阴雨霏霏时节，孙中山静悄悄地回到家乡，草拟《上李鸿章书》。

深夜，翠亨村已经沉沉入睡，唯独村西南边缘的一座楼房里，还闪耀着灯光。孙中山坐在木椅上，伴着高脚铜器煤油灯，在十行红格毛边信笺上写着：

"……然而犹有所言者，正欲于乘可为之时，以竭其愚夫之千虑，仰赞高深于万一也。

"窃尝深维欧洲富强之本，不尽在于船坚炮利、垒固兵强，而在于——"

在于什么？孙中山又陷于沉思之中，室内的空气似乎凝固了，孙中山的脑袋也似乎凝固了，他认为自己的观点十分明确，但有时候又似乎觉得很模糊。

他把毛笔一搁，仰靠在木椅背上，深深地吁了一口气，站了起来，在书房里来来回回地踱步，头脑还是清晰不起来。他随手推开面向五桂山的窗门，又推开面向零丁洋的窗门，霎时间，山风伴和着海涛的轰鸣，直向孙中山扑来。这山风，这涛声，混合在一起，似有文天祥"人生自古谁无死，留取丹心照汗青"的正气，也似有鸦片战争以来中华民族饱受屈辱的呜咽，孙中山顿时思潮起伏，浮想联翩，往事又一一涌上心头。

有一次，孙中山要从韶关乘船到英德去，因为错过了载客船只的班期，只好求助货船船夫了。通常，船费是五六钱银子。只是，船夫们害怕因为载了旅客，水警会强收贿赂，以至扣留船只，都不肯搭载他，纵使出到二两银子也是这样。孙中山没有别的办法，只得假说自己是英德知县的亲信，可以保证免受水警的勒索。这时候，一位船主立即表示，只要四钱银子，就可以把他载去。这使孙中山十分感慨：过省有关，越境有卡，处处敛征，节节阻滞，商贾怨毒，货物不畅，中国怎能富得起来？如果中国效法西方国家，关卡无阻碍，保商有善法，多建造轮船、铁路，那么，货畅其流，商贾云集，财源日裕，国势怎能不强盛？

想到这些，孙中山顿时坐了下来，又把毛笔蘸满墨汁，迅速地写下去，拟出励精图治的蓝图：

"而在于人能尽其才，地能尽其利，物能尽其用，货能畅其流——此四事者，富强之大经，治国之大本也。我国家欲恢扩宏图，勤求远略，仿行西法以筹自强，而不急于此四者，徒惟坚船利炮之是务，是舍本而图末也。……窃以中国之人民材力，而能步武泰西，参行新法，其时不过二十年，必能驾欧洲而上之。"

孙中山夜以继日地把自己关在书房里，十多天后，终于写成了《上李鸿章书》的初稿。

孙中山懂得，要会晤李鸿章，绝非轻而易举之事。为了求得"玉成其志"的目的，他不惜走迂回曲折的道路。

他了解到前任澳门海防同知魏恒和盛宣怀的堂弟盛宙怀熟识，就请魏恒给盛宙怀写信，再请盛宙怀写信介绍自己往见盛宣怀，然后，再由盛宣怀介绍会晤李鸿章。盛宣怀1870年入李鸿章幕，深受李鸿章信任。孙中山估计，如果能得到盛宣怀推荐，会晤李鸿章自然不成问题。

1894年2月，孙中山和陆皓东从广州乘轮船前往上海。他们拿着魏恒的信见到盛宙怀，盛宙怀即手书致盛宣怀信，并且将魏恒的信一同附上。

为了慎重起见，孙中山、陆皓东还在上海拜访了郑观应、王韬，请他们协助引见。王韬是香港《循环日报》创办人，又是上海格致书院院长，一向重视洋务，主张改良。他十分赏识孙中山，亲自执笔润色《上李鸿章书》[1]。而郑观应，立马给老友盛宣怀写了一封笃实的介绍信：

"敝邑有孙逸仙者，少年英俊，曩在香港考取英国医士，留心西学，有志农桑生殖之要术，欲游历法国讲求养蚕之法；及游西北各省履勘荒旷之区，招人开垦，免致华工受困于外洋。其志不可谓不高，其说亦颇切近，而非若狂士之大言欺世者比。兹欲北游津门，上书傅相，一白其胸中之素蕴。弟特敢以尺函为其介，俾其叩谒台端，尚祈进而教之，则同深纫佩矣。"

当时，盛宣怀正在天津筹办东征转运。

上书的事仿佛是一帆风顺，顷刻便能实现，孙中山和陆皓东兴冲冲地乘船赶到天津。

盛宣怀接到三封介绍信，在信封上手批时日和"孙医士事"，介绍孙中山往见李鸿章。

孙中山通过李鸿章的幕僚投书，等待李鸿章会晤。

结果，孙中山费尽心血的企求，李鸿章拒不理睬，求见顷刻成了泡影。

上书李鸿章的计划未能实现。它像一颗重型炮弹，轰毁了孙中山头脑中的改良思想，使他清醒起来。后来，陈少白回忆说："孙先生所以要上李鸿章书，就因为李鸿章在当时算为识时务之大员，如果能够听他的话，办起来，也未尝不可挽救当时的中国。岂知所有希望完全成泡影。所以到了这时候，孙先生的志向益发坚决。"从此，孙中山"知和平之法无可复施。然望治之心愈坚，要求之念愈切，积渐而知和平之手段不得不稍易以强迫"。

有人说，孙中山上李鸿章书是一种策略，目的是"窥清廷之虚实"，"观长江之形势"，准备暴动。

持这种说法的人，无非是企图证明孙中山一生只有革命，不掺杂有维新改良的思想。

这样想，并不恰当。须知孙中山绝不是什么"先知""圣哲"，他也是个人，一个不断探索的革命者。在我们看来，他的伟大之处，恰恰是在于不断地追求真理、修正错误。在孙中山的头脑里，既有反清革命的思想，也曾有过维新改良的念头。

19世纪八九十年代，中国出现了一股改良主义思潮。何启、郑观应是早期改良派的代表人物，他们对孙中山都产生了影响。

对孙中山产生直接影响的，首推何启。他是西医书院的创办人、名誉秘书、法医学和生理学的教师。孙中山进入西医书院的时候，正是他主张维新变法，为中国改革救亡大声疾呼之时。孙中山既有志于改造中国，醉心西学，关心时势，景慕何启是很自然的事。

孙中山在西医书院求学期间，课余经常往来香港、澳门；每年寒暑假从香港回家乡，也必经澳门。在澳门的时候，孙中山常和郑观应敞怀交谈。郑观应十分赏识孙中山，曾将他的两篇文稿辑入其主编的《盛世危言》。[2]而孙中山当时关心改良农业、注意培养人才的主张，正是受郑观应思想影响而产生的。

何况，在当时，改良主义在中国还是一种进步的思潮。

孙中山结识一些有志于改造中国的维新派人士，无疑对他起了一定的启蒙作用，有助于他日后民主革命思想的形成。跟着而来的，也有消极的一面，在他的头脑中埋下了改良救国的念头，《致郑藻如书》[3]就是明证。

从本质上来说，在帝国主义和封建主义两座大山压迫下，改良救国的主张是行不通的。

孙中山头脑中的革命思想和改良思想在斗争中消长。上李鸿章书的失败，标志着前者最终战胜后者。

这是值得庆幸的事。从此，孙中山踏上了资产阶级民主革命的征途。

1894 年夏、秋间，孙中山和陆皓东漫游京、津，"以窥清廷之虚实"。

他们在天津"窥"到了李鸿章的底细，知道他是由"军功"这一条道路往上爬的。又凭着戈登和其他外国人的帮助，镇压了太平天国革命运动，被提升为总督、大臣，被尊为傅相，成了清朝政府忠实的看家犬。

他们在天津"窥"到了李鸿章发财致富的方法，其中之一，就是在各级文武官员从全国各地蜂拥而来请求提升任命时，敲诈勒索他们的钱财。

他们在北京看到京城"政治之龌龊，百倍于广州"。

孙中山从中得出了这样的结论："乡村政治，乃中国政治中之最清洁者，愈高则愈龌龊"。

而中日甲午战争更加暴露了清朝政府的腐败无能和李鸿章的卖国嘴脸。

1894 年 7 月 15 日，日本不宣而战，在朝鲜牙山口外的丰岛海面，对从朝鲜返航的清舰"济远""广乙"发动突然袭击，挑起了侵略中国的战争。同时，日本又派出陆军进犯牙山的中国驻军。

8 月 1 日，清朝政府被迫对日宣战。

政治上的投降主义必然导致军事上的失败主义。清朝政府被迫宣战以后，李鸿章采取了被动挨打的战略。他命令陆军"可守则守，不可则退"，命令海军"保船制敌","不得出大洋浪战"。

清朝政府的投降政策，助长了日本侵略者的气焰，招致了中国军队的节节败退。

1894年10月下旬，日本侵略者分兵两路，大举进犯中国，沿途烧杀掳掠，无恶不作，欠下了中国人民擢发难数的血债。

中国人民怀着无比的仇恨，自发地掀起了武装抗日的斗争热潮，坚决回击了日寇的疯狂进攻。

中国败在日本手下，暴露了清朝政府的腐败无能，"上等社会多不满意于军界"；"人民怨望之心愈推愈远，愈积愈深，多有慷慨自矢，徐图所以倾覆而变更之者"。

孙中山义无反顾了，他决定到檀香山去，在那里创立兴中会，"纠合海外以收臂助"，回国发动起义。

1894年10月，孙中山游历了天津、北京、武汉，回到上海，得到郑观应帮助，领到了出国护照，从上海启航，经日本抵达檀香山。

这时候，夏威夷群岛和侨居此地的华侨，与过去相比，都发生了极大的变化。

1893年1月，由于美国幕后策划，夏威夷王国发生了政变，废除了君主制，建立了共和政府。触类旁通，这不由使华侨意识到：祖国衰弱，如果不奋发图强，也将会导致亡国；而大清帝国的政体，也并非不可移易。随着而来，美国势力排华的暴行，增强了侨胞的民族意识，促进了他们的团结，加深了他们的爱国情感，也有助于他们接受反抗清廷的思想。

在甲午战争中，清朝政府惨败的消息传到檀香山，"外国报纸讯消备至，华侨愤恨"。他们"感于祖国危亡，知非驱除满虏，无以刷新图治"，"慨然有澄清之志"。

就连"猛张飞"孙眉，思想上也发生了很大的变化。正如一些回忆录所说，他"往日思想顽固，侧重保守，至是耳濡目染，心理为之一变，每闻乡人自祖国来，报告总理时作歌颂太平天国及反清复国言论，咸不以为异。戚族中有恫以抄灭家族等辞，促其劝阻总理行动者，概一笑置之"。

孙中山先到茂宜岛会见孙眉，向大哥说明来意。

这次，孙眉称赞孙中山"志大言大，首赞成之，且划拨财物一部为助"，还亲自给檀香山的亲友写信，介绍胞弟的抱负。

檀香山是广东华侨集中的地方，华侨资产阶级的力量也比较雄厚。在他们当中，有相当一部分来自香山县和香山附近各县，好些人与孙中山一家有同乡、戚属、同事和朋友的关系。

与孙眉友谊至笃的邓荫南，"经营大糖榨于茂宜山，容纳华工数千人，获资颇丰"。他"生平好猎，善枪法，能从背后反射击鸟，百无一失，又能自制炸药炸弹"。邓荫南听了孙中山的革命宣传，"心折之，愿倾家相助，遂订生死交焉"。

开设仁记西餐店的宋居仁，"觉得西人对我华人非常苛待，故革命之心日炽"，"忽闻孙逸仙极力宣传革命，斯时颇为心动，未几，果见其来餐店，对居仁说明实行革命。居仁闻知，立即将西餐馆生意收盘，挺身随他行革命"。

孙中山经过多方游说，奔走了一个多月，终于有二十多人表示愿意投身反对清朝政府的斗争。

1894 年 11 月 24 日，由孙中山倡议，在卑涉银行华人经理何宽家里，召开了兴中会成立会议，参加会议的有孙中山、何宽、李昌、刘祥、程蔚南、邓荫南、郑金、黄亮、黄华恢、钟木贤、许直臣、卓海、李禄、李多马、林鉴泉、郑照、刘寿、钟工宇、曹采、刘卓、宋居仁、陈南、夏百子、李杞、侯艾泉等二十多人。

他们围着长桌坐着，庄严肃穆，整整齐齐。坐在主席位置上的孙中山，手握《兴中会章程》，把对祖国、对同胞的深情厚谊，对清朝统治者、对外国侵略者的愤怒控诉有机地糅合起来，慷慨激昂、抑扬顿挫、朗朗有声地念着，使得那些远离故乡的游子回肠荡气，感慨万千。他们望着宽额隆准、脸圆口方、眉毛浓淡适中、双目炯炯有神的孙中山，好些人不由热泪纵横了。

　　"中国积弱，非一日矣！上则因循苟且，粉饰虚张；下则蒙昧
　　无知，鲜能远虑。近之辱国丧师，剪藩压境，堂堂华夏不齿于邻
　　邦，文物冠裳被轻于异族。

"有志之士，能无抚膺！夫以四百兆苍生之众，数万里土地之饶，固可发奋为雄，无敌于天下。乃以庸奴误国，荼毒苍生，一蹶不兴，如斯之极。方今强邻环列，虎视鹰瞵，久垂涎于中华五金之富、物产之饶。蚕食鲸吞，已效尤于接踵；瓜分豆剖，实堪虑于目前。有心人不禁大声疾呼，亟拯斯民于水火，切扶大厦之将倾。用特集会众以兴中，协贤豪而共济，抒此时限，莫我华夏。"

　　这是一篇声讨清廷腐败误国的檄文，是一支疾呼中外华人拯救中华的进行曲，是一篇宣告中国人民开始进行民主主义革命的宣言书。

　　会议一致通过了孙中山手拟的《兴中会章程》。

　　章程没有公开载明推翻清朝专制政府、建立资产阶级民主共和国的革命主张，是"以免会员有所戒惧，盖其时华侨尚多不脱故乡庐墓思想，惴惴于公使领事之借辞构陷"。

　　章程规定，本会干部由全体会员"公举"，"凡会内所议各事，当照舍少从多之例而行，以昭公允"，包含着民主主义内容。

　　章程规定，凡入会之人捐银五元，另设义捐，为武装革命筹备经费。

　　根据章程规定，会议选出刘祥、何宽为檀香山兴中会正、副主席，程蔚南、许直臣为正、副文案，黄华恢为管库，李昌、郑金、黄亮、李禄、李多马、邓荫南、林鉴泉等八人为值理，决定会址设在"华人消防所"二楼。

　　会议将告结束的时候，举行了宣誓仪式，各人以左手置于一本打开的《圣经》上，右手向上高举，由李昌朗诵誓词："联盟人某省某县人某某，驱除鞑虏，恢复中国，创立合众政府，神明鉴察。"

　　后来，孙中山曾对同志解释采用这种宣誓方式的理由，说这是模仿当时欧美各国和檀香山人们在法庭上作证的方式，"藉以坚定会员入会的志向，忠诚不渝，不是马马虎虎的玩意儿。加入兴中会对当时专制统治政府来说是大逆不道的造反行为，按清律是要杀头，甚至抄家灭族的，故不得不设法坚定同志们的信心"。

　　兴中会以推翻清朝专制政府、建立资产阶级民主共和国为宗旨，成了中国历史上第一个资产阶级民主革命团体。

　　兴中会的创立，标志着中国资产阶级民主革命派开始登上政治舞台，标志着比较正规的中国资产阶级民主革命的开端。

从此，孙中山成了民主革命派的代表。

注释：

〔1〕有的人说先后经陈少白和王韬修改润色后定稿的《上李鸿章书》是"万言"书，有的人说它"长达八千多字"。据我们计算，《上李鸿章书》不足七千字（标点符号不计算）。

〔2〕据孙中山生前向戴季陶谈及，郑观应《盛世危言》曾采用其两篇文稿。陈少白也肯定确有其事，并说其中一篇论及农业。冯自由明确指出《农功》一文为孙中山所作。笔者认为，上述说法可信。此文内容符合孙中山当时的思想状况，与他在此前后的著述具有内在联系。它最初当是由孙中山执笔，再经郑观应酌加修改后辑入《盛世危言》。陈锡祺教授提出异议，他说："过去许多学者和著作，包括我自己在内，都认为《农功》有可能是孙中山的著作。这种看法，看来值得研究。孙中山写过与《农功》相似的文章是大有可能的，但断言《农功》为孙中山所作，则不一定可信。如果《农功》确为孙中山所写，郑观应当时已享有大名，应不至于攘为己有。而且文章中特别提到'吾邑孙翠溪西医'，对这位西医在'乡试种罂粟'等活动有所叙述。显然，'孙翠溪'就是孙中山。文中介绍和揄扬的口气不可能出自孙中山的手笔。何况郑观应对节录别人的文章，往往列于附论之中，标举原作者姓名。"（《关于孙中山的大学时代》，《孙中山研究论丛》第一集，中山大学学报编辑部1983年编印）

〔3〕收入《孙中山全集》第一卷（中华书局1981年版）。

第七章 │ 广州起义

　　檀香山兴中会一成立，就着手准备在国内发动武装起义。

　　要起义，首先需要确定地点。孙中山认为，选择起义地点必须考虑三个条件：急于聚人，利于接济，快于进取，并据此提出"以广东为最善"的意见。兴中会采纳了这个意见，决定以广东为发难地。

　　其次，发动起义是离不开钱的。他们以向会员征收每人银五元的会费，发行每股一百美元的中国商务公会股券的办法，筹集军费。

　　同时，他们选出二十多人组织兵操队，聘请一位丹麦人为教官，进行军事训练，以作起义的中坚力量。

　　起义准备工作渐渐有了头绪，但筹集到的钱还很少，不敷应用。于是孙中山准备前往美洲，扩展会务，广筹军费。

　　这时候，清兵又被日本打败，大连、旅顺沦陷，京、津岌岌可危，"清廷之腐败尽露，人心愤激"。

　　上海同志宋耀如[1]认为时机可乘，发函催促孙中山归国。孙中山采纳了这个建议，决定中止美洲之行，准备回国。可是，筹集的军费仍只有银一千多元。孙中山十分焦急。孙眉见是这样，毅然以每头六七元的价格，将牧场的几百头牛贱售，把所得款项作为起义的献金。邓荫南也变卖了全部财产，表示了壮士一去不复返的决心。这样，孙中山总共筹得了一万三千美元的军费。

　　1894 年 12 月下旬，孙中山和几位欧美技师、军事人员首先回到香港。接着，邓荫南、宋居仁、夏百子、陈南、李杞、侯艾泉也相继归国，分别在香港、广州奔走效力。

孙中山到了香港，马上召集旧友陈少白、陆皓东、郑士良，讨论扩大兴中会组织事宜。他们决定分头活动，联络同志，首先组织兴中会香港总部。

陈少白赴上海找郑观应，取得了他的支持，又找到了几位同志一起回到广州。

香港辅仁文社成员杨衢云、谢缵泰等接受孙中山建议，加入兴中会。

何启，作为香港议政局议员，不便公开支持孙中山，但答应暗中协助。

1895 年 2 月 21 日，香港兴中会总部宣告成立，通过了修订的《兴中会章程》。

香港兴中会总部设在香港中环士丹顿街十三号，门口挂着"乾亨行"的招牌，以商行的形式作掩护。

"乾亨"二字，出自《易经》，取义"奉行天命，其道乃亨"，坚信革命终将成功。

修订的《兴中会章程》，比之在檀香山制定的章程，有很大进步。它公开抨击清王朝"政治不修，纲维败坏，朝廷则鬻爵卖官，公行贿赂；官府则剥民刮地，暴过虎狼"，造成全国"盗贼横行，饥馑交集，哀鸿遍野，民不聊生"。

陈少白、陆皓东、郑士良、尤列、杨鹤龄、黄咏商、朱贵全、丘四等数十人加入了兴中会。

紧接着，孙中山和陆皓东、郑士良、邓荫南分赴广州秘密串联，建立了广州兴中会分会。程奎光、程璧光、程耀宸、朱淇、左斗山、王质甫、魏友琴等数百人陆续加入。

孙中山打着行医的招牌，积极联络会党、绿林、游勇、防营、水师，共谋举事。

杨衢云、谢缵泰、黄咏商在香港筹措经费、募兵、购运枪械。

从准备起事开始，孙中山就注意争取国际友人和外国政府的支持。

1895 年 1 月 3 日，在一个慈善团体举办的宴会上，康德黎博士把孙中山介绍给梅屋照相馆老板、日本人梅屋庄吉："这是我在香港医学校所教的最优秀的学生。毕业后，曾在澳门、广州开业，是一个很有名声的外科医生，但是现在……"话语突然刹住，康德黎向周围看了看，低声告诉梅屋："因为有重大的目的，所以停留在这里。"

梅屋没有料想到，两天之后，孙中山直接到香港中环大马路二十八号梅屋相馆拜访自己来了。

照了相，孙中山并没有要走的意思。梅屋记起康德黎说过"因为有重大的目的"这句话，感觉到孙中山是以照相为借口，实则是另有用意，便邀请他上楼漫谈。

孙中山轻轻说道："康德黎老师对我说过，你是爱中国，是关心亚洲人前途的人。这是真的，我明白。"

梅屋微微一笑："这是光荣的事，凡是有意关心亚洲前途的人，无论如何，都会如此。"

孙中山突然提出问题来："但是，睡着的人太多了，怎么办？你没感觉吗？所以欧美各国人都称中国为睡狮。如果是狮子，要醒起来才有用，睡着的虽然还不是整个中国国民，但眼睛被蒙蔽、不管事的人实在太多了。"

"眼睛被蒙蔽？"梅屋对孙中山这个观点很有兴趣。

"是呀，这是为什么，大概你也明白，这就是清朝的腐败政治所致。不改变这种状况，将来沦为白种人奴隶的命运，也是不可避免的。"激烈的言论，不断地从孙中山口中冲发出来。

梅屋和孙中山热情交谈，忘却了时间，忘却了早已送上来的饭菜。孙中山从梅屋的谈话中，估计到他有办法弄到武器，并且可以把武器隐藏起来，于是问道："梅屋先生，不打倒清廷，中国是没有前途的！梅屋先生，你能不能帮助我们的事业？"

梅屋搔搔脑袋："这恐怕很危险。"

"没有危险。"孙中山接着又说："不过，如果落到清廷官员手中，不独要坐牢，而且会被处刑。"

"请等一等。"梅屋思索了一会，才说，"不必谈其他了，大事你已讲清楚了，感谢你，我很高兴，我的志向和你一样。你发动吧，我以资金帮助你，虽然不够，但我愿意多方寻求方法。这是日本人的侠义精神。"

孙中山取得了梅屋庄吉的支持后，萌生了寻求得到日本政府援助的念头，于是，他从 3 月 1 日开始，多次到日本驻香港领事馆走访中川恒次郎领事。对此中川曾给当时的日本首相原敬写过两封信，谈及此事。

3 月 4 日，中川写信给原敬云：

"本月一日，经友人介绍，有清国人姓孙名文（西洋医师）来馆。其人乃企图颠覆现政府人物之一。孙文来馆目的，意在向日本提出武器援助要求。云现广州戒备森严，举事困难，且又缺乏武器，望能为其筹措枪炮二万五、短枪一千等。"

当中川问其起义的目的及方法时，孙文答：起义者乃兴中会，即振兴中国之会，其中亦有哥老会等。但未明说其党员人数。只云，一旦举事，必四方响应，"统领"为康有为、吴君（原驻神户领事，号汉涛）、曾纪泽之子等四人。中川又问：成功之后，谁为"总统"？孙文答：未及考虑。若能承诺前项武器要求，则立即四方募集党员。

4 月 17 日，中川又给原敬写信云：

"此后又多次同孙文会面，得悉起义准备未有丝毫进展，但孙文云：已计划将武器由码头附近运入，若日本能稍许给予声援，必能充分举事。孙文主张使两广独立为共和国。"

日本政府却没有这样爽快，断然拒绝了孙中山的要求。孙中山又转而通过谢缵泰与《德臣西报》主笔黎德和《士蔑西报》主笔邓肯联系，取得了这两家英文报纸的支持。

1895 年 3 月 13 日，孙中山、杨衢云、谢缵泰、黄咏商在香港开会，筹划广州起义。

这时候，形势的发展对起义十分有利。

1895 年 2 月，李鸿章经营多年的北洋海军在中日战争中覆灭了。

4 月 17 日，李鸿章代表清朝政府与日本签订了丧权辱国的《马关条约》。

《马关条约》签订的消息一传出，举国震惊。全国各地立即掀起了反对割让台湾、反对投降的斗争。台湾爱国军民迅速开展了大规模的抗日武装斗争。

而当时广东的局势，孙中山在《伦敦被难记》中做了这样的概述：

"当一千八百九十五年北方战事既息之后，广州军队之被政府遣散者，约居四分之三，此等军队多散而为流民、为盗贼。即其未解散者亦多愤懑不平，群谓欲解散则全体解散，欲留用则全体留用；然当事者充耳若弗闻也。吾党于是急起而运动之，冀收为己用。各军士皆欣然从命，愿效死力。由是而吾党之武力略具矣。

"时适巡防肇事，弃其军服，四出劫掠。百姓愤甚，因起而合捕之，囚其为首者若干人于会馆。讵知巡防局员率众而出，扑攻会馆，既将被囚诸人一律释放，并将馆中所有劫掠一空。于是居民特开会议，议决以代表一千人赴愬于巡抚衙门。当事者斥为犯上作乱，下领袖代表于狱，余人悉被驱散。于是民怨日深，而投身入兴中会者益众。

"时为两广总督者曰李瀚章，即李鸿章之兄也，在粤桂两省之内，创行一种新例：凡官场之在任或新补缺者，均须纳定费若干于督署。是又一间接剥民之法也。官吏既多此额外之费，势不得不取偿于百姓。且中国官界，每逢生日，其所属必集资以献。时两广官场以值李督生日，酿金至一百万两以充贺礼；此一百万两者，无非以诱吓兼施、笑啼并作之法，取资于部民之较富者。而同时督署中，又有出卖科第、私通关节之事，每名定费三千两。以是而富者怨，学者亦怨。凡兹所述，皆足以增兴中会之势力，而促吾党之起事者也。"

孙中山抓住了这个有利时机，加紧部署起义事项：他派郑士良往北江，联络英德、清远、花县一带会党；派李杞、侯艾泉联络香山、顺德等县绿林；又派人联络潮汕、惠州的会党和广州三元里的乡团。他在广州东门外咸虾栏张公馆、双门底圣教书楼后礼拜堂设立了机关和接待站，接纳往来同志，贮藏文件、武器；他在广州河南洲头咀设置了由美国化学师奇列负责的炸弹制造所，组成了由陈清负责的炸弹队；他还购置了两只小火轮作为运输工具。

攻取广州的目标是明确了，兴中会的志士还决定采用陆皓东设计的青天白日旗作为起义的旗帜，决定邀请何启代表兴中会起草对外宣言。但在如何攻占广州这个问题上，他们的意见不一致。

开始，孙中山提出了"外起内应"的战术。他以太平天国时代刘丽川仅动用七人，以迅雷不及掩耳之势攻陷上海为例，认为攻占广州的人，贵精不贵多。他说，今日的广州自然不能与昔日危如累卵的上海相比，但如果有敢死队员百人，攻克广州的事也可以成功。因为城中重要衙署，仅是都统、总督、巡抚、水提几处。这些地区虽然有武装警备，但防卫松懈。起义时候，只要以五人为一队，配备枪械炸弹，由府署攻入官眷住房，制伏长官，使全城群龙无首，无发号施令的人。同时派人预伏城中重要街道，倘若城外清兵闻变入援，即以阻击。援军不知虚实，必不敢冒死上前。必要时候，更可以将横街小巷房屋炸塌，使援军通行不便。这样，以五人为一队进攻衙署，二三十人埋伏要道抵御援军，二三十人占领西门、归德门两处城楼，再以一二十人围攻旗界。任务完成后，则分头放火，以壮声势。

兴中会的同志认为人少力薄，过于冒险，建议将"外起内应"的战术改为"分道攻城"的战术。约定时日，各地会党、绿林、民团，分顺德、香山、北江、潮汕、西江、香港几路，会集羊城，同时举事。

孙中山经过深思，打消了自己的设想，服从众人的意见。

可是，以数千之众，骤然驻扎广州，不仅驻地难觅，而且难保不招致防营缉捕的怀疑，如果稍有不慎，秘密泄露，起义必然失败。经过深入讨论，他们决定利用重阳节作掩护发动起义。因为重阳节是粤俗扫墓之期，无论什么人都要回省城去，那时来往的人很多。预备起事的人混杂其中到省城去，就不易被人注意了。

于是，他们就把起义时间定在 1895 年 10 月 26 日，即农历九月初九。

经过大半年的努力，起义工作"筹备甚周，声势颇众"。孙中山认为这时候应该召开会议，公举一位会长，领导广州起义。大家同意孙中山的意见。1895 年 10 月 10 日，兴中会选举会长，也称伯理玺天德（President），意即总统。当天，孙中山为了顾全大局，表示谦让，杨衢云当选。

孙中山准备回到广州主持起义。他把银行里的存款、在香港的所有军械统统交给杨衢云负责处理。他们商定 10 月 25 日晚上，由杨衢云率领三合会三千人搭夜船到广州，天亮到岸，立即发动起义。

1895 年 10 月 13 日，孙中山到了广州。过了两天，陈少白、郑士良等数人也到达广州。在香港，只留下杨衢云主持工作。

10 月 25 日晚，广州附近各路队伍打着大书某族省墓灯笼，云集广州。

当时的两广总督已经是谭钟麟。他是一个年迈昏愦的官僚，对兴中会的革命活动还没有察觉。城内防备松懈，省城巡防勇丁及城外兵丁战斗力很弱。有战斗力的安勇一部三千人，经过孙中山的运动，答应起义时反正。珠江中吨位最大的"安澜""镇涛"两艘军舰，也为同志程奎光掌握，准备着响应起义。

形势有利于革命方面。即将爆发的广州起义，可望演出一场威武雄壮的武剧，"而生绝大之影响"。

10 月 26 日，天刚黎明，好几路会党、绿林、民团首领已经在起义总机关等候命令。他们准备以青天白日旗为旗帜，以"除暴安民"作口号，以红带缠臂做标志，大举进攻。卫队的一百多名战士身藏利器，在起义总机关的四周待命。

只待孙中山发布号令了！可是，孙中山却没有按时回到起义总机关。

原来，孙中山忽然接到汕头、西江两军报告："官军戒备，无法前进。"孙中山不禁愣住了："两军既不得进，则应援之势已孤，即起事之谋已败。"

更为严重的是，孙中山又接到杨衢云电报："货不能来，延期两日。"

到了上午 8 时，孙中山才拿着杨衢云的电报，匆匆赶到起义总机关，同陈少白、郑士良商量应急办法。

陈少白大吃一惊，连忙说："凡事过了期，风声必然走漏，如要发动，一定要失败的。我们还是暂时把事情压下去，待以后再说吧！"

孙中山觉得陈少白说得有道理，他当机立断，把钱分发给各路首领，叫他们回去再听命令。接着，他发急电给杨衢云："货不要来，以待后命。"

形势必然是越来越危险。孙中山意识到这点，额上不由渗出一层冷汗。他考虑着战友们的安全：如果他们现在还不离开广州，过了期，恐怕要走也不容易了。他连忙对陈少白说："我还有事要办，你先走。"

当晚，陈少白匆匆忙忙搭"泰安"号轮船回香港去了。

孙中山和郑士良赶到咸虾栏张公馆焚毁文件，贮藏枪械弹药，布置同志转移。

果不出孙中山所料，形势发生突变。

重阳节上午，两广总督谭钟麟接到香港总督密电：有人从香港私运武器进入广州，请留神。谭钟麟看罢，只是报之一笑：英国人连谁私运武器也弄不清楚，岂非捕风捉影？

也是当天上午，省缉捕统带李家焯气喘吁吁地跑到总督府向谭钟麟报告：市面外地人突然大增，形迹可疑，可能是要造反。

谭钟麟还不相信，抬起他那双迟钝的、瞳仁像死鱼目似的眼睛，有气无力地问："党首是哪一个？"

"孙文！"

谭钟麟仰面哈哈大笑："孙乃狂士，好作大言，岂敢造反？"

李家焯尴尬地站在一旁，不知如何是好。

谭钟麟毕竟是个老奸巨猾的家伙，他闭目沉思了好一会，想起了香港总督的密电，他有些放心不下了，决定派人暗中监视孙中山。

李家焯虽然碰了一鼻子灰，走了。但他并不死心，也派侦探监视孙中山。

侦探到了河南瑞华坊，但不知道孙中山的住处，便问在街口闲坐的轿夫："孙医生住在这里吗？"

轿夫平日与孙中山友好。他见来者不善，便佯装着糊涂样子："这里只有尹医生，并没有孙医生。"

侦探信以为真，也就走了。

这天，广州谣言四起，街上兵弁来回不断，真有点乌云压城的气势。

孙中山宛如常日一样，十分镇静。他同区凤墀牧师准时赴王煜初牧师娶媳的宴会，途中见兵弁很多，情知有变，但仍然谈笑自若，旁若无人。

区凤墀却很诧异，问孙中山："为什么今天的兵弁这么多？"

孙中山微微一笑："是来侦探我的行迹的吧！"

区凤墀大吃一惊，忙问："什么缘故？"

孙中山反而问他："行人都说我孙文举事，你没有听到吗？"

10月27日，事情终于败露了。

朱淇的哥哥朱湘，是清举人，主持西关清平局事务，当他知道朱淇名列党籍，作《讨满檄文》，生怕株连自己，便冒用朱淇名义向李家焯自首告密。

李家焯飞报谭钟麟。这次，是谭钟麟狼狈不堪了。他大吃一惊，急得满脸是汗，连忙调兵遣将，加强广州防卫，并派李家焯带兵搜索双门底王家祠和咸虾栏张公馆，把守各处关口、码头。

孙中山和陆皓东正在河南一个秘密机关。听到清兵出动搜索的消息，急忙布置转移。这时候，为免党员名册落入敌人手里，陆皓东决定返回云岗别墅察看处理。不幸的是，他已被暗探跟上，在将兴中会名册焚毁后就被捕了。

黄昏，化装成商人的孙中山到了水鬼潭埠头。他久久不见陆皓东，又见风声越来越紧，只好独自登上一只事先准备好的小汽艇，走弯弯曲曲的小水道，躲过敌人的盘查，朝香山县唐家湾的方向驶去。

孙中山到了唐家湾，马上改坐轿子赶到澳门，在友人佛兰德斯[2]家里小憩。在澳门逗留的几个小时[3]中，孙中山碰到了一位老相识，他对孙中山说："怎么，孙，你现在真的干起来了？"

孙中山微微一笑，回答得很干脆："不错，我已开始干了。你该记得你曾经说过——'天命无常'。"

10月29日，孙中山从澳门搭船往香港。[4]

杨衢云虽是接到孙中山"不要再来"的电报，但七箱军械早已经交给"保安"号轮船，若是起回，又恐怕事情败露。他只好硬着头皮，仍旧派朱贵全、丘四带领二百多人[5]随船赴广州；同时，复电孙中山："接电太迟，货已下船，请接。"

28日清晨，"保安"号轮船刚刚抵达广州，南海县令李征庸已经率兵在码头上张网等待多时了。朱贵全、丘四等四十多人不知就里，也毫无办法，只得束手就擒，其余的人乘乱逃脱，木箱内的二百多支手枪和弹药，也尽被查获。

至此，广州起义计划全遭破坏。

谭钟麟心知案情严重，特令南海、番禺两县县令会同审讯陆皓东，妄图迫供其同党，一网打尽。

在南海县县衙，李征庸登堂审讯陆皓东，只见陆昂首挺立，不跪不拜，气得他脸色发黑。他一击案木，厉声呵斥陆皓东跪下。陆皓东铁柱似地站着，鄙夷地冷视李征庸，让他拿来纸、笔、墨，不待李征庸开口便奋笔疾书：

> "吾姓陆名中桂，号皓东，香山翠微乡人，年二十九岁。自居外处，今始返粤，与同乡孙文同愤异族政府之腐败专制，官吏之贪污庸懦，外人之阴谋窥伺，凭吊中原，荆榛满目，每一念及，真不知涕泪之何从也。居沪多年，碌碌无所就，乃由沪返粤，恰遇孙君，客寓过访，远别故人，风雨连床，畅谈竟夕。吾方以外患之日迫，欲治其标，孙则主满仇之必报，思治其本，连日辩驳，宗旨遂定。此为孙君与吾倡行排满之始……今事虽不成，此必甚慰，但我可杀，而继我而起者不可尽杀。公羊既殁，九世含冤；异人归楚，吾说自验。吾言尽矣，请速行刑。"

李征庸见陆皓东不肯供出同党，大怒之下，狂施酷刑，以至用钉插入他的手足，用凿凿掉他的牙齿，无所不用其极。但是，陆皓东始终坚贞不屈，横眉冷对李征庸，嘲笑地说他："你虽严刑加之于我，但我肉痛心不痛，你将奈我何？"

李征庸毫无办法，只是连连摇头，不得不承认失败。

1895 年 11 月 7 日，陆皓东和朱贵全、丘四同时英勇就义。程奎光、程耀宸被囚禁，病死狱中。

烈士虽死犹生，浩气长存。陆皓东成了"中国有史以来为共和革命而牺牲者之第一人"。

孙中山领导的第一次起义没有举发就失败了。但它是"孙中山的战争事业"[6]的起点，体现了中国资产阶级革命党人一开始就采取武装起义的形式来反对封建统治者的最大优点，体现了革命党人在斗争中英勇献身的精神，敲响了清朝统治者的丧钟。

清朝政府对外来侵略者表现得软弱无能，但对镇压国内的革命者，却表现得颇为"精明强干"。

12 月 7 日，广东按察使兼管全省驿传事务衙门发布告示，悬赏缉拿"逸犯"孙中山、杨衢云等十六人。孙中山名列榜首："孙文，即逸仙，香山县东乡翠微人。额角不宽，年约二十九岁，花红银一千元。"杨衢云名列第五："杨衢云，香山县人，本籍福建，右手共缺三指，年约三十九岁，花红银一百元。"

南海、番禺两县令也奉命张贴告示："现有党匪，名曰孙文。结有匪党，曰杨衢云，起义谋叛，扰乱省城，分遣党羽，到处诱人，借名招勇，煽惑愚民……特此告示，剀切简明，去逆效顺，其各凛遵。"

在清朝统治者看来，广州起义虽然被镇压下去了，但"首逆"孙文"在逃未获"，乃是心腹之患。所以，总理衙门电驻亚、美、欧各国使馆，命令相机缉拿孙中山。

孙中山在"起义谋叛"中表现了他的组织才能和过人的胆略，赢得了同志们的信任。事后，郑士良对宫崎滔天说："孙比我厉害，毕竟不愧为领袖。（接到杨衢云的电报之后）我都惶恐不安，但他却丝毫未变声色。""我实在佩服他临大难仍能从容机智地处理问题的本领，因此相信唯有他才能带领我们完成革命的大业。"

广州起义是在广大人民群众对革命党人毫无了解的情况下准备发动的。革命党人只是暗中联络那些会党、绿林和少数军队，他们在募兵时，也不是用革命思想去教育民众，而是诡称省城"招勇"，以十块洋钱鼓励他们前来。纵使孙中山多方努力，还是没有组成可靠的战斗力量，没有建成强有力的指挥系统，经受不住重大的打击。而且，当时反动势力大大超过革命力量。这就决定了这次起义必然失败。

这里，补述一下广州起义前夕，杨衢云电告孙中山"货不能来，延期两日"的原因。

原来，杨衢云首先编了一支总统卫队，规定卫队队员与各队领队待遇一样：既先发饷，给手枪，又每人发与钟表。这样做，引起各队领队不满。在偏僻地方试枪时，领队们又发现他们的枪支有好有坏，而卫队的枪支，却支支精良。领队们要求更换坏枪，否则，初八晚上决不带队开赴广州。当时，杨衢云哪里再有枪支可换？领队们又不肯让步。一时间，杨衢云急得像热锅上的蚂蚁，无可奈何，只得电告孙中山。

正是由于没有唤起民众，把希望寄托在会党、绿林身上，而他们还根本不懂得革命为何物。其中一些人，他们答应参加"起义"，只不过是骗取一些金钱而已。这点，连孙中山也受骗上当哩！

在香港，孙中山结识了两个三合会头目。当询问到他们有多少会员可以参加起义的时候，他们说了一个很可观的数字。孙中山又是高兴又是怀疑，便问他们："怎样可以证明你们有这么多人？"一个头目拍着胸膛说："请先生先点名，然后才发饷。"另一个的回答同样是如此干脆。孙中山又问："在香港，怎么可以任我点名呢？"他们异口同声说："可以约定钟点在茶楼饮茶，先生在前，我们在后跟着，凡是起立的便是我们的兄弟，否则，便不是我们的人。那时候，先生便可以随意点数。"孙中山想想：这也是一个办法。

孙中山按着约定的时间前往茶楼，由头目带领着与茶客会面。茶客们看见头目呼拥着来人，便纷纷起立凝望。孙中山一面走着，一面默默点数，起立的果然有一百多人。再到其他几间茶楼，情况也是如此。孙中山喜出望外，就按着头目所报的人数发饷。

可是，起义前夕，所能召集到的人数，却大大少于所报的数目。

原来，这是骗局！

事后，孙中山才知道，这两个头目按预定的人数，事先物色好一批工人，说："明天我请各位到某某茶楼饮茶，如果我陪同一位显要的朋友到来，请大家起立为礼。"仅是这样，那些工人又何乐而不为呢？

孙中山不知就里，结果，堕其彀中。

注释：

[1] 宋耀如，名嘉树。1894年2月孙中山到上海时，与他结识。

[2] 佛兰德斯是葡萄牙人，孙中山在澳门行医时期结识的朋友。孙中山在离开澳门到广州行医时，将一件瓷器送给佛兰德斯小姐作为纪念。据说，孙中山在广州行医时期，

他担任了佛兰德斯在澳门出版的葡萄牙文周报中文副刊《镜海丛报》的匿名编辑，有时在该报进行"激烈的反满宣传"。(史扶邻：《孙中山与中国革命的起源》，中国社会科学出版社1981年版，第28－29页)

[3] 孙中山在《伦敦被难记》中说他"在澳门留二十四小时，即赴香港"。(《孙中山全集》第一卷，中华书局1981年版，第54页)在《我的回忆》中说他"在澳门只停留几个小时"。(同上书，第550页)后一说法符合实际。

[4] 孙中山在《孙文学说》中说："败后三日，予尚在广州城内。十余日后，乃得由间道脱险出至香港。"(《孙中山选集》，人民出版社1981年版，第194页)这是孙中山记忆上的差错。

[5] 另一说法是四百人。

[6] 《毛泽东选集》第二卷，人民出版社1952年版，第533页。

第八章 | 伦敦蒙难

广州起义失败后的第三天，孙中山到达香港。

两三天来，陈少白、郑士良在香港坐卧不安，饮食无味，忧心如焚。而且听说孙中山已经被捕，更是悲愤，一时间不知如何是好。现在，孙中山竟赫然出现在眼前，真使他们惊喜交加，连忙问道："你是怎样逃出来的？"

孙中山放下行李，擦去额上的汗珠，喘过气来，神秘地笑了笑："这个待以后再说，先谈谈现在我们该怎么办？"

一时间，大家面面相觑，不知说什么好。

孙中山想到了他敬重的老师，便去向康德黎博士请教。他向康德黎博士如实报告了广州起义失败的经过，询问他们住在香港是否安全。

康德黎博士愣住了。他在医学方面是专家，但涉及法律问题，却是个门外汉。他沉思了好一会，最后介绍孙中山去请教他的友人达尼思律师。

达尼思律师详细询问了事件的始末，不住地摇头，觉得这是一个棘手的问题。他翻阅了几本法律书籍，还是找不到类似的案例。最后，他只得劝告孙中山："像这种事情，在香港还没有先例；我看最有效的安全措施，还是你们马上远走高飞为妙。"

孙中山鞠躬致谢，正要告辞，达尼思又把他留下来，不厌其烦地叮嘱他："北京的臂膀虽然弱，但仍然是长的。不论你走到世界哪个角落，都必须留心总理衙门的耳目。"

达尼思不愧是位有见地的律师。孙中山那时候虽然点头称是，但是，真正理解这点，还是以后的事。

香港既然不是久留之地，三十六计，走为上计。孙中山、陈少白和郑士良决定立即离开香港。到哪里去呢？一时间，他们又茫无头绪了。

他们找来报纸，匆匆一看，知道当天晚上有船开赴越南。这时候，正是急不择路的时刻，去越南也未尝不可，就派人去买船票，岂知，这是艘货船，不载客人。再去打听，还有一艘叫"广岛丸"的日本货船，留有四个客位，而且明天便启航日本。再也没有别的选择了，他们决定乘坐这艘货船走。

孙中山从汇丰银行里取出三百美元，避开了警察的监视，上了船。时间仓促，也来不及向康德黎博士告别了。

果然不出达尼思所料，孙中山他们离开香港的第二天，两广总督谭钟麟便要求香港总督罗便臣交出被怀疑在香港避难的孙中山和其他四人。

罗便臣虽然交不出孙中山，也无法按照谭钟麟的要求办事，但在1896年3月4日，还是公布了对孙中山的驱逐令，规定五年内不准孙中山踏入香港境界，并且向广东当局保证："孙文如来港，必驱逐出境，不准逗留。"

"广岛丸"一出港口，便遇上大风，海浪像山起谷落，"广岛丸"也像沸锅里的豆子一样，在风浪里翻滚颠簸，害得孙中山他们连黄胆水也呕吐了出来。一连熬了十四天，直到11月12日，才在日本神户港靠岸。他们像是卸下了沉重的枷锁，深深地吁了一口气，跟跟跄跄地走上岸来，举目四望，一切都陌生。他们闲着无事，便买了一份当地的报纸，定眼一看，报上的一条大标题赫然写着：《支那革命党首领孙逸仙抵日》。他们虽说不懂日文，但看了报中的汉字，也大略明白了报纸所说的意思。

"支那革命党?！这是怎么一回事？"古代印度、罗马和希腊等国都称中国为支那，近代的日本人也称中国为支那。这点，陈少白是知道的。但称他们为革命党，他就觉得奇怪了，忙问孙中山："我们叫作'起义''造反'，日本人却称作'革命'，这是什么道理？"

孙中山一时间回答不出来。他沉思片刻，突然击掌叫道："好！好！从今以后，我们就说'革命'，不说'造反'。"

郑士良还是不理解，盯着孙中山问："为什么？"

孙中山知道非要做详细解释不可了。他说："'革命'二字出于《易经》'汤武革命，顺乎天而应乎人'一语。日本人称我们党为革命党，意义很好，我们党以后就称革命党好了。"

他们在神户住了几天，就搭船到横滨去。这时间，他们想到在异国他乡人生地不熟、语言不通、经济匮乏的困难了，想到抵达横滨后的居住问题了。

孙中山忽然想起，年初自檀香山经横滨回香港时的一段往事：他经过横滨的时候，在船上对华侨宣传反清。商贩陈清到船上兜售东西，孙中山见他是个广东人，也同他大谈反清。陈清听了，觉得很新奇，立即回去对同乡说："今天船上有一个很奇怪的人，他说要在中国造反呢！""世间真有不怕丢脑袋的人？！"那个同乡不大相信，很想看个究竟，就到船上去见孙中山。孙中山请问他姓名，才知道他姓谭名发，广东三水县人，在横滨开一间洋服店。两人谈了一会，谭发非常悦服，不禁被孙中山的言论吸引住了。依依惜别时，他对孙中山说："我虽然是一个知识浅薄的商人，但我很想替先生出点力。以后如果有什么用得着我的地方，我一定尽力协助。"想到这里，孙中山决定到横滨以后，试着去找谭发帮忙。

11月17日，船抵横滨。陈少白、郑士良留在船上，孙中山登岸找谭发。

孙中山按照地址找到了谭发，向他说明来意。谭发立即替他们租了一间小房。孙中山看了，倒也满意，就回到船上来。

一两天后，谭发陪同孙中山、陈少白到横滨山下町五十三番地文经商店，拜访商店主人冯镜如。冯镜如"生平行侠好义，热心爱国，愤清政不纲，毅然剪除辫发，国人皆以'无辫仔'称之"。早在年初，陈清将孙中山的话告诉谭发后，又告诉了冯镜如、冯紫珊两兄弟。那时候，冯镜如听了已经"大为倾倒"，立即让陈清邀请孙中山登陆商谈国事。孙中山对陈清说："轮船即将启碇，未便登陆，我将《兴中会章程》交给你们，请你们广泛宣传，照章设立分会。广东不日可以大举，你若有意参加，可到香港来。"现在，孙中山、陈少白访问冯镜如的目的，就是商量组织兴中会横滨分会的事。

经过商谈，他们决定成立兴中会横滨分会。兴中会横滨分会会长是冯镜如，会员有冯紫珊、赵明乐、赵峰琴、谭发等二十多人。会所设在横滨山下町一百七十五番。他们刊印《扬州十日记》《嘉定屠城记》和《明夷待访录》中的《原君》《原臣》两篇，作为鼓吹反清革命的宣传品。

当时，日本华侨的革命风气还很淡薄，愿意赞助革命的更是不多，孙中山看到在日本工作一时难有进展；而且，中日甲午战争之后，清朝政府与日本恢复了邦交，估计他们的行踪不久就要遭到驻日本公使的查究，便和陈少白、郑士良商量，决定郑士良归国收拾余众，重新部署，以待卷土重来；陈少白仍留日本，考察东邦国情；而孙中山则"断发改装，重游檀岛"，到美洲开展革命宣传工作。

这时候，孙中山从香港带来的钱差不多都花光了。他不得不向横滨兴中会商借五百元作赴檀香山的旅费。但会员多以"有心无力"为由，不肯借与，资产颇富的赵明乐、赵峰琴更是"大为反对，且不再莅会所"。冯紫珊见是这样，十分寒心，亦十分气愤，独筹五百元交给孙中山。

孙中山给陈少白、郑士良各留下了一百元的费用，自己则身着西服，手提皮箱，由横滨乘轮船前往檀香山。

孙中山到了檀香山，立刻往茂宜岛探望大哥孙眉，告诉广州起义失败的经过。孙眉不愧是位有胆有识之士。他豪情满怀，尽力慰勉孙中山："这不算一回事，还应该继续干下去。"这对刚刚败阵而来的孙中山来说，该是多大的鼓舞呵！

更使孙中山放心的是，陆皓东的侄儿陆文灿已奉孙眉之命，护送母亲杨氏、妻卢慕贞、儿女孙科和孙娫到了茂宜岛，与孙眉共同生活，相处甚欢，解除了孙中山的后顾之忧。

兄弟刚一见面，孙中山即向大哥要了五百元寄给冯紫珊。旅日侨商知道了这件事，都称赞孙中山信用卓著。

广州起义的失败，在檀香山兴中会中产生了两种反应："有旧同志以失败而灰心者，亦有新闻道而赴义者"。针对这种情况，孙中山在檀山新报馆设兴中会联络点，"复集合同志以推广兴中会"；组织会员进行军事操练。但是，经过几个月的努力，还是进展不大，收效甚微。孙中山以为"久留檀岛无大可为，遂决计赴美，以联络彼地华侨，盖其众比檀岛多数倍也"。

出发前夕，一天闲着无事，孙中山漫步火奴鲁鲁街头。突然，一辆载着数人的马车"的的得得"地朝着孙中山方向驶来。孙中山不由仔细一看：呵，车上坐着的竟是康德黎夫妇和随员！孙中山乐得跳了起来，不顾一切，像风一样飞跑过去，纵身一跃，跳上了马车的踏脚板。

正陶醉于美景的康德黎夫妇，被这位"不速之客"吓呆了：光天化日之下，难道竟有拦路抢劫的暴徒？！

同车的日本保姆，看来者像是自己的同胞，忙用日语问道："先生，你要干什么？"

"我是孙逸仙！"孙中山满脸是笑，来不及擦汗，也不待喘过气来，就用着英语朗声问候："老师，师母，你们好！"

康德黎博士高兴得手舞足蹈，像个天真的小孩："我离香港前两天，就有人告诉我，说你在檀香山，真没想到今天竟不期而遇。"

一番详谈之后，孙中山才知道康德黎博士是回国路经这里，船停而登岸浏览风光的。孙中山也将自己即将启程赴美，再转英国的计划报告老师。康德黎博士一听，立刻将自己在伦敦的地址告诉孙中山，再三叮嘱："届时务必到我家里做客。"

孙中山自做向导，陪同康德黎夫妇游览胜景，直等到他们登船而去，才依依惜别。

历史是生动活泼，有时甚至是"巧妙"的。谁能料想到，当孙中山在伦敦蒙难，生命濒于危急的时刻，他们在火奴鲁鲁街头的奇遇，竟发挥了重要作用。

精力旺盛的孙中山在美国穿梭往来：从檀香山到旧金山，成立了旧金山兴中会分会之后，接着横越大陆，经芝加哥抵纽约，在华侨中宣传革命。但是，孙中山的美国之行，虽说播下了革命的种子，却没有达到预期的效果。他说：

　　"美洲华侨之风气蔽塞，较檀岛尤甚。故予由太平洋东岸之三

第八章　伦敦蒙难

藩市登陆，横过美洲大陆，至大西洋西岸之纽约市，沿途所过多处，或留数日，或十数日。所至皆说以祖国危亡，清政腐败，非从民族根本改革无以救亡，而改革之任人人有责。然而劝者谆谆，听者终归藐藐，其欢迎革命主义者，每埠不过数人或十余人而已。"

此种情况，是孙中山未曾预料到的，但更为严重的是，广州起义失败后，清朝政府在世界各地广布"眼线"，一直牢牢地跟踪着孙中山，直至要把他拿获处死。一张危及他生存的网正在其活动的地方悄悄撒开。

不错，孙中山对此还是有所防备的，他断发改装就是为了隐蔽自己。1911 年 11 月中旬，孙中山曾以自豪的口吻，与伦敦《滨海杂志》记者谈及自己断发改装的事情：

"我从香港逃到神户以后，采取了一个重大步骤，把我从小蓄留的辫子剪掉了。有好几天不刮脸，在上嘴唇顶边留起了胡髭。随后又到服装店买了一身新式的日本和服。当我穿戴好了，往镜里一照，一见面目全变，不禁吃了一惊，但也为此而感到放心。……这种情况使我受惠不浅，不然的话，在许多危险关头我是难以逃脱的。即使是日本人，也常常把我看成是他们的同胞。有一次，正当我在一处公共场所被盯上梢时，有两个横滨人走过来和我说话，遗憾的是我连一句日语也不懂，但我在好几分钟中装出一副懂得日语的样子，以便把跟踪的密探摆脱掉。"

但是，1896 年的孙中山，毕竟还不是一位十分成熟的革命者。到了旧金山，他忘却了敌人无处不在的魔爪，曾经轻易地摆好架势，让人照相，而一张复制的照片也就轻易地落到了清公使馆手里。这样，曾经给他带来愉快和信心的改装断发，也就失去作用了。

清朝政府对于"政治煽动者"孙中山恨得要命，甚至求助于书法上的把戏，不惜在"孙文"的"文"字边上加了"氵"旁，变成"孙汶"，企图把孙中山说成是"货真价实"的山角水涯的草贼。

这点，孙中山是知道的。他自己也预感到，如果被捕，"将会有怎样的命运落到我的身上：首先他们将用老虎钳把我的踝骨夹紧，再用铁锤敲碎；接着是割掉我的眼皮；最后把我剁成碎块，使任何人都无法认出我的尸体"。

但是，在孙中山往来日本、檀香山、欧美大陆的时候，北京总理衙门与驻外公使馆有关跟踪、捕杀他的秘密函电，恐怕孙中山自己是不曾知道的。

随着时间的推移，秘密的史料终于得以公之于众了：

"1896 年 4 月 8 日，总理衙门致函驻美国公使杨儒：本月二十三日（指农历）准粤督电称'嗣据线报，孙文、杨衢云逃窜新加坡，腊底回香港，正月至澳门。线人亲见孙文已断发洋服，出入必与洋人偕行。近闻又至上海。请与英使商办'等语。……正月初七日朗西[1]函称：'前数日孙文乘公司船经横滨往檀香山，伊弟在檀，故相就'等语。计算时日，该犯于年前已往美国，与粤线所云正月尚在澳门之说两歧。檀香山三合会党最盛，与美之金山纽约声息相通，不难得其踪迹。拟请台端密饬领事商董访查该犯孙文，暨其弟确耗，即行示复，当再筹商办法。"

6 月 18 日，孙中山抵达旧金山。几天后，清驻旧金山总领事冯咏蘅就将孙中山的行动详报杨儒：

"孙文……由檀香山行抵金山。同伴有二洋人，一名卑涉，亦美国金山人，素系檀岛银行副买办；一名威陆，亦美国人，向在檀岛服官……是否孙文同党，尚难臆断。惟见同船偕来，交情甚洽。孙文借寓金山沙加冕度街第七百零六号门牌华商联胜杂货铺内，闻不日往施家谷转纽约，前赴英法，再到新加坡。并闻有沿途联合各会党，购买军火，欲图报复之说。"

杨儒接到冯咏蘅的报告后，于 6 月 27 日致密电总理衙门："金山领事访悉孙文现偕二洋人到金，日内将往欧洲，乞筹办法。"

翌日，总理衙门复电杨儒："孙文将往欧洲何国？偕行洋人系何国人？附搭某船？希确查密电龚使[2]酌办。英能援香港、缅甸交犯约[3]代拿固妙；否则，该匪若由新加坡潜结党恶内渡，应先电粤预防。新加坡领事果认真查访，当有实际。"

9 月 23 日，孙中山在纽约登上"麦竭斯的"号轮船赴英国。

25 日夜间，杨儒已经密电龚照瑗："现据纽约领事施肇曾探悉，孙文于9 月 23 号，礼拜三，搭'White Star Line，Majestic'轮船至英国黎花埠（利物浦）登岸。"

龚照瑗接到密电，立即派遣英人、二等参赞马格里爵士前往英国外交部婉言试探：可否依照香港、缅甸引渡条款，协助缉拿孙中山。

英国外交部答复说，香港、缅甸引渡条款不适用于英国本土。

龚照瑗的侄儿龚心湛提议：由马格里委托司赖特侦探社窥探孙中山行踪，然后再做决定。龚照瑗采纳了这个办法。

9月30日中午，孙中山到达利物浦。当晚9时50分，孙中山乘火车到达伦敦，住在赫胥旅馆。但是，他完全没有料想到，他的一举一动，被一位碧眼高鼻的侦探尽收眼底。

10月1日，司赖特侦探社给马格里的第一个报告已经送到清驻英公使馆，内称：

> "依照你的指示，我们派了一个代表到利物浦去侦察一个从白星轮船公司‘Majestic'的来客，名叫孙文。我们现在报告你，这个中国人合于所说的形状的，已于昨日中午12时在利物浦王子码头上岸……他带了一件行李，上火车站设备的公共汽车，到利物浦密德兰车站，坐下午2：50的快车上伦敦。但是他没有赶上火车。等到下午4：45方才动身，于晚间9：50到伦敦圣班克拉司车站。于是他从行李房里取出行李，雇了12616号马车到斯屈朗赫胥旅馆……他现在在我们的监视之下。若是工作有结果的话，我们再告诉你。"

龚照瑗接到报告后，马上召集使馆英文四等翻译邓廷铿等数人，向他们宣读了总理衙门关于相机缉拿"逃犯"孙文的电示。

10月1日，孙中山一觉醒来，便匆匆前往波德兰区覃文省街四十六号，拜访康德黎博士。师生重逢，分外亲热。康德黎夫妇特地为孙中山租定了靠近自己寓所的葛兰旅店。翌日，孙中山移居这家旅店。

与此同时，龚照瑗密电总理衙门："粤犯孙文到英，英外部无在本国交犯约，不能代拿。现派人密尾行踪。"

初到伦敦，孙中山的日子还过得悠闲。他或游览博物院，或参观古迹，或在街上散步，所见所闻，很有感触。他说："观其车马之盛，贸易之繁，而来往道途绝不如东方之喧哗纷扰，且警察敏活，人民和易，凡此均足使人怦怦向往也。"

孙中山每天都到康德黎寓所，在康德黎书房看书，也常在他家里进餐。

10月4日，孙中山与康德黎夫妇共进午餐，气氛轻松愉快，康德黎博士笑着问孙中山："中国使馆离我家很近，你是否想去拜访一番？"

孙中山也以笑回答："我没有这个打算。"

康德黎寓所与位于波德兰区的清公使馆相距不远。师生的交谈也只不过是彼此之间幽默的玩笑。康德黎夫人却误以为真了。她登时放下手中的刀叉，严肃地告诫孙中山："你可要特别小心，千万不可走近，使馆官员看见你，一定会逮捕你，把你解送回国的！"

其实，早在10月1日下午，孙中山拜访香港西医书院第一任教务长孟生博士，并应邀在其家晚宴的时候，孙中山就曾经问过孟生博士："假如我去使馆访问，你以为明智吗？"

"不"，孟生博士毫不含糊地说，"你连中国使馆的门口也不要走近，否则会堕入虎口！"

现在，看见康德黎夫人认真的模样，幽默的师生不禁哈哈大笑。

生活本身也是会开玩笑的。谁能想象到，没过几天，这个玩笑竟成了严峻的现实！

10月6日，司赖特侦探社向马格里报告孙中山1日至5日的行踪："每天都有人监视他，但是没有什么重要的事情发生。此人常在主要的街道上散步，四周顾望。他不在家里吃饭，到各种饭馆去吃。"

孙中山并没有听从老师的告诫。他多次路经清使馆门口，还跃跃欲试地要到清使馆去。

10月10日，当孙中山又路经清使馆时，遇见一个名叫宋芝田的留学生。孙中山询问他："使馆中有没有广东人？"

"有。"宋芝田带领孙中山进入使馆，并把他介绍给邓廷铿。

邓廷铿是广东三水县人，孙中山"以异地遇同乡，分外惬意"，自称"陈载之"，向邓廷铿打听在伦敦的广东华侨的住地，还和邓廷铿约定次日上午再来使馆，一同赴海口探望粤商[4]。

十分遗憾的是，在谈话快结束时，邓廷铿发现"陈载之"的手表上刻着英文拼音的"孙"字，便立即起了疑心。待孙中山一走，便急忙密告仙舟（龚心湛，龚照瑗的侄儿）转禀公使（即龚照瑗）。卧病的龚照瑗马上与马格里密商。马格里认为"陈载之"就是"孙逸仙"。他以为"华人之赴公使馆，即出自其人之本意……即使指控他，怀疑他，拘留他……外人实无干涉之权"，提出明天上午孙逸仙来使馆时就予以拘留。

10月11日，星期天，上午10点半，孙中山依约来到使馆。邓廷铿满脸堆笑，迎了上去，邀请孙中山吃过午饭，又"热情"地引导他参观了一楼，接着，带着他到二楼职员李盛钟卧室座谈。这时候，一位须发皆白，官气十足的洋人走了进来。邓廷铿对孙中山说："请您到我的卧室坐坐，好吗?"孙中山不知是计，说："很好。"便跟着邓廷铿登上三楼，走近一个小房门口，邓廷铿伸出手来，对着孙中山做了一个邀请的姿势，说："这是我的卧室，请进!"

孙中山踏入房间，见室内只有一张床和一张桌子，再也没有其他陈设，心里不免疑惑。这时候，马格里正式登场了，他趾高气扬、神气十足地对孙中山说："对你来说，这里就是中国。你到了这里，等于到了中国。"

孙中山愕然了，要想逃脱，已不可能了：两三个大汉堵塞在门口。

马格里坐了下来，又问："你是孙文吗?"

这时候，孙中山知道隐瞒已经没有什么意义了。他干脆地回答："是的，我是孙文。"

马格里显得很得意："中国驻华盛顿公使来电，说你乘'麦竭斯的'号轮船来英国，要求我们扣留你。"

"为什么?"孙中山沉着地问。

"不久前，你曾经上书总理衙门。现在总理衙门正需要你，你必须留在这里，等待总理衙门的复电。"

孙中山明白了自己险恶的处境。他灵机一动，问："我被扣留在这里，能不能让我的朋友知道?"

"不能! 不过你可以写封信，让这里的人为你取来旅馆里的行李。"马格里非常狡猾，妄图趁机搜查孙中山的行李，取得机密文件。

孙中山看穿了他的诡计："我并不住在旅店。"

马格里马上追问："你住在哪里？"

孙中山将计就计："孟生博士知道我的住处。你可以为我交一封信给孟生博士吗？他会把我的行李捎来的。"

马格里眨眨眼睛："行，我们可以为你办这件事。"他吩咐仆人把纸、笔取来，交给孙中山。

孙中山写道："我被监禁在中国使馆里，请转告康德黎君，把我的行李送来。"

马格里看后连连摇头："不！我不喜欢'监禁'这个字眼。"

"那我该怎么写？"

"简单地写上'把我的行李送来'就行。"

"他们不知道我在什么地方，是不会把行李送来的。"

孙中山又用一张纸条写道："我在中国使馆，乞告康德黎君，将我的行李送来。"

要害还是"中国使馆"这几个字。狡猾的马格里明白，孙中山实际上是要给孟生、康德黎通消息。他又改口了："你可以写信通知旅馆，不必托友代取。"

孙中山仍坚持说："我没住在旅馆，除了孟生、康德黎博士，没有人知道我的住址。"

"发出这信之前，我必须请示公使。"马格里拿着孙中山的信走了。自然，他根本不会为孙中山送出这封信。[5]

龚照瑗"计擒"了孙中山，马上责成邓廷铿连同武弁和英仆二人轮流看管，"毋任漏泄消息，乘间遁逸"。紧接着，他又密电总理衙门："孙文到英，前已电达。顷刻犯来使馆，洋装，改姓陈。按公法，使馆即中国地，应即扣留。暗解粤颇不易，当相机设法办理。祈速示复，勿令窦使[6]知，并请电粤督。"

总理衙门立即复电："能按公法扣留，英不问固好。解粤应设何法？能免英阻，且必到粤。望详商律师，谋定后动。毋令援英例反噬，英又从而庇之，为害滋大，切望详慎。"

清朝总理衙门和驻外公使频繁而剑拔弩张的电文，可以充分说明他们对孙中山何等重视和畏惧。但孙中山为什么没有听取老师的告诫，竟然主动到清使馆去活动呢？

这是历来使人们大惑不解的问题。

我们认为，一方面可以从他在《伦敦被难记》的一段话中得到解释。他说："予生平每经一地，如日本，如火奴鲁鲁，如美利坚，与华侨相晋接，觉其中之聪明而有识者，殆无一不抱有维新之志愿，深望母国能革除专制，而创行代议政体也。"另一方面，他是过于自信，以为驻外的中国公使馆，因为有所在国法律的约束，奈何他不得；也过于自信断发改装、改名换姓的功效。

现在，清驻英公使馆不顾一切，还是把他扣留了。

失去了自由的孙中山，马上察看了自己所处的环境：房子不临街道，通风的小窗被四五根铁条拦住，从房门钥匙孔可以窥视到两个毫无表情的卫士。他知道：逃走是不可能的；重获自由的关键，在于"能传消息于外与否"。

被囚禁不过数小时，英仆柯尔奉马格里之命，搜了孙中山的身，将他的钥匙、铅笔、小刀取走。幸好，孙中山暗口袋内的钞票和几张名片没有被发现。柯尔开初对孙中山并无好的印象，使馆人员都七嘴八舌地传说着孙中山"是个很坏的人"，"他喜欢买很多枪刀杀人！""皇上非常痛恨他，急于取得他的脑袋！"柯尔听到这些，甚至认为孙中山可能是个疯子。况且，马格里告诫过他："不论孙文给你多少钱，你都可以收下；但是任何一张纸条，你都必须直接呈送给我。"

傍晚，英仆霍维太太来囚室给孙中山铺床褥。她也是一言不发，只是朝孙中山打量了几眼。孙中山正陷入痛苦的思索，也没心思理会这位中年妇女。

伦敦的10月之夜，寒气袭人。孙中山盖着毛毯，和衣而卧。他的心在燃烧，眼睛呆呆地瞪着天花板，脑子里反复寻思着脱险的办法，以至彻夜不眠。

翌日凌晨，柯尔走进囚室，给孙中山送煤、水和食物。孙中山询问他们是否将信送了出去。柯尔没好意地回答他："我不能出公使馆，不能为你寄信。"莫乃尔则眨着狡狯的眼睛，嘲弄地说："你的信我已经寄出了。"其实，他们早已把信交给了马格里。

被囚禁后，孙中山努力地寻求方法求救。他用纸条裹着硬币，朝小窗外的街道掷去，祈望路人捡到，按纸条的字去通知康德黎博士。但这些纸团太轻了，有的只是抛到了邻舍的屋顶，有的却落在使馆墙里边的地面上。求救不成，反而招来了更加严密的防卫——他们干脆将窗户关闭。

孙中山几乎是插翅难逃了。马格里正忙着和他熟悉的格来轮船公司商讨，包租一艘轮船押送孙中山回中国去。

龚照瑗知道：在英国逮捕孙中山是违反英国法律的。他拟订了"购船押回"或"否则释放"两个极端的方案。"购船押回"会碰到许多困难；至于"释放"，不单不甘心，又怕孙中山援引英国法律反噬。面对着这两个极端的方案，他发现有一个共同的需要，就是要取得孙中山自己到使馆来的文字根据。这样，无论执行哪个方案，都会顺当得多。

14 日，邓廷铿又出面了。他说："前几天扣留你，公事公办，不得不这样做。今天我来看你，却是尽朋友的私情。你在这里，正处于生死关头，你知道吗？"

"为什么？"孙中山问他，"这里是英国，不是中国。按国际交犯条例，你们必须将逮捕我的事告诉英国政府。我想英国政府未必肯遵从你们的做法。"

"我们不必告诉英国政府。现在一切事情都已安排妥当，轮船也已经雇定。届时堵住你的嘴，把你捆绑起来，装入箱子或袋子里，在夜间运上船。一到香港口外，将你移交给停泊在那里的中国炮舰，再送到广州审讯。"

孙中山不愧是位身陷绝境而仍不甘罢休的斗士。他倔强地说："那是一个重大的谋害事件，对英国也是一种严重的违法行为。我在船上也许能得到一个机会将消息传出去，让人们知道这件事。"

邓廷铿不由咧嘴笑了。这微微一笑，既是嘲笑孙中山的无知，也是对公使馆的做法有绝对的自信："你不会有机会这样做。我们在船上就像在这里一样把你锁在房里，更不会让你在船上和任何人交谈。"

"船中人员未必都与你们串通一气，也许有人同情我，援助我。"

邓廷铿摇摇头："那个轮船公司和马格里爵士交谊很深，当然会遵从他的嘱咐，决不会帮助你的。这星期，未必启程。等到下星期，就会把你解回中国。"

"你们的计划，恐怕办不到吧。"孙中山还是很镇静。

"使馆就是中国，在这里是可以为所欲为的。"邓廷铿慢慢说着，话中既露出杀机，又像是对孙中山有所关照，"如果使馆不能把你运走，就会在这里杀死你，将尸体加以防腐，再送回中国。"

"为什么要这般残忍？"孙中山不由侧着脑袋问了一句。

"这是皇上的命令。皇上要不惜任何代价捉拿你，不论是死、是活。"

"你们把我囚禁在这里，或许招致外交交涉，也未可知。你与我有桑梓之谊，我的同党在广东很多，将来他们替我报仇，不单是你危险，就是你的家人也跑不掉。"孙中山针锋相对，以牙还牙，气势雄伟，仿佛有千百名战士，正向邓廷铿一伙袭来。

邓廷铿不由打了个寒战，额头上猛地冒出冷汗，语气也变得嗫嚅了："我只是按着公使的命令行事，这次来也不过为彼此私情，使你知道前途危险而已。如果有机会，我也会像朋友一样帮助你的。"说罢，伛偻着身子走了。

当夜 12 点，邓廷铿又窜了进来。孙中山劈头责问他："你说你要像朋友那样行事，却没有帮助我。"

邓廷铿并没有动气。他轻轻打个躬，又轻轻走近孙中山，耳语着说："我正是为这件事而来。我已密令匠人特制两把钥匙，开此室和使馆前门。"

"什么时候可以出走？"孙中山瞟了他一眼，显然不相信他所说的话。

"星期五清晨 2 点钟，我或许能乘隙而来，请你做好准备。"

孙中山姑且点点头。尽管邓廷铿如此说来，孙中山却并没有放弃其他途径。

15 日，即星期四上午，柯尔循例来囚室升炉火，孙中山将预先写好的字条交给柯尔，请求他秘密送往康德黎家里。柯尔照例是一声不吭，随手把字条接了过来。

下午，邓廷铿又来了。这次，他匆匆而进，而且显得有些激动："你的字条英仆已经送给了马格里；他为此大骂了我一顿，说不应该将使馆计划告诉你。"接着，他伸手、叹气，又说下去："你看，我虽有心救你，而你却破坏了我的计划。"

孙中山问："还有一线希望吗？"

这句话，正中邓廷铿下怀。他喜而不露，低沉着脑袋，像在苦苦沉思，过了好一会，才慢吞吞地说着："生机还未尽绝，你可以致书公使，请求宽容。"

"这信该怎样写？"

邓廷铿踱步，沉思，又是好一会才轻轻说道："你必须极力表白，说你本人系良民，并非逆党，只因地方官诬陷，致被嫌疑，故亲至使馆，意在吁求伸雪。"

此刻，孙中山祈求自由的愿望犹如一炉暗暗燃烧的炭火，扇子稍为往灶口一扇，便又兴旺起来。"他葫芦里装的是什么药？"孙中山不由焦虑地思索，"我写这样的一封信，会带来什么效果呢？"他简直是坐立不安了，干脆站了起来，朝窗门方向走去，企图透过小小的窗口，看到一线光明的景致，呼吸到少许清新的空气。可是，当他抬起头来，才意识到：窗门早已死死钉闭。他只得紧紧闭上眼睛，强迫自己思索下去，"这也许是一线希望；这样写，也是可行的。"

孙中山觉得自己的思考成熟了，便转过身来，对邓廷铿说："这封信，我可以写。"孙中山写了信，折叠之后，又按照邓廷铿的意见，写上受信人马格里的英文姓名。

邓廷铿见目的已达，内心异常高兴，连虚伪的礼节也忘却了，拿着这封信兴冲冲地走下楼。

孙中山觉得异常疲乏，不知怎的，心里总是不踏实，整个人也像悬在半空。他躺在床上，正要强迫自己闭上眼睛休息一会，却突然醒悟过来，从床上跃起，大叫一声："不好！我中了邓廷铿的奸计！"

事后，他在《伦敦被难记》中进一步指出："予此举实堕邓某之奸计，可谓其愚已甚。盖书中有'亲诣公使馆吁求伸雪'等语，是岂非授以口实，谓予之至使馆乃出自己愿，而非由诱劫耶？虽然，人当堕落深渊之际，苟有毫发可资凭藉，即不惜攀以登，更何暇从容审择耶？更何能辨其为愚弄否耶？"

中计的另一个原因，孙中山在《伦敦被难记》中也谈道："予之所惴惴致惧者，生命事小，政见事大。万一果被递解至中国，彼政府必宣示通国，谓予之被逮回华，实由英政府正式移交，自后中国之国事犯决无在英国存身之地。吾党一闻此言，必且回忆金田军起义之后，政府实赖英人扶助之力，始得奏凯。吾国人又见予之被逮于英而被斩于华，必且以为迩来革命事业之失败，仍出英国相助之功。自是而吾华革命主义，永无告成之望矣！"

与此同时，清使馆以七千英镑的价钱，雇定了一艘二千余吨的轮船，并密电总理衙门，或解或释，请速指示。

16日，总理衙门复电："购商船迳解粤，系上策，即照行。七千镑不足惜，即在汇丰暂拨，本署再与划扣。惟登舟便应镣铐，管解亦须加慎。望茇筹周备，起解电闻，以便电粤。"

奇迹终于出现了！

10月16日上午，柯尔循例入囚室送煤和食物。

孙中山闷闷不乐地责备了他一句："你出卖了我！"

柯尔没有想到孙中山竟会责备自己。他转过头来盯着孙中山，惊诧地问："你这句话是什么意思？"

此时此刻，孙中山还有什么顾忌的呢？他声音虽然不高，却显得十分义愤："你告诉我，说已经把我的字条掷往窗外了。但邓廷铿昨天告诉我：你把这些字条都呈送给马格里先生了。"

柯尔不由感到羞愧了。他对邓廷铿的行为十分气愤。而且，经过几天观察，他看出孙中山不单头脑清醒，还是一个善良的人。

柯尔，本质正直的柯尔，低沉着脑袋，默默不言了。

孙中山真诚地问他："先生能为我尽力吗？"

"你到底是一个什么人？"柯尔直盯着孙中山，仿佛要把他看个透彻。

孙中山平静地说："我并不是疯子。我是中国的国事犯，被迫流亡海外。"

"什么是国事犯?"啊,文化水平不高的柯尔,连这个名词也不懂。

善于宣传的孙中山问他:"你听过亚美尼亚人的事吗?"

柯尔点点头。

当时,土耳其苏丹国王大量屠杀信仰基督教的亚美尼亚人。英国人纷纷谴责土耳其苏丹的野蛮行径。孙中山因势利导,慢慢向他解释:"现在中国皇帝要杀我,正如土耳其苏丹要杀亚美尼亚人一样。土耳其苏丹仇视亚美尼亚人的基督教徒,所以要杀害他们。中国皇帝仇视中国的基督教徒,也要杀害我们。我是一个中国基督教徒,而且曾经尽力谋求改革中国。凡是英国人都同情亚美尼亚人,所以像我这样的情况,如果让英国人民知道,也一定会同情的。"

柯尔显然被感动了,他自言自语地说:"不知道英国政府能不能帮助你?!"

孙中山显得更有把握:"英国政府一定乐于相助,这是不用说的。不然中国使馆只需要求英国政府逮捕我,交给中国政府便可以,又何必幽禁我在这里,而且害怕外人知道,加以封锁呢?"

这是多么易懂的道理。柯尔点点头,内心十分赞同孙中山的分析。

孙中山满腔热情地说下去:"我的生命,实是在先生手里。先生如果能让外界知道这件事,我的生命就能保存;否则,只能任其杀害。请先生再三想想:我们尽职上帝为重,还是尽职雇主为重?维护正义为重,还是袒护腐败的中国政府为重?请先生再三深思。"

柯尔默默无言,离开了囚室。这件事实在太大了,他还要再三斟酌。弄得不好,甚至连一家人的饭碗也要打掉的。他遇见管家贺维太太,便把孙中山求援的事告诉了她。正直、善良的贺维太太,很同情孙中山的不幸遭遇,她回答得很干脆:"乔治!假如我是你,我就会帮助他。"

柯尔得到鼓励,他开始行动了。17 日早晨,他拿着煤箩走进囚室,用手指指煤箩,示意孙中山注意。

孙中山待柯尔走出,马上拨开煤炭,发现一个纸团。他匆匆打开,只见上面写着:"我将为你送信。但你切勿在桌子上写,因监守者伺察极严,会从钥匙孔中窥见你的行动。所以望你伏在床上写信。"

啊，黑暗的囚室中，终于露出一线希望之光了。孙中山十分激动，赶紧掏出两张名片作为信纸，伏在床上写着：

致覃文街四十六号詹姆斯·康德黎博士：

我在星期天被绑架到中国公使馆，将要从英国偷偷运回中国处死。祈尽快营救我！

中国使馆已租下一艘船，以便把我递解回中国，而整个途中我将被关锁起来，禁止和任何人联系。唉！我真不幸！

请照顾目前这个帮我送信的人；他很穷，将会因为替我效劳而失去他的职业。

中午，柯尔来拿信。孙中山拿出暗藏的仅有的二十英镑，塞给柯尔。柯尔也一声不吭，接了过去。

好几天了，康德黎夫妇未见孙中山来访，很是纳闷；康德黎夫人特地到葛兰旅店去，也没有见到孙中山。他们开始感到情况不妙，十分焦急。

10 月 17 日，晚上 11 点半，纳闷而又毫无办法的康德黎博士已经上床就寝，忽然听到门铃声，连忙披衣起身，打开门来，不见人影，地上却有一封信。

他连忙捡起来，拆开阅读：

"你有一个朋友，从上个星期日起，被囚在中国使馆。他们打算把他送回中国，到中国他们一定会把他杀了的。这个可怜的人，真是惨极了。除非立刻有办法，他是要被解走，并且不会有人知道的。我不敢签我的名字，但是这件事是真的，请你相信我所说的话。你能尽什么力就立刻尽，不然来不及了。他的名字，我相信是叫孙逸仙。"

这封匿名信是从门底下的缝里塞进来的。直到若干年之后，人们才知道，送信人是贺维太太。

康德黎博士大惊失色，不顾夜深，立即投入营救工作。他后来回忆说："我一听见他的踪迹，就到梅尔蓬巷的警察署长那里去，又从那里到苏格兰场总警察厅去。现在主要的困难，就是怎样能够使人相信我的故事。苏格兰场的警察都说这件事与他们无关；并且说我报告过他们以后，我的责任已经尽了，我应当回家去，不要作声。我去见他们的时候，已经是早上1点30分。"

18日，恰巧是星期天，照例是政府机关人员休息的日子。但这一天，却是康德黎夫妇最紧张的一天。

他们分头行动：康德黎夫人到葛兰旅店，将孙中山的书札文牍之类全部取来，付之一炬。康德黎博士多处奔走，不得头绪，便找孟生博士商量。

康德黎博士刚到孟生家门口，恰巧遇见柯尔。原来，柯尔到了康德黎家里，才知道康德黎博士走访孟生博士去了，便又匆匆赶来。他向两位博士说明了情况，交给了孙中山手书的名片，并将孙中山赠予的二十英镑转交康德黎博士："这是孙逸仙的钱，请你代为收存。"孟生博士毅然表示协助康德黎博士从事营救工作。

康德黎博士叹了口气，说："假如马格里爵士未下乡，这事会好办些；不幸他又不在，我们应该向哪里求援？"

原来，昨天深夜，康德黎博士不单到警察署报案，还到过马格里家里，企图向马格里求救，只是听说马格里下乡去了，只好作罢。

柯尔一听，大吃一惊，连忙告诉他们："马格里根本没有远出。他无日不到中国使馆。幽禁孙逸仙，是他的主意；让我严密看管孙逸仙，是他的要求；租船押走孙逸仙，也是他出面去办的。"

这使两位博士大为惊愕。他们知道：马格里既是主谋，营救更加困难，势非英国政府出面不可了。而且，时间刻不容缓：两天之后，中国使馆便要押解孙逸仙回国。这时候，孙中山的生命既危如累卵，又充满生机。这真是生死难卜的时刻呀！

黄昏，柯尔赶回使馆，把康德黎、孟生博士的名片藏在煤箩里，送进了囚室，以目向孙中山示意。

孙中山等柯尔走出，在煤箩里搜出了一张名片："勉之！毋丧气！英政府正为君尽力，不日即可见释。"

清使馆的高墙外，孙中山的恩师和挚友四处奔走，设法营救孙中山。康德黎、孟生博士到苏格兰场警署报案，警署不相信会有这么一回事，又是没有结果。他们又到外交部报告。可是，外交部也不予重视。

这时，阴沉沉的黑网直把他们笼罩住。想到孙中山的处境，更使他们不寒而栗。天色已经漆黑，时间已经不多了。假使中国使馆今晚押解孙中山上船，岂不糟糕。使馆所雇的如果是英国轮船，即使离开了英国本土，还可截留；更可忧虑的，如果是外国轮船，则英国政府也毫无办法了。

怎么办？怎么办？？这两位老人焦急得真像是热锅上的蚂蚁了。

他们决计分头营救：康德黎博士到《泰晤士报》报馆去，争取舆论界的声援。结果是，以"审慎态度"办事著称的《泰晤士报》报馆一则怀疑事件的真实性，二则认为不必小题大做，决定保持缄默，不发消息。孟生博士前往中国使馆，单刀直入地警告中国使馆，企图使他们有所畏惧而不敢行动，以为孙逸仙被使馆拘留的事，英国市民已经知道，英政府和伦敦警署也已洞悉。结果是，狡猾的邓廷铿礼貌地接待了孟生博士，但却竭力否认说："此种消息，纯属谬妄。"一时间，连孟生博士也迷糊了，竟也怀疑起孙中山被囚使馆的事是否确实。

两位博士奔走终日，竟毫无结果。他们更担心事情弄巧成拙：中国使馆既知事已外泄，连夜押解孙中山上船，或移禁他处，这样，即使英政府实地调查，也会查无实据了。他们急得满头大汗：怎么办？怎么办？！他们决定当夜守候在使馆门口，同时雇用私家侦探，监视使馆的举动，防止他们连夜把孙中山转移。

是夜，使馆灯火通明，人影憧憧，显得忙乱不安。

19日早晨，柯尔循例走进囚室，乘隙问孙中山："你满意了吧？"

孙中山微笑着表示感谢，请柯尔再送一封信出去。信中，孙中山编造了一个故事："我出生于香港，四五岁时才回到中国内地。把我当作一名合法的英国臣民，你能不能用这种办法来使我脱险？"

柯尔点点头，又贴着孙中山耳旁轻轻叮嘱："你可要特别小心，我想我可能已经被人注意了。"

孙中山不禁一怔，用惊愕而敬佩的眼光望着柯尔，并默默点头。

当天，柯尔将孙中山的信送到康德黎家里，并自附了一张字条："我于今晚深夜当有一个绝妙的机会，可使孙攀缘至邻居屋顶，藉以出险。君如以为此计可行，则请商得邻居主人同意；并派遣一人在屋上等待，藉资援手。并望赐复以定行止。"

康德黎博士接到这字条，立即前往苏格兰场警署请求援助，但警署不同意，认为这样做有百害而无一利。康德黎博士又只好作罢。

可是，新的转机毕竟来了。就在同一天，英国外交部经过查询，得悉清使馆确有订雇轮船的事。英国外交部大吃一惊，一面请康德黎博士将此案始末写成文字，一面派了六个侦探在清使馆四周守候，并密饬警署加意防守。

康德黎博士的奔走呼吁，也得到了反应。22 日，《地球报》根据康德黎博士的口述，用"可惊可愕之新闻""革命家之被诱于伦敦""公使馆之拘囚"的醒目标题，公布了孙中山伦敦蒙难事件。其他各报也接连刊载。

消息震动了伦敦舆论界，引起了英国市民对清使馆的极大不满，使馆门前聚集着数以百计的群众，一再挥拳高呼"释放孙逸仙"！

群众的抗议、社会舆论的压力，使龚照瑗、马格里十分恐慌。

社会舆论的压力，使得英国外交部也在 22 日向清使馆递交了《备忘录》，要求按国际公法和国际惯例，迅速释放私捕人犯。

23 日下午 4 点半，囚室的门打开了。两个人走进来，毫无表情地通知孙中山下楼去："马格里爵士在楼下等你。"

一时间，孙中山还捉摸不透：是转移到新的监禁地，还是有了生机？他忐忑不安地走到楼下。当第一眼瞥见了康德黎博士的时候，孙中山就知道自己已获释了，高兴得几乎要跳了起来。

康德黎博士上前紧紧握住孙中山的双手，轻轻说道："你恢复自由了！"

在康德黎博士身旁，还有英国外交部一位官员和苏格兰场的侦探长。

马格里当着众人，将搜去的各种物件、便条和硬币交还给孙中山，又对外交部官员和侦探长说："今天我将孙逸仙交付你们。我这样做，是使本公使馆的特别主权及外交权利两不受损。"

"你现在恢复自由了！"马格里真不愧是君子国的爵士，他苦笑一声，朝孙中山伸出手来。

孙中山走出使馆，只觉得阳光耀目，空气清新。而眼前都市街头的人山人海，热情洋溢的英国市民向他挥手致意的场面，却是孙中山完全没有预料到的。这真使他感动万分。

侦探长排开纷纷向孙中山伸出手来的群众，挽着孙中山的手臂，和康德黎博士、外交部官员一同登上一辆四轮马车。路上，侦探长板起面孔，居然教训孙中山道："顽童，此后务必循规蹈矩，不可复入会党从事革命了！"

一时间，孙中山无言以对，只得苦苦一笑。

到了苏格兰场，孙中山将伦敦蒙难经过陈述一遍，由警官笔录，并当面宣读，孙中山签字认可。孙中山确认：10月11日，他是计划随同康德黎博士到礼拜堂祈祷，在赴康德黎博士寓所的路上，被清使馆官员邓廷铿一伙软硬兼施诱骗而囚禁的。

这使清使馆大丢面子，吃了苦头。

直到东归以后，孙中山才向一些同志披露了事实的真相。

当晚，康德黎夫妇设家宴招待孙中山，一家大小举杯祝贺孙中山胜利归来。是夜，求见孙中山的人士络绎不绝，直至深夜。

10月24日，孙中山在伦敦各报上发表致谢英国政府及报界书表示："我对立宪政府和文明国民意义的认识和感受愈加坚定，促使我更积极地投身于我那可爱而受压迫之祖国的进步、教育和文明事业。"

孙中山伦敦蒙难的悲喜剧谢幕了。清政府本来要不惜一切代价置孙中山于死地，反而使孙中山从此名声大振，一跃而成了世界名人。这点，不但清政府没有预料到，连孙中山也没有料想到。

清使馆虽然被迫释放了孙中山，但总理衙门和使馆并没有就此罢休。他们还是要千方百计捕杀孙中山，扑灭革命的火种。

孙中山对清廷的一切阴谋诡计的回答是：战斗！

1896年11月，孙中山复函英国汉学家翟理斯，允为翟理斯所编纂的《中国人名辞典》撰写自传。他在复函中指出："驱除残贼，再造中华"，乃"应天顺人之作"；表示自己"出万死一生之计，以拯斯民于水火之中，而扶华夏于分崩之际"的革命决心。

年冬，孙中山用英文撰写《伦敦被难记》，记述了自己早期经历和伦敦蒙难经过，揭穿清廷的阴谋"适足以扬其无道残暴而已"。

1897 年初，孙中山在与《伦敦被难记》俄译者谈话中又说："目前中国的制度以及现今的政府绝不可能有什么改善，也决不会搞什么改革，只能加以推翻，无法进行改良。期望当今的中国政府能在时代要求影响下自我革新，并接触欧洲文化，这等于希望农场的一头猪会对农业全神贯注并善于耕作，哪怕这头猪在农场里喂养得很好又能接近它的文明的主人。"接着，孙中山乐观地预言："无论如何，人民的起义，只不过是一个时间问题而已。"

孙中山还计划与英国新闻记者柯林斯用英文合著一部有关中国问题的专著。1897 年 3 月和 7 月，在伦敦《双周论坛》和《东亚季刊》上发表了这部专著的一部分——《中国的现在和未来》和《中国之司法改革》。在文章中，孙中山引用具体事例揭露中国积弱和深重灾难的主要原因，是由于清朝"腐败势力所造成"，"决不是中国的自然状况或气候性质的产物，也不是群众懒惰和无知的后果"。他再次指出："不完全打倒目前极其腐败的统治而建立一个贤良政府……实现任何改进就完全不可能的"。他还呼吁英国和其他列强"保持善意的中立"，不要干涉中国内政。

孙中山提出推翻清朝政府，建立民主共和国，无疑是适合时势和顺应民心的；至于呼吁帝国主义"援助"，"保持善意的中立"，则是孙中山当时不切实际的幻想。

那时候，孙中山还不知道，英国政府固然不容许清朝政府在英国领土上破坏自己的尊严，因而协助释放了孙中山，但却早就"欣然"接受了清朝政府的要求，即香港不应成为"反对帝国安宁的运动的基地"。英国殖民部也早已命令港督罗便臣"预先防止反对中国合法当局的任何革命企图"。

孙中山脱险后，决定暂留伦敦，过一段读书、研究生活，"以实行考察其政治风俗，并结交其朝野贤豪"。

康德黎博士对孙中山的这段读书生活，做了生动的叙述：

"孙逸仙没有浪费一分钟时间去玩乐；他总是不停地工作；阅读一切学科的书籍，如关于政治、外交、法律、军事和造船、采矿、农业、牲畜饲养、工程、政治经济学，等等，都引起他的注意，并且仔细地、坚持不懈地加以研究。很少有人在追求知识上达到他那样的范围。"

有一天，孙中山正在大英博物图书馆图书室看书，遇到几位俄国人，交谈中，知道彼此都是革命同志，谈得分外投机。

俄国人问孙中山说："中国革命什么时候可以成功呢？"

这问话，孙中山一时间不知怎样回答才好。这时候，他东山再起的热情正高，心里总希望一两年内就要再举，再举又期望必定成功。不过，对于那些刚刚认识的俄国人，他又不敢贸然轻易答复。孙中山采取了认为最为稳健的说法，答复他们："大约三十年，可以成功。"

孙中山完全没有料想到，俄国人竟惊讶地又问："在你们那样大的国家发起革命，只要三十年便可成功吗?!"

孙中山不知再说什么才是，他转问俄国人："俄国革命，什么时候可以成功呢？"

"如果一百年后可以成功，我们便十分满足了。我们现在正在奋斗。成功虽然在一百年之后，但现在不能不奋斗；如果现在不奋斗，就是百年之后，也不能成功；因为要希望一百年可以成功，所以我们现在便努力奋斗。"俄国人说得十分诚恳。

孙中山听了这番话，不由发窘了，只觉得脸上突然发热，"一直蔓延到耳根。回想到自己刚才的答复，便觉得非常羞愧"，对"他们的计划稳健，气魄雄大"，深感钦佩。

1924 年 1 月 20 日，孙中山在一次演说中，又回顾了那次与俄国友人的谈话：

"我自那个时候以后，便环绕地球，周游列国，一面考察各国的政治得失和古今国势强弱的道理，一面做我的革命运动。约计每两年绕地球一周，到武昌起义以前，大概绕过了地球六七周。每次到一个地方，总是遇到许多熟人，那些人总是来问我说：'我们看到了你这位先生，不知道失败多少次了，为什么还不丧气，总是这样热心呢？这是什么理由呢？'我每次都没有什么好话可以答复，只有用我在英国图书馆内和俄国人的谈话来答复他们说：'我不管革命失败了有多少次，但是我总要希望中国的革命成功，所以便不能不总是这样奋斗。'"

这是多么伟大的不屈不挠的革命精神啊!

孙中山居留英国期间,不仅研究了西方资产阶级民主主义理论,接触了社会主义学说,而且多次往宪政俱乐部调查访问,到爱尔顿农业馆家畜展览会、李勤街工艺展览会参观,考察英国社会状况,观察资本主义制度。他对英国做了深刻的研究,发觉"统计上,英国财富多于前代不止数千倍,人民的贫穷甚于前代也不止数千倍,并且富者极少,贫者极多"。"英国富人把耕地改做牧地,或变猎场,所获较丰,且征收容易,故农业渐废,并非土地不足。贫民无田可耕,都靠做工糊口,工业却全给资本家所握,工厂偶然停歇,贫民立时饥饿。只就伦敦一城算计,每年冬间工人失业的常有六七十万人,全国更可知。英国大地主威斯敏士打公爵有封地在伦敦西偏,后来因扩张伦敦城,把那地统圈进去,他一家的地租占伦敦地租四分之一,富与国家相等。贫富不均竟到这地步,'平等'二字已成口头空话了!"他又亲眼看到伦敦产业工人举行总罢工遭到政府军队残酷镇压的情景,感触颇深。他得出的结论是:社会问题在欧美是积重难返,社会革命在欧美是决不能免的。

在中国,又如何及早地预防上述社会问题的产生呢?

孙中山后来曾自述:他在伦敦期间,"所见所闻,殊多心得。始知徒致国家富强、民权发达如欧洲列强者,犹未能登斯民于极乐之乡也;是以欧洲志士,犹有社会革命之运动也。予欲为一劳永逸之计,乃采取民生主义,以与民族、民权问题同时解决。此三民主义之主张所由完成也"。

他在探索中前进。对他来说,学习是为了更好地革命。这只革命的雄鹰,又要为振兴中华搏击了!

注释:

[1] 朗西,清驻日本公使裕庚。

[2] 龚使,清驻英国公使龚照瑗。

[3] 咸丰八年(1858)《中英条约》第二十一款:"中国民人,因犯法逃在香港,或潜住英国船中者,中国照会英国官,访查严拿。查明实系罪犯,即行交出。通商务口倘

有中国犯罪民人，潜匿英国船中房屋，一经中国官员照会领事官，即行交出，不得隐匿袒庇。"光绪二十年（1894）《滇缅条约》第十五条："英国之民，有犯罪逃至中国地界者，或中国之民，有犯罪逃至英国地界者，一经行文请交逃犯，两国即应设法搜拿。查有可信其为罪犯之据，交与索犯之官。行文请交逃犯之意，系言无论两国何官，只要有官印关防，便可行文请交。此种请交逃犯之文书，亦可行于罪犯逃往之地最近之边界官。"（罗家伦：《中山先生伦敦被难史料考订》，商务印书馆1930年版，第11页）

[4] 另一说是约定次日再来使馆探问中国情形。

[5] 1896年10月11日，孙中山是自己进入使馆，还是被绑架的，历来有争论。我们认为，孙中山是自己进入使馆的，他在伦敦期间说他是被绑架的，不过是一种斗争策略。理由是：第一，孙中山东归以后，曾对陈少白说，他早已知道使馆，故意改换姓名，到使馆去的。[《辛亥革命》（一），上海人民出版社1957年版，第35页]孙中山也曾对胡汉民、戴季陶说，他是自己走进使馆去的。（罗家伦：《中山先生伦敦被难史料考订》，商务印书馆1930年版，第42页）第二，使馆扣留孙中山后，龚照瑗立刻密电北京总理衙门："顷刻犯来使馆，洋装，改姓陈。"应该说，这是可信的。如果孙中山是在街上被绑架的，龚照瑗更可以向总理衙门邀功，决不会把绑架说成扣留。第三，清海军衙门派驻英使馆的凤凌1896年10月11日日记："孙文……日前赴使署访同乡，偶遇翻译邓廷铿，约翌午设餐相请。饭后即托言登楼观望，因将孙禁锢，昼夜派人看守。"（同上书，第33页）第四，使馆法文翻译吴宗濂《龚星宪计擒粤犯孙文复行释放缘由》。"九月初四日（10月10日），孙文行经使署之门，遇学生宋芝田，询其有无粤人在署，宋曰：'有之。'孙即请见。乃进署门，入厅事。英文四等翻译官邓琴斋刺史廷铿，粤产也，遂与接谈。该犯以异地遇同乡，分外惬意。自言姓陈，号载之。继出金表，以觇时刻。刺史索观，则镌有英文拼切之孙字。刺史恍然，然不动声色。孙约翌日再来，同赴海口，探望粤商。刺史欣诺，孙既去，急密告仙舟，转禀星使。星使与马格里、王鹏九两参赞密商办法。皆曰可拿。初五日午前，孙果贸贸然来。"（同上书，第84页）第五，1896年10月22日马格里致函《泰晤士报》："孙逸仙……说他是在街上被捉住了，被两个强有力的中国人拥进使馆去的这番话，绝对不确。我们没有预料到他到使馆来。第一次他来是10日星期六那天，第二次是11日星期日那天，是他自动来的。无论国际法学大家怎样判断，有一点他们是要绝对肯定的，就是这件事并非绑架，他进使馆来，是没有人用强力和诡计弄他来的。"（同上书，第36—37页）

[6] 窦使，英国驻清公使窦纳乐。

第九章 | 东洋逢知音

孙中山在伦敦居留了半年多的时间,看到"欧洲尚无留学生,又鲜华侨,虽欲为革命之鼓吹,其道无由",决定离英赴日,就近策划武装起义。

1897年7月2日,孙中山搭乘轮船离开英国。8月16日,到达日本横滨。从此,有将近三年的时间,他一直寄居日本。但是,日本华侨的情况,使孙中山很失望,用他自己的话来说:

"日本有华侨万余人,然其风气之锢塞、闻革命而生畏者,则与他处华侨无异也。吾党同人有往返于横滨、神户之间鼓吹革命主义者,数年之中而慕义来归者,不过百数十人而已。以日本华侨之数较之,不及百分之一也。……适于其时有保皇党发生,为虎作伥,其反对革命、反对共和比之清廷为尤甚。当此之时,革命前途,黑暗无似,希望几绝,而同志尚不尽灰心者,盖正朝气初发时代也。"

正是在这段艰难困苦的时期,日本志士向孙中山伸出了友谊之手。

在《孙文学说》中,孙中山回忆了当时的情况:

"抵日本后,其民党领袖犬养毅遣宫崎寅藏、平山周二人来横滨欢迎,乃引至东京相会。一见如旧识,抵掌谈天下事,甚痛快也。时日本民党初握政权,大隈为外相,犬养为之运筹,能左右之。后由犬养介绍,曾一见大隈、大石、尾崎等。此为予与日本政界人物交际之始也。随而识副岛种臣及其在野之志士如头山、平冈、秋山、中野、铃木等，后又识安川、犬塚、久原等。各志士之对于中国革命事业，先后多有资助，尤以久原、犬塚为最。其为革命奔走始终不懈者，则有山田兄弟、宫崎兄弟、菊池、萱野等。其为革命尽力者，则有副岛、寺尾两博士。

还是从宫崎滔天[1]结识孙中山说起吧。

宫崎滔天，是位下级武士家庭出身的日本浪人。他眼看欧美侵略势力在亚洲急剧扩张，亚洲大部分国家变为他们的殖民地和半殖民地；看到明治维新后的日本，不仅没有废除欧美侵略者强加在日本头上的不平等条约，也没有完全打破生产发展的桎梏，相反，一切民主政治活动都遭到严厉取缔。正是同病相怜，同忧相救吧，他把希望寄托于中国，主张动员中日两国的革命志士，首先在中国发动资产阶级的暴力革命，建立起自由民主的"理想国"，然后以中国为根据地，向亚洲各国推广革命，驱逐欧美列强侵略势力，在亚洲范围内建立起资产阶级民主政治。1897年，他受外务省委托，到中国南方调查秘密会党的情况。当他得知孙中山到了横滨，马上又赶回日本。

一天早晨，天蒙蒙亮，迫不及待的宫崎滔天，便赶到孙中山寓所。

寒暄之后，宫崎滔天首先发问："我早已听说先生以中国革命为志，希望详细领教先生的革命宗旨和方法。"

孙中山低头沉思，徐徐开口："我认为，人民自治是政治的极则。因此，我的政治主张是共和主义。"

宫崎滔天凝视着孙中山，暗自点头，全神贯注听下去。

"单就这一点来说，我认为就有责任从事革命。何况清廷执掌政权已经二百多年，以愚民政策为要义，以压榨人民为能事，积弊日深，坐令大好山河，陷入任人宰割的境地。有志之士，谁忍袖手旁观？因此，我辈力量虽小，仍然冒险起事，只是不幸遭受失败。"

宫崎滔天睁大眼睛，显得惊叹、诚服。

孙中山一言重于一言，一语热于一语，渐渐显示出深山虎啸的气概："作为一个世界上的平民和人道的维护者，尚且不能坐视，何况我生于此邦，与它直接痛痒相关？我才疏学浅，本不足以担当大事。然而，现在不是以此重任推给别人，而自己袖手旁观的时候。因此，我才自告奋勇，愿为革命的前驱，顺应时势的要求。如果上天庇佑我党，有豪杰之士前来援助，我立时让出现在的地位，愿效犬马之劳。如果无人，只好奋力肩此重任。"

孙中山停顿片刻，又说下去。在宫崎滔天听来，仿佛是滚滚滔滔的激流，稍遇遏制，顷刻又飞流激溅："我确信，为了中国苍生，为了亚洲黄种人，更为了世界人类，上天一定会佑助我党。你们来和我党缔交就是一例。征兆已经出现，我党一定发愤努力，不负诸位的厚望。也请诸位拿出力量援助我党，实现我辈的志业。拯救中国四亿的苍生，雪除东亚黄种人的耻辱，恢复和维持世界的和平和人道，关键只在于我国革命的成功。如果中国革命成功，其余问题均可迎刃而解。"

真可谓英雄所见略同了。宫崎滔天觉得孙中山的谈话言简意赅，句句贯义理，语语挟风雷，其中又洋溢着无限的热情，恰似自然的乐章、革命的旋律。他为自己开初以外表取人，妄加判断，几乎误己误人而感到羞愧了。

"孙逸仙实在接近真纯的境地。他的思想何其高尚！他的见识何其卓越！他的抱负何其远大！而他的情感又何其恳切！在我国人士中，像他这样的人究竟能有几人？他实在是东洋的珍宝。"同德则同心，同心则同志。宫崎滔天决心协助孙中山来实现自己的抱负了。

下午，宫崎滔天又带着平山周[2]来到孙中山寓所围桌交谈。"谈愈深时，情亦愈浓，绵绵缕缕不知所穷"。平山周对孙中山说："你现在若回中国去，很危险，不如暂时住在日本，计划革命，我们必定尽力协助的。"

孙中山鞠躬致谢："不过，最近我计划要到安南去，想联合同志，到中国内地去革命。"

日落西山了，宫崎滔天、平山周还是依依不舍，起身告辞时，恳切建议孙中山留住日本。

第二天，宫崎滔天和平山周接到孙中山的来信："昨天晚上我想了一夜，决定留在日本，请多多关照。"他们十分高兴，立即赶到东京，向犬养毅[3]报告。

犬养毅正在客厅里抽烟。一见他们进来，笑着说："你们回来啦！"

宫崎滔天喜气洋洋，显得十分得意："犬养君，我们这次不辱使命啦！"

犬养毅盘膝而坐，慢条斯理地说着："有什么值得这样高兴的呀？"

"我们见到了中国革命党首领孙逸仙！"

孙逸仙这个名字，犬养毅并不陌生，前些时候，平山周和可儿长一[4]就曾经向他报告过孙逸仙的一些情况。

原来，松方正义组阁后，经犬养毅推荐，平山周和可儿长一受外务省委托，在1897年5月，前往中国南方调查秘密会党的活动。行前陆军省参谋部宇都宫太郎少佐告诉他们："中国有一个人叫孙文，他是提倡革命的，你们要多加注意这个人。"在横滨，他们见英文报刊上载有中国革命家孙逸仙的消息，怀疑孙逸仙就是孙文。到了上海，他们在书店里发现《伦敦被难记》，立刻买了一本，读完之后，才知道孙中山的概况。他们赶快将这本书摘要译成日文。到了香港，他们又用了十多天时间，整理堆积如山的旧报纸，得到一些有关孙文生平的资料。他们将这些资料报告了犬养毅。

犬养毅取得外务省的默许，派遣宫崎滔天和平山周专程到达横滨，迎接孙中山前来东京相会。

事后，平山周回忆道：

"孙文在与犬养初次会面后的归途中，说今晚要住在东京，打算再畅谈一番。因此便决定作为日本人的样子，在京桥的对鹤馆——今之对鹤大楼住下。可是，旅馆的老板把旅客投宿登记簿拿了来。于是我便说：先放在这儿，我们过一会填写，请退去！待老板下了楼，我便问孙文：填写什么姓名才好呢？孙说：填写你的姓名就好了。我说：填写同样的姓名不大妥当。孙说：不管写个什么姓名都可以。虽然说不管写个什么姓名都可以，但是仍然使我感到困难。那时，中山侯爵的邸宅在日比谷。刚才我们是通过那邸宅的门前到这对鹤馆来的，因此我便想出'中山'二字来。姓是'中山'，名是什么好呢？我正在沉思，孙便拿了我手中的笔，在'中山'二字下写了个'樵'字。我说：以这个名作为日本人的名字有点儿古怪。孙说：这个意思表明我是'中国的山樵'，因此以'樵'字为名。从此，'中山'之名便开始使用起来。"[5]

有了犬养毅、宫崎滔天他们的帮助，孙中山在东京市麴町区平河町五丁目三十番地租了一栋房子居住。外务次官知道了这件事，却摇头说道："这事情很困难，因为中日战争以后，朝野上下以及各方面努力的结果，中日邦交才开始有了头绪，现在把要推翻清朝的革命党人庇护在日本，那岂不是使中日邦交又要受不好的影响吗？"

还是犬养毅和外相大隈重信一再商量，决定让孙中山以平山周的语言学教师的名义，由东京府发给"居留地外侨许可证"，准予留居日本。

孙中山在日本的这段时间，过着十分清苦的生活，以至连自己心爱的怀表也不得不卖掉。宫崎滔天曾回忆说："他自己的生活，却非常简单而朴素，既不喝酒，不玩女人，更不花不必要的钱。有电车的地方，他一定坐电车；而就是要坐小包车，也是算得很精，从不随便花钱。并且，不管天气怎样，他经常带着大衣和洋伞走路。这样，万一下雨，他还是一样可以去任何地方。"

有时，日本友人也设宴招待孙中山，以致有一次闹出了笑话：

孙中山到达日本不久，头山满[6]设宴招待他和陈少白。头山满为此请来了不少客人和东京新桥的一流艺伎。晚宴间，孙中山像往常一样，既不喝酒，也不跟艺伎谈笑。当一些客人与艺伎调情逗趣的时候，孙中山却背靠柱子，专心致志看他的书。

头山满邀请艺伎，本意是要给孙中山取乐，也炫耀自己的风流倜傥，见孙中山对此道如此冷淡，便上前去"启发"他："在座的女人，你觉得哪一个最漂亮？"

孙中山见问，只得合上书本，瞧了一眼，礼貌地说："都很漂亮。"

头山满又问："但其中谁最漂亮？"

孙中山说："都一样的漂亮。"

这时，头山满指指身旁的艺伎，问："是不是这位最漂亮？"

周围的人都沉默下来，想听听孙中山的回答。因为这是一位鼎鼎有名的艺伎，而且和头山满关系特别密切。

头山满凝望着孙中山，似乎是期待着给予肯定的回答。

孙中山看了看艺伎，回答说："十年前一定比现在更漂亮。"

这真是绝妙的回答，大伙鼓掌欢笑。

但是，像这样宴饮的日子，却是屈指可数的。一段时间，孙中山倒常常成了犬养家里的食客。他为人随和，既不喝酒，也不嫌粗食，只要填饱肚子就行。因此，很受犬养家里人的欢迎。

一天，孙中山外出回来，走进犬养毅家，只见佣人，不见犬养毅夫妇，也不及细问，便打了热水到浴室洗澡。忽然，一阵烧鱼的香味直朝孙中山鼻孔冲来，使得他肚子咕咕直叫。他洗过澡，穿上木屐，漫步走进厨房：原来是犬养毅夫人正在烧鲞鱼。孙中山平日在犬养毅家吃惯了蔬菜，这次不禁睁着眼睛，用一句刚刚学到的日语说道："老板娘，今天可有好东西吃呵！"

犬养毅夫人转过头来，见是孙中山，只是抿着嘴笑，并不开腔。

孙中山再仔细一看，她身旁原来还站着犬养毅。

犬养毅去开他的玩笑："我知道你这句话是从什么地方学来的。"

霎时间，孙中山变得脸红耳赤。他心里明白，犬养毅是指他从艺伎那里学来的。

犬养毅哈哈大笑："我得问问你，孙先生，你最喜欢的是什么？"

"革命。"孙中山回答得十分干脆。

"你最喜欢革命，这是谁都知道的。但除此之外，你最喜欢什么？"

孙中山低头沉思。

"答答看吧。"犬养毅催促他。

孙中山用英语答道："Woman（女人）。"

"很好。"犬养毅拍手叫道，"再其次呢？"

"Book（书）。"

犬养毅哈哈大笑，嚷着："这是很老实的话。我以为你会说最喜欢看书，结果你却把女人排在看书前面。这是很有意思的。不过，喜欢女人的并不只是你。你这样忍耐对女人的爱而拼命看书，实在了不起。"

"不是这样。"孙中山见犬养毅误解了自己的意思，便说，"我是想，千百年来，女人总是男人的附属品或玩物，充其量是个贤内助。然而我认为，她应该和母亲是同义语。当妈妈把她身上最有营养的乳汁供奉给孩子的时候，当妻子把她真诚的爱献给丈夫的时候，她们的牺牲是那样的无私和高尚。这难道不值得爱吗？可惜，我们好些人却没有这种爱，践踏这种爱。"

日本朝野人士资助孙中山，动机不一，目的不同。但有一点却是一致的，那就是孙中山的抱负、情操、风度使他们佩服、感动。

萱野长知[7]说："我们素有中国革命的理想，所以听见中国革命的领导者孙中山先生来到东京，便去拜访他。当时他给我的印象是：他是一个何等富于热情的人！我以为赞助中国革命的日本人，大都是为他的热情所感动的。在言谈之中，我觉得只要这个人肯而且敢奋斗下去，中国革命定能成功，所以便决心跟他同艰苦共生死。"

可儿长一说："我最佩服的是：他不管是得意或是失意的时候，对同志总是亲切而又和蔼。他的思想是进步的，志向非常坚定，又非常用功读书；有一次，他说他要画张中国的精密地图，果然不几日，他把广东地图画出来了。他又做了一篇序文叫我看，那张地图真画得好，我对于那篇序文也非常佩服。"[8]

秋山定辅说："一旦与邻国志士结为友伴，就不忍半途反脸。于是，我首先想试探孙文氏的体力如何。我和孙文氏有时候在家里吃饭，有时候到'筑地'一带去吃饭。由锦町走到筑地，有一段相当的路程，我对于走路是很有把握的，但是，孙文氏虽然弱不禁风，走起路来绝不落伍。孙文氏双腿的健速远出我的意料。我告诉他：'想不到你的脚能够赶上我。'他回答说：'我的脚是没有问题的，因为我当过苦力。'相交日久，情谊愈增，我听他讲过自己的理想，也听他讲述革命的哲理。久而久之，我对于孙文氏的革命哲学愈加了解，孙文氏往往说出我内心所要说的话，我把自己的见解坦白告知孙文氏。我深信'孙文的革命必定成功'。我凭着这种信心向国内前辈或志士游说。"

在"实为革命进行最艰难困苦之时代"，孙中山得到许多日本人士的资助，从而克服了困难，熬过了艰苦的岁月，使革命事业出现了新的局面。从历史发展的观点来看，尽管一些人士抱有各种不同的动机资助孙中山，但从主要方面来说，在当时，这种资助对孙中山开展革命活动，还是有利的。

孙中山时刻不忘为中国革命奔走尽力的仁人志士，深信中日两国人民的友谊永久长青。1911 年 7 月 16 日，孙中山在复日本友人宗方小太郎[9]函中写道："弟所交游者以贵国人为多，则日本人之对于支那之革命事业必较他国人为更关切，为吾人喜慰者必更深也。他日唇齿之交，将基于是。弟之视日本，无异第二之母邦。"

在居留日本期间，孙中山不仅为中国革命日夜奔走、操劳，而且对其他国家的民族解放斗争也十分关心、支持。他和日本志士协力支援菲律宾民族解放斗争，就是一个典型的例子。

数百年来，菲律宾群岛一直是西班牙的殖民地。1896 年，菲律宾人民奋起反抗，宣布成立共和国。不久就遭到失败。1898 年，美国为争夺菲律宾群岛，与西班牙发生争端。4 月，美西战争爆发。美国以承认菲律宾独立为条件，约定当地革命力量内应。菲律宾独立党组织独立军，与美军联合围攻马尼拉，取得了胜利，宣布成立革命政府。可是，美国背信弃义，竟与西班牙私订和约，把菲律宾变为美国殖民地，并转而镇压独立军。独立党领袖阿坤雅度率领独立军退出马尼拉，在各地展开抗美救国战争。

阿坤雅度为了抵抗美国侵略者，密派彭西到达日本，祈求争取日本政府的援助。可是，事与愿违，彭西甚至连购买武器的要求，也因为日本政府不愿开罪美国政府而遭到拒绝。

彭西无可奈何，只得另想办法了。他从报纸上得悉中国革命党人逃亡日本，认为孙中山一定有日本的同志，也一定会同情菲律宾的独立战争。于是，他暗地里打听到孙中山的住址，便去访问他。彭西说明来意，请孙中山帮助。

孙中山对这位不速之客满腔热情，一口答应下来："好办，让我跟日本的同志商量一下。"

彭西十分高兴，全权委托孙中山协助购买军火。

孙中山走到对阳馆，把正躺着休息的宫崎滔天和平山周叫醒，屏退了外人，悄悄地对他们耳语："你们有没有办法弄到武器，并送到菲岛去？"

宫崎滔天不知底细，眼睛猛地睁大，问道："这是怎么一回事？"

孙中山告诉他们："菲律宾独立军委员彭西已经到了这里。他来找过我。我们谈得十分投契，说好了现在我们支持他们，待他们革命成功了，回过头来支援我们。我们一旦帮助他们争得独立，接着便可以凭借他们的力量，攻陷广东，掀起一场大风暴。他们有钱，还把在贵国购买军火的事全权委托给我。初次见面，便受了如此重托，义当尽力以报，何况彼此志向相同。因此，我特地来找你们，希望你们也能助一臂之力。"

宫崎滔天兴奋得差点跳了起来，他朗声说道："好，干它个痛快的，先干它美国一家伙！"接着，孙中山与宫崎滔天、平山周反复密议，最后决定由宫崎滔天向犬养毅说明情况，请求帮忙。

犬养毅听了宫崎滔天的话，就说："凡私运军火的，必须避过警吏的耳目。我与你都没有这种本事。这种事交给商人办，当然有办法。不过，商人只知图利不知大义，办事也不忠诚。必须选择敢于冒险、忠实而有经商才干的人来担当这个工作才好。"

"找谁呢？"宫崎滔天焦急地问。

犬养毅沉思片刻，才说："叫中村背山[10]办这件事怎样？他近来患糖尿病，自觉活不长久，好像非常急于建立功名。他最近常常对我谈及菲律宾的问题，我想他也有意参加菲军，只是没有门路可寻。你们若能和他一谈，他会鼓起勇气，不顾糖尿病而答应的。这岂不是彼此合适吗？"

宫崎滔天十分赞成犬养毅的主意。他又匆匆找到孙中山，向他介绍中村弥六的情况："此人是个议员，颇为霸道而又颇有名声，但医生宣布他患糖尿病活不了三年。他自己也对在日比谷的国会议席上整日唇枪舌剑感到烦腻了，听说菲律宾爆发了独立战争，便想去参战，说'再不趁残生余年之时，到菲律宾去露一手，岂不枉在世一生'？这的确是一个再适合不过的人选。"

孙中山觉得找的果然是个合适的人选："这样就放心了。"

宫崎滔天又补充一句："中村在宪政党内阁任过司法次官。"

孙中山更是高兴："这样就更放心了。"

受了孙中山的委托，宫崎滔天拜访中村弥六，拜托他出面购买武器。

"小意思，这事我包了。"中村弥六说，"我有宿疾，命不久矣。现在能追随诸位担任这样大事，真是莫大的幸运。我一定努力，不负诸位重托。"

宫崎滔天也为得到"好友"而高兴。他哪里知道，他们所信赖的竟是一个口蜜腹剑的小人、见利忘义的奸徒。

中村弥六通过德国人瓦义别鲁克鲁出面，向大仓会社购买陆军早已报废了的枪械、弹药，又向三井会社购买了一艘废弃了的"布引丸"号轮船装载这些废旧枪弹。他告诉宫崎滔天："一切已经解决，可以启运了。"

孙中山和宫崎滔天不知就里，派平山周和聘请的日本军官数人乘普通客轮先行，又派两人随船押运。

孙中山还与彭西商定，当独立军对美国侵略军举行反攻时，孙中山即率领一部分兴中会会员取道小吕宋开赴菲律宾助战。独立党为支援中国革命，也赠送孙中山十万日元作为活动经费。

1899年7月19日，"布引丸"号从门司启航，20日在海上遇台风，21日晚上，在浙江马鞍岛海面触礁沉没，十七人丧生。

这就是轰动一时的"布引丸"事件。

中村弥六见奸计得逞，以为奸诈可以通行无阻，便假惺惺地对孙中山说："我还可以再次购买，务求达到目的而后已。"

孙中山和宫崎滔天仍然没有识破中村弥六的奸诈，又以菲币七万五千比索托他为独立军购买第二批军火。

中村弥六又向大仓会社购买了一批废弃的枪弹，只是因为遭受日本政府阻挠，未能运送出境。不久，菲律宾独立党反美斗争失败，这批枪弹运回菲律宾已毫无意义。孙中山与彭西商量，计划借助这批军械作为中国革命之用。彭西也欣然同意。

艰巨的革命斗争使孙中山"已看清被压迫民族的革命运动及全世界的革命者，均有互相联合的必要"[11]。直至1900年6月，孙中山离开日本筹划惠州起义的前夕，还说："菲律宾的'乱党'对我们寄予期望，而我们也有希望日后借助他们的力量以成事的想法……我仍然认定今后应给他们更多的方便和帮助。"

直到惠州起义爆发，孙中山在台湾急电宫崎滔天，命令将所借独立军的全部武器火速设法运至中国大陆的时候，中村弥六的骗局才被戳穿。

孙中山积极支援被压迫民族的反帝斗争，博得了亚洲各国志士的敬仰。正如彭西在《孙逸仙——中华民国的缔造者》一书中所说，当时，"孙逸仙善于把远东各国的共同问题综合起来加以研究，因此，他成为一群来自朝鲜、中国、日本、印度、暹罗和菲律宾的青年学生的热情鼓动者之一"。

注释：

[1] 宫崎滔天（1871—1922），原名虎藏，又名寅藏，号白浪庵滔天，日本熊本县人。1886 年 10 月入东京专门学校英语科，1888 年转入长崎加伯利英和学校。从青年时期起，即从事于自由民权运动。结识孙中山后，始终为中国革命奔走尽力。1902 年 8 月孙中山在《〈三十三年之梦〉序》中赞扬宫崎滔天说："宫崎寅藏君者，今之侠客也。识见高远，抱负不凡，具怀仁慕义之心，发拯危扶倾之志，日忧黄种陵夷，悯支那削弱，数游汉土，以访英贤，欲共建不世之奇勋，襄成兴亚之大业。闻吾人有再造支那之谋，创兴共和之举，不远千里，相来订交，期许甚深，勖励极挚；方之虬髯，诚有过之。"（《孙中山全集》第一卷，中华书局 1981 年版，第 216 页）

[2] 平山周（1870—1940），号南万里，日本福冈县人。1901 年与内田良平、佃信夫、可儿长一等设立黑龙会，策划同沙俄争夺在我国东北和蒙古的霸权的活动。1907 年同盟会内部闹分裂时，平山周和另一日本人北辉次郎从中挑拨离间，企图排陷孙中山。

[3] 犬养毅（1855—1932），号木堂，日本冈山县人。1882 年立宪改进党成立时入党，1898 年为大隈内阁的文部相，1910 年组织立宪国民党，1929 年为政友会总裁，1931 年任总理大臣，翌年因"五一五"事件为少壮派军人所刺杀。

[4] 可儿长一（1871—1952），号长铗，日本熊本县人。他是犬养毅的幕客。

[5] 平山周的口述十分富于故事情节。但一些日本历史学家怀疑"中山樵"的姓名并不是那样随便决定下来的。因为孙中山与犬养毅初次会面的当天晚上，犬养毅即将孙中山在横滨的住址及"中山樵"的日本人姓名告诉了他的挚友陆实。日本历史学家说：由此使我们可以推知，"中山樵"的名字可能是由犬养毅、平山周和宫崎滔天经过一番考虑而决定的。

[6] 头山满（1855—1944），号立云，日本福冈县人。1879 年与平冈浩太郎等设立向阳社，两年后又改组为玄洋社。他是日本第二次世界大战前右翼集团的魁首之一，对政界一直保持着巨大的影响。

[7] 萱野长知（1873—1947），号凤梨，日本高知市人，他是玄洋社社员，加入同盟会，始终为中国革命奔走尽力。

[8] 1899 年 12 月 22 日，孙中山为亲手编绘的《支那现势地图》作跋，指出："中国舆图，以俄人所测绘者为精审。盖俄人早其萧何之智，久已视此中华土地为彼囊中之物矣。""迩来中国有志之士，感慨风云，悲愤时局，忧山河之破碎，惧种族之沦亡，多

欲发奋为雄，乘时报国。"本图对"已割之岩疆，已分之铁路，则用着色表明，以便览者触目警心"。（《孙中山全集》第一卷，中华书局1981年版，第187－188页）该地图于1900年7月14日在日本发行。

[9] 宗方小太郎（1864—1923），日本东亚同文会成员，1897年11月在东京与孙中山结识，后任上海东亚同文书院监督。

[10] 中村弥六（1854—1929），号背山、背水。曾留学德国，学森林学。归国后，出任地理局、山林局、大藏省、农务省等政府机关的官职。后又任大隈内阁的司法次官，加入进步党。1897年，犬养毅介绍宫崎滔天认识中村弥六，共商赴泰国发展木材事业。

[11]《李大钊选集》，人民出版社1978年版，第562页。

第十章 | 惠 州 再 起

中日甲午战争以后，帝国主义列强在中国掀起了争夺势力范围的狂潮，中国的民族危机达到了空前严重的地步。

帝国主义对中国的进攻加紧一步，孙中山革命的奋斗便猛进一步。

孙中山一到横滨，就跟陈少白商量今后的行动计划。

"我们两人困守一方，无从发展，不是一个办法。现在你既然到了日本，日本方面的事情就可以由你管理。我想趁这个时机到台湾去一次。"陈少白继续说："自从甲午战败，清廷把台湾割让给日本之后，年来不知搅到怎样一个地步。那里有一个日本朋友，约我去看他，我如果能够在那里活动活动，或许可以把那里的中国人联络起来，发展我们的势力，岂不比都住在这里更好些？"

的确，过去革命党人活动范围只限于广东，革命力量发展有限，革命影响不广，广州起义就是由于缺乏群众基础，势孤力寡而失败的。现在，要想再次发动武装起义，就必须扩大革命活动范围，发展革命势力。

孙中山同意陈少白的意见，决定分头行动。

1897 年 8 月至 1898 年春季期间，孙中山在横滨、东京、长崎、神户、马关等地来往活动，一面结识日本朝野各界人士，争取他们的援助，在华侨中宣传革命，吸收华侨参加兴中会；一面同中、日志士商议举事的计策。

陈少白只身到达台湾，在台北建立了兴中会台湾分会。1898 年春，又回到横滨。

当孙中山从英国到日本的时候，外国报纸大肆渲染，说孙中山已经筹得二三百万元在手，准备再行革命。杨衢云在南非洲知道这个消息，便赶到日本会见孙中山。

原来，广州起义失败后，杨衢云匆匆离开香港，流亡到了南非洲，并且建立了兴中会南非洲分会。

1898年3月21日，杨衢云抵达横滨，在山下町修竹寄庐会见孙中山和在日本的战友。大家谈了一会，孙中山便请杨衢云到旁边的一间房里去，随手把门关上。

陈少白见到这种情况，回想起杨衢云在广州起义前后的事，心里不免着急，生怕两人谈崩。

过了半个多小时，房门开了，他们走了出来，孙中山默默无言，杨衢云显得满脸羞愧。

杨衢云告辞以后，陈少白马上就问孙中山："你们在房内谈了些什么？"

"我当时真恨极了。我责问他：你要做总统，我就让你做总统，你说要最后到广州，我就让你最后到广州，为什么到了时间，你自己却不来？那还罢了，随后我打电报让你停止派人到广州，隔了一日，你却派人来了。结果，把事情闹糟，消息泄露，人都被杀了。你可好，得了消息，便一个人跑掉。这算是什么行为？你要把你的理由说出来。"

陈少白关切地问："他是怎样说的？"

孙中山吁了一口气："他说，以前的事，是我一人之错，现下闻得你筹得大款，重新再起，因此赶来，请你恕我前过，容我再来效力。我见他如此认错，也就算了。"

在血与火的搏斗中，容许一个革命者在征途上的某些犹豫、反复以至错误吧，只要不是阴谋家，只要肯改正错误，对革命总是有益处的。孙中山原谅了杨衢云，两人重新携手合作。

这一年，湖南、湖北一带的哥老会龙头毕永年[1]看到康有为的维新运动无法成功，便跑到日本会见孙中山，加入兴中会。

日本志士对中国革命事业的资助，孙、杨重新携手合作，毕永年加入兴中会，都增加了革命力量，使孙中山在革命艰难困苦的时候，看到了革命的生机。

1897 年，孙中山致函英国香港政府辅政司，愤怒抗议香港政府剥夺了他的居留权利，公开承认他与广州起义有关系。

1898 年，清朝政府改变手法，指使驻日公使李盛铎通过日本人士，指使驻美公使伍廷芳通过孙眉，指使两广督署通过绅商刘学询，企图以高官厚禄诱使孙中山归顺。对此，孙中山嗤之以鼻，严词拒绝。

1899 年上半年，孙中山派遣毕永年与平山周赴湖南、湖北各地联络当地哥老会，要求他们促成兴中会和哥老会联合，以反抗清廷。他们活动了一个多月，带回了振奋人心的消息："哥老会人员都在翘首等待义军的兴起。他们的人才甚多，如果孙先生能揭竿而起，则天下必定响应。"

七八月间，革命党人在日本印制各种反清革命宣传品，以"中国合众政府"的名义，寄给亚、澳、美各洲华侨，广为传播，争取他们的援助。

秋季，孙中山派遣陈少白由日本往香港筹办《中国日报》，宣传革命；不久又派人将印刷机、铅字运送到香港。1900 年 1 月，《中国日报》正式出版。

与此同时，孙中山命陈少白、郑士良在香港设立联络会党机关，与广东三合会取得密切联系；又命毕永年再入长江流域，发动哥老会首领起来革命。

陈少白为了便于联络三合会，便先加入了这个组织。陈少白一入会，首领就封他为白扇。按照三合会的规矩，洽会中最重要的职位有三个，就是红棍、白扇、草鞋。红棍掌刑罚，白扇是军师，草鞋负责探听和传递消息。本来，这些职位都要资格老、贡献大的人才能得到。像陈少白这样一入会，就封为白扇的，实属罕见。

11 月，联络会党的工作有了头绪，杨衢云、陈少白、郑士良和宫崎滔天、平山周代表兴中会，马上邀请哥老会、三合会的各地首领到香港集会。

毕永年率领哥老会首领李云彪、杨鸿钧等六七个人到了香港，三合会首领曾捷夫、曾仪乡也同时到达。

哥老会又吸收了陈少白入会。他们按着哥老会的老规矩，点着香烛，当天发誓，杀了一只雄鸡，用鸡血和了酒，大家饮过，举手高出头顶，当堂公推陈少白为龙头之龙头。

哥老会首领们对陈少白说："现今世运大开，国事亦非昔比。我国岂能故步自封？因此特来向诸位请教。"

三合会首领也表达了合并兴中、三合、哥老三会，共拥孙中山为首领的意思："现在，如果不了解国际情势，贸然揭竿而起，则将遗祸百年。而我们会党之中无人通晓外国情况，所以，对孙先生期待甚切。"

涓涓的细流，终于汇合在一起了。大家一致同意三会以"驱除鞑虏，恢复中国，创立合众政府"为宗旨，歃血立誓，结成革命大团体兴汉会，公推孙中山为总会长，刻制总会长印章，选出代表专程到日本献予孙中山。

这时候，孙中山作为中国革命领袖的地位，初步确立起来了。

会后，各路首领分成三路，一路赴广东、广西，一路赴福建、浙江，一路赴上海，把会议的结果向各地的同志报告。

陈少白和宫崎滔天则携带着总会长的印章，赴日本向孙中山汇报。

就在陈少白和宫崎滔天启程赴日的前一天，一位"年纪未过二十，风姿宛如天使"的青年来访宫崎滔天。施礼之后，这位青年连姓名也不问，便微笑着向宫崎滔天递过名片。宫崎滔天接过一看，上面写着"史坚如"[2]三个字。

宫崎滔天从未听说过这个名字，正在迟疑，史坚如先开口了："家兄今天也许前来拜访先生。如果他来，请您说带我到日本去，详细情况陈先生会对您说明。"

宫崎滔天虽然还不知就里，但听他这么说，也随口答应下来。

这时，陈少白匆匆赶来，对宫崎滔天介绍说："这个青年非常有志气。他想到上海去，同哥老会的同志往游两湖。但是他母亲和哥哥不允许；不过他母亲和哥哥因为康有为的事情非常钦仰你的侠名。史坚如便迎合他们的心理，托词说随同你去日本才得允许。因此，他哥哥要来向你致谢。如果事前得不到你的谅解，恐怕这个计划便成为泡影。"

宫崎滔天听了介绍，十分敬服史坚如的机智和情操，便问他今后的打算。史坚如坦然答道：

> "因为一向敬仰孙先生的高风，想要追随他以实现大志，可是
> 至今还未能亲自接受他的教诲，近来幸而得见陈先生，得知彼此主
> 张相同，因此我誓愿献身这一事业。恰好又听到哥老、三合、兴中
> 三会合并的消息，使我十分愉快。本来我想到两湖去观察会党的实
> 情，建立亲密的关系，为日后打下基础。家兄同我主义相同，可惜
> 意志薄弱。如果向他说出实情，他一定不会答应。因此，我利用先
> 生的名义才得到允许。虽然这好像是违反孝悌之道，但我相信为了
> 避免家母、家兄的忧虑，这也是孝悌的一面。请先生允诺。"

宫崎滔天连连点头，便带史坚如到了上海。史坚如在上海遇到毕永年，
便同他一起"往汉皋，游览形胜，晤各会党豪客，并湘鄂间志士，周旋之
下，莫不倾结"。随后，他东渡日本，到东京拜访孙中山，两人日夜倾谈革
命事业。约十天之后，史坚如说："天下多事，现在不是我们安闲坐日的时
候。"告别孙中山，便乘船返回香港，准备起事。

兴汉会成立不久，杨衢云又到日本，辞去兴中会会长职务，他对孙中山
说："我十分愿意辞去我的职位。为了我们的事业，我一向愿意牺牲自己的
生命，更不用说我的职位了。"

不久，杨衢云又向孙中山提出，他愿意回到香港，帮助陈少白准备起义
工作。经得孙中山同意，1900 年 1 月，杨衢云抵达香港，安顿了家小，便与
《中国日报》主编陈少白在一起，"日日到报馆来办那筹备举事的事，无论
大小，奔走不倦"，还介绍香港富商李纪堂加入兴中会。

事实表明，杨衢云让位孙中山是出于诚意，他不失为一个资产阶级民主
革命家。

1900 年春，不堪忍受帝国主义侵略的中国人民掀起了以反帝为中心的义
和团运动。义和团运动以山东为发祥地，并在短期内迅速蔓延到直隶一带，
随后又扩展到京津地区，使长期郁积在中国人民心中的反帝怒火，如火山爆
发之势，在中国北方熊熊燃烧起来了。

中国南方各省的民众，也如潜行的地火，酝酿着展开大规模的反帝爱国

运动。

这些急剧变化的形势，给了孙中山极大的鼓舞，他从中国人民的觉醒中看到了中国革命的希望，坚定了再举的决心。加上菲律宾志士答应中国革命党人动用他们的武器，日本友人中野德次郎赠金五千，更增强了孙中山再举成功的信心，便决意把握时机，加紧在广东策划起义。为此，孙中山在东京走访了法国驻日本公使哈蒙特，向他说明推翻清廷的计划，要求法国政府能给予军械和军事顾问方面的援助。可是，哈蒙特只是向孙中山表示：法国政府深盼能扩大在华南的利益，但清朝政府是得到法国政府承认的合法政府，法国政府的基本政策是维持现有政府的地位和秩序。倘若中国革命成功了，法国政府自然乐于承认。随后，哈蒙特应付似的写了一封信，介绍孙中山与法国驻越南总督韬美相见。

求援既不可得，孙中山便到横滨筹划起义。

一天，他接到陈少白一封信[3]，报告何启主张革命党人与李鸿章联合"改造中国"的献策，征求孙中山的意见。

事情是这样的：就在义和团运动蓬勃发展的时候，英帝国主义为了保持它在长江流域的既得利益，勾结这个地区的军界、政界头目，演出了一幕所谓"东南互保"的丑剧。两广总督李鸿章也表示加入"东南互保"。

这时，香港议政局议员何启认为中国局势危急，瓜分之祸迫在眉睫，主张革命党与两广总督李鸿章联合，宣告两广自主，保存广东。他征得了英国香港总督卜力的同意，又向陈少白献策：首先由革命党人联名向卜力提出"改造中国"的方案，请求给予协助，然后由卜力居间撮合。

孙中山了解李鸿章的底细。他在伦敦居留期间，曾著文说过："在英国，有人以为只要能说服李鸿章等人，使他们相信铁路、电话、欧洲陆军和海军组织等的效用，启发中国人民，并设法把整套文明机器输入，那么中国的新生就会开始。这真是和使吃人的野兽改用银制餐具，想藉此把它们改变成素食者是同样的荒唐！"

因此，孙中山对英国想说服李鸿章同革命党人"合作救国"的方案，抱十分怀疑的态度。正在这时，他又接到李鸿章的幕僚刘学询邀请他来粤的信件："傅相因北方拳乱，欲以粤省独立，思得足下为助，请速来粤协同进行。"

读完信，孙中山在房子里来回地踱步沉思。他"颇不信李鸿章能具此魄力"，但刘学询的信又使他不忍放过这个机会，他想，"此举设使有成，亦大局之福，不妨一试"。于是，便给陈少白发了相应的指示。

陈少白根据孙中山的指示，召集在港的兴中会骨干草拟了一个方案，以孙中山、杨衢云、陈少白、谢缵泰、郑士良、邓荫南、史坚如、李纪堂八人的名义交给卜力。

卜力马上指使英国驻广州领事暗中与李鸿章接洽："粤省如能毅然向北京政府宣布自主，港督可相机协助，并联合各国领事一致赞成。"

老于世故的李鸿章见清廷尚未陷于绝境，仍然迟疑观望，不肯正式表态。

1900 年 6 月 9 日，孙中山如约偕杨衢云、郑士良、宫崎滔天、清藤幸七郎、内田良平，乘法国邮船"烟狄斯"号，从横滨出发，直赴香港。

船行海上既没有警察监视，也没有密探跟踪，的确是个最好的开会议事场所。孙中山在船上召开会议，研究今后的行动方针。他说："我在保安条例规定期限以内，不能在香港停留，因此，我先到西贡等候日南君[4]，待他到后一同前往新加坡。硬石[5]、吞宇[6]和宫崎三人，先在香港上岸办事，事毕即赴新加坡。我们在那里会集，观察情况，然后决定以后的方针。"

宫崎滔天提出建议："现在应该联合康有为，共同协力办事。"

孙中山估计联合康有为的可能性不大，见大家赞成，也同意了这个意见。

17 日，船抵香港海面，李鸿章派了"安澜"号炮舰来接孙中山、杨衢云。大家对李鸿章还是不放心，建议改派宫崎滔天、清藤幸七郎、内田良平三人作为孙中山的代表，前往广州谈判。

香港当局不准孙中山登陆。孙中山只得在一只舢板上与香港兴中会重要成员举行了 1 点钟的军事会议，商讨与李鸿章联合不成后起义的准备工作。会议决定："由郑士良督率黄福、黄耀廷、黄江喜等赴惠州，准备发动；史坚如、邓荫南赴广州，组织起事及暗杀机关，以资策应；杨衢云、陈少白、李纪堂在港担任接济饷械事务；日本诸同志则留港助杨、陈、李等办事。"

三人上了"安澜"号炮舰，被接到广州刘学询寓所谈判。宫崎滔天提出了保障孙中山生命安全、借款六万元作为双方合作的前提条件。刘学询当即请示李鸿章，回来后对宫崎滔天等人说："在各国联军未攻陷北京之前，傅相不便有所表示。至于借款六万元，傅相表示同意先在香港付予一半，希望孙逸仙早日前来，共商大事。"

谈判结束，宫崎滔天他们连夜赶回香港。船将驶入香港港口时，见孙中山乘坐的轮船已经启碇，正向西贡开去。他们拼命挥帽呼叫，却是没有回应，只好驶向码头上岸。

他们在香港停留了三天，办完孙中山交代的事情，便前赴新加坡，准备和康有为谈判。不料，康有为怀疑宫崎滔天此行的目的在于行刺，不但避而不见，并且向英国殖民当局控告。7月6日，宫崎滔天和清藤幸七郎被捕入狱。

6月21日，孙中山抵达西贡，住进西贡大旅馆。次日，致电广州刘学询，询问谈判情况。随后，致函香港平山周，询问起义准备工作的进展，并说："今日者乃分头办事之时，想一月之后便可通盘计算，以观成就之多少，而定行事之方针矣。诸君宜一面努力办事，一面静候弟之好音可也。"

23日，平山周致电孙中山，报告广州谈判结果和得刘学询赠款三万元。

25日，孙中山复电平山周："接电大喜。弟数日事完，当往星会宫。"

孙中山过于乐观了。没想到紧接着迎面吹来的，是一阵阵阴风冷雨。

孙中山到了西贡，法国驻越南总督韬美并没有会见他，只让随从人员向他表示，法国殖民当局乐于见到中国内政有所改善，但以不引起革命和骚动为原则。

他到了新加坡，又获悉宫崎滔天、清藤幸七郎被捕，便立即组织营救。7月12日，英国殖民当局释放了宫崎滔天、清藤幸七郎，但勒令孙中山与他们一起立即离开新加坡，还规定孙中山、宫崎滔天在五年之内不得入境。

汇集新加坡的计划成了一个泡影。他们迫于无奈，不得不重返西贡，又从西贡前往香港。16日，轮船抵达香港海面。

7月13日，香港总督卜力曾拍电请示英国首相兼外交大臣索尔兹伯里，建议李鸿章北上经过香港时，准许孙中山登岸与李鸿章商谈合作，英国拟不加干涉。14 日，索尔兹伯里回电卜力："对孙逸仙的五年驱逐令仍然有效。"

17 日，香港警署通知孙中山：五年驱逐令尚未满期，不准登岸。孙中山对上船盘问的港英官员就这件事提出抗议，还表示："我已放弃与康有为协力商讨当前局势的想法。我们同党现正努力以颠覆北京政府，我们将在中国南部建立一新政府。没有这一行动，中国将无法改造！"

这天上午，陈少白登上轮船，向孙中山报告说："联军攻陷北京后，清廷已派招商轮船'安平'号来粤，迎李鸿章北上议和。李鸿章闻清帝母子出亡无恙，决意北上，不再谈及粤省自主的事。港督的意思是企图让李鸿章留在香港，促使他与我们党合作，并且约定明天上午 11 时密会。倘若李鸿章能慨然应诺，则粤省可立即宣告独立；港督也可以特许你上岸，以便取道入粤。"

陈少白的报告并不使孙中山感到惊讶。他告诉大家，"李以八十老翁，本无远大思想，今既取道北上，未必因外人劝告而中止。"

晚餐过后，夜风送爽，人声渐静。孙中山召开紧急会议。会上，他提出一个建议：将惠州起义的指挥权交给郑士良；福本诚在香港主持起义筹备工作，陈少白、杨衢云负责接济饷械；毕永年再赴长江流域联络会党；他自己和宫崎滔天、清藤幸七郎则回转日本折入台湾，待起义发动后再设法潜入内地。

对这个建议，无人表示可否。大家只是彼此你看看我，我望望你，一时间，会场变得死一样的沉静。

接连不断的失败，使得大家变得焦躁不安，急于孤注一掷了。

福本诚受了宫崎滔天眼神的鼓励，慢条斯理地提出一个激进的意见："事情到了这个地步，显然已经引起日本政府的注意。如果孙先生回到日本，行动当然得不到自由。至于吞宇、滔天两人，或许更要再受监禁之辱也未可知。而且诸位回转日本后，则恐怕留在香港的同志，士气将大为沮丧。我们的行动最要紧的是一气呵成。我建议乘夜从九龙上岸，然后迅速潜入内地，一到广东省城，即采取'神风连'[7]式、迅雷不及掩耳的行动。"

他的语音刚落，日本志士异口同声地表示同意。宫崎滔天特别赞成这个意见。

孙中山默默地望着每一个发言的人，自己却一言不发。

宫崎滔天忍耐不住了，问："孙先生，你的意见如何？"

孙中山摇摇头，慢慢说道："这也不是良策，而且太欠深思熟虑了。这样的做法，无异于飞蛾扑火，羊奔虎前。"

宫崎滔天奋然跃起身来，激动地嚷道："我们冒一次险也应该……"

不待宫崎滔天说完，孙中山连连摇头，打断了他的话："我们不能把自己的生命看得那么不值钱，而胡乱自寻死路。纵使这次的计划成为泡影，也绝对不能采取这样胡来的方法……"

宫崎滔天不甘示弱，他迫不及待地说下去："现在如果要我们三个人同回日本，则士气必然消沉，大事也绝不能成功。要是认为这个办法不能用，那就不如干脆中止一切行动等待机会再来了。"

大家情绪高昂，言辞激烈，会议变成了一场论战。

宫崎滔天简直控制不了自己，脸红脖子粗地瞪着孙中山嚷道："革命不是打算盘，等待有了胜算再进行，那就意味着终生不能成功。'秀才造反，三年不成'就正是说的你！"

孙中山也激动了："难道你疯了吗？何不跳海死去？那比暗夜从九龙潜入内地还要好！"

与会者一时不知如何是好，先后起身回他们的船室去了。房间只剩下了两个人了。孙中山拍着宫崎滔天的膝头，痛心地说道："你从什么时候起，变得这样糊涂？"

宫崎滔天反唇相讥："你从什么时候起，变成这样胆小？"

孙中山显然被这句话激怒了，他举起手来，用力拍了宫崎滔天的膝头一下，厉声说道："我是不是个贪生怕死的人，难道你不清楚？现在你竟这样逼我，究竟是何居心？"

一时间，谁也说服不了谁，两人相对无言。孙中山叹了口气，也回了他的船室。

宫崎滔天回到船室，横卧床上，心乱如麻，怎么也不能入睡？便拿出一瓶威士忌，一口气喝了一大杯，再躺在床上，忽然听到有人敲门问："睡了吗？"

"怎么也睡不着。"宫崎滔天听出是福本诚的声音，一面答着，一面开门。

福本诚小声告诉他："有个形迹可疑的人，趁我们刚睡，往我室里窥探，也许是个小偷，应该防范一下。"

他们走上甲板探望，看见两个英国警官在那里站岗，另外两处，赫然站着中国巡捕。福本诚恍然大悟："噢，我明白啦！原来是中国巡捕这班家伙在偷看哪！"

"看来，是难以潜逃出去的。"福本诚不得不又说了一句。

两人决定沿着甲板走一圈。正走着，福本诚突然站住，拉了宫崎滔天一下，用手指着海面，宫崎滔天随着他的手指向下望去，原来是一艘水上警察署的小火轮。这时，宫崎滔天才醒悟到，实行他的办法是根本不可能的。

"应该向孙先生道歉。"福本诚小声建议。

宫崎滔天点点头。他向前走去，轻轻叩着孙中山的房门。

"谁?"孙中山走出来，"有什么事?"

福本诚把刚才看到的情况告诉了孙中山。

他们又一同回到甲板。孙中山看到中英巡警如临大敌的模样，脸上不由露出一丝苦笑。

宫崎滔天低着头，心悦诚服地向孙中山承认错误："小弟甘拜下风了，今后一切唯先生之命是从。"

"没什么。"孙中山亲切地看了宫崎滔天一眼，"夜深了，睡吧。"

翌晨，宫崎滔天还在梦中，孙中山便来叩门，将他唤醒。"告诉你一个消息，还听听你的意见。"孙中山更放低了声音："李鸿章今天启程。卜力总督想在香港加以劝阻，约定今天11点钟和李鸿章秘密会晤。如果李鸿章愿意中止北上，总督愿意解除保安条例的限制，让我上岸，共同密商。因此昨天深夜曾派人前来传达这个意图，问我是否同意参加秘密会议。你对这事的意见怎样?"

宫崎滔天还未开口，孙中山便又谈了自己的看法："李鸿章这个人既无主义上的信念，又缺乏洞察大局的见识，并且年已老迈，早已无所作为。所以，总督的劝止，估计李鸿章不大可能接受。"

宫崎滔天沉思了一会，才说："问题如果进展到秘密会议的程度，无论如何也得参加。将来的问题，就要靠你的智慧和手腕来决定了。"

果然不出孙中山所料，李鸿章抵港拜会卜力的时候，卜力重申前议，力劝李鸿章留下来实行"两广独立"的计划，还拟安排孙中山和李鸿章见面。李鸿章坚决不允，只是表示"再看看时局趋势，慢慢再说"。卜力见劝阻无效，只好让他回船北上。

陈少白到"安平"号访问刘学询，他对陈少白说："傅相主意已定，无法劝阻。"

傍晚，孙中山接到消息："李已经决定先行进京。"孙、李"联合救国"的事，就这样成了过眼的云烟。

入夜，孙中山召开会议，再商大计。这次，大家都很痛快地同意了孙中山先前提出的建议。

李鸿章走了，卜力的脸也变了，他不单下令禁止孙中山上岸，而且对宫崎滔天也宣布了五年内不得进香港的驱逐令。

20 日，孙中山一行离香港赴日本。

1900 年 8 月 14 日，英、美、德、日、俄、法、意、奥八国联军攻入北京。一贯欺内媚外的慈禧太后，挟着光绪皇帝，仓皇逃往西安。侵略军一进入北京，到处奸淫掳掠，杀人放火，全城陷入极度恐怖之中。

这群自诩为"文明人"的野蛮行径，激起了中国人民的极大愤怒，反帝爱国运动发展到了高峰，体现了中国人民反侵略斗争的伟大力量，粉碎了帝国主义瓜分中国的痴心妄想。八国联军统帅瓦德西不得不哀叹："无论欧美、日本各国皆无此脑力与兵力，可以统治此天下生灵四分之一"，"故瓜分一事，实为下策"。

孙中山回到东京以后，密切注视着国内情势的变化，对侵略者和封建统治者采取了更坚决的态度。他给刘学询写信表示："四百州之地、四百兆之人有坐待瓜分之势，是可忍、孰不可忍？是以毅然命众发之。"8 月 25 日，他与平山周、内田良平乘"神户丸"号轮船离日潜赴上海，"视察本国情势，并与本国同志进行种种磋商"。他企图集结反清力量，运动维新派著名人物容闳等人，先在江苏、广东、广西等南方六省宣布独立，渐次向中国北方发展，推翻清朝，建立共和国。

28 日，孙中山抵达上海，与随从李鸿章北上而留沪的刘学询在船上会谈，没有结果。

这时候，自立军已告失败，唐才常被捕牺牲[8]。湖广总督张之洞、两江总督刘坤一命令各地严缉新党。孙中山无法在上海活动，9 月 1 日，与容闳同船离沪赴日。

上海之行虽然没有成效，孙中山仍然不愿失去时机。9 月 25 日，他偕内田良平、山田良政、平山周赶赴台湾。

台湾总督儿玉源太郎根据日本政府指示，命令民政长官后藤新平与孙中山接洽，表示支持孙中山的起义计划，应允在起义时候给予帮助。

孙中山为日本政府的这种态度所鼓舞，马上在台北建立起起义指挥中心，招雇了一批军事人员，将购得的军械也储存在那里，准备内运。

郑士良领受了组织起义的命令，便和陈少白研究联络惠州、潮州、嘉应各属会党和绿林首领的方法。当时，三合会会员散处四方，不易号召。郑士良、陈少白决定派人去请正在南洋婆罗洲谋生的黄福回来。黄福身材高大，手指宛如香蕉，农民出身，在三合会首领中最有威望，而且和郑士良友谊深厚。黄福领受郑士良的命令，潜入内地，联络三合会会员。说也奇怪，黄福一到，各处堂号的"草鞋"都集拢过来。他们约定时日，在惠州归善县属的三洲田会集，听候郑士良、黄福指挥。

三洲田是个群山环抱、山深林密、路径迂回、形势险要的盆地，又是会党啸聚的地区。它既靠海边，又近英属新界，西南是新安[9]，西北是东莞，正北是东江和惠州城，东边是海丰，交通方便，便于接济，利于进取，确实是个战略要地。

郑士良和新安县绿林首领黄庭耀来到三洲田，开了一间粮油小店。店里人来人往，十分热闹。不久，便集中了壮士六百人，洋枪三百支，子弹九千多粒。

孙中山原计划从香港海面潜入内地指挥起义，已经是不可能了。他传命郑士良固守三洲田，以待后命。

壮士们在三洲田静候了两三个月，粮食渐缺，不得不分散到附近农民家里，只留下八十人守卫大寨。他们因为担心风声外泄，凡是邻近村民入山寨砍柴的，全都拘留，不许走出。结果，适得其反。邻近村民看见凡入山寨的乡亲都是有进无出，联想到粮油小店的异常现象，逐渐产生疑惧，谣传也跟着四起："三洲田山寨中有人聚众谋反。"一传十，十传百，把守寨的八十人，说成是数万人之众。

两广总督德寿根据各方密报，命令广东水师提督何长清抽拨四千多人进驻深圳，又令陆路提督邓万林率领惠州防军进驻淡水、镇隆，企图围困三洲田。

郑士良见战机日迫，急电孙中山，请示进退。

孙中山复电说："筹备未竣，令暂解散，以避敌锋。"

郑士良、黄福认为敌军不足畏惧，续电孙中山："如能将弹药送到广东某一地点，明示其处，便能一鼓作气，突出重围，接此弹药，以击敌军。"

这时候，清军何长清部下的二百士兵已经进驻沙湾，逼近三洲田，形势到了一触即发的地步。

革命军迫于形势，决定先发制人，发动起义。

10月6日晚上，三洲田大寨月光如水，岭岗顶上的大旗随风招展，四处闪亮着刀光剑影。黄福头包红布，身上挂着大红绣球，威风凛凛地带领战士们，在马兰头的五间烂屋地祭旗，庄严宣誓。

祭旗完毕，起义军分两路下山：南路由黄福率领敢死队八十人袭击沙湾，一阵激战，阵斩清军四十人，活捉三十余人，缴获洋枪四十支，弹药数箱；东路由林海山率领攻下新墟。

旗开得胜，士气大振。黄福原想一鼓作气，与虎门、新安一带的江恭喜部数千志士会攻新安城，直取广州。

正在这个时候，起义军接到孙中山的第二个电令："若能突出，可直趋厦门。到厦门当有接济之法。"

原来，日本政府对厦门比对广东更感兴趣。早在1900年8月，儿玉源太郎就曾制定了派兵进驻厦门的计划并得到日本政府批准。随后，他一手炮制了日本和尚主持的厦门本愿寺被烧毁事件，接着派出海陆两军，由后藤新平亲自指挥，从高雄向厦门进发。就在军舰将要进入厦门港口的时候，日本政府因顾虑俄、英、法的力量，担心欧美舆论的反对，电令他们停止进兵，马上返航。儿玉源太郎、后藤新平对此实不甘心，耿耿于怀，等待着进取厦门的新时机。

孙中山在台湾，因为惠州义军起义在即，向儿玉源太郎、后藤新平商借武器、人员和款项。儿玉源太郎、后藤新平表示：起义军如果攻取厦门，可以考虑提供军火、人员的援助，待起义军抵达厦门时用船运来。后藤新平甚至告诉孙中山，目前借款不好办，重新偿还也太麻烦，日本台湾银行厦门分行金库存有几百万元，起义军进驻厦门以后，可以从那里强取出来，待革命成功以后，只需要做个"道义上"的偿还，日本政府也不会过于追究。这是一个陷阱，他们的如意算盘是：如果孙中山果真占领了厦门，而且果真攻取这个银行的金库的话，那么，日本出兵占领厦门，就有再好不过的借口了。

孙中山虽然不知道这是个阴谋，但对这个模糊不清的计划，还是将信将疑的。可是，除此之外，孙中山还能有什么别的指望呢？饥不择食，他只得电令郑士良东进厦门。

郑士良接替了黄福的指挥职务，率领全军改道，往厦门方向挺进。

义军避开何长清部主力，向镇隆前进，行军四五里，探知清将邓万林派哨官严宝泰带领一百多人正前往镇隆，便立即赶到清军必经之地佛予坳埋伏。天渐黄昏，清军果然来到坳顶，郑士良一声令下，义军猛烈开火打得清兵东逃西窜，击毙清兵数十人，捕杀了严宝泰，活捉了归善县丞兼管带杜凤梧，占领了镇隆。

义军继续向永湖进发，一路秋毫无犯，所向披靡，各处乡民沿路燃爆竹迎送，酒食慰问，各地来投义军的多达数千人。

过了两天，义军到达上杨围，与归国华侨杨发领导的五六百名义军会合。

义军从上杨围出发，经白芒花，攻克崩冈、黄沙洋，进入三多祝。这时候，义军已经增加到二万多人。但是，义军的弹药却近竭绝。

清军的告急电频频送到广东巡抚衙门，急得德寿慌了手脚，一时间不知所措。这时候，兴中会的叛徒陈廷威跑到南海县衙门求见知县裴景福："我认识革命党人，可以设法说降他们。"

陈廷威是退职海军军官，1894年孙中山北上上海时，经郑观应介绍与其结识。次年，陈廷威应召到香港，孙中山派他到北江去联络绿林。他领了经费，天天泡在家里捏造事实。后来，孙中山听说了，便派陈少白到广州调查，证明陈廷威果真没有到过北江。陈廷威见事情败露，便与革命党人断绝往来。现在，他认为有机可乘，便又冒出头来。

裴景福采纳了他的建议，派心腹同他到香港活动。

陈廷威来到中国日报馆，一见陈少白，便嚷道："好了好了，这次清官受了我们教训，他们知道利害了，找我出来调停。我已经有了好办法；你能够叫他们停战吗？"

陈少白一见陈廷威就很厌恶，听了这番话，勃然大怒，断然地说："我们革命党可以打败仗，不可以向敌人屈膝投降。"

陈廷威被陈少白责骂一顿，没趣地走了，但他贼心不死，又私下会见杨衢云。杨衢云认为可以商量，就跟陈廷威和裴景福的心腹谈判，议定了条件。

杨衢云将这件事函告孙中山："此乃吾党莫大良机。如接纳清吏所求，此后有所凭借，大可为李世民之续。"

接着，他走到中国日报馆，告诉陈少白："有一个好消息告诉你，政府方面已经派人来求和了。"

"你怎么会知道？"

"他们派专员来和我接洽，我已经同他当面议定了办法。"杨衢云从衣袋里拿出议和条件书，"条件规定，我们罢兵后，政府允许三件事，第一，我们的首领以道府副将任用；第二，准带军队五千人；第三，偿洋若干万。我们势力薄弱，不如趁这个机会，接受他们的条件，大家做了官，带着兵，手上又有钱，等到势力养足，再从他们内里反出来，成功自易。"

陈少白十分生气，反问他："利害如何，姑且勿论，单是你这种行为就不对。你怎么可以单独出去和别人订立条件？你知道孙先生一定会答应你这个办法吗？不然，你有什么权力可以息兵讲和！"

"我已经有详细信件寄给孙先生，力劝他照办。"杨衢云显得尴尬，结结巴巴地说着。

"孙先生一定不会答应的，我们反对清廷，只知革命，不知其他。就是有人要来讲和，也须和大家商议妥当，怎好单独一个人和别人定条约呢？"

当晚，陈少白赶紧给孙中山写信，报告这件事的前后经过。

孙中山一接到杨衢云的信，立即给陈少白拍了两封只有四个字的电报："提防七指。"

"七指"，就是指杨衢云。他年轻时做工人，一次不小心被机器轧去了三只手指。

紧接着，孙中山又写了一封长信，连同杨衢云的信，派同志带到香港给陈少白。信说："现在我们不要去理他，只照已定办法办去，但要谨防他，勿使有意外的动作。看毕可即烧去，以存其忠厚。"

孙中山接到义军将沿海岸东上的电报以后，想方设法接应义军，真是竭尽了全部心力。

他致函犬养毅："吾徒人心虽勇，而兵器弹药尚乏接济之源。久持非计，不得不先作未雨之筹谋。敢乞先生一为尽力，游说政府，为吾人借一臂之助。若今得洋铳万杆，野炮十门，则取广州省城如反掌之易耳。广州既得，则长江以南为吾人囊中物也。时不再来，机不可失，支那兴亡，在此一举。贵政府如允济弱扶危，则各物可从台湾密送，文当划一切施行之策，可保无虞。如何处之，务乞早示佳音。"

他致函菅原传："今者闻贵同志已握政权[10]，而吾人义兵亦起，此真适逢其会，千古一时也。举旗至今十余日，连克大敌，数破坚城，军威大振，人心附从，从来举事成功之速，未有及此也。惟现下万事草创，人才、兵械多形不足，今特托足下代转求贵同志政府暗助一臂之力，借我以士官，供我以兵械，则迅日可以扫除清朝腐败，而另设汉家新猷矣！务望向伊候星君[11]等力为言之。"

他电令宫崎滔天将原先向菲律宾独立军借用的枪支、弹药火速送来。

他又多次同儿玉源太郎、后藤新平接洽，请他们援助武器弹药。

但是，孙中山的一切努力，又完全落空了。

那时，正好是日本政府更换内阁，新任内阁总理伊藤博文禁止台湾军火外运，禁止日本军人参加中国起义军，更不准兴中会在台湾活动。

宫崎滔天复电孙中山："枪械难送。"

这时候，荷枪实弹的清军对义军层层拦截、围攻；而郑士良、黄福率领的义军，已经弹尽粮绝，求援的急电连续向孙中山发来。

孙中山眼看接济武器和潜入内地的希望均成泡影，只得忍痛派日本友人山田良政从台湾经海丰到达义军大本营，传达一道无可奈何的命令："政情忽变，外援难期，即至厦门，亦无所得。军中之事，请司令自决进止。"

义军得到这个命令，悲愤交集，慷慨激昂。郑士良当即召集军事会议，做出决议："厦门的接济既然不成，不如重回三洲田山寨据守，设法由香港购买弹药，然后向西北会合新安、虎门同志，一举攻陷广州城，作为根据地，以发号施令。"

会议决定解散住在附近的战士，令各自归家，只留洋枪手一千多人，分水陆两路返回三洲田。

这一千多洋枪手还计划袭击横冈，生擒何长清，但弹尽粮绝，只好解散，大批地流亡海外。

郑士良、黄福见败局一时间无法挽回，只得坐上舢板逃到香港。

山田良政在转战撤退途中，被清兵在西嘘门杀害，成为"外国义士为中国共和牺牲者之第一人"。

惠州方面既是失败，广州方面的计划也随着流产。

史坚如接受了命令，即与邓荫南、练达成、温玉山、宋少东诸人在广州运动军队和附近的绿林好汉，同时，邀请英人摩根[12]以顾问名义，协助革命工作。

他们在广州租了一只紫洞大艇，泊在沙面江边，作为指挥机关。原定8月某日起义，只因在香港订购的军械未能运到，只得改期。

惠州三洲田起义军打响了第一枪，史坚如决定铤而走险，暗杀两广总督德寿，使敌人惊惶混乱，群龙无首。

广东巡抚署后边有条叫后楼房的小道。那里的房屋鳞次栉比，人口密集。史坚如让宋少东出面，在此租一间房子，由邓荫南秘密搞来二百磅炸药和导火线，再由温玉山乘轿把炸药运入屋内。

10月27日，史坚如和三位同志连夜挖掘直通德寿卧室的地道，埋好了炸药，点燃了导火线，然后分散离开房屋，等待着爆炸声响。可是，预计的时间早已过去，大地还是死一样沉寂。大家窃窃私语，不知是什么原因，一时间又不知如何是好。

史坚如独自回到房里观察：原来是导火线并没有点着。他考究了原因，重新整理安放。这时候，已近正午。史坚如怕泄露机密，便紧闭着房门，一个人滴水未进地守了一夜。

28日早晨，史坚如再次点火，确信导火线已燃后，才关门而去。这次，他没有离远，躲在友人家里，非要听到爆炸声不可。不久，轰隆一声巨响，全城震动。史坚如满心喜悦，以为大事已成。不一会，有人传说德寿只是从床上被震堕地下，并没有丧命。史坚如觉得奇怪，便乘坐轿子到现场看个明白。不料，在路上被叛徒看见，指认出来，押到南海县衙门审讯。[13]

南海县令裴景福见史坚如是富家出身，年幼体弱，以为用花言巧语就可以降服，便把他拉入花厅劝降。史坚如说："你们慢慢再问吧，我两天没有吃饭了，你给我买碗面来，吃饱再说。"

裴景福以为可以罗织大狱，邀功得赏，命令手下优礼相待。

史坚如饱食了一顿，便历数德寿的罪行，慷慨述陈自己的壮烈行动。

裴景福拿出一张上列四十多人的名单，逼令史坚如供认。

史坚如说："这些人都不是。我的同党只有一个人。"

裴景福连忙追问："谁？"

"裴景福。"

县令又气又怒，露出他那凶神恶煞的狰狞面目，惨无人道地对史坚如施以重刑。史坚如怒目而视，屹然不动。

11月9日，德寿在督署门前摆设公案，亲自监斩史坚如。史坚如横眉冷对，英勇就义。

孙中山深切怀念史坚如烈士，并给予高度评价：

"当郑士良之在惠州苦战也，史坚如在广州屡谋响应，皆不得当，遂决意自行用炸药攻毁两广总督德寿之署而歼之。炸发不中，而史坚如被擒遇害。是为共和殉难之第二健将也。坚如聪明好学、真挚恳诚与陆皓东相若，其才貌英姿与皓东相若，而二人皆能诗能画亦相若。皓东沉勇，坚如果毅，皆命士沦亡，诚革命前途之大不幸也！而二人死节之烈，浩气英风，实足为后死者之模范。每一念及，仰止无穷。二公虽死，其精灵之萦绕吾怀者，无日或间也。"

惠州起义，因为兴中会的领导人对帝国主义抱有幻想，单纯依靠"外援"，未能广泛发动和依靠群众，结果，援绝势孤，由胜利转化为失败了。

孙中山即使不是受到勒令离境的警告，也失去了留居台湾的意义。这时候，他两袋空空，只得向旅店的老板借了一百元作路费，化名吴仲，于11月10日，乘日轮从基隆出发，又回到日本去。他站在甲板上，迎着风浪，遥望着滔滔滚滚的海洋，此刻，他的心情，也如海浪一样翻腾起伏。

起义失败了，统治者对失败的义士，并不会就此罢休，非要把他们斩尽杀绝不可。德寿杀害了史坚如，还悬赏通缉杨衢云。同志劝杨衢云出洋暂避。他慷慨答道："男人大丈夫，需要时候，死就去死，何必躲避？"

1901年1月10日晚，杨衢云正在给学生讲课，广东当局雇用的凶手持枪冲进课室，对着杨衢云射击。杨衢云连中数枪倒地。警察闻声赶来，将他送到国家医院。侦探长问他被刺原因，他以微弱的声音答道："除了革命结仇，并无其他。"次日早晨，杨衢云因伤势过重，不幸逝世。

噩耗传到日本，孙中山十分悲痛，为杨衢云出名主丧，1月26日晚，在横滨召开追悼会，募捐了一千多元抚恤遗族。

郑士良逃到了香港，脱去满服，换上西装，散发披肩，革命意志更加坚强。1901年8月某日，他应邀到琼林酒楼赴宴，正在痛饮时候，忽觉浑身难受，由同志护送回寓。可是，在途中已经丧命。[14]

兴中会又失去了一位重要的活动家和忠诚的战士。

一时间，中国，仿佛又成了封建统治者的一统天下，铁打江山。对革命者来说，宛如又是乌云压顶。

但是，得逞者且慢高兴，失败者亦无须过分哀伤。谁能预想到：失败者的处境从此大为改观，而"胜利者"反而声名狼藉了呢！

孙中山说得多好啊：

"经此失败而后，回顾中国之人心，已觉与前有别矣。当初次之失败也，举国舆论莫不目予辈为乱臣贼子、大逆不道，咒诅谩骂之声，不绝于耳；吾人足迹所到，凡认识者，几视为毒蛇猛兽，而莫敢与吾人交游也。惟庚子失败之后，则鲜闻一般人之恶声相加，而有识之士且多为吾人扼腕叹惜，恨其事之不成矣。前后相较，差若天渊。吾人睹此情形，心中快慰，不可言状，知国人之迷梦已有渐醒之兆。"

1901 年春，美国《展望》杂志记者林奇到横滨访问孙中山，请他谈惠州起义和革命的前途问题。

孙中山从墙壁上取下地图，放在桌子上，指着惠州起义地点和起义者的进军路线。他说："惠州起义失败的原因，仅是由于缺乏弹药。对于斗争的结局，我们毫不气馁，事实上恰好相反。因为起义表明，我们的人一旦获得适当的武装并且做好大举的准备，就能轻易地打败清军。"

平心而论，孙中山把惠州起义的失败仅仅归之于缺乏弹药，未免过于简单了。但他仿佛掌握了历史辩证法的精髓，从悲痛中抬起头来，屡败屡战，又奋然前进了。

这，才是难能可贵的。

注释：

[1] 毕永年（1870—1902），号松甫，湖南长沙人。"少读王船山遗书，隐然有兴汉灭满之志。"维新运动时期，他"始终坚持非我族类其心必异之说"。（冯自由：《革命逸史》第一集，中华书局 1981 年版，第 73－74 页）

[2] 史坚如（1879—1900），广东番禺人，原名文纬，中日甲午战争后立志革命。1899 年加入兴中会。

[3] 陈少白在《兴中会革命史要》中说他是写信告知孙中山，冯自由在《革命逸史》中则说陈少白拍电详告孙中山，说法不一。此采用陈少白的说法。

[4] 日南，是福本诚的号。

[5] 硬石，是内田良平的号。

[6] 吞宇，是清藤幸七郎的号。

[7] 神风连，肥后（今熊本、长崎二县地）不平武士的组织，属尊皇攘夷派，重国学，奉神道，故又称敬神党。后因反对明治政府的文明开化政策，于 1876 年 10 月，以"废刀令"为契机，蜂起举事，从者二百余人，袭击熊本镇台及县厅所在，末几失败，史称"神风连之乱"。（《三十三年之梦》，花城出版社、生活·读书·新知三联书店香港分店 1981 年版，第 216 页）

[8] 唐才常（1867—1900），字伯平，号佛尘，湖南浏阳县人。1900 年春，在上海组织正气会，不久改名为自立会，建立自立军，策划于 8 月 9 日起兵。因等待康有为汇款接济而延期。8 月 22 日，湖广总督张之洞勾结英国领事，将设在汉口英租界的自立军机关破获，他被捕英勇就义。

[9] 新安，公元 1573 年建立的县，辖地包括今天的深圳市及香港地区；1894 年 4 月，由于港岛、九龙和新界已割让租借给英国，深圳与香港划境分治。1913 年，新安县复称宝安县。1979 年 3 月宝安县改为深圳市。

[10] 1900 年 10 月 19 日，日本政友会组成新内阁，伊藤博文出任总理大臣。

[11] 伊侯星君，即伊藤博文。

[12] 1896 年，孙中山在英国伦敦结识摩根，约他到中国，以协助革命。1899 年，摩根到了香港。孙中山往来日本、香港和南洋等地，摩根都随行策划革命。

[13] 一说史坚如到码头乘轮船赴香港时被逮捕。

[14] 关于郑士良的死因，冯自由《郑士良事略》说"医言验无伤痕，系中风所致，一说谓实由清吏购使郑友郑梦唐下毒食品中杀之"。（冯自由：《革命逸史》第一集，中华书局 1981 年版，第 25 页）

第十一章 ｜ "与保皇派大战"

在中国资产阶级民主革命以蹒跚的步伐艰难地向前发展的时候，即惠州起义失败后，在中国资产阶级内部爆发了以孙中山为首的革命派和以康有为[1]、梁启超[2]为首的改良派的激烈大论战。

这场大论战是中国社会各种矛盾激化的结果，也是资产阶级民主革命深入发展所不可避免的。

康有为出生于官僚地主家庭，从小就受到儒家思想的熏陶，形成了牢固的正统观念。1879 年，他二十一岁时到了一次香港，"览西人宫室之瑰丽，道路之整洁，巡捕之严密，乃始知西人治国有法度，不得以古旧之夷狄视之"。这使他思想上产生了较大的震动，并从维持大清帝国长治久安的愿望出发，萌生了变法图强的思想。于是他"乃复阅《海国图志》、《瀛环志略》等书，购地球图，渐收西学之书，为讲西学之基矣"。1888 年，他利用在北京参加顺天乡试的机会，写了第一封五千字的上皇帝书，陈述变法图强的必要性和紧迫性。

康有为在万木草堂讲学之时，恰值孙中山正在圣教书楼挂牌行医，彼此相隔不过半里，但一直没有来往。1893 年冬，孙中山听说康有为经常到书楼选购广学会译刊的西学丛书，知道他有志西学，便有意与他结交，并托友人向他致意。对"生而贫，既不能学八股以博科名，又无力纳粟以登仕版"的孙中山，康有为并没有放入眼里，他回答说："孙逸仙如欲订交，要先具门生帖拜师才行。"

孙中山见康有为妄自尊大，只好作罢。

1895 年春，孙中山和陈少白走访了康有为的书院，适值主人不在，又未能晤面。不久，孙中山派陈少白到上海召集同志回广东起事。陈少白到了上海，住进洋泾浜全安栈十九号房。这是一家主要接待广东举人的客栈。恰巧，康有为、梁启超师徒进京会试，路过上海，也住在全安栈内，康有为正好就住在二十一号房。

陈少白在广州从未见过康有为，今天竟能与他同住一个客栈，当然要去见见，看看能否延揽同办大事。陈少白与康有为、梁启超初次会见，并没有什么结果。

同年 10 月，孙中山在广州倡设农学会，邀请康有为和他的弟子加入，虽说引起了他的一些弟子的兴趣，但却遭到康有为的反对，只好作罢。

1895 年 3 月，康有为和他的弟子来到北京参加会试。

4 月 17 日，中日签订《马关条约》的消息传到北京，上京会试的各省举人听了非常气愤，台湾举人更是声泪俱下，上书反对割让台湾。几天内，都察院门前车马盈门，议论沸腾，掀起了反对签订卖国条约的巨大声浪。

群情激昂，正是鼓动上书的大好机会。康有为看到这一点，连夜起草了一封长达一万四千多字的上皇帝书，发动参加会试的一千三百多名举人在书上签名。这就是中国近代史上有名的"公车上书"。

公车上书没有能够阻止《马关条约》的签订，光绪皇帝也没有看到，但它却在全国各地逐渐被秘密传抄、印刷。康有为也成了全国瞩目的改良派的领袖人物。

1897 年冬，横滨侨商邝汝磐、冯镜如采纳陈少白的建议，决定以中华会馆为校址，在横滨开办学校，教育华侨子弟。孙中山赞成这个计划，替它取名为"中西学校"。因为兴中会里找不出合适的教员，陈少白想起他见过康有为、梁启超，便写信请梁启超到校任教。

梁启超此时正在上海忙着办《时务报》，无暇东渡。康有为想向外发展，抓住这个机会，就派门徒徐勤、陈默庵、汤觉顿、陈荫农赴任。

孙中山看到康有为派弟子来横滨，十分高兴，便委托徐勤任中西学校校长。不料，徐勤到校后，办的第一件事就是按照康有为的意思，把中西学校改名大同学校，挂起了康有为亲笔书写的"大同学校"门额。心地光明洁净的孙中山对徐勤的做法并不介意："这个学校既然交托他们去办，况且与彼等向无芥蒂，区区一个名称，随他们更改去。"

学校开课了，徐勤以救国勉励学生，每次讲演时事，莫不慷慨激昂，学生也十分感动。教室的黑板，学生的课本，都醒目地写着"国耻未雪，民生多艰，每饭不忘，勖哉小子"十六个大字。下课时，师生都齐呼了这四句话才解散。学校又编出短歌，让学生每日背诵："亡国际，如何计；愿难成，功莫济。静言思之，能无恶愧！勖哉小子，万千奋励！"

这时间，孙中山和徐勤他们彼此往来，自觉合作得还很不错，孙中山为此而十分高兴。不料，事过不久，却遇到一件很不愉快的事。

一天，孙中山到大同学校去看望教员，走进办公室，里面空无一人，却见到桌子上压着一张写着"不得招待孙逸仙"的纸条。

"咦，这到底是怎么一回事？"孙中山觉得很奇怪，也不说什么，就走出了学校，见着几个兴中会会员，便把这件莫名其妙的事件告诉他们。

大家认为徐勤无理，一齐到学校斥责徐勤不念木本水源。性情急躁的同志，甚至要和徐勤火拼。

徐勤见来势汹汹，连忙摇手声明："字条不是我写的。"在座的几个校董，也替徐勤说话。孙中山见冲突只会增加双方恶感，便劝开同志，走出学校。

这件事，背后却大有文章。

康有为公车上书后，得到光绪皇帝的赏识和信任，他受宠若惊，对光绪皇帝的"知遇之恩"感激涕零。当他得知横滨的门徒与革命党人交游密切，担心这会牵连变法大计，有碍仕途，马上给他们写信："不日我有大拜之望，尔等务宜与革命党人断绝往来，庶免受他们所累。"他们兴高采烈，暗中制作了"不得招待孙逸仙"的匿名揭帖，企图阻止孙中山再进大同学校。

教员、校董事、横滨侨商风闻康有为有做大官的希望，纷纷倒向徐勤一边。连兴中会横滨分会会长冯镜如和冯紫珊也挪动了脚跟。冯镜如对刚从台湾回到横滨的陈少白说："孙先生不应该同徐勤他们闹意气。那条子不知是谁弄鬼，怎好就冤枉好人？你回来正好，还是请你调停吧。"

陈少白知道事情并不像冯镜如所说的那么简单，便说："无论如何，这个学校是我们创办的，教员是我们叫来的。他们决不应该这样瞎闹。你这话是不对的，你试想想，这事还有什么调停的余地？"

从此，孙中山再也不踏进大同学校。

兴中会创办的学校，就这样成了改良派的机关！

1898 年 6 月 11 日，光绪皇帝颁布《定国是诏》，宣布变法。第三天，下诏康有为 6 月 16 日入紫禁城朝见。但是，好景不长。9 月 21 日，慈禧太后发动政变，一切新政法令被废除，光绪皇帝被囚禁瀛台，"六君子"谭嗣同、杨锐、林旭、刘光第、康广仁、杨深秀被杀。只进行了一百零三天的维新运动失败了。

戊戌政变使维新流产和康、梁逃亡日本，使孙中山重新燃起了争取他们转向革命的希望。孙中山念及彼此都是亡命异国，同是为国奔波，方法虽异，目标相同，也希望"百日维新"的失败能够促使康有为、梁启超觉悟，从此改弦易辙，共同实行革命大业，便计划前去慰问，共商国是。

康有为到达东京的第二天，孙中山委托宫崎滔天、平山周向他致意。

但康有为是以帝师自任的，他自称身奉光绪皇帝衣带诏，不便与革命党人往还，就托故不肯会晤孙中山。

后来，犬养毅从中斡旋，约孙中山、陈少白和康有为、梁启超到他家里会谈。孙中山对康有为的性格有所了解。他曾对宫崎滔天说过："康先生要学敝国战国时代的鬼谷子，遇事多使弟子出来办理，而自己则在幕后指挥。"虽然是这样，他还是偕陈少白按约到达。果然康有为仍不出面，只派梁启超作为代表前来应约。

主人犬养毅殷勤招待，四人围坐交谈。犬养毅不懂中国话，陪坐到深夜三更，就告辞回房安睡，留下他们三人继续谈话，直到天亮。结果，正如陈少白所说的，"一夜的话，不外陈说合作之利，彼此宜相助，勿相拒。梁启超答应回去同康有为商量，再来答复"。

1899 年 6 月 6 日，经冯镜如介绍，梁启超和杨衢云在横滨会谈。梁启超表示，现在他还不愿意同革命党合作，建议双方各自做好本党的工作。事后，杨衢云在给谢缵泰的信中说："康党素来夜郎自大，常卑视留学生及吾党，且欲使吾党仰其鼻息。究其实学，尚远不如胡礼垣所著之《新政安衡》。此种人非真爱国者，与之合作，实为有害无利。"

康有为离开日本不久，梁启超在东京创办了高等大同学校，自任校长，讲授自由、平等、天赋人权学说。这时候，梁启超"脑质为之改易，思想言论与前者若出两人"。他自号饮冰室主人，自题其学说为饮冰室自由书，又改别号任庵为任公，表示脱离康有为羁绊的含义。他给孙中山写信表示："办事宗旨，弟数年来，至今未尝稍变，惟务求国之独立而已。若其方略，则随时变通，但可以救我国民者，则倾心助之，初无成心也。"

梁启超对孙中山的革命主张，也表示"异常倾倒，大有相见恨晚之慨"。这时候，革命派的杨衢云、陈少白，改良派的梁启超、欧榘甲、梁子刚、张智若、罗伯雅，时相往来，颇为密切。"一时孙、康合作之声浪，轰传于东京、横滨之间。"

孙中山见梁启超日渐倾向革命，"遂有联合两党进行革命之计划"。经过多次协商，两派形成了一个合并的初步方案，拟定以孙中山为会长，梁启超为副会长。梁启超问孙中山："如此安排，把康先生置于何地？"孙中山回答得很妙："弟子为副会长，作为副会长的老师，其地位岂不更尊！"

梁启超闭眼冥想一番，觉得也有道理，便同意下来。接着，他又起草了一份《上南海先生书》，说："国事败坏至此，非庶政公开，改造共和政体，不能挽救危局。今上贤明，举国共悉，将来革命成功之日，倘民心爱戴，亦可举为总统。吾师春秋已高，大可息影林泉，自娱晚景。启超等自当继往开来，以报师恩。"由梁启超、韩文举、欧榘甲、唐才常、林圭等十三人署名，寄给康有为。

梁启超还赶到香港和陈少白商量，为了实现两派联合，推选陈少白和徐勤起草联合章程。不料，徐勤当面赞成，背后却与麦孟华一起，写信向正在新加坡的康有为告变，说梁启超"渐入行者圈套，非速设法解救不可"。

康有为看了劝退书，已经怒不可遏，接到徐、麦来信，更是暴跳如雷。他立即派人携款赴日，勒令梁启超赴檀香山开办保皇会，不许稽延。

然而，梁启超的政治主张在根本上和他的老师毕竟一致，他始终把"尊皇"作为解救中国的唯一出路，一接到康有为的命令，便于1899年12月20日往赴檀香山。

临行之前，梁启超特约孙中山谈论国是，对孙中山发誓"合作到底，至死不渝"。他又以檀香山是兴中会发源地为理由，要求孙中山把当地兴中会的重要成员介绍给他。孙中山毫无疑虑，坦然答应，给他写了一封介绍信。

梁启超到了檀香山，手持孙中山的介绍信，会见当地兴中会会员和侨商，备受欢迎。

不久，梁启超到茂宜岛走访孙眉，孙眉招待优渥，亲自陪同他乘车遍游牧场。梁启超抚着孙眉的背，赞扬说："人称先生为茂宜王，现在才知道实在是名不虚传。"孙眉十分高兴。梁启超趁势游说组织保皇会，他对孙眉说："名为保皇，实则革命，与令弟的宗旨实属殊途同归的。"孙眉素来憨直，而且误以为这事得到孙中山同意，就竭力帮助梁启超，还命长子阿昌拜梁启超为老师，随他往海外留学。

梁启超到达檀香山的时候，檀香山正是瘟疫流行，美国官吏纵火大焚疫区，华侨财产损失惨重，反美情绪十分强烈。梁启超知人心可用，便加入致公堂，深入华侨社会，大肆宣传"名为保皇，实则革命"，宣传"惟保救光绪复辟，始能拒御外侮"。兴中会会员和侨商信以为真，纷纷加入保皇会，捐助勤王军饷。仅仅几个月时间，梁启超便募得了十多万元。

在极短时间内，檀香山的兴中会会员就多数变成了保皇会会员，革命派的阵地易手为保皇派的地盘。梁启超又向康有为献策："今日经营内地之事，实为我辈第一着。……且中山日日布置，我今不速图，广东一落其手，我辈更向何处发轫乎？此实不可不计及。"康有为十分赞赏梁启超这个主张，赶紧派人赴两广各地，运动会党。

待孙中山听到这些消息，明白过来，写信责备梁启超失信背约的时候，梁启超却反而写信劝孙中山："……而借勤王以兴民政，则今日时势最相宜也。古人曰：'虽有智慧，不如乘势。'弟以为宜稍变通矣。草创既定，举皇上为总统，两者兼全，成事正易，岂不甚善？何必故划鸿沟，使彼此永远不相合哉？！"

梁启超希望孙中山稍加变通，在"勤王"名义下"合作"。这是孙中山始料不及的。

1899 年夏，曾经参与戊戌变法运动的唐才常，在日本再度会晤康有为，向他陈说"清政败坏，国势危殆，亟宜牺牲小异，与中山同力合作，团结革命力量，以救国难"。醉心经营"保救大清皇帝公会"的康有为，不予采纳。

这年秋，经毕永年介绍，唐才常在横滨和孙中山商谈合作，陈述了在湘、鄂、长江一带起兵的计划。孙中山十分高兴，还真诚地表示："倘若康有为能皈依革命，废弃保皇成见，不独两党可以联合救国，我更可以使各同志奉其为首领。"唐才常见孙中山如此真诚，非常感动，表示愿和梁启超一起，再向康有为进言。

同年 11 月，唐才常、林圭归国举事。梁启超、戢元丞、沈翔云在东京红叶馆设宴饯行，孙中山、陈少白、宫崎滔天、平山周出席。这天的饯别宴会，真大有"风萧萧兮易水寒，壮士一去兮不复还"的气概。事后，陈少白回忆说："大家见过面，把酒畅谈，真是悲壮淋漓、激昂慷慨，都兼而有之了。"席间，梁启超"还把合作的话殷殷商酌"，表示彼此一致的决心。戢元丞还说："佛尘[3]已与孙公秘密结盟，用保皇党出面，利用军费罢了。"林圭向孙中山请求帮助。孙中山将兴中会会员容星桥的行止告诉他，以便加强联络。容星桥是容闳的侄儿，当时任汉口俄国商行买办。"其后林在汉口大得容助，中山介绍之力也。"

唐才常从日本回到了上海，蹈厉奋发，敢作敢为，创立正气会、自立会，建立自立军，迅速地打开了局面。但是，保皇的阴影仍然盘踞在唐才常的脑海深处，而投向革命的思想则刚刚萌发，他周旋于两派之间，对革命派大谈反清，对保皇派则说勤王。

更糟糕的是，哥老会头目李云彪、杨鸿钧、张尧卿、辜天佑、李堃、师襄之辈，没有固定的政治信仰，接受了康有为的赠款，随即投入保皇党的门下。

毕永年力劝唐才常与康有为断绝关系，唐才常因为想要利用保皇会款项，坚决不肯听从。毕永年毕竟不是一位坚韧的战士，他受到种种刺激，悲愤地往浙江普陀山，削发为僧，写信给平山周，声言"中国久成奴才世界"，"实不愿与斯世斯人共图私利"，决意"归命牟尼"。

康有为既阻挠了唐才常与孙中山合作，又在起义的关键时刻卡汇款项，致使唐才常组织的起义一再延期。1900年8月22日，湖广总督张之洞勾结英国领事，破获设在汉口英租界的自立军总机关，唐才常、林圭等二十多人被捕，次日凌晨全遭杀害。

鲜血，是不会白流的。它可以擦亮迷茫者的眼睛，也可以振奋犹豫者的斗志。自立军起义失败后，"长江民间之舆论，始专属意于孙逸仙，绝对鄙弃康有为矣"。

铁的事实，血的教训，也使孙中山清醒过来，认识到如果不同改良派作尖锐的斗争，划清革命与改良的界限，肃清他们的影响，革命就不可能向前发展。革命派与改良派的大论战终于开始了。

孙中山"以鲜明的中国革命民主派立场，同中国改良派作了尖锐的斗争。他在这一场斗争中是中国革命民主派的旗帜"[4]。

1900年7月10日，孙中山在新加坡接受英国殖民地官员访问时明确表示："我们打算推翻北京政府，我们要在华南建立一个独立政府，我们的行动不会引起大乱；而没有这个行动，中国将无法改造。南方数省人民已经组织好了，目前的平静主要是由于我们没有采取行动。我想，大概除了康党以外，都能够结成一体。"

7月16日，他又对登轮来访的香港官员重申："我已放弃与康有为协力商讨当前局势的想法。"接着，孙中山组织力量，向保皇派发动进攻。横滨的《开智录》、东京的《国民报》、香港的《中国日报》，都鼓吹推翻清廷，批判保皇谬误。

1902年7月，康有为发表《答南北美洲诸华商论中国只可立宪不可行革命书》，赞美清廷的统治为"古今至仁之政"，是"唐虞至明之所无，大地各国所未有"，攻击革命派"开口必攻满洲，此为大怪不可解之事"。

康有为公开地为清王朝辩护，竭力反对革命，理当受到革命派的反击。

章太炎[5]发表了震动海内外的《驳康有为书》。他一针见血地指出：康有为所以"舞词弄礼，眩惑天下"，完全是为了自己"一时之富贵"。

"革命军中马前卒"——邹容[6]的《革命军》，则用诗一般的语言讴歌革命："革命者，天演之公例也。革命者，世界之公理也。革命者，争存争亡过渡时代之要义也。革命者，顺乎天而应呼人者也。革命者，去腐败而存良善者也。革命者，由野蛮而进文明者也。革命者，除奴隶而为主人者也。"

孙中山的《支那保全分割合论》指出："就国势而论，无可保全之理也；就民情而论，无可分割之理也。"

革命派初战告捷，保皇派动摇分化，孙中山决心一鼓作气，"大击保皇毒焰于各地"。

《中国日报》向保皇派发出挑战："请以长篇快论，反复往来，以证其是非而定今后国民之趋向。"

1903年夏，孙中山向应聘赴檀香山任教的兴中会会员毛文明布置了任务："扫除保皇邪说，规复革命机关。"毛文明到了檀香山，即在希炉组织演讲会，宣传革命宗旨。

不久，孙中山亲往希炉，"邀集侨农，竭力开导，往来跋涉，不敢告劳"。他在希炉日本戏院召开群众大会，公开演说批判保皇，宣传革命。到会一千多人，为希炉前所未有的盛况。后来孙中山回忆说："吾民族在海外为革命事业第一次公开大运动，实自希炉始，亦即余对侨胞第一次演讲也。"

孙中山在希炉重建革命组织，取名"中华革命军"，以"驱除鞑虏，恢复中华，创立民国，平均地权"十六字正式列入誓词，参加者十多人。

孙中山取"中华革命军"这个名字，为的是"记邹容之功也"。原来，孙中山来檀香山时，带了一批《革命军》，推荐给侨胞，收到了很好的效果。事后，他感慨地说过："此书感动皆捷，其功效真不可胜量。近者求索纷纷，而行箧已罄。欢迎如此，旅檀之人心可知。即昔日无国家种界观念者，亦因之而激动历史上民族之感慨矣。"

1903年12月上旬，孙中山由希炉重返火奴鲁鲁，到各戏院发表演说，每次连讲两三天，听众常常超过一千人。当他说到"革命为唯一法门，可以拯救中国出于国际交涉之现时危惨地位。我们必要倾覆满洲政府，建设民国。革命成功之日，效法美国选举总统，废除专制，实行共和"的时候，听众更是激奋，欣喜若狂。

孙中山的演说引起了西方记者的注意。他们在报纸上报道了孙中山演说的情况。夏曼写道："英文报纸的记者被那位穿着一身亚麻布衣服、剪短了头发的演讲者的洋化了的外貌吸引住了；他的听众都穿着中式服装，留着长辫。在这些新闻记者看来，孙中山不像个狂热者，而是一个给人以深刻印象的演说家，他用有力的手势来强调他说的话。"

孙中山针对华侨的模糊认识，亲自执笔撰写《敬告同乡书》《驳保皇报书》，揭露梁启超之辈散布"名保皇实则革命"论的欺骗性。他明确指出："革命与保皇，理不相容，势不两立"，"决分两途，如黑白之不能混淆，如东西之不能易位"。他号召侨胞"大倡革命，毋惑保皇"。

1903 年 12 月 17 日，孙中山在给朋友的信中叙述了他"与保皇派大战"的情况：

> "顷保皇党出大阻力，以扼弟之行事。彼所用之术，不言保皇，乃言欲革命，名实乖舛，可为谬笑。惟彼辈头领，多施诈术以愚人，谓保皇不过借名，实亦革命，故深中康毒者多盲从之。弟今与彼辈在此作战，所持以为战具者，即用康之政见书以证其名实之离。康尚有坦白处，梁甚狡诈，彼见风潮已动，亦满口革命，故金山之保皇党俨然革命党，且以此竟称于人前。吁！真奇幻而莫测其端倪矣。弟以今日之计，必先破其戾谬，方有下手。梁闻弟在檀，即不敢过此，而于暗中授意此地之《新中国报》及金山《文兴日报》，以肆排击。但人一见，皆能明其隐匿，知其为妒弟而发。故弟于檀香山，四岛已肃清二岛，其余二岛不日亦当收复。"

经过宣传和笔战，"由是公理愈辩愈明，保皇党遂一蹶不可复振，革命党则蒸蒸日上"。许多误投保皇会的兴中会会员和华侨，"至是纷纷登报脱党"，转而"深信革命真理，多趋向之"。

在与保皇派论战期间，孙中山还为侨胞义务诊治疾病，"就诊者莫不著手回春，众咸惊为神奇"，深得侨胞的敬仰和信任。杨氏见是这样，便对儿子说："革命目的在救人，行医的目的亦在救人，同是救人，何必东奔西跑，自寻烦恼？"

孙中山理解母亲的心意，抬头望着大哥。

孙眉对母亲说："行医只能救少数人，革命则能救多数人，弟弟奔走革命多年，自应始终一贯，岂可轻易变更，前功尽弃！"

杨氏觉得儿子的话有道理，也就不再劝阻孙中山了。

檀香山的论战取得了胜利，孙中山决定前往美国，与那里的保皇派"苦战"。

出发之前，母舅杨文纳估计到孙中山此行必然困难重重，便建议他向茂宜岛当局领取一份出生证书和在檀香山申请加入致公堂。开始，孙中山不大愿意在夏威夷领取出生证："我明明在中国翠亨村出生，怎好申请夏威夷出生证？"杨文纳不由笑了。他开导外甥："权衡变通而已。古人伍子胥过关，孔子过陈国，也都是这样。做事可不能因小失大。"

1904 年 3 月 31 日，孙中山携带着夏威夷出生证[7]和大哥赠送的一支龙涎香[8]，搭乘"高丽"号轮船前往美国。4 月 6 日，到达旧金山。

但美国海关却以种种理由，不准孙中山离船上岸。

表面的理由，正如《三藩市调查报》所披露："他在'高丽'号邮船被美国移民局拒绝上岸。他的出生证虽是自称为檀香山出生，并在合并于美国时宣誓效忠美国。而不准他入境的理由，即系他在前次从美国返回中国时，曾拿出美国发给华侨的第 6 号证明书，这仅系对出生于外国的华人才能颁发。"

而真正的原因，据史料分析有两个方面：

孙中山在檀香山的时候，已经沉重打击了檀香山保皇党。他们因而担心，孙中山一旦抵达美国，会给那里的同党带来更大的麻烦。他们探听到了孙中山赴美的日期，便预先通知旧金山保皇党，要他们设法阻止孙中山入境。旧金山保皇党接到通知后，马上报告清廷驻当地的领事何祐。何祐立即照会美国海关当局：以保全清、美两国邦交，请禁止将于某日抵埠的中国乱党孙某入境。当海关查知孙中山所持的是夏威夷出生证，表示按照法律难以禁止的时候，他们又极力说明孙中山是广东香山县人，所持护照，必是伪造。这样，孙中山便被困在码头上的木屋里，等待处理。

孙中山抵达美国的时刻，恰逢清廷溥伦亲王及其随员前来美国参加圣路易赛会，美国国务卿已经安排好欢迎盛会。美国政府不愿意在满洲亲王访问美国期间发生什么不愉快的意外事件。他们感到一个清廷亲王和一个"反满"的革命大头目都先后来美，实在不妥，最好将他们分隔开来。这也是孙中山被困在木屋里，等待发落的一个原因。

当时，按美国海关规定，凡对华人旅客所持护照有疑问的，先将其羁留原船候讯，讯后认为不正当的，由原船返回出发地点，仍有疑问的，改禁在木屋里，经关员两次审问，如决定仍不准入境的，才由移民局告诉不能入境原因，并限本人十天之内向华盛顿工商部上诉。如果本人败诉，仍由原船返回。这样，被禁的华人往往羁留木屋长达几个月。夏威夷当时已成为美国领土。孙中山带有夏威夷出生证，依照法律，本来不得阻止其入境，但海关并不理会，还是将孙中山扣留处理。

孙中山困在船上的时候，有不少船员慰问他，还不觉得苦闷。待他上了木屋，一时处于孤立无援状态时，内心就不免十分烦恼。一天，他无意间，看见《中西日报》载有"总经理伍盘照"的字样，猛地回忆起 1895 年自己从香港逃离的时候，基督教教友杨襄甫、左斗山两人，曾特地写信给旧金山《中西日报》总经理伍盘照，请他念同教的友谊，对孙中山予以照顾。但那次孙中山却先到了日本横滨，再转檀香山，信没有用上，仍留在皮箱里。想到这里，孙中山立刻写了一封信，让一位西洋小报童送到沙加缅都街中西日报社。

伍盘照拆信一看，见是孙中山的来信，信中道："现有十万火急要事待商，请即来木屋相见勿延。"伍盘照对孙中山的理想和为人十分敬重，现在见孙中山有难，心中十分焦急，他马上按信封英文地址赶到木屋去。

孙中山告诉伍盘照，他经美移民局讯问，竟被判令出境，候船回檀香山，且距十日上诉期限已近，务请教友援助。孙中山又将杨襄甫、左斗山的介绍信交伍盘照带去。

介绍信是写给司徒南达牧师和伍盘照的。介绍信说："携此信之人，忠心为国，请尽力相助。"信末虽然没有写上年、月、日，但南达牧师认出是杨、左两人的亲笔，立即召集教友商量解救的办法。

在朋友的帮助下，孙中山被美国海关监禁三周后，于 4 月 28 日获释。

这时，溥伦亲王已经离开旧金山一周了。

孙中山终于能在美洲大陆活动了。兴奋之情，是不言而喻的。

在美国，孙中山并没有像某些预言家所说那样，"以头等旅客的气派和假姓别名从事旅行各地"，而是过着极其简朴的生活，把全部精力放在革命工作上。

当年侨居美国的王宠惠的一段回忆，最能说明孙中山在美国从事革命宣传的情况：

> "孙逸仙是一个具有感染魔力而且口齿流利的演说家。他能使听众聚精会神地在一次讲演会里连续听足好几个钟头。听众的人数或多至几百人几千人，或寥寥可数。他在夜深人静，精神奋发地和少数革命同志，在煤油灯下，在小小的洗衣作坊后面的房间里，对他们畅谈中国军事上的失败情况，以及外交上丧失权益的屈辱，因而阐发他的使中国人民自己起来治理国家大政的方略。他随时都是风尘仆仆，穿着破烂地出现在人们面前，但为了革命运动事业，他却是热心诚挚，永不灰心丧胆。"

孙中山在美国广泛而又影响极大的活动，使清廷十分恼怒。当孙中山在华盛顿街戏院举行公开讲演时，清驻旧金山总领事即在唐人街贴出布告，对华侨大加恫吓：

> "为晓谕事：照得现闻华侨中有一反党首领，用虚言煽惑人心。有识者明知其目的在敛钱供其挥霍。惟恐愚民无知，受其所骗。本领事有保护侨民之责，为此示谕侨民知悉，切莫受其所愚，并约束子弟勿为所惑，致贻后悔。切切特示。总领事钟示。"

不管清领事和保皇党徒怎样破坏，都未能阻止孙中山从事革命活动的热情，他到各地发表公开演说，鼓吹反清革命，驳斥保皇论调；翻印《革命军》一万一千册，广为散发；召开"救国会议"，发行军需债券；改组致公堂机关报《大同日报》，使它成了"革命横议，鼓荡全美，华侨受其感化者日众"的革命喉舌；为致公堂重新制定新章程，恢复了致公堂的革命精神，明文规定"本堂以驱除鞑虏、恢复中华、创立民国、平均地权为宗旨"，进行"全美会员总注册"。经过两个多月的努力奋斗，孙中山说："近在苦战之中，以图扫灭在美国之保党，已到过五六处，俱称得手。今拟通游美地有华人之处，次第扫之，大约三四个月后当可就功。保毒当梁贼在此之时，极为兴盛，今已渐渐冷淡矣，扫之想为不难。"

12月14日，孙中山离开美国到英国伦敦去。

孙中山离开美国不久，康有为穿着紫色袍褂来到美国。在华盛顿，他获得罗斯福总统的接见。在费列得尔菲亚市，穿着蓝色漂亮军服的保皇会两个连的候补士官生，手持黄龙大旗和美国星条旗做他随从护卫。租雇的军乐队为他开路，沿途保皇党徒大放鞭炮，夹道欢迎。

但是，历史毕竟是前进的。正如一位历史学家所说："谁敢预言幸福命运和美好的未来竟不照顾这位素受尊重，穿着丝袍的学者；相反，却降落到最易受人轻视，穿着西装，把三民主义放在口袋里，无声无息地悄悄溜到欧洲的孙逸仙的身上呢？"

1901年至1905年中国同盟会成立前夕，是孙中山革命派同康、梁保皇派初战告捷的时期。革命派经过尖锐的斗争，开始划清了革命与改良两条道路的界限，革命思潮深入人心，革命阵地日益扩大，为中国同盟会的建立做好了准备。

注释：

[1] 康有为（1858—1927），原名祖诒，字广厦，广东南海县人，他是戊戌维新运动的领袖，后为保皇会首领。著作有《新学伪经考》《孔子改制考》《大同书》等。

[2] 梁启超（1873—1927），字卓如，号任公，又号饮冰室主人，广东新会县人，地主家庭出身。他和其师康有为一起，倡导变法维新，并称"康梁"。

[3] 佛尘，即唐才常。

[4] 《毛泽东选集》第五卷，人民出版社1977年版，第311页。

[5] 章炳麟（1869—1936），近代民主革命家、学者。字枚叔，号太炎，浙江余杭人。1897年任《时务报》撰述。因参加维新运动，被通缉，流亡日本。1900年，剪发辫立志革命。

[6] 邹容（1885—1905），近代民主革命烈士。原名绍陶，字蔚丹，四川巴县人。1902年留学日本，参加留日学生爱国运动。次年返国，在上海加入爱国学社，撰《革命军》宣传革命是"天演之公例"，号召推翻清朝的统治，建立中华共和国。刊行后，流传很广，对中国资产阶级民主革命运动起了促进作用。因"苏报案"下狱。1905年死于

狱中。

　　[7] 孙中山夏威夷出生证全文如下：

夏威夷疆省

柯湖（Oahu）岛

成年人第二十五号

　　本人孙逸仙，先经宣誓后，兹作证称：凭我所知和所信，我乃于1870年11月24日在柯湖岛衣华（EWa）镇之位问奴（Waimanu）地方诞生。我是一名医生，现在茂宜（Maui）岛的姑剌（Kula）地方行医，我家居住在姑剌。我父亲孙达成于1874年前往中国，约八年后在那里逝世。本人作此誓词，旨在证明我的身份；并提供我出生于夏威夷的进一步证据，所附照片为本人最近肖像。

　　以上证词于1904年3月9日我在场时签字和宣誓。

孙逸仙（签名）

夏威夷疆省第一司法巡回处公证人

凯特·盖利（签名）

（加盖公章）

　　[8] 冯自由说："德彰是时之经济状况，已大不若前此之丰裕，盖美国治檀后，对于各岛农牧租地条例施以种种限制，茂宜牧场收入远不如前，故总理于是冬美国之行，德彰不能多所供应。濒行除给予少数川资外，另赐龙涎香一枚，备旅途不时之需。次年总理至纽约时，尝以龙涎香求售济急，即此物也。"（冯自由：《革命逸史》第二集，中华书局1981年版，第6—7页）

第十二章 | 建立同盟会

1901 年，各帝国主义强国胁迫清政府签订了丧权辱国的《辛丑条约》。从此，清廷更成了"洋人的朝廷"，国势岌岌可危，人民的生计日趋困苦。有志之士，多起了救国之念，革命风潮又开始弥漫起来了。

随着"新政"的实行，中国出现了一个新式知识分子群和青年学生群，他们中的相当部分留学国外，学习新的科学技术知识，也接触到了民主共和制度。

日本是中国留学生最多的地方。1900 年不到百人，到 1905 年，竟增加到八千多人。不仅是留学生人数增多了，而且他们的思想较之以前也发生了很大变化，趋向革命的人日渐增多。孙中山后来回忆说："时适各省派留学生至日本之初，而赴东求学之士，类多头脑新洁，志气不凡，对于革命理想感受极速，转瞬成为风气。故其时东京留学界之思想言论，皆集中于革命问题。"

孙中山对留学生思想言论的这种进步十分高兴，并积极支持他们的爱国行动。

1901 年，他赞助留日粤籍学生郑贯一、冯自由、李自重、王宠惠组织广东独立协会，资助秦力山、沈翔云、戢元丞创办《国民报》月刊。

1902 年，他从横滨率领华侨十多人到东京，参加章太炎、秦力山倡议举行的"支那亡国二百四十二年纪念会"。纪念会受日本政府阻挠未能开成。当天，孙中山组织他们到达横滨，在永乐楼补行纪念。

1903 年，他在东京创办军事训练班，聘请日本军官教授军事知识，满足了一些留学生学习军事的愿望。

但是，平心而论，在那时，孙中山还没有把新型的知识分子看作是一种重要的政治力量，他还是认为革命党人要推翻清王朝，必须靠华侨捐钱，靠会党出力。这样，就形成了一个奇特的矛盾：当革命的知识分子站到孙中山旗帜下的时候，这位旗手却不完全理解他们。

带着这个矛盾，1904 年 12 月 14 日，孙中山离开纽约赴伦敦。

旧金山《大同日报》主笔刘成禺写信告诉欧洲留学生：孙先生已往伦敦，但其囊空如洗，请予接济。

欧洲留学生立即凑足旅费，电汇孙中山，邀请他来欧洲大陆。

1905 年春，孙中山从英国渡海到比利时。欧洲留学生代表贺之才、朱和中和李蕃昌，冒着凛冽的寒风，前往北海港俄斯敦迎接，随后乘车抵达首都布鲁塞尔，安置孙中山住在留学生史青的寓所。

在比利时，孙中山与留学生着重讨论了革命的方略和依靠的对象。这正是孙中山亟待解决的问题。

交谈中，孙中山问道："我们主张革命，其进行方法，依诸君看，应该如何？"

朱和中心直口快，爽朗答道："更换新军脑筋，开通士子知识。"

孙中山不以为然。他摇头否定这个意见："秀才不能造反，军队不能革命。"

这句话未免太武断了，也仿佛轻视了在座的留学生。史青便问："何以见得？"

"士大夫醉心功名利禄。唯所称的下流社会，反有三合会、哥老会组织抱有反清复明思想。虽然时代湮远，几乎数典忘祖，但容易说服，比较士大夫容易入手得多，所以应该从联络会党入手。"孙中山又说，"清廷对军队控制很严，官佐极为腐朽、保守，极难接受新思想。"

"会党发难易，但成功难。即使成功了，却是嚣悍难以控制。失败时候，更是徒滋骚扰，弄得不可收拾。"朱和中坚持自己的观点，继续说，"革命本身乃是最高深的理论，会党无知识分子，岂能作为骨干？先生历次革命所以不成功，原因是知识分子还未投入革命。"

这确是说到了要害处。孙中山不由沉默深思。好一会，他才轻声说道："先烈陆皓东、史坚如，也属知识分子。"

朱和中又说："过去虽然有陆皓东、史坚如诸人追随先生，但人数甚少，无济于事，如果大多数知识分子都能赞成孙先生的事业，这样，就能事半功倍了。"

回顾过去的失败，孙中山不得不承认朱和中说得有道理。他转而问贺之才："之才兄的见解如何？"

贺之才微微笑道："先生离国多年，不大了解两湖变化，让我细细道来。"

原来，张之洞任湖广总督期间，主持兴办了十多项工业企业，使湖北的工业在全国处于领先地位。又设立了一系列新式学堂，派遣官费留学生到日本和欧美各国学习。许多学生吸收了西方资产阶级民主革命的思想，目睹国家沦落，民不聊生，都萌发了变革的念头。他们最初拥护改良派维新变法，但自立军的失败，使许多爱国志士从中得到三条有益的教训：一不能依靠会党分子做革命运动的主力，从此把注意力转向湖北新军士兵；二不能再与保皇派搞联合行动；三不能与随机应变的清军官佐为伍，要从兵士和青年学生中下功夫。

孙中山细细听着，显得很感兴趣。他问："新军情况如何？"

湖北新军是甲午战争后，张之洞仿照西方军队训练的一支队伍。它除了训练有素、装备精良之外，士兵来源也与旧军不同。张之洞在募兵时，规定新军兵士"必须体质强壮，无疾病，实能识字写字并能略通文理之人"。于是，不少绝了仕途之望的穷苦知识青年也投军当兵。

孙中山问："诸君在国内时也从中工作？"

朱和中答道："是的，我们主张'革命非运动军队不可，运动军队非亲身加入行伍不可'，主张'以最好之同志投入军中当兵，渐次灌输兵士对清廷的恶感情绪'。我们组织科学补习所，以学习文化为名，实际上宣传排满，介绍学子入营当兵，而且成效不错。"

孙中山更感兴趣了，又问："诸君又怎么到了欧洲留学？"

"庚子以后，武汉三镇的革命运动已由言论阶段转入行动酝酿之中，科学补习所的活动已经为官方知晓，鄂督端方与书院院长梁鼎芬采取了他们认为最巧妙的办法，把最激烈的学生派往欧洲，纯谨的派往日本，忠诚的留在国内当教员。"朱和中回顾说，"我们离国时候，官方还派旗人监视。当时夜半下公文，限令次晨谒见端督，午后 4 时上船。我们同志莫不愕然，好些还不肯走出。我说，事已至此，岂得由己？但我们至今群龙无首，如此伟大的革命，更非我们之辈所能领导。今派我们往西洋，正好乘机寻觅孙先生，这样，对我们才更有益处。诸君同意了我的见解，并且请刘成禺君代向先生致意，并将先生行踪通知我们。"

孙中山豁然明白，朗声说道："今后将在留学生界发展革命势力。献身革命的留学生，可以分别做领导人。"

大家十分高兴，异口同声地说："这正是我们对先生的最大期望。"

这场讨论，竟连续进行了三天三夜。这是革命运动发展的产物。它使孙中山认识到：革命知识分子在革命运动中有着决定性的意义。这就为促进新的统一的革命团体的建立打下了坚实的基础。

讨论会结束，留学生盛筵招待孙中山。香槟酒数巡之后，大家根据孙中山提议，畅谈建国要义，各抒所见，气氛热烈。夜深了，孙中山起立说道："讨论已经三日三夜了，今晚应该结束。我提议举行宣誓，组织革命团体。"

众人赞成组织革命团体，但对宣誓则议论纷纷："我们既是真心革命，何用宣誓？"

孙中山环顾四周，见向来发言最活跃的朱和中沉默不语，便问："子英兄，你的意见如何？"

朱和中抬起头来，回答得很干脆："我们既决心革命，任何皆可牺牲，岂独惧怕宣誓？"

孙中山十分高兴："你愿意宣誓吗？"

"愿意。"

"就从你起？"

"可以。"

孙中山松了一口气，趁势给众人解释："宣誓，古已有之，古代也称秦誓。我们既是真心革命，就应该通过宣誓这个庄重的仪式，表示自己矢志不渝的决心才是。"

众人默默点头，不再议论。胡质斋拿来纸、笔、墨，铺在桌子上。

大伙围上前来，伸长脖子，好奇地望着。

孙中山卷起衣袖，蘸满墨汁，挥笔写道：

　　具愿书人×××当天发誓：驱除鞑虏，恢复中华，创立民国，平均地权。矢信矢忠，有始有卒。倘有食言，任众处罚。

天运　年　月　日

　　　　　　　　　　　　　　　　　　某某押（指印）

　　　　　　　　　　　　　　　　主盟人：孙文

四周，有人啧啧赞叹，有人频频颔首。

朱和中朗读着孙中山亲书的誓词，突然间忍不住笑了。

孙中山莫名其妙，问："为什么笑了?"

朱和中给他解释："康有为、梁启超说先生目不识丁。我看你写的誓词如此简练，才知道康、梁所说的全是谎言。"

孙中山笑了，傲然说道："我也是读破万卷书的啊!"

宣誓完毕，孙中山把联络暗号告诉三十多位加盟者：

　　问：君从何处来?

　　答：从南方来。

　　问：向何处去?

　　答：向北方去。

　　问：贵友为谁?

　　答：陆皓东、史坚如。

比利时留学生的革命团体一经成立，孙中山又到德国、法国去开展工作，又有德国留学生二十多人、法国留学生十多人加盟。从此，在留欧学生中形成了一支有组织的革命力量，"革命党人之声势为之一振"。

可是，事情哪有一帆风顺的呢? 在巴黎，一天，孙中山午餐归来，忽然发觉皮包被割破，加盟者的誓书和重要文件被一盗而空。

孙中山又急又气，马上电告比、德加盟者。

比利时留学生马上派遣胡质斋赶到巴黎会见孙中山。这时候的孙中山急得在房子里走来走去，怒气冲天地嚷道："我早知读书人不能革命，不敌会党。"

胡质斋耐心地向他解释："比京全体同人得知这件事，即公推我前来向先生表明态度：比京全体同人中，无一人参与盗窃盟据的事，也无一人有后悔之心。"

正在谈论间，孙中山收到了柏林加盟者的信件："叛党只此四人，全体未叛。"他看过信件，顿时松了一口气："质斋兄，这件事真相已明，前言请勿介意。"

胡质斋也放心了："我们唯恐先生不谅解，所以特地赶来。现在先生已经了解实情，我们的目的也已经达到。不过，倒是应该考虑以后的改进方法。"

孙中山微微笑着，脸上显出既是宽心，又感惭愧的复杂的表情。

不久，真相大白了：刚刚加盟的留德学生王发科、王相楚，三分钟热度过后，冷却下来一想，生怕从此不单不能升官发财，而且还有人头落地的危险，便匆匆跑到巴黎，与汤芗铭、向国华密商。他俩也是刚刚入盟。王发科、王相楚的恐惧，也使得他俩浑身发抖。他们决计由汤芗铭、向国华前往瓦克拉旅馆"邀请"孙中山外出午餐；王发科、王相楚则乘机潜入孙中山的房间，割破他的皮包，拿走了所有欧洲革命成员的盟据和一封法国政府致安南总督的介绍信。

这封介绍信是他们的意外发现。他们如获至宝，马上呈交清驻法使馆，当作将"功"赎罪的明证。

有趣的是，驻法公使孙宝琦没有忘却驻伦敦公使龚照瑗往昔的教训。他不愿意添惹麻烦，训斥了他们一顿，便让他们把盟据退还。接着，孙宝琦把介绍信的内容密电清廷以后，又派人把原件送还孙中山。

这场风波，使孙中山认识到斗争的复杂，他建议比、德、法各地革命团体改组，清除不坚定分子，巩固组织。事后，孙中山语重心长地告诉留学生："诸君参加革命了，目前仍应努力求学，即返国后，亦可仍为清廷官吏；

他日革命军起，诸君以官吏地位领导民众，或许更易奏效。如果诸君学业未毕，而国内革命军已起事，遇有必要，我当来电，电到盼诸君立即返国，为我助力。"

1905 年 6 月 11 日，孙中山借助留学生筹集的路费，自法国马赛登上"东京"号轮船东返。

旅途中，孙中山结识了清驻法使馆商务随员兼巴黎通运公司经理张静江[1]。

张静江信奉无政府主义学说，以中国无政府主义的宣讲师自任。在船上他获悉孙中山同船，便拐着一条残足，主动走访孙中山。张静江自道了姓名，便问："先生就是要实行革命的孙逸仙？"

孙中山点头微笑，请教他的来意。

张静江说："闻名久矣，我是深信非革命不能挽救中国。近数年间，我在法经商，获资数万，十分愿意助先生一臂之力。先生如果需要，请随时来电通知。"

孙中山十分高兴，与张静江约定了通电的暗号：以 A、B、C、D、E 为顺序，A 为一万元，B 为二万元，C 为三万元，D 为四万元，E 为五万元。张静江表示，只要孙中山来电指出暗号，不必说出原因，他也会如数汇去。后来，张静江果然履行了诺言。孙中山称赞他是同盟会时期"出资最勇而多者"。

像张静江这样一位政府随员和富商，也愿意资助孙中山的革命事业，确实是革命迅猛发展的一个重要信息。

孙中山不失时机地做着组织工作，期求在新的形势下，全国各革命小团体实现大联合。

轮船到达科伦坡，孙中山给新加坡的老朋友尤列拍发电报，请他介绍图南日报[2]社诸同志相见。

船到新加坡，尤列带领图南日报创办人陈楚楠、张永福和林义顺登船会见孙中山。孙中山详细询问他们的工作情况。当陈楚楠谈到种种困难时，孙中山鼓励他们："不要紧，不要紧，革命党总要苦斗，将来自然有结果。欧洲留学界已经成立革命团体。我到日本后，谅不日亦可成立。你们在南洋也要准备筹建，做好开展大规模革命运动的准备。"他们点头答应，表示尽力组织。

7月7日，孙中山到达西贡。西贡华侨的思想，也发生了巨变，有些同志正准备创办报馆，联络各埠，开展救国宣传活动。

7月19日，孙中山抵达日本横滨。

孙中山这次日本之行，目的十分明确："先查探东方机局，以定方针。方针一定，再来南地以召集同志，合成大团，以图早日发动。"

"合成大团"的时机成熟了：它既有这个可能，也有这个必要。

孙中山在横滨逗留了几天，便赶到东京去。当时，留日学生荟萃东京，革命热情高涨。黄兴[3]、宋教仁[4]两人更是朝气勃勃，最露头角。

孙中山到了东京，经宫崎滔天介绍，首先拜访黄兴。

这是一次历史性的会晤。

当时，宫崎滔天住在新宿。孙中山来到他的住处，寒暄几句，就迫不及待地问："近来增加这么多留学生，真是件大好事。可当中有没有非同一般的留学生，有没有可以加入我党的志士？"

宫崎滔天正在泡茶，转过头来告诉他："有，我正要向你介绍一个叫黄兴的湖南人。"

"这个人怎么样？"

"一个伟人，估计将来可以做你的助手。"

孙中山非常高兴，站起身来，"走！"

宫崎滔天的脑袋还没有转过弯来，瞧了他一眼："到哪里去？"

"找黄先生去。"

宫崎滔天放下水壶，连忙制止着他："连口茶都不喝，就要去，真够性急；而且，你是他的前辈，还是我去将他带来见你好了。你就在这里喝茶等着吧。"

新宿离黄兴的住地不远。宫崎滔天正要走出，孙中山坚持要和他一起去："这样的事，没有什么前后辈之分。"

"黄兴也经常打听你到东京的消息，说要拜访你。"

孙中山笑了："是我打听到他的消息，所以还是应该我去拜访他。"

黄兴在神乐坂的边上租房住着。宫崎滔天无可奈何，只得带着孙中山到了那里。他打开窗子往里一看，见地上摆着一堆拖鞋，里面一帮学生围坐成一圈，正在叽叽喳喳地议论着事情。

宫崎滔天看到人太多了，孙中山进去也不方便，便示意孙中山在外边等着，自己向里边喊道："黄先生，黄先生。"

黄兴急忙跑了出来。

宫崎滔天不发一言，只是用手指指孙中山。

黄兴转头一看，便认出了是谁，脸上顷刻露出惊喜的神色，连忙向孙中山点头致意，又对宫崎滔天轻声说道："请先到那边去等一会。"

事后，宫崎滔天回忆道："我们在外边等了一会，黄兴、张继、宋教仁和末永节[5]四人都到齐了。黄兴把大家带到神乐坂上面的风乐园饭馆，一起见了面。我和末永节不大懂支那话，只好干看着黄兴等人边喝酒边热烈地谈论着什么。这样的时候语言不通倒也好。我们不知他们到底谈论的是什么，可以毫无牵挂地埋头大吃大喝。后来他们的谈话渐渐停了下来。最后大家举杯祝贺。"

7月28日，孙中山又和宫崎滔天前往二十世纪之支那社，与宋教仁、陈天华[7]晤谈，他根据以往的经验，阐明革命"总以互相联络为要"。

翌日，黄兴邀集东京的华兴会会员讨论与兴中会联合的事。陈天华赞成，刘揆一反对，黄兴提出可在形式上加入，但在精神上要保持华兴会的独立性。最后决定加盟与否，由个人自决。

这时候，像是百川归大海似的了。湖北、四川、广东以及其他各省的留学生，也先后拜会孙中山，拥护他组织统一的革命团体的主张。

7月30日下午，由孙中山、黄兴邀约，各省有志革命的留学生和旅日华侨七十多人，在内田良平住所、东京黑龙会会址集会，共同讨论创建新的革命团体的事。

这是中国革命者一次史无前例的聚会。兴中会、华兴会、光复会、科学补习所以及其他团体的成员和个人，除甘肃省没有留日学生之外，全国内地十七个省都有代表到会。

孙中山被推为会议主席。黄兴十分兴奋，首先致辞说道："孙先生最近

民族振兴的追梦者——孙中山

从欧美回来。现今天下大势如何？中国革命怎样进行？我们请孙先生发表意见。"

大伙屏息静听，全神贯注。

"中国革命方法，大概不外是联络人才一事。中国现在不必担忧各国瓜分，但要担忧自己的内讧。如果这一省要起事，那一省亦要起事，大家不相联络，各自号召，各国必然乘机干涉我国。这样，中国必亡无疑了。所以，依我看来，我们应该以互相联络为首要的事。"孙中山首先向大家阐明革命的理由和实行方法，提议将散布全国各地的革命组织结成一个大团体，协力从事反抗清廷的革命。

孙中山端庄的仪态，革命的激情，伶俐的口才，使听众神往。热烈的掌声不断打断了他的讲话。

"一切破坏之前的建设，破坏之后的建设，件件事情都得有同志去做。让我们共同努力，建设文明的政府。"孙中山站起身来，打着手势，慷慨激昂地说着。

大伙如醉如痴，简直给迷住了。好一会，才响起连续不断的掌声，赞同孙中山的倡议。

结成全国性的革命大团体，是大势所趋的了。《论语》说："名不正则言不顺，言不顺则事不成。"这个革命大团体该起个什么名称？

孙中山豪情满怀。他提议："新的革命组织，就称为中国革命同盟会，怎样？"

大伙沉思着，会场顿时鸦雀无声。黄兴深思熟虑，慢慢说道："我们现在侨居他国，行动还须隐蔽，'革命'二字一出，同志活动更是不便。从有利革命出发，建议把'革命'二字删去。"

众说有理。孙中山向黄兴点头微笑，表示欣赏他的观点，接受他的意见。

"我认为这个名称还是不够妥当。"有人嚷道，"既然我们以驱除清廷自任，当与对象立名。我看称为'对满同盟会'才好。"

这个意见，也有好些人表示赞同。

"不，不应该这样立名。"孙中山站起身来，"满清政府腐败，我们才起来革命。但我们革命的宗旨，不是专在排满，而是废除君主专制，创建共和。"

经过一番争论，"中国同盟会"的名称才确定下来。

讨论到中国同盟会的宗旨，又是一番争论。

孙中山首先提议："中国同盟会应以'驱除鞑虏，恢复中华，创立民国，平均地权'为宗旨。"

有些人赞成孙中山的提议；有些人却表示，宗旨的前三句好理解，可以接受；后一句不适当，建议删去。顿时议论纷纷，莫衷一是。

"平均地权"这一纲领，是孙中山因袭中国固有的思想、吸取欧美社会现实的教训，于1903年提出的。他坚决不肯放弃它。

孙中山毫不迟疑地站了起来，宣传自己的观点："欧美各国，善果被富人享受，贫民反食恶果，总由少数人把持文明幸福，故成此不平等的世界。欧美为什么不能解决社会问题？因为没有解决土地问题。社会问题在欧美是积重难返，在中国却还在幼稚时代，但是将来总会发生的。到那时候收拾不来，又要弄成大革命了。平均地权即是解决社会问题的第一步，我们党为世界最新的革命党，应该高瞻远瞩，不但解决民族、政治两大问题，还必须把将来最困难的社会问题亦连带一起解决了，以便把我们国家建设成为世界上最良善富强的国家。"

这个愿望是多么善良和真诚啊！

到会好些人士纵使对"平均地权"的必要性不理解，或者不大赞成，但孙中山的理想、激情和理论，还是使大会通过了他提出的"四纲"。

孙中山即席起草了盟书。

黄兴提议："请自愿入会诸君签名。"顷刻间，会场变得一片寂静，厅外叽叽喳喳的鸟声显得特别清脆。有的低头沉思，有的仰望天花板，有的你看我，我看你。黄兴目光四射。孙中山微笑、期待。

这时候，刚从湖南到来的曹亚伯率先站起，边走边说："大家主张革命，才来这里；如果不主张革命，何必来呢？"他走到桌旁，执笔蘸满墨水，爽朗说道："我凭良心签名。"说罢，写上"曹亚伯"三个大字。

"我亦凭我良心签名。"程家柽跟着前来。大家拥到桌边，按次签名。

大家签署了盟书，再进入另一个小房间，由孙中山领导大家同举右手向天宣誓。

最后，会员推举黄兴、宋教仁、陈天华、马君武、程家柽、汪精卫、蒋尊簋等八人起草同盟会章程，准备召开成立大会。

1905 年 8 月 11 日，清国留学生会馆门前张贴着定于 13 日召开欢迎孙中山大会的告示。

当时，虽说正值暑假期间，许多留学生已经他游或者回国，可那天下午，到会的竟达一千三百多人。会场富士见楼挤满了人，后到的几百人挤不进去，就伫立街边仰望着。

身穿洁白西装的孙中山，由宫崎滔天陪同，从容步入会场。刹那间，会场内外，掌声雷动。人们抬起脚后跟，双眼直追着孙中山。站在后面的人，被前面的遮住了视线，挤得更是厉害。

可是，当孙中山走上了主席台，整个会场却立时鸦雀无声，显出一种庄严肃穆的宁静。

宋教仁致了欢迎词，热烈掌声过后，孙中山徐徐说道：

"兄弟此次东来，承蒙诸君如此热心欢迎，兄弟实是感佩莫名。我实在担心没有什么能够不辜负诸君欢迎的盛意，但不得不献兄弟见闻所及，与诸君商定救国的方针，想也是诸君所高兴听闻的。"

孙中山以谦虚的态度、通俗的言辞，拨弄着留学生心中绷得很紧的弦，使得他们屏息静听。

"现在中国要由我们四万万国民兴起。今天我们是最先兴起一日，从今后要用尽我们的力量，提起这件改革的事情来。我们放下精神说要中国兴，中国断断乎没有不兴的道理。"

孙中山回顾近两年来的经历，挥着紧握着的拳头继续说道："日本维新须经营三十余年，我们中国不过二十年就可以。"

饱满的热情和雄伟的气魄激励着留学生，使他们信心倍增，仿佛迈进了中国光明的前途。

革命，向来是没有一帆风顺的。而孙中山的革命事业，最主要的障碍，还是保皇派的论调在人们头脑里的影响。这一点，孙中山比谁都更清楚。顷刻，仿佛是峰回路转，他把话锋对准保皇派："有说欧美共和的政治，我们中国此时尚不能合用的。他们说由野蛮而专制，由专制而立宪，由立宪而共和，这是天然的顺序，不可躁进的；我们中国的改革最宜于君主立宪，万不能共和。殊不知此说大谬。我们中国的前途如修铁路，然此时若修铁路，是用最初发明的汽车，还是用近日改良最利便的汽车，这个道理虽是妇孺亦能懂得。所以君主立宪之不合用于中国，不待智者而后决。"

"说得有理！"不知谁大声喊道。紧跟着，全场又是热烈的掌声。

"我们决不要随天演的变更，定要为人事的变更，这样进步才快。兄弟愿诸君救中国，要从高尚的下手，万莫取法乎中，以贻我四万万同胞子子孙孙的后祸。"

中国社会绷得最紧的弦，经孙中山这位革命家之口，拨弄得如此动人心弦，终于，在有志之士中迸发出巨大的回响。

清驻日公使馆扬言要取消与会者的官费。面对这种威胁，他们嗤之以鼻，毫不在乎："要取消就让他取消好了。"有的回答得更是干脆："我无论如何也要革命，要参加孙黄一派的革命党。大不了把官费退还回去。"

火山爆发似的革命激情是压抑不住的。8月20日，中国同盟会会员已经发展到一百多人。

就在这一天，中国同盟会在东京赤坂区召开成立大会。孙中山主持通过了中国同盟会章程[7]。

章程规定"本会定名为中国同盟会，设本部于东京，设支部于各地"。规定"本会以驱除鞑虏、恢复中华、创立民国、平均地权为宗旨"。规定"本会设总理一人，由全体会员投票公举。四年更选一次，但得连举连任"。

选举时候，黄兴首先倡议："公推孙先生为本党总理，不必经选举手续。"

众人举手赞成。这正是人心所向，众望所归。这时，孙中山三十九岁。

时势造英雄。孙中山，在革命风浪中搏斗出来了。这位伟大人物，赢得了人们的敬佩和信赖。

同盟会成立的第二天，二十世纪之支那社移交同盟会本部。不久，同盟会本部将《二十世纪之支那》改组为同盟会的机关报——《民报》。

孙中山在《民报》创刊号上撰写了《发刊词》，第一次明确提出民族主义、民权主义、民生主义——三民主义。

三民主义，作为同盟会的行动纲领和指导思想，尽管还有许多不足，但在旧民主主义革命阶段，它毕竟是革命的旗帜，革命者聚集在这面旗帜下，奋然搏斗，直到推翻封建王朝。

1912 年 7 月 28 日，列宁高度评价孙中山的纲领：

"孙中山纲领的每一行都渗透了战斗的、真实的民主主义。它充分认识到'种族'革命的不足，丝毫没有对政治表示冷淡，甚至丝毫没有忽视政治自由或容许中国专制制度与中国'社会改革'、中国立宪改革等等并存的思想。这是带有建立共和制度要求的完整的民主主义。它直接提出群众生活状况及群众斗争问题，热烈地同情劳动者和被剥削者，相信他们是正义的和有力量的。"[8]

灾难深重的中国，经过无数仁人志士艰辛的探索，终于有了一个统一的全国性的革命团体——中国同盟会，有了一个指导民主革命的政治纲领——三民主义，有了一位众望所归的领袖——孙中山。"从此革命风潮一日千丈，其进步之速，有出人意表者矣！"

1919 年，孙中山在《孙文学说》中写道：

"自革命同盟会成立之后，予之希望则为之开一新纪元。盖前此虽身当百难之冲，为举世所非笑唾骂，一败再败，而犹冒险猛进者，仍未敢望革命排满事业能及吾身而成者也；其所以百折不回者，不过欲有以振起既死之人心，昭苏将尽之国魂，期有继我而起者成之耳。及乙巳之秋，集合全国之英俊而成立革命同盟会于东京之日，吾始信革命大业可及身而成矣。于是乃敢定立'中华民国'之名称而公布于党员，使之各回本省，鼓吹革命主义，而传布中华民国之思想焉。"

是的，队伍扩大了，思想明确了，这位众望所归的领袖，又义无反顾地率领着队伍向敌人进攻了。

注释：

〔1〕张人杰（1877—1950），字静江，浙江吴兴人。

〔2〕《图南日报》，清末南洋资产阶级革命派机关报。1904年春在新加坡创刊，陈楚楠、张永福等主办。1905年冬改为《南洋汇总报》。

〔3〕黄兴（1874—1916），湖南善化（今长沙）县人。原名轸，字廑午，号杞园，又号克强。1904年和陈天华、宋教仁等在长沙成立华兴会，被推举为会长。1905年在日本与孙中山筹划成立中国同盟会。积极组织领导武装起义。辛亥革命胜利，任南京临时政府陆军总长兼参谋总长。1916年10月31日病死。

〔4〕宋教仁（1882—1913），湖南桃源人，字遁初，又作钝初，号渔父，1904年与黄兴等创立华兴会，被推举为副会长，同盟会成立后，任司法部检事长。南京临时政府成立，任法制院院长，1912年8月将同盟会改组为国民党，任代理理事长。1913年3月20日被袁世凯派人刺杀于沪宁车站，22日身亡。

〔5〕末永节（1869—1965），日本福冈人。1898年结识孙中山，1904年又结识黄兴，对中国革命多有帮助。

〔6〕陈天华（1875—1905），原名显宿，字星合、过庭，号思黄，湖南新化县人。1903年留学日本，著有《猛回头》、《警世钟》等书，宣传革命思想，影响很大，1905年12月在东京参加抗议日本政府《取缔清国留日学生规则》的斗争，愤而投海自杀，留下绝命书，激励同志誓死救国。

〔7〕当日通过的中国同盟会章程已佚失。今所见者为1906年5月16日改订的《中国同盟会总章》二十四条（《孙中山全集》第一卷，中华书局1981年版，第284－286页）。

〔8〕《列宁全集》第十八卷，人民出版社1959年版，第152页。

第十三章 | 西南的烽火

中国同盟会一成立，孙中山和他的战友们就立即着手加强革命宣传工作，批判保皇谬说，发展各地同盟会组织，扩大革命力量，募捐革命经费，准备在国内发动武装起义。

同盟会成立后数天，会员程潜拜访孙中山，请他指示革命方略。

"首先打倒自己脑海中的敌人，抛弃富贵利禄的观念，树立爱国爱民的思想，服膺主义，不与敌人妥协。"孙中山沉思着说，"其次，革命军占领地区，必须立即成立政府，即使占领地区小至一州一县，也应该如此。第三，慎选革命基地，以发展革命力量⋯⋯"

程潜打断他的话，问："中国如此广大，选择革命基地，以什么地方为好？"

孙中山胸有成竹，不假思索："这必须依敌我形势的变化来决定。如果形势于我有利，而于敌不利，则随处可以起义。⋯⋯"

为了给全国各地革命党人提供一个统一的革命方略，1906 年秋冬之间，孙中山亲自主持制定了《中国同盟会革命方略》。它包括有《军政府宣言》《军政府与各处国民军之关系》《军队之编制》《战士赏恤》《军律》《略地规则》《因粮规则》《安民布告》《对外宣言》《招降满洲将士布告》《扫除满洲租税厘捐布告》十一个文件。

组织起义是一门艺术，要真正掌握它，还得在实战中摸爬滚打。它所得的结果无论好坏，都免不了要付出代价。

伴随着革命力量的发展，革命浪潮又掀起来了。

1906 年 11 月 4 日，湖南爆发了由同盟会会员领导的第一次起义。

这年春，同盟会会员刘道一、蔡绍南接受孙中山命令，从日本回湖南"运动军队，重整会党"，准备起义。行前，黄兴告诉他们："我们今天进行的是国民革命，而不是古代的英雄革命。洪门的人还不懂得共和的真髓。你们回国以后，希望经常以民族主义、国民主义多方指导他们。"

刘道一、蔡绍南回到长沙，立即召集党人密商革命方略，决定"以会党和军队同时并举"，确定以江西萍乡和湖南浏阳、醴陵为发动起义的主要地区。他们在那些地区建立了洪江会，矿工、农民纷纷参加，"不数月间，势力已蔓延到萍、宜、分、万、浏、醴各县"。

12 月 4 日，起义爆发。义军头缠白巾，手持白旗，以疾风骤雨之势，迅猛地扩展着，数日间，便席卷了浏阳、醴陵、萍乡、宜春、万载数县，人数总计在三万以上。

革命的形势竟是如此迅速发展，义军的地盘竟是如此日益扩大，使得统治者惊惶万状，告急求援、调兵遣将的文电，宛如漫天流星，来去不停。最后，他们竟然调动了四省的兵力围剿义军。而且，连帝国主义者也视"这次暴动比一般无关重要的骚乱要可怕得多"，"日本舰二只，英、德、美舰各一只，皆上驶往岳州"，准备武装干涉。

义军与清军英勇搏斗了整整一个月，终以缺乏统一领导，兵力悬殊而失败。蔡绍南、刘道一先后被捕，慷慨就义。

萍、浏、醴起义的消息传到东京，同盟会会员纷纷要求回国参加战斗，孙中山和黄兴立即派遣部分会员分赴长江沿岸各省策应起义。不料，义军过早失败，各省衙门大兴党狱，回国的同志多数英勇牺牲。

萍、浏、醴起义失败了，清廷在东京的密探对革命党人加强了监视，在东京的保皇派报纸也对义军冷嘲热讽，妄加恶评。

孙中山面对现实，正气凛然。他严正地表示："吾党行事，一本义理，义理所在，虽毁何伤？悬此目的，务使达到而后已。天下后世，自有定评。"

1907 年 2 月 3 日，同盟会在东京为刘道一举行追悼会。平日不作诗词的孙中山，慷慨悲歌，雄心勃发地写下了《挽刘道一》：

半壁东南三楚雄，刘郎死去霸图空。

尚余遗业艰难甚，谁与斯人慷慨同？

塞上秋风悲战马，神州落日泣哀鸿。

几时痛饮黄龙酒，横揽江流一奠公！

萍、浏、醴起义失败后，"革命风潮之鼓荡全国者，更为从前所未有，而同盟会本部之在东京者亦不能久为沉默矣"。同盟会本部决定继续发动新的武装起义。

萍、浏、醴起义使得清廷惊恐万状。两江总督和江西巡抚上奏说："此次匪乱，凶焰鸱张，逆谋狡谲，始者颇思一逞。虽尚无深固巢穴，快利枪械，惟军以革命为名，意图煽惑响应。……系由逆匪孙汶暗中勾结，倘或日久未平，潜济精械，后患何堪设想。"清朝政府屡次向日本政府交涉，非要将孙中山逐出日本不可。日本政府从自身利益着眼，托私人送程仪，开饯宴，"欢送"孙中山离开日本。

"万象阴霾打不开，红羊劫运日相催。顶天立地奇男子，要把乾坤扭转来。"[1]孙中山，作为一位顶天立地的奇男子，他毅然决定前往越南策划两广起义。他计划先夺广东，次取广西、云南，占领南部七省，然后北出长江，直捣清廷。

孙中山坚信革命党人所进行的事业是神圣的事业，他在离日前夕的1907年1月，特地拜访日本作家池亨吉，邀请他前往中国参加起义活动，然后将亲身经历写出来，公告于世。

1907年3月初，孙中山与胡汉民、池亨吉等人离开日本，中经香港、新加坡，4月初抵达越南河内，在甘必达街六十一号设立武装起义的总机关。

正巧，同年3—5月间，广东钦州、廉州[2]人民在刘思裕领导下，组织了"万人会"，举行抗捐斗争。孙中山决定因势利导，在钦州、廉州、潮州、惠州四府同时举义。他派胡汉民往香港做策应工作，函召黄兴南来协助。

5月，孙中山派遣黄兴、胡毅生分赴清军郭人漳、赵声营中运动新军反正，委任广西三合会首领王和顺为中华国民军南军都督。

孙中山在河内、海防、南圻等地相继成立同盟会分会，在旅越华侨中募集起义经费。

孙中山正在积极筹备起义的时候，许雪秋[3]领导的黄冈起义爆发了。

黄冈是广东潮州府饶平县的一个大镇，地处岭东，商业繁盛，是闽、粤两省的交通孔道。潮州会党势力强大，黄冈更号称"三合会党渊薮"，而许雪秋，就是这一地带三合会的首领。

许雪秋从幼随父业商，性慷慨好客，有"小孟尝"之称。其父又精通技击，许雪秋从小练武，墙高逾丈，一跃而上。那时，正值列强横行，祖国多难，许雪秋蓄志推翻专制，秘密结党，提倡革命。1904 年秋，他邀集同志归国，在宏安乡故宅立坛歃血，宣誓推翻清廷。次年 2 月 15 日，许雪秋在宏安乡召集各地会党头目密谋起义，大伙公推他为革命军司令。只因事机泄露，起义未成，许雪秋不得不重赴南洋。

经过张永福介绍，许雪秋在新加坡晚晴园会见孙中山。孙中山听了许雪秋前次策划起义的介绍，认为岭东为广东重要地区，如果取为根据地，必然大有可为。孙中山见许雪秋在潮、嘉地区有群众基础，便委任他为中华国民革命军东军都督。

许雪秋奉命回国，以汕头为基地，运动会党，发展组织。萍、浏、醴起义爆发后，许雪秋跃跃欲试。他到香港找冯自由，要求电告孙中山：时机成熟，惟忧虑人才缺乏，请电日本东京本部速派同志归国相助。

孙中山接电大喜，派出了乔义生、方汉成、李思唐以及日本友人萱野长知、池亨吉前往汕头。

许雪秋召集各路首领开会，决定 1907 年 2 月 19 日夜间起义，会攻潮州城。

可是，说来令人难以置信，偌大的事情，竟失于小小的误传上面。会攻的时间，浮山一路将"4 时齐兵"误传为"10 时齐兵"，未能依时集合。许雪秋无可奈何，只得命令各路暂行分散，等待后命。

这样一来，起义的风声传出，清吏加紧搜索，浮山一路的召集人薛金福也因此被捕丧命。

许雪秋又到香港，将变故电告孙中山。

孙中山立即复电："起事时期，须与惠州、钦廉一致，以便牵制清军。

万勿孟浪从事，致伤元气。"

许雪秋遵照命令，留驻香港等候消息，再做打算。

1907 年 5 月初，清吏逮捕了黄冈会党两人。21 日，潮州镇总兵黄金福派守备蔡河宗带防兵二十人进入黄冈。当晚，乡民演戏，防兵在台前调戏妇女，又捕去出面干涉的会党两人，甚至还要搜查起义总机关——余通开设的泰兴杂货店。

会党头目陈涌波、余既成不由捏了一把汗，认为与其坐以待毙，不如先发制人。他们估计，起义后三日内，香港方面自有饷械接济，各属也必能会师潮汕，于是毅然决定 22 日晚间起义。

22 日之夜，月明星稀，天朗气清。7 时，七百多人[4]齐集黄冈城外连厝墓。9 时，举行誓师，宣布军法十条。10 时，从黄冈城东、西、南、北门分攻各个衙署，血战一夜，攻克黄冈，青天白日旗帜在城头上迎风飘扬。

义军纪律严明，秋毫无犯。23 日，他们依照《中国同盟会革命方略》的规定，成立军政府，推举陈涌波、余既成为正、副司令，以"大明都督府孙"或"广东国民军大都督孙"的名义布告安民，宣布废除一切苛捐杂税。

义军的壮举赢得了人心。"各商店照常营业，市廛不惊，人民悦服"，"附近贫民从之者甚众"，滨海渔民也乘船前来参加，义军迅速发展到五六千人，声威大振，"潮吏莫不心惊，大有草木皆兵之慨"。

可惜，义军攻克黄冈以后，有的主张速攻潮州，有的要求进攻诏安，意见不一，部署未定，给了敌人部署反攻的时间。粤督周馥一面电责黄金福立功自赎，一面派水师提督李准带水陆军救援，同时通电闽浙总督拨队防堵。

25 日，许雪秋的助手陈宏生赶到黄冈，被推为临时司令长。当晚，陈涌波率领队伍出击进驻洪洲的敌军。敌军据险顽抗。义军所用土炮威力不大，到第二天中午，死伤数十人，不得不向黄冈求援。余既成得讯，披发痛哭，义军大受感动，人人自带双刀，背着湿棉胎，誓与敌军死战。可是，在这时候，清军援兵赶到，义军腹背受敌，不得不实行退却。

27 日早晨，义军将领召开军事会议。陈涌波、余既成、余通诸人眼看"械劣弹乏，粮食不足，久守无益"，决定解散义军，携带家眷搭帆船前往香港。

许雪秋 25 日赶到汕头，与萱野长知计议发动起义，丰顺、揭阳、惠来、澄海各县会党响应。27 日，他得知起义失败，决计炸毁李准所乘的运兵轮船，以图再举。可是，老奸巨猾的李准防范严密，许雪秋未能得手，只得乘"苏州丸"轮船返回香港。

孙中山在派许雪秋筹划潮州起义的同时，又派邓子瑜[5]负责主持惠州起义的准备工作。

邓子瑜接受了孙中山的命令，马上从南洋回国，在香港筹划惠州起义。黄冈起义的消息传到香港，邓子瑜立即委派陈纯、林旺、孙稳在归善、博罗、龙门三处分路举义。

6 月 2 日，陈纯他们在距惠州府城二十里的七女湖发动起义，一举夺取了清军防营枪械，击毙巡勇和水师哨弁多人。5 日，攻泰尾，守兵望风逃窜。7 日，克杨村。8 日，缴获柏塘清军枪械，乘胜分攻八子爷、公庄各处。各乡会党纷纷来汇，声势大振，吓得归善、博罗的官吏紧闭城门，惠州知府陈兆棠更是频电粤督周馥告急。

周馥急调东路洪兆麟、李声振、吴鳌部"会剿"；接着，又调中路钟子才部赴援。

三百多人的义军，横行水口、横沥、三径、蔗浦各地，如入无人之境。6 月 12 日，洪兆麟部到八子爷，林旺率领敢死战士五十人，从山后截击，洪兆麟中枪坠马，所部死伤惨重，李声振、吴鳌、钟子才各部也连战俱败。消息传出，广东省城震动。周馥气急败坏，急电李准由黄冈驰援惠州。

李准部由澳头登陆，向义军反扑。义军坚持战斗十多天，来去飘忽，使得敌军疲于奔命。

这时候，邓子瑜在香港购置弹药，本想亲自押运，从间道入惠州接济，但得知黄冈起义失败，估计惠州义军势难持久，不得不派人命令义军相机解散。义军眼看人力单薄，弹药缺乏，只得在梁化墟附近埋枪解散，分途向香港撤退。

孙中山获悉黄冈起义消息，马上设法援助。

1907 年 6 月 5 日，他在给张永福的信中写道："日来潮起于东，钦廉应

民族振兴的追梦者——孙中山

166

于西，全省风动。尚有数路，次第俱发。当合广、韶、惠、潮、钦、廉诸军，以联为一气，则粤事机局宏远，大有可为也！各埠同志闻此消息，皆非常踊跃。星埠声气较捷，团体较大，望兄导掖诸人，力任义务，以相协助，是所至望。"

6月7日，他致电平山周："两广义师已分道并起，云南、四川皆可响应。现在资械为联合之要需，日本义士能否相助？若助资，可电寄河内，用隆生名收；同时以电通告胡汉民。若助械，可托三上[6]船运来。得回电，当再定授受之地。"

黄冈起义失败的消息传到越南，孙中山马上电召许雪秋和萱野长知，同赴河内汇报起义始末。

许雪秋说："土炮不敌洋枪，是黄冈一役失败的主因，倘若能从国外购买新式军械，运至惠州汕尾海面，我可以预雇数十艘大帆船在海上收接，即在海陆丰沿岸，召集党人大举发难。"

黄冈之役，依然是依赖会党和外援，义军先期仓促起事。主要领导人又不在场，造成群龙无首。初战侥幸告捷，又没有乘胜出击，坐失良机。而且，对加入义军的贫民、渔民，也来不及训练成一支有战斗力的队伍。平心而论，这样的起义，失败实在难以避免。

孙中山还不明白这些，他同意许雪秋的见解，立即派萱野长知回日本购械租船，并电告平山周："订购一万。先送铳二千，弹二百万。"

为了筹集资金购买军火，孙中山想方设法，竭尽心力。1907年8月23日，他复函张永福、陈楚楠说："许雪秋兄再办潮事，深望各同志竭力扶助。前次雪兄办潮事，子瑜兄办惠事，皆能发起。弟谋运动军火以为接济，惜潮、惠皆一起即蹶，其散太骤，故不能应手。今者运动得手，可得大宗军火，已与雪兄定议，如潮事发起，当拨新式快枪数千，弹百数十万以应之，则此次军力充实，必非前比。……潮事只欠运动费，若能得数千元之数专为潮用，更得数千元交子瑜兄再举于惠州，以谋牵制，则东路之师必大盛。此万余元之运动费，不能不望之星坡同志也。"

1907年10月12日，萱野长知购得村田式快枪二千支，子弹一百二十万发，乘"幸运丸"轮船驶抵汕尾海面。可是，许雪秋并没有做好接运的准备，轮船停泊时间过长，引起清海军的注意，"幸运丸"不得不开赴香港，周馥又照会港吏扣留。日本领事得讯，密令"幸运丸"立即返回日本。

这样，许雪秋在海陆丰起义的计划，又成了泡影。

然而，革命的火星此伏彼起，却又是清廷防不胜防的。

潮、惠起义刚刚失败，广西钦州地区人民的抗捐斗争正如火如荼地开展着。周馥派统领郭人漳、标统赵声带领新军三四千人，驰赴钦州镇压。而钦州那黎、那彭、那思三墟的抗捐群众却派代表梁建葵、梁少廷到越南河内向孙中山求援。

孙中山决定抓住时机，联合抗捐群众，大举起义。他派邝敬川到三那，对三那抗捐万人会首领刘思裕晓以大义：倘若能够与同盟会一致行动，不特可以避免清军的剿杀，而且可以光复大好河山。

刘思裕欣然赞成，愿意接受同盟会领导，共同起义。

有意思的是，郭人漳原是华兴会会员。1905 年 12 月，他任桂林巡防营统领时，黄兴曾专程从日本赶来动员他起事，发展他为同盟会会员。但他首鼠两端，存心投机。赵声也与同盟会有联系。孙中山以为他们是自己的同志，便派黄兴入郭人漳营，派胡毅生入赵声营，约郭、赵乘机举义。他们表示赞成革命，许诺说："若有堂堂正正的革命军起，我等必定反戈相应。"

孙中山十分高兴，立即派萱野长知带款回日本购买军械，同时在越南召集同志，聘请法国退伍军官，计划军械一到，马上占据防城至东兴一带沿海地区，正式组织一支二千人的军队。孙中山还委任王和顺[7]为中华民军南军都督，专任钦、廉两州军务，联络钦廉各属绅士乡团，准备大举发难。

王和顺，1903—1904 年，曾和陆亚发一起，在广西发动起义。1905 年逃亡香港，转赴越南，在西贡会见孙中山，加入同盟会。接着，随同孙中山到达河内，同寓总机关。孙中山对他解衣推食，关怀备至。

河内总机关缺乏仆役，同志的衣服大都由孙中山的亲属陈四姑洗濯。王和顺对陈四姑常常出言不逊。黄兴见了，便对孙中山说："先生以国士对待和顺，而他却很不注意礼节，应该责教责教才行。"

孙中山不以为意，微笑着说："和顺出身行伍，举止粗豪，自所不免。我为国纳贤，怎可为细小事情与他计较？"

王和顺听闻孙中山这一番话，十分感动。他受命为南军都督后，改名张德兴，直赴那桑。这时候，梁建葵、梁少廷已收集了数百支枪，且在三那各乡组织了民军。刘思裕的侄儿刘显明也率领数百人前来与他会合。从此，王和顺率领这支队伍在三那一带活动。军民斗志昂扬，关系融洽，"沿途供给粮食惟恐不力"。

王和顺本想在赵声"相机暗助"下攻取南宁，但因运动南宁守军反正没有成效，只好作罢。这时候，防城清军哨官刘辉廷、李耀堂受革命党人运动，愿意率部反正。王和顺改变主意，决计袭取防城。

孙中山听取了王和顺的报告，认为防城是钦州西南要地，又接近白龙口，便于海上接济，立即同意了王和顺的作战计划。为了接济王和顺，孙中山吩咐香港冯自由和日本萱野长知，令即雇用轮船，将预购军械运至白龙港，以备义军取用。接着，他又命令关仁甫围攻广西上思，分散敌人兵力，配合王和顺袭取防城。

1907年9月1日，王和顺率领义军二百多人在钦州王光山起义。3日，他以"中华国民军南军都督王"的名义发布《告粤省同胞文》《招降满洲将士布告》，申明"以自由、平等、博爱为根本，扫专制不平之政治，建立民主立宪之政体，行土地国有之制度，使四万万人无一不得其所"。号召粤省同胞"共矢忠贞，以图大业"。4日，袭攻防城。次日，刘辉廷、李耀堂部倒戈响应，义军攻占防城，发布《告海外同胞文》，宣称"誓使五岭以南，无复胡马之迹，进而与长江之中军，燕蓟之北军会合"。

就在攻克防城的同一天，王和顺留下少数义军守防城，亲自率领主力五百人，冒着大雨，踏着泥泞小路挺进钦州城，计划夺取钦州为革命根据地，次日凌晨4时，义军抵达钦州城下。

当时，郭人漳部正驻守在钦州城。郭人漳见义军压境，让守军排队出郊欢迎，呈献子弹物资。郭人漳向王和顺说："小弟是赞成革命的。今天义军得利，雄师过境，小弟正欲前来追随。钦城包在小弟身上，不劳大都督费一枪一弹。唯独是王道台现在下乡点团，待他一两天回来后，小弟当将其首级献上，然后举兵追随，方可副小弟'先立功后附义'的初志。小弟由省拔队来时，在香港曾与克强兄会饮，而且订有密约，小弟誓助革命军，已破釜为誓。"王和顺深信不疑，便与郭人漳握手欢谈，收下物品分赏战士，移师往攻灵山，取道入桂。

义军由防城转战灵山途中，得到了钦州人民的支援。"沿途团民加入作战者三四千人。有张拾义之妻，亦率队数十来人会合。军行所至，鸡犬无惊，所经乡村，争备粥饭，以故军粮无匮。"

孙中山接到王和顺的捷报，十分高兴，马上向各地同志写信详述起义的情况：

> "弟自南来，即欲经营大军，在钦廉发起，以东西兼顾，沛然进取。躬自经营者数月有余，又得海外同志之协力，联合好义敢死之士，输运新式枪械，百事俱备，乃于中历七月二十四与虏兵战于钦州之王光山，大破之。《法兰西新闻》论之曰：'此处革命军不知用何战术，能一战而去敌兵四分之三，可称奇捷'云云。可见革命军之名誉矣。二十七日乘胜进攻防城县，一鼓破城，生擒知县等官，责其不知大义，身为汉奸，尽诛之。安抚居民，秋毫无犯。民心大悦，酿金备烧猪、炮竹以欢迎义军。各乡之民携械从军者万余人。即晚全军出城，进取钦州，虚围其城以诱虏兵来救。八月初三日全军直趋灵山……现在全军进取南宁府城，以南宁为广西之中心点，得南宁则北取桂林以出湖南，东取梧州以出广东，革命之基础可固。"

但是，形势很快逆转直下。王和顺移师灵山时，郭人漳立即密电灵山守将宋安枢堵击，同时，一面派兵衔尾追击，一面亲自率兵攻占防城，使义军腹背受敌。

王和顺率领义军抵达檀墟，距灵山城十二里。灵山城外有一座六峰山，山下有一座环秀桥，都是兵家必争的战略要地。王和顺召开军事会议，决定派当地人陈发初率五十人攻占六峰山炮台和环秀桥，制造攻城竹梯三十张。陈发初擅自违令，不仅不率领队伍占据炮台，而且竹梯也仅制三张，其中两张还根本不能使用。

俗话说，军令如山，儿戏不得。纪律，对一个忠诚的战士来说，是克敌制胜的法宝；但是，对一个借革命以营私的江湖浪子来说，却是不能同日而语了。

9月8日，义军奋勇进攻灵山。王和顺派遣二百精锐战士登城。可是，因为只有一梯可用，任凭他们如何舍身拼搏，苦战一日，仅有二三十人入城，依然无济于事。义军因此伤亡惨重，最后，不得不退驻小山。次日，清兵一千多人从南乡来援，城内敌军乘势出城反扑，义军又只得且战且退。

王和顺眼看大势已去，一时无力进取，只得下令解散义军。梁建葵统率余部退入粤、桂交界的十万大山。刘辉廷、李耀堂带领一百多人退入那勤、大碌。王和顺则率领二十人折回河内。

来去匆匆的防城起义，历时仅半个月，便又失败了。

紧接着爆发的，是镇南关[8]起义。

孙中山对广西边境的军事部署，从1907年夏季已经开始。他派熟悉这个地区情况的王和顺、黄明堂、关仁甫到镇南关、平宜关、水口关一带活动，准备举义。

广西绿林、游勇之间，向来有门户之见。王和顺出身绿林，游勇不愿与他合作；凭祥土司李祐卿所部游勇，尤其不服从调动。王和顺无可奈何，只得折返河内，向孙中山恳请辞去都督的职务。孙中山改命黄明堂[9]为镇南关都督、李祐卿为副都督。另派王和顺相机夺取水口关，作为声援。

广西边防要隘镇南关，历代视为天险，素有"第二旅顺口"之称。镇南关附近的炮台，都建筑在山路陡峭、易守难攻的山顶上面。黄明堂知道难以硬攻，决定用"里应外合"的计策，袭取炮台。

1907年12月2日，在黎明前的黑暗时刻，黄明堂迎着刺骨的山风，率领广西游勇八十人[10]，携带快枪四十二支，由镇南关背面小路摸索着前进，向炮台迂回偷袭。他们披蒙茸，拨钩藤，攀断涧危崖，疾趋第三炮台，呐喊着逾墙而入。清兵一百多人正在睡梦中，猝不及防，还弄不清是怎么一回事，就做了俘虏。

接着，游勇相继夺得第二、第一炮台。

阴霾的云雾终于被驱散了，淡淡的阳光从一条缝隙中照耀着炮台。这时候，山下的清兵远远望见青天白日的旗帜在山顶上迎风飘扬，才知道镇南关最险要的三座炮台，已经落入革命军手中。

早在 11 月 29 日清晨，孙中山就接到了黄明堂"决于 12 月 1 日晚上起事"的密电。

12 月 1 日晚上，孙中山和战友们聚集在河内总机关等待消息。当日池亨吉跌伤了左肩，独自躺在总机关楼上的寝室里。夜阑更深、万籁俱寂，突然有人走近他的睡床，伸首到蚊帐里窥视。池亨吉转头看去，原来是孙中山。

池亨吉正要挣扎起床，孙中山连忙双手按捺，然后莞尔微笑着问："你睡着了吗？"

池亨吉以为孙中山是来慰问自己的，不好说自己睡不着，更兼左肩疼痛，一时间，话也说不出来。

"唉！"孙中山叹了口气，感叹而又期待地说着，"你也尚且如此，我更是睡不着。我一生的命运，几年的辛苦，也许就看今晚了。如果今晚能够成功，就是将来发展的端绪。一想到这里，我心里有如时时刻刻听到镇南关传来的炮声。虽然想睡，可又怎能睡得着！"

邻室又有人相互和声地说："谁能睡得着呢！"说罢，也走进池亨吉的寝室里。原来，他是黄兴。

此刻，已经是 2 日凌晨 3 时，窗外传来一声晨鸡的啼鸣。

早上 9 时，昏睡的池亨吉忽然被摇醒过来，只见黄兴兴奋地嚷道："好啊，好啊！占领镇南关的电报来了！"

池亨吉还来不及发问，黄兴就兴冲冲地奔下楼。

池亨吉侧耳细听，楼下人多声杂，正在兴高采烈地谈论着攻占镇南关炮台的事，"万岁！"的欢呼声，直冲楼上而来。

不一会，孙中山走上楼来，给池亨吉诊了病，然后抑制着激情，慢慢说道："池君，请为我们庆祝，镇南关告捷的电报，已经来了三次了。形势很好。我们明天早上，就要离开这里投军去。只是你有病，不能同行，真是可惜啊！"

孙中山抑制着激情，强烈地感染了池亨吉。他跃起身来："不，请你带我一同去，我纵使失去生命，也不能失去这个机会！"

孙中山理解池亨吉的心情。他轻轻按着池亨吉的肩膀，让他躺回床上：

"看情况再说吧。"然后慢慢地走开。

楼下，孙中山请来的裁缝正在给大伙量身，赶着缝制军服、军帽，以便他们明天赶赴前线。

3日，上午6时，孙中山、黄兴、胡汉民、池亨吉和法国退职炮兵上尉狄氏一行十人，从河内搭火车北上。他们包了一个车厢，纵谈横语，好不兴奋。

这是可以理解的。孙中山自从离开日本到了河内，清廷悬赏白银二十万两索取他的首级，或以云南一省作为报酬，要求法国政府逮捕、引渡孙中山。这样，在过去二百多天里，孙中山一直幽居隐所，足不出户。由于运动不足，竟然患了胃弱症。而今，突破八面稻麻似的重围，在荒漠的大原野上，能够恣意呼吸新鲜空气，怎不叫他欢欣若狂呢！

"我只有一个夙愿，就是进入中国最南角的镇南关，然后悬军万里，旌旗堂堂，贯通中国的中腹，而出中国最北角的山海关。一出山海关，爱新觉罗王朝就彻底完蛋了。"孙中山痛快淋漓地说罢，纵情大笑。

池亨吉将孙中山的话翻译给狄氏，狄氏满脸是笑，不断点头，最后不禁连连挥拳喊着："好啊！好啊！好啊！！"同志们也为革命的美好前景欢欣鼓舞，纷纷举杯高呼："万岁！""万岁！"

列车经过谅山，午后2时到了越南铁路的终点站同登。下车后，他们步行了十分钟，到达了文渊。

文渊是越南边境山区的一个小市镇。几名义军代表早已经在这里等候。他们牵来了五匹马，还准备了几辆马车。大家稍事休息，又继续向那模村进发。

大家请孙中山坐马车。孙中山微笑着摇摇头。他少年时代在檀香山学到手的骑术，这时候用上了。只见他跃身上马，马鞭一扬，马拼全力飞跑，身后尘土飞扬。

黄兴他们见状，也都跃身上马，扬鞭跟上前去。

翌日凌晨，孙中山巡视了义军占领的三座炮台，给起义的战士发了饷械。接着，下山到弄尧村观察地形，访问壮族同胞。有些小孩见孙中山着一身西装，神采奕奕，以为是外国人，就大声叫嚷："老番来咯，老番来咯！"

孙中山笑了，马上朝他们高声解释："我是中国人，不要怕，不要怕！"

一些不明就里的村民，早就躲得远远的了。孙中山亲切地询问身边的义军战士："村里的人哪里去了？应该告诉大家真相，请他们回来。"他见小孩用着惊奇而又怯生的眼神瞪着自己，便又热情地朝他们说道："炮台现在是我们的了，大家可以上去玩玩。我们不久一定能够推翻清廷，那时大家就可以自由，不受压迫欺负了。"

孩子们见孙中山和蔼可亲，便高高兴兴地跟着他上炮台去。

上午，清军援兵赶来反扑。孙中山用望远镜观察了一会，命令狄氏发炮轰击，一炮击中了敌人的阵地，顿时，清营着火了，黑烟漫天，清兵死伤六十多人。孙中山和黄兴拿起枪来，精神抖擞地向敌人射击。事后，黄兴告诉宫崎滔天："我打得很准。当时，孙先生也要射击，我说太危险了，请他不要出去，但他却偏偏要出去打，而且打得很准确。"

孙中山一向认为，"当战争时，为将者能屹立于战线最危之点，则众心自定"。此刻，他正是用自己的实际行动实践着自己的观点。在阵地上，他成了一位最活跃的将领。只见他时而开枪射击敌人，时而蹲在战士身旁，鼓励战士奋力作战，时而又跑去给狄氏递送炮弹，或者亲自动手开炮。他看到自己发射的炮弹在敌人的营地上开花，十分感慨："我反对清政府二十余年，今日才能亲手开炮打击清军！"

鏖战终日，清军参将陆荣廷[11]损兵折将，却未能前进一步。他见硬的不行，便采取缓兵之计，派一樵妇持函登台约降："荣廷等现虽为清朝的官兵，但决非要自行操洁，我等昔时亦为广西游勇之长，而反抗满清政府，常迫官军不让一步。凡此事实，当为君等所记忆，然知时运不济，不得已暂时屈身异族。本无意于官禄，而贪安宁，故在兹岁月中，衷心快快，愧对日月。尚祈君等鉴谅。今回见于君等之起事，虽以为无力，但在君等之后，有如孙逸仙者之大豪杰策划一切，彼暗袭太平天国的战略，在此辽远的边境，黉开战端，先普得天下的人心，然后进图北京城。我等闻此，以前之视君等为无力之轻视，尽冰释矣。尤其是今朝来蒙到猛烈的炮声，是即认为孙统领亲自临军，极操纵之妙矣。愿与共事，今已知机会已到，我等愿投君等之麾下。我一身之进退不足惜，只我的部下六百名，如未蒙允诺，将以何面见对之？敢问君等亦能同加收录乎？如蒙允诺，则俟得确据后，当决去就矣。因明日自凭祥方面有五百援军开来，明后日又有自龙州二千大兵开来，事急矣，祈君等自重！"

孙中山读罢，立刻召开战地会议，商议对策。有的说："陆荣廷在东京加入过同盟会，此信真情可信。"有的却说："陆荣廷这契弟是个反骨仔，醉心名利，丧尽良心，不知杀害了多少同盟会兄弟，哪能和我们一起革命？不要上他的当。"

孙中山仔细倾听各种意见，自己没有做具体表示。

黄明堂熟悉这里炮台的情况。他沉思许久，最后才瓮声瓮气地说道："山上大炮虽多，但只有一门可用；原来以为这里有大量枪弹，可以供给我们使用，实际上，枪只有七十多支，都已老旧，子弹更是缺乏。这样看来，我们实难久持，可以暗与陆荣廷联络，命他率部反正。先生火速回河内筹款购械，以便大举进攻。"

好些同志觉得这话有理。可是，孙中山却舍不得离开阵地："我是不愿下去的。我有两个理由不愿下去：第一，我已十多年没有踏过祖国的土地，我现在踏在这个山上，觉得很高兴，我简直舍不得下去，我认为我们这里总有办法的。第二，我们走了，这个炮台不是就会马上失守了吗？"

大家正在争执不下时，河内总机关送来了一封急信，孙中山拆开一看，见上面写道："近来的大宗粮食、枪支、子弹，在文登被法军扣留，交涉无效。"

义军与清军决战，势所难免了。如果缺乏粮械补充，义军必然遭受挫折。孙中山改变了主意：自己下山筹款购械；要求黄明堂率领义军坚守阵地五天，一俟饷械运到，立即进取龙州；同时，复函陆荣廷，叫他准备内应。

时间不等人。孙中山一行十人不顾战斗的疲劳，当晚就从山后间道迂回下山。黄明堂派何伍带领几十名战士护送。出发不久，似乎被清兵发觉，朝他们方向放来了一阵乱枪。幸好天黑，无一命中，孙中山一行冲过了敌人的火力网。大家正在庆幸，偏偏天不作美，顿时大雨滂沱。后来，大家索性顺着山坡滚滑下去。这样，虽说弄得浑身泥水，却也平安无事。

历尽艰辛，好容易才到达那模村。接着，又兼程赶到文渊镇，这时已近午夜时分。

翌日凌晨，孙中山一行正准备出门上路，一个法国军官和两个巡逻兵突然入屋盘查。军官厉声问道："正当战乱，你们从中国越境想干什么？如不退回，就抓起来！"

池亨吉情急生智，取出了他的日本护照，不慌不忙地"解释"说："我们都是日本人，另一位是你们的同胞，是从越南到战地来采访的，现在回河内去。"

军官信以为真，便握手而退。

6时40分，孙中山一行从同登搭火车南下河内。列车冒着大雨在山谷中飞驰，直到上灯时分才抵达河内。当他们回到总机关时，已经疲乏不堪了。

清廷接到镇南关炮台失守的电奏，立即电令两广总督张人骏、广西巡抚张鸣岐"优悬赏格，严申纪律，协力进攻，即日克复"。

12月7日，清军丁槐、龙济光各路援军齐集，以四千人的优势兵力围攻义军。当晚，陆荣廷亲自督战，用大炮密集轰击，配合竹梯队、马刀队、药包队，向义军炮台猛扑。义军奋勇激战，最后，弹尽援绝，"攻守均感失据"，在8日夜间撤离镇南关，退入越南燕子大山。

孙中山回到河内，立刻拜访一位法国银行家，要求贷款购买军械。对方坚持要义军攻下广西龙州以后，才肯给钱。多次谈判，还是不能达成协议。9日夜间，孙中山接到电报，知道炮台失守，谈判已经毫无意义，便停顿下来。

义军将领到了河内，立即向孙中山报告炮台失守的经过。孙中山听罢，慰勉他们一番："这次起义，我们以少数同志占领了三座炮台，与龙、陆数千人奋战七八天，已经显示了我们革命军人的大无畏精神。从表面看，好像是我们遭受了失败，其实胜利还是属于我们。这次起义已经震撼了清廷，中国专制政体不久一定会被我们革命党推翻。这不是胜利又是什么？我们的革命合乎世界潮流，顺应全国人民期望，所以一定会成功。我们要继续不断地革命，这就是我们今后的责任。"

事后，孙中山曾询问胡汉民："你对镇南关之战看法如何？"

胡汉民答道："虽然没有成功，但我们却得到了实战的经验，回想起来，总觉得很有意义；只是往返炮台，经过狭窄山径的时候，如果清军有埋伏，我们当会无一幸免。我一想到这里，内心还不免有些害怕。先生身为党的领袖，深究起来，未免过于轻率。"

孙中山沉思了一会，然后笑着答道："你的意见自然不差。但我则确实估计到敌人新失要塞，决不至于在山径设伏，所以事先没有派人搜索而直接前去。"

至于镇南关起义失败的原因，越南的法文报纸做了中肯的评论："镇南关举事，革命军突然起来了！其实并不是突然起来的，这种酝酿已经很长久了。因为这些起义的人，都是革命巨子孙逸仙的部下。关于这件事情，我们是很佩服他们的勇敢。不过事情是不会成功的。何以见得？因为我们从军事学上来观察，他们这种办法是行不通的。他们此回举事，只有最高干部数人，而底下都是一些散兵，中间是空着的。像这样的军事行动，一定没有多大的效果，我们代替他们担心着呢！"

镇南关起义的失败，并没有使孙中山垂头丧气，相反，他看到"机局未始无进步"，依然斗志昂扬，再接再厉。1908 年 3 月 7 日，孙中山在给英属马来联邦挂罗庇胜埠同盟会分会会长邓泽如的信中，畅谈了他对形势的估计：

"弟自攻破镇南关之后，默察广西全局大有可为，月来所图较前极有进步。盖我军苦战八月，未尝小挫，军心坚定，无虑涣散。而各乡人民，视革命军如亲友；不独乡民为然，即各处团练亦多暗附。以军心民心而论，诚可无忧，盖革命军之根本已立矣。"

孙中山决定继续在广东、广西、云南大干一场，期望达到"有两广以为根本，治军北上，长江南北及黄河南北诸同志必齐起响应，成恢复之大功，立文明之政体"。

孙中山认为，现时最急切需要的，莫如军饷、军械。他为了解决军饷、军械问题，又费尽心思了。

早在 1907 年 9 月 13 日，孙中山就曾发给宫崎滔天委任状，授予他"在日本全权办理筹资购械，接济革命军"事项。12 月 12 日，孙中山又发给池亨吉证明书，"授予全权执行为中国革命事业筹款事宜，并为同一目的募集粮秣和军需品"。

孙中山派同盟会会员赴海防、西贡、新加坡、暹罗、槟榔屿、吉隆坡各处募集革命经费，并发函电南洋诸同志，叮嘱他们大力筹款购械接济。

镇南关起义失败后，孙中山又致函邓泽如："今革命军苦战八月，始得造成今日之机局，无异九仞之山，所望者南洋同志不吝一篑之劳耳！……兄可以为力之处，祈不惮劳瘁，以底大业于成，是所切望。"

可是，清朝政府不可能让孙中山如此安然无事地筹划军饷、军械。它一面议定悬赏缉拿孙中山"宜再加二十万金，晓谕全国，一律严拿"；一面与法国政府交涉，要求越南法国殖民当局将孙中山驱逐出境。

当时，越南中部发生了大规模的抗税运动。法国殖民当局十分担心中国革命党人的活动，会促进越南人民的斗争。印支总督在给法国殖民部的报告中，就说得很明白："革命党人在我们的领地里进进出出，在中国境内彼伏此起的起义，会激起不幸的趋向，同样会在我们治下的人们中引起骚乱。"法国殖民当局便趁机应清朝政府的要求，驱逐孙中山出境。

这样，孙中山又不得不"飘然离开河内，重过沦落天涯的亡命生活"。但他却很乐观。1908年2月8日，孙中山在复池亨吉函中写道："今闻一有趣之事，即北京政府比较日、英、法三国，以英为最强硬国家而抱畏惧，以法为强且智的国家而示尊敬，独以日本为易与且为最易受骗的国家而欺之，其理由实甚滑稽。……以弟区区五尺贱躯，适成为比较世界三大列强的最好准尺，实不胜荣幸之至，一笑。"

3月，孙中山离开河内，经西贡往新加坡筹款。临行前，孙中山把领导粤、桂、滇三省军事的重任交给黄兴、胡汉民，并令黄兴再入钦廉发动起义，又令黄明堂进取河口。

黄兴受命后，向河内法商购买匣子炮一百多支，在香港购取子弹，在旅越青年中组织"中华国民军南军"，自任总司令。这支二百多人的队伍，1908年3月27日，便向钦州进发。他们揭起青天白日的旗帜，高吹洋号，四处张贴"中华国民军南军总司令黄"的告示。

29 日，义军进至小峰，清军管带杨某以为郭人漳到来，派兵三十多人出迎，义军乘其不备，发动攻击，击毙五人，逃去三人，其余全部投降义军。杨某得报，带领六百多人，依山布阵，妄图一举歼灭这支队伍。黄兴率部佯退，诱使清军离开阵地，然后分三路猛攻：一路从正面攻击，一路埋伏田间，一路从清军背后偷袭。清军只顾正面迎击，没有防备身后，猝不及防，顷刻大败，仅剩残兵五十多人逃脱出去。

4 月 2 日，义军占据马笃山。清军管带龙某带兵三营来攻。义军占据有利地形，居高临下，与敌军鏖战。黄兴举枪远射，龙某中弹落马。黄兴挥军进攻，清军营官率先逃跑，三营全溃。

义军连战皆捷，缴获敌人快枪四百多支，队伍发展到六百多人，革命"声势日盛"。黄兴正计划乘胜取道那楼、大录，向广西边境进攻，郭人漳却以三千多兵力紧紧尾随义军而来。

"劣势而有准备之军，常可对敌举行不意的攻势，把优势者打败。"[12] 黄兴眼看敌众我寡，巧施一计，乘敌不备，率领敢死队夜袭清营，使清军自相惊扰，不战而逃，义军乘势追击，清军几乎全军覆没，郭人漳的军旗和战马，也成了义军的战利品。

从此，义军纵横钦、廉、上思一带。钦廉道台龚心湛、统领郭人漳疲于奔命，无计可施，只得向粤督频电告急。

孙中山获悉钦廉起义胜利，又尽力筹款，以济军需。1908 年 4 月 17 日，他致函邓泽如："现下我西路义师在钦廉连战大胜，声势大振，广西边防营勇之思反正以为义师内应者甚众。今有数营已经定约与我广西别军同时起事，急需花红并月饷万元。精卫来函谓足下处力能筹五千，如此当可克期集事，务望足下早日筹齐付来，以便转汇军前，令立行事。"4 月 22 日，他又致函挂罗庇胜同盟会会员："广西、云南两省一起，则钦军无后顾之忧，可以长驱进取，而东路惠潮之义师可以再起，福建漳泉可以响应，如是则南七省之局定矣。此时则北军必可起于燕齐，中军必可起于吴楚，此弟数年之计划也。……顾今日之得失成败，在于能速得此款否耳！……惟当此得失之交，为吾汉族存亡所关，不能不望公等竭其能力，以任此急需也。"

钦、廉、上思一带会党势力强大，义军转战各地，都得到会党和民众帮助，所战皆捷，使"清官闻风而栗"，以致悬赏五千两银购缉黄兴。

在同盟会领导的各次起义中，钦廉起义是战斗得最好、坚持时间最长的一次。孙中山对它做了高度的评价："克强乃以二百余人出安南，横行于钦、廉、上思一带。转战数月，所向无前，敌人闻而生畏，克强之威名因以大著。"但是，一支没有后方的军队，实在是难以持久作战的。义军孤军深入，长期转战，没有根据地为依托，得不到充足的粮弹补给；广西边防营勇虽然曾经答允投降，龙济光所部分统黎天才也曾经准备归顺，但义军无力交付花红，投降、归顺义军的事也成了泡影。黄兴无可奈何，为了保存实力，只得下令解散义军，仅率少数同志返回越南，其余退入十万大山。

与钦廉起义遥相呼应的，有云南的河口起义。

河口是滇南的门户，滇越铁路的交通孔道，上通蒙自、昆明，左通蛮耗、普洱，右通剥隘、广南以达桂边。地处边陲，是铁路工人和游勇出没之地。清廷在这里建有四座炮台，重兵防守。黄明堂、王和顺根据敌情，决定采取"外攻内应"的策略，袭攻河口。

1908年4月30日，凌晨2时，黄明堂率领一支二百多人的队伍向河口发起进攻，清军防营一部分营勇起义响应，4时义军占领河口。城内警兵相率反正。清军管带岑德贵如丧家犬似的急急逃入半山炮台，企图与防务处督办王镇邦合力死守。义军奋力攻山，清军管带黄元桢投降，反戈助战。诡计多端的王镇邦眼看大势不好，便使人约降，却又暗中让亲随枪杀上山说降的革命党人黄华廷。义军大愤，全力进攻。清军守备熊通击毙王镇邦，率部反正，义军终于占领了四座炮台，缴获十响毛瑟枪一千多支，子弹七万发。

革命政府云贵都督府在火与剑的搏斗中诞生了。黄明堂以中华国民军南军都督的名义布告安民，声称"本军政府以义讨暴，为民请命"，宣布军律二十条，征募义捐。同时，发表对外宣言："本军政府今起国民军，拟欲推倒现今之清政府，建造社会主义之民主国家，同时对于友邦各国益敦睦谊，以维持世界之和平，增进人类之幸福。"革命政府还派兵将外国领事和税关洋员从河口护送到越南老街。

义军的行动，"居民悦服"，河口商人资助义军一千七百多元，河内、海防华侨资助四千多元，法国报纸也极力赞扬，说"中国在二十世纪之革命战，为法国从前所不及"。

当时，孙中山正在新加坡。他接到义军占领河口的电报，立即电奖义军。

5月1日，孙中山拍电日本池亨吉，让他分享胜利的欢乐："前日29号夜，按预定行动，云南军已攻占河口。"

义军占领了河口，清兵归降者逐日增多。但是，他们归降的主要原因，不是因为倾向革命，而是愤于清政府的欠饷与禁赌。这样，对于降兵必须加以组织和改造，才堪使用。但当时军情紧急，又缺乏这方面的思想准备和人才，来不及整顿。这样，众多的归降者犹如一群乌合之众，使得黄明堂指挥不灵，不能按照预定计划，迅速向蒙自、昆明进军。

5月2日，关仁甫率领义军四百人左趋蛮耗，拟上个旧，会合临安周文祥领导的义军，进攻蒙自。次日，清军管带柯树勋部二百多人不战而逃，其中数十人投降，驻霸洒管带李开美也率众来降，义军占领新街。

4日，王和顺率领义军沿滇越铁路进攻，清军纷纷来降，义军占领南溪，分兵袭取古林箐。

义军旌旗所至，群众纷纷响应，清军倒戈投降，"数日内增加至千余人，声势大振"。

孙中山虽然屡接捷报，还是十分忧虑前线缺乏得力的主将。5月3日，他忽然接得黄兴自钦州返回越南的电讯，立即电委黄兴为云南国民军总司令，赴前线督师。

勇于承担重任的黄兴精神焕发，不顾鞍马之劳，立即奔赴前线。5月7日，黄兴到达河口，见军事进行多疲乏不振，而屯兵不进，尤误戎机，便催促黄明堂赶速增兵，沿滇越铁路进攻昆明。黄明堂担心粮食不继，犹豫不决。黄兴焦急万分，准备亲率全军前进。可是，黄明堂仅派兵百人跟随。黄兴纵马前行，未及一里，这百名士兵便向天开枪，齐声大呼疲倦；再行半里，便一哄而散。黄兴无法，只好叹气折回河口。黄兴派人到前线找王和顺商量，王和顺也为义军兵疲弹缺忧虑。黄兴打算亲自率军袭取蒙自，但不少将士却不听号令。

黄兴无可奈何，决计返回河内，召集钦州起义人员，组织基干队伍，配备枪械，再赴前线。

河口起义爆发后，清廷又向法国外交部交涉。5月6日，法国政府表示"自当竭力相助"。11日，黄兴路过老街，被法国警察盘问。黄兴佯装广东人，但他说话方音太重，身份暴露，法国殖民当局勒令他离境。接着，法国殖民当局封锁中越边界，禁阻起义人员和粮械进入云南，驱逐在越南的中国革命党人。一时间，河口义军陷入孤立无援的困境。

几千清兵投入革命队伍，无疑是义军取得迅速胜利的一个因素，但也给义军带来了一连串的困难，特别是军粮和军饷无法解决。胡汉民飞函新加坡，催促孙中山火速设法筹款：

"以弟观察云南大局，确有把握。……惟降者日众，则饷食日增，河口一隅（河内已捐款千余，力已竭）焉能仰给？必有大款，方堪接济。若得十万金，分半先为粮食之用，分半预为子弹之补充，则大军所至，势如破竹，攻城略地无后顾之忧。……惟望先生与星埠诸同志之大力先助。"

一时要筹款十万元，谈何容易！孙中山急函转催其他同志设法筹款。

5月12日，他给邓泽如写信说："日来我云南军所至皆捷，清兵之归降者已盈四千有余。每日粮食、军火甚巨，必当源源接济，至破云南省城之后乃能自给。现在待济甚急之时，弟前日连有函电询及弥翁肯否助力，未审如何？此翁一诺，则大事成矣。方今吾军正在声威大振之时，望足下与心持兄竭力助之，如能成就，则足下等之造于革命军功德实无量也。"

20日，他又致函邓泽如、黄心持："河内总机关处来函，更知非急得十万之款，则不能进取裕如。……此事所关非小，吾党今日成败得失则在于此，此实为数千年祖国四万万同胞一线生机之所系也，故必欲兄等再三四而图之，必抵于成而后已也。……若秋君或弥翁肯任此十万，当酬以云南全省之矿权专利十年也。"

孙中山把筹划十万大款的希望，寄托在华侨大资本家陆弼臣和陆秋杰身上，但他们宁愿为清廷纳捐，却不愿为革命出钱。

筹款的计划只得落空。

义军兵疲弹缺，清廷却从广西、贵州、四川、湖南等地派兵包抄而来。

民族振兴的追梦者——孙中山

关仁甫部从新街进至蛮耗时，原柯树勋部降兵知道清军救兵已到，又立即里应外合，哗变回去。关仁甫部损失严重，只能由蛮耗退回河口。

清军各路援师麇集河口地区。王和顺率部在泥巴黑一带同清军战斗二十多日，相持不下。王和顺与黄明堂计议取思茅作根据地，两部至巴沙会合。黄明堂部刚刚出发，便被清军击败，又退回河口。王和顺得悉黄明堂部败退，知道移兵思茅的计策不行，也挥师向河口退却。

5月26日，清军攻陷河口。黄明堂率领义军六百多人突围撤入越南，被法国殖民当局解除武装，强行押送到新加坡遣散。

至此，孙中山在西南边境发动的六次武装起义，全告失败。

事后，美国女作家夏曼叹惜说：

"当我们想到中国幅员之广，从华南到北京就超过了一千四百英里的时候，我们惊服于这些革命者曾想将一二百狂热志士集合起来，袭取若干要地或在边界地区发动为时短暂的战争。我们不知道他们是怎么想的。这简直是缘木求鱼啊！"

确实，那时候的孙中山，还不懂得把革命派的反清武装起义和当地人民反对封建压迫的斗争结合起来，发动群众进行革命战争。他虽然为这六次起义筹划了港币三十多万元的巨款，但他企图内靠花钱收买会党、游勇和清军官兵，外靠华侨资助以实现革命方略，肯定是不可能实现的。

但是，革命绝不是如诗人所想象的那般有趣，那般完美。倘若一切都四平八稳，都势如破竹；倘若前面必须贴着"光明"和"胜利"的保票，才雄赳赳去做，便无所谓革命和战斗了。革命党人的英勇果敢和传奇式的行动，有助于人们坚定革命信念；革命党人从战争中学习战争，积累了经验，吸取了教训，以便迎接新的战斗。

1908年6月，孙中山为池亨吉所著《支那革命实见记》作序，序文强调指出：

"今君以其亲历者著之于书，余知君必能明揭吾党得失利钝之迹，以示天下也。余尤企君不徒叙述吾党得意之事而已，必详举其困厄与失败之原因，俾吾党之士得以自儆，抑亦将使天下之人恤其孤厄而为之助焉。客岁以来，吾党凡五举事矣：潮州之军，不旋踵而蹶；惠州继起，视前为劲；至于钦廉，则又进矣；镇南关之役，其势倍于钦廉；最近河口之师，则已足掩前者。由斯以言，吾党经一次失败，即多一次进步。然则失败者，进步之原因也。盖失败而蘧然气尽，其不摇落者几希矣；惟失败之后，谨慎戒惧，集思补过，折而愈劲，道阻且长，期以必达，则党力庶有充实之时。历观前事，足以气壮，此固吾党之士所宜以自策励。"

这种虚怀若谷的态度，这种百折不回的斗志，才是令人肃然起敬的。

注释：

[1] 这是孙中山亲拟的四句歌谣，作为同志联络的暗号。

[2] 钦州、廉州，今属广西。

[3] 许雪秋（1875—1911），广东海阳（今潮州市潮安县）人。名梅。生于新加坡华侨富商之家。1907 年 5 月发动潮州黄冈起义。武昌起义后，在广东组织南路进行军，攻克潮汕，旋为清降将吴祥达杀害。

[4] 义军的人数，说法不一。邓慕韩《丁未黄冈举义记》："至 9 时，集者已七百余。"[《辛亥革命》（二），上海人民出版社 1957 年版，第 542 页] 胡去非《总理事略》："时来集者千余人，余永兴主盟誓师，宣布军法。"（商务印书馆 1937 年版，第 94 页）

[5] 邓子瑜，广东归善人（今惠州市惠阳），早年结交会党，深得众心。1900 年助郑士良在惠州三洲田起义。1905 年冬加入新加坡同盟会分会。1915 年各地讨袁军起，被推为讨袁东江别动队司令，1918 年任广东海山盐场知事，数年后在家乡病死。

[6] 三上，即三上丰夷，三上合资贸易公司经理，当时正和萱野长知等帮助孙中山在日本购运军火，以供起义之用。

[7] 王和顺（1869—1934），广西南宁人，字德馨，号寿山。早年曾入清军。1906 年参加同盟会，次年发动钦廉防城起义，1908 年参与发动河口起义。武昌起义后，在惠州组织民军响应，促成广东光复。1916 年护国运动时，组织义军，响应反袁。1922 年陈炳明叛变，他赴梧州联合滇军讨陈，不久解职，后以痼疾不治病死。

[8] 镇南关，今友谊关。

[9] 黄明堂（约 1866—1939），广东钦州（今属广西）人。字德明。1907 年加入同盟会，广东光复后，被任为琼崖督办，旋即免职。"二次革命"后，参加讨伐袁世凯、龙济光、陈炳明诸役，历任安抚使、镇守使、军长等职。

[10] 人数说法不一，宫崎滔天说是 100 余人，胡去非说是 80 余人，冯自由说是

80人。

[11] 陆荣廷（1859—1928），字干卿，广西武鸣人，游民出身。1893年，被广西提督苏元春招抚，任清军管带。1904—1905年，镇压广西人民起义，升为巡防营统领。1905年夏，到日本考察军事。据刘崛《我参加同盟会和广西进行革命活动的情况》一文称：陆荣廷在东京时曾加入同盟。然亦有人辨误。1907年，镇压镇南关起义有功，擢升总兵。1911年6月，又升为广西提督。1912年2月，窃取广西都督，独揽广西军政大权，成为西南的著名军阀。

[12]《毛泽东选集》第二卷，人民出版社1952年版，第481页。

第十四章 | "茹困苦以进取"

在武装起义连遭挫折的不利形势下，保皇党加紧了对革命派的拉拢、分化，清廷也加强了对革命派的镇压、收买，使同盟会内部"意见不相统属，议论歧为万途"，终于导致分裂。

孙中山又面临着一种新的考验。

促使同盟会分裂的导火线，是孙中山离日的事。

1907 年 3 月 4 日，孙中山离东京赴越南。临行前，孙中山接受了日本政府赠送的路费五千元、东京股票商人铃木久五郎的馈金一万元。他以二千元留为《民报》经费，余款用作军费。

这件事来不及在同盟会本部讨论，孙中山就离开了日本。他一离日，接受赠款的事马上就传开了，参加同盟会的日本人平山周、北一辉、和田三郎首先和宫崎滔天就此事发生争吵。张继、章太炎、刘师培也纷纷责难孙中山。

张继说："说走就走，要人家的钱干什么！"

刘师培嚷道："孙文受贿！"

章太炎则把挂在《民报》社的孙中山相片撕下来，批上"卖《民报》之孙文应即撤去"几个字，寄到同盟会香港分会，表示羞辱孙中山。

一时间，同盟会本部议论纷起，闹得不可开交。

正在这个时候，黄冈起义、七女湖起义失败的消息陆续传到东京。同盟会内部的矛盾，犹如干柴遇烈火，火上再加油，终于掀起了第一次倒孙风潮。

民族振兴的追梦者——孙中山

张继大闹《民报》社，扬言："革命之前，必先革革命党之命。"

章太炎催逼庶务刘揆一召集大会，罢免孙中山的总理职务，改选黄兴继任。

刘师培更是唯恐天下不乱，叫嚷改组同盟会本部，推荐北一辉、和田三郎为同盟会干事。

同盟会大多数会员深明大义，坚持团结，反对内讧。刘揆一深知孙中山对赠款的处理，虽不能说完全没有缺点，但他是完全出于对革命全局的考虑，并非忽视《民报》。如果不从大处着眼，惹是生非，喊喊喳喳，对革命事业毫无好处。刘揆一维护同盟会的团结，力排众议，以至和平素好挥拳动武的张继在《民报》社扭打起来。后来，刘揆一在《黄兴传记》中回忆说："孙总理受此款时，留给《民报》社维持费二千元，余悉以供潮惠党军急需，诚非得已，又深知公[1]素以实行革命为务，绝不居此空虚总理之名。且方与孙总理共谋粤东首义，万一因总理二字而有误会，使党军前途顿生阻力，非独陷害孙、黄二公，实不啻全体党员之自杀，故力排众议。"

1907 年 6 月 17 日，孙中山派萱野长知回日本，和宫崎滔天、三上丰夷秘密购买村田式快枪二千支，子弹一百二十万发。村田式快枪在日本虽说已经落后，但在当时的中国，还不失为先进武器。这事，本来是无可非议的，但给平山周他们知道了，转告了章太炎，立即又掀起了一场风波。

章太炎大吵大嚷："孙某所购的村田式军火在日本老早不用了，用到中国去不是使同志白白丢了性命吗？可见得孙某实在不是道理，我们要破坏他！"他出于意气，用《民报》社名义明码电告香港《中国日报》："械劣难用，请停止另购。"

冯自由连忙将这件事转告孙中山。

购买枪弹事属军事秘密，章太炎竟以明码泄露。孙中山非常气恼，便令胡汉民写信给东京同盟会本部，谴责章太炎。接着，又派林文返回东京，禁止章太炎、宋教仁再干预军事。

1907 年 9 月 13 日，孙中山致函宫崎滔天，明确表示自己的态度：

"弟去东京后，闻平山、北、和田诸人与足下冲突，当时弟以为诸人意见不合，非有大故，故于来书所述欲得全权办理之事，虑平山、北、和田等既挟意见，不能和衷，故第五十四号函中有'于各人才力所及之范围内，各有全权'之语。不料平山、北、和田等不顾公义，为弟之所不及料，非惟无以维持团体之精神、增进团体之势力，且立意欲破坏团体，既将日本人的方面破坏无余，且进而侵入内部，几致全局为之瓦解。前托萱野君回国购械，与足下谋议，事已垂成，而机泄于此数人之手，凡此皆不法之举动、公义之蠹也。弟以后不复信任此数人，其关于日本之运动，当托足下全权办理。宜秘密行事，不特平山、北、和田数子不可使之闻知，即本部中人及《民报》社中人亦不必与之商议。专托足下一人力任其难，如有所商酌，可直接函电弟处。"

风潮虽然暂时平息了，但却给同盟会留下了难以愈合的创伤。风潮之后，孙中山对东京同盟会本部持冷淡态度。章太炎则对中国革命感到迷茫、失望，醉心佛教，想到印度去当和尚。张继、刘师培则提倡无政府主义，否定三民主义。

1907 年底，刘师培从日本回到上海，向两江总督端方自首，自称"大恨往日革命之非"，愿献"弭乱"之策，保证设法使《民报》停刊，三年之内毙杀孙中山、黄兴。次年 2 月，刘师培受端方派遣，回到东京。他一面做暗探，经常向端方密报革命党人情况，策划谋杀活动，"欲以十万金而鬻孙文之首"。一面以更为"左"的姿态出现，创办《衡报》，提出颠覆人治，实行共产；提倡非军备主义及总同盟罢工，记录民生疾苦；联络世界劳动团体及直接行动派之民党四条纲领。

1909 年，章太炎、陶成章掀起了第二次倒孙风潮，终于使同盟会走上了分裂的道路。

事情是这样开始的：1908 年 9 月，陶成章改名唐继高，带着章太炎所印的《民报》股票数百张，来到南洋筹款。他到了新加坡，向孙中山提出了包括拨款三千元作《民报》印刷费的一系列要求。

这时候，正是孙中山背着沉重的包袱，咬紧牙关，进行着韧性战斗的时刻。

起义失败后退到越南，后又被越南法国殖民当局解送到新加坡的六百多名战士的衣、食、住、行，成了孙中山和正处在经济危机中的新加坡华侨难以胜任的负担。他们当中，有要求款项想返回香港、内地的，有卧病不起需要医治的，有闹事行凶招致警吏干涉的，有群聚一起到《中兴日报》社和孙中山住宅讨伙食的，简直把孙中山弄得焦头烂额。后来，孙中山和陈楚楠、张永福、林义顺诸同志创办了中兴石场，才把这六百多人安置下来。

这时候，孙中山自己也常常陷入衣食难济的窘境。现在陶成章来了，向他提出一大堆要求，他只得将自己的手表、衣物交给陶成章去变卖。过了不久，陶成章又要求孙中山为他筹款五万元。孙中山大吃一惊，只得摇头、叹气，向他解释："近日南洋经济恐慌，为这里数百名同志的生计，已经碰得焦头烂额。五万元巨款，实在难以办到。"

陶成章向来主张"中央革命"，在长江流域发动起义，不满孙中山把起义的重点放在南方。这点，作为革命战略本来是可以商榷的。但是，他决计"独自经营"了。首先，他与同盟会槟港分会的领导人李燮和"深结"，把他拉了过来。接着，他带着孙中山的介绍信到缅甸仰光、槟榔屿等地，以江、浙、皖、赣、闽五省革命军的名义筹饷。可是，那些地方的华侨认捐都很少，常常仅仅是二三百元。这样，陶成章怀疑是孙中山暗中捣鬼，就把怒火喷向孙中山，声称河口起义所用军费不过一千多元，孙中山将各地同志的捐款攫为己有，家中发了大财。接着，陶成章跑到槟港，纠合李燮和等五六人，以川、粤、湘、鄂、苏、浙、闽七省同志的名义起草了《孙文罪状》。

《孙文罪状》指责孙中山在汇丰银行储款二十万；孙眉在九龙建造房屋，是由孙中山汇款助建。罗列孙中山"谎骗营私"，有"残贼同志""蒙蔽同志""败坏全体名誉"等"罪状"三种十二项；提出善后办法九条，要求"开除孙文总理之名，发表罪状，遍告海内外"。

陶成章带着这份《孙文罪状》，跑回东京，找到了黄兴，要求同盟会本部开会讨论。

黄兴断然拒绝陶成章的无理要求。他还写信给李燮和，为孙中山辩诬。

这时，黄兴正在东京筹备继续出版《民报》[2]。陶成章断言《民报》只能为孙中山"虚张声势"，认为"非先革除孙中山的总理职务不能办报"。

黄兴根本不理会陶成章的无理要求。陶成章恼羞成怒，便运动章太炎刊印传单《伪〈民报〉检举状》，分送南洋、美洲各地，攻击孙中山"怀挟巨资，而用之公务者十不及一"。

1910年2月，章太炎、陶成章便从同盟会分裂出来，公然在东京成立光复会总部，章太炎为会长，陶成章为副会长，李燮和为南部执行员。李燮和并将南洋一些同盟会分会改组为光复会分会，以江、浙、皖、赣、闽五省革命军的名义募款。一时间，光复会势力在南洋迅速蔓延，"骎骎有取同盟会而代之之势"。

正在法国的张继，也吵吵嚷嚷地要求孙中山"退隐深山"，或"布告天下，辞退同盟会总理"。

陶成章、章太炎一伙干着仇者快、亲者痛的事，孙中山既恼火又痛心。1909年10月22日，他写信告诉布鲁塞尔的同盟会会员王子匡：

"近接美洲来信，谓有人托同盟会之名致书各埠，大加诋毁于弟，不留余地，该处人心颇为所惑云。此事于联络华侨一方面，大有阻碍矣。……故从外人视之，吾党已成内乱之势。人心如此，真革命前途之大不幸也，可为浩叹！"

他又致函主办《新世纪》的吴稚晖：

"所攻者，以我'得名'，以我'攫利'为言。而不知我之经营革命在甲午以前，此时固无留学生为我吹嘘也。而乙未广州之事失败，则中国举国之人，无不以我为大逆不道，为乱臣贼子，为匪徒海盗。当时如有陶成章，想亦不欲得此等之名辞也！今日风气渐开，留学之士以革命为大光荣之事业，而陶辈始妒人之得名。然我之初意只在赴大义、行宗旨，而与共事之同志亦无不如此。……自我一人于此两年之内，除住食旅费之外，几无一钱之花费，此同事之人所共知共见也。而此期之内，我名下之钱拨于公用者一万四千元，家人私蓄及首饰之拨入公用者亦在千数百元。此我'攫利'之实迹，固可昭示于天下也！"

11月12日前后，孙中山复函张继，拒绝他的无理要求：

"此时为革命最衰微之时，非成功兴盛之候，是为弟冒艰危、茹困苦以进取之时代，非退隐之时代也。……弟被举为总理，未有布告天下始受之，辞退亦断未有布告天下之理。弟之退总理已在要求同盟会及章太炎认不是之时，同盟会及太炎至今未有认过，则弟已不承为彼等之总理者久矣。"

勇气和毅力，减轻了命运的打击。

陶成章、章太炎对孙中山的谩骂攻击，影响极坏，富有正义感的革命党人极为气愤，群起而攻之。

在东京，黄兴致书孙中山，表示"陶等虽悍，弟当以身力拒之"。接着，他亲自撰写《致美洲各埠中文日报同志书》，说明"本处风闻于孙君未抵美以前，有人自东京发函美洲各埠华字日报，对于孙君为种种排挤之词，用心险毒，殊为可愤，故特飞函奉白"，"望我各位同志，乘孙君此次来美，相与同心协力，以谋团体之进步，致大业于成功，是所盼祷"。

在越南，革命党人发表《河内公函》，详述发动广西、云南起义的经过，以大量确凿事实驳斥陶成章的诽谤。

在南洋，革命党人调查了孙中山的经济情况，发现"先生九龙的家里，只有母亲，自己的夫人和女儿，几间旧房子，此外别无所有。还有先生的哥哥，是自己修了草房子，在那里耕种。假使先生为革命发了财，把钱寄到家里去，为什么家里的房子，家里的人，还是这样蹩脚呢？"南洋同志切实调查以后，就把实情宣布，这是一个很有力的反证。"南洋华侨对于先生的信仰，更为坚确，毫无动摇之余地。"真相大白，革命党人焚毁了陶、章散发的印刷品。

比较，确实是医治受骗的良方。因为墨写的谎言，终究掩盖不住铁的事实。

孙中山没有被骂倒，被吓怕，他经受了内讧的考验，意志更加坚强，对前途充满信心："际此胡氛黑暗，党有内讧，诚为至艰危困苦之时代，即为吾人当努力进取之时代也。倘有少数人毅力不屈，奋勇向前，支撑得过此厄运，则以后必有反动之佳境来也。"

起义失败，党有内讧，使得一部分同盟会会员产生了悲观绝望情绪。他们不愿意长期做艰苦、细致的工作，总想找一个"最快最捷"的"速成法子"，使大事成功。他们以为，无政府主义者鼓吹的个人暗杀，就是最好的手段。

1907年4月，《民报》在增刊《天讨》中全文发表吴樾的《暗杀时代》，说"排满之道有二：一曰暗杀，一曰革命。暗杀为因，革命为果。暗杀虽个人而可为，革命非群力即不效。今日之时代，非革命之时代，实暗杀之时代也"。10月，《民报》又发表黄侃的《专一之驱满主义》，说"若乃事之简易可行而恒能操胜者，今世惟爆裂之弹而已"。1908年8月，《民报》又发表汤增璧的《崇侠篇》，鼓吹个人暗杀行动。刘师复甚至成立了"支那暗杀团"，策划暗杀的活动。

作为革命家的孙中山，既反对无政府主义，也不赞成把个人暗杀作为革命斗争的主要手段。他幽默地讽刺无政府主义，说："无政府论之理想至为高超纯洁，有类于乌托邦，但可望而不可即，颇似世上说部所谈之神仙世界。吾人对于神仙，既不赞成，亦不反对，故即以神仙视之可矣。"他深刻分析了个人暗杀活动的危害："暗杀须顾当时革命之情形，与敌我两者损害孰甚。若以暗杀而阻我他种运动之进行，则虽歼敌之渠，亦为不值。敌之势力未破，其造恶者不过个人甲乙之更替，而我以党人之良博之，其代价实不相当。惟与革命进行事机相应，及不至摇动我根本计划者，乃可行耳。"

确实，震骇一时的牺牲，不如执着、韧性的战斗。

在逆境中的孙中山，一面反对内讧，抵制个人的恐怖活动；一面准备新的武装起义。

河口起义失败后，孙中山吸取以前的教训，认为"今后之计，惟有各埠合力另创善法，先集备大款，然后举事，乃可乘胜趋利；若如以前举事后方筹款接济，莫讲筹不得，即使筹得，亦多迟延失机也"。

孙中山把筹款同宣传革命、批判保皇、发展组织密切结合起来。

1908年秋，孙中山在新加坡设立同盟会南洋支部，委任胡汉民为支部长。孙中山十分强调团体的组织纪律性。他在《中国同盟会分会总章》上，特别加上批语："注意：组织会众为营、为队、为列、为排一条，为极紧要。有此则会员之感情乃能密切，团体乃能坚固，不致如散沙。"

1908年11月14日，光绪皇帝突然死亡。次日，慈禧太后也一命呜呼。

光绪皇帝无子，由他的侄儿溥仪继承帝位，年号宣统。溥仪年仅三岁，他的父亲醇亲王载沣[3]以摄政王的身份执掌朝政。这位年仅 25 岁的摄政王，既无经验，又无魄力，头脑中却牢记着不能重用汉人的祖训。他独断独行，实行皇室集权政策，激起多数督抚的反对和大批满汉官员的不满，使朝廷更加陷入孤立的境地。

孙中山估计到"虏家子母[4]相继死亡，人心必大动，时局可为"，可"惜财力不足赴之于目前"，便于 1908 年 11 月 20 日从新加坡赴暹罗筹款。不料，暹罗当局勒令离境，孙中山又只得返回新加坡。

不管清廷怎样挣扎，它的灭亡是必然的了。各地同志纷纷策划起义，各自派出专员到新加坡听候孙中山指示。孙中山吸取了以往的教训，叮嘱各地同志"养足实力以待之"。

孙中山采取两项决策准备大举：一是继续扩大革命力量，制订今后的革命方略；二是将国内一切计划委托黄兴、胡汉民施行，自己亲赴欧美，解决财政、外交两大问题。

1909 年 5 月，孙中山由新加坡启程赴欧洲。可是，这趟欧洲之行，孙中山虽然"竭力经营筹划，以期辅同志之望"，但得到的回音却是："现在事不能求，请迟以有待。"

接着，孙中山离开伦敦赴美国。他知道，美国之行，也不可能是一帆风顺的。1909 年 10 月 29 日，他在给布鲁塞尔同盟会会员的信中就谈到了这一点："弟明日动程往美。此行于联络华侨恐难有效，因陶成章造谣攻击，人心颇有疑惑，一时未易入手也。"

孙中山在纽约、波士顿华侨中活动了一段时间，看到华侨有趋向革命之势，便与当地热心革命的侨商研究，成立了同盟会纽约分会。

孙中山见美国东部华侨"人心大局渐有转机"，又马上赶到美国中部的芝加哥去。

芝加哥华侨有三千多人，他们在市区开设了好几十家杂货店、酒楼和数百间洗衣馆。因为保皇党的影响，华侨中的上层人物，大多数不但不肯拿出一文钱支援革命，而且，还攻击孙中山宣传革命道理是"车大炮"[5]。好些中层人士对孙中山很冷淡。能够接受孙中山的革命道理，支持孙中山的，还是华侨的下层群众。只是他们收入微薄，不能拿出很多的钱来支援革命。

孙中山并没有因此泄气。他常常挨家挨户去找华侨宣传革命道理，期望争取更多的侨胞支持革命。

孙中山继续坚持深入到侨胞中间去。他每到一家餐馆，总要到厨房和厨工们交谈，每到一家洗衣店，总要到洗衣场和洗衣工人聊天。而且，往往一谈就是大半天。

在芝加哥，孙中山住在一家不引人注意的小旅店里，房子又黑又小，空气也很污浊。朋友们看不过去，介绍孙中山认识了上海酒楼经理梅光培。梅光培邀请孙中山移居上海酒楼。孙中山在上海酒楼住了两天，觉得对工作不大方便，要到外面去住。朋友们让他住进一间大旅店，他谢绝了，恳切地对他们说："你们不如拿这笔钱支援革命。革命党人应该为解救民众而甘愿过艰苦的生活。我当然应该这样。"

一天，孙中山和梅斌林聊天。突然，梅斌林问道："孙先生，哪一天是你的生日？"

在封建社会，生日，是人生中最重要的日子。荣华富贵人家，固然要在生日那天隆重庆祝一番。穷困人家，也要尽力有所表示。梅斌林见孙中山总是忙忙碌碌地工作，很少谈及个人的事。而且，虽说孙中山不能算是荣华富贵的人物，但毕竟是世界知名的革命家啊！出于好奇，梅斌林不由提出这个问题来。

孙中山微微一笑，站了起来，凝望着窗外的景致，然后回过头来轻声答道："革命还没有成功，谈不上生日；将来革命成功了，就天天都是生日了。"

也许是"诚则灵"吧，经过孙中山的一番努力，不单成立了同盟会芝加哥分会，而且募集了不少革命经费。

孙中山把纽约、波士顿、芝加哥三地所得的募款港币八千元，先后电汇到了香港，作为同盟会南方支部准备起义的经费。

1910年2月10日，孙中山由芝加哥抵美国西部的旧金山。过了两天，即2月12日，广州新军起义的枪声打响了。

这是孙中山领导的第九次武装起义。

起义前，倪映典[6]、朱执信在广州运动新军。

当时，广州新军经常有演说历史故事的集会，名为"讲古仔"。倪映典利用这种形式讲述岳飞、韩世忠、清兵入关、扬州十日之类的史事，说到激动处，声泪俱下，言至愤懑的时候，拍桌几烂，不少新军战士深为感动，纷纷要求加入同盟会，奉倪映典为"革命大师"。

朱执信也常常只身潜入新军串联，宣传革命。他背后拖着一条大辫，身上穿着父亲遗留下来的宽袍大褂，招摇过市，自由自在，没有人看得出他是革命党人。以此为掩护，他通过同志张禄村、姚雨平在广东陆军中学、小学和讲武堂发展同盟会会员。

经过他们几个月的工作，广州新军加盟的竟有三千多人。

1909 年 10 月，同盟会南方支部在香港成立，胡汉民任支部长，倪映典任运动新军总主任。南方支部成立后，派姚雨平、张禄村运动广州附近的巡防营，朱执信、胡毅生运动番禺、南海、顺德一带的会党。

1910 年 1 月，倪映典到香港向南方支部报告新军起义条件已经成熟，要求确定正月元宵节前后举义。

南方支部采纳了倪映典的意见，决定正月元宵节后举义，并电告孙中山，要求筹汇二万元应急。同时，电邀黄兴来港主持起义准备工作。

孙中山立即复电：款可筹足，进行勿馁。

1 月 29 日，黄兴从日本抵达香港，主持工作。

这时候，湖北同志孙武到了香港，报告湖北已经组织了共进会[7]，如果广东发动起义，湖北志士一定举枪响应。

同盟会会员、香港商人李海云捐献存款二万多元，起义的经费问题暂时得到解决了。

粤督袁树勋从蛛丝马迹中察觉到新军"不可靠"，便对他们严加防范，下令将协司令部和各个标、营的子弹十多万发运入城内。

2 月 9 日，广州发生了军、警冲突。这天是阴历除夕。下午，新军第二标第三营几个士兵往双门底绣文斋取定印名片，嫌名片字迹不清，价格又高，便和商店老板发生了争执。警察出面干涉，士兵不服，相互殴打。警察逮捕了两名士兵。逃回军营报信的士兵，马上鼓动了一百多名新军，持枪入城，包围巡警第一局，索回了被捕的士兵。

当夜，倪映典急忙赶到香港南方支部报告："新军运动已经成熟，经过这次事故，无论如何，是难以抑制了。只有提前起义，不能再等待元宵了。"黄兴、赵声、胡汉民、倪映典计议通宵，决定提前到 2 月 15 日起义。

2 月 10 日早晨，新军士兵数百人又持木棍入城，捣毁了好几所警察局，遇上警察，便痛打一番。袁树勋见局势难以控制，立即下令弹压。11 日，协统张哲培带领宪兵到达第二标，一面召集士兵训话，一面命令队官卸去枪机，连同子弹一起运入城内；接着传令各标初二不准放假，初三阅操。

新军群情激动，要求立即起义。

2 月 12 日凌晨，倪映典赶回广州，到了燕塘炮兵第一营驻地，见局势紧急，立即当机立断，枪毙了炮兵第一营管带和队长，率领士兵夺枪出营，宣布起义。

步兵、辎重、工程各营士兵纷起响应，推举倪映典为司令官，宣誓"愿为革命战死"，冲毁了协司令部，夺取了讲武堂枪械。接着，兵分三路进攻广州城。

清防营统领吴宗禹带领二千多人出城向义军反扑，在牛王庙与义军遭遇。

倪映典身穿蓝袍，手持红旗，来往驰驱，鼓励战士，指挥义军分路向敌人进攻。

义军抵达横枝冈。吴宗禹部管带李景濂，以商议反正条件为名，引诱倪映典入营谈判。李景濂是同盟会会员，倪映典不疑有诈，兴冲冲地走进去，谈判以后，喜气洋洋地走出来。他完全没有料想到：就在他出营时，一阵乱枪向他射来。

倪映典的牺牲，使义军变得像是一群发了狂的猛虎，猛打猛冲。但是，每人只有七粒子弹，激战不到一个小时，子弹便打光了，牺牲了一百多人，不得不向燕塘退却。

12 日，义军退守白云山、石牌、东圃一带。清军四出搜剿，俘获了一百多名义士。另有百多名义士，由乡民掩护，逃到了香港。

新军起义的枪声一响，广州城内的机关也曾经纵火响应，可惜，很快就被扑灭。附城各乡会党，原是计划同时举义；可是，事起仓促，待他们行动起来，新军已经败退，他们只好按捺下来。

新军起义就这样失败了。

孙中山到了旧金山，马上找到李是男、黄伯耀，问："我要立即筹款五万元，预备广州新军起义费用。你们有什么办法，能在五天之内筹得这笔款项？"

当时，旧金山华侨受保皇党影响还深，信仰革命的人不多，一时间要筹得这笔巨款，实在使得这两位少年学社负责人十分为难。试试看吧，他们分头跑了一整天，只募得几十块美金。

孙中山赶紧致函纽约同盟会会员："我军已起，独惜事前款项大拙，……望各同志速向大众华侨筹捐，以救此急。接济及时，则成功可望；幸毋坐视，失此良机。倘省城一破，则大功告成矣。筹有多少，速电汇去香港，切祷切祷！火速火速！"

可惜，晚了，不管怎样神速筹款，也无济于事了。孙中山从美国报刊看到倪映典中弹阵亡，广州新军起义失败的消息，内心简直像在焚烧，在斗室里不断踱来踱去，一时间又不知如何是好，只是自言自语地说道："他们失败了，还需要盘费逃离内地。……"

李是男见孙中山如此烦恼，便悄悄地和黄伯耀商量："我可以在父亲的商店里，暗中取出几百元来交给孙先生；但要保密，不能让我父亲知道。你呢？你能筹得多少？"

黄伯耀苦苦沉思了一段时间，才下定了决心："我也像你那样，可以凑合几百元。"

他们凑了两千元港币交给孙中山。孙中山接过款项，紧握着他们的手，十分感动："这两千元可以当作两万元使用。起义同志可以逃离清兵搜捕了。"说罢，马上吩咐他们把这笔钱电汇香港金利源商店李海云。

当时，孙中山的生活很艰苦。他住的那个每天租金五角的小房子，仅能放一床、一桌、两椅。如果有五六个人走了进去，便再没有插足的地方。后来，来访的人逐渐增多了，黄伯耀建议孙中山换个一元租金的房子。孙中山不同意："不好，现在不是讲阔气的时候，将就些便可以了。"孙中山在旅馆食堂就食，每顿只吃一份一角五分的简单西菜。黄伯耀劝孙中山多食一些，或者改到华人餐馆吃中餐："这样可以吃得好些，每顿不过多花两三角而已。"孙中山还是不同意："能够吃饱就是了，何必多花钱？有钱，要留下来，为下次起义用。"

广州新军起义失败并没有使孙中山气馁。他想到的是准备下一次起义。他认定1910年"是革命风潮高涨的一年"，而这次起义失败原因，"不过差五千之款"。

孙中山把新军起义失败归咎于缺款五千元，显然把问题看得过于简单。但他对国内形势的估计，则是正确的。

伴随着斗争形势的发展，全国广大群众反抗斗争的星星之火，逐渐发展为燎原之势了。斗争形式多种多样：抗捐、抗税、抢米风潮、罢工、罢市、反教会压迫、武装暴动、收回利权运动……斗争次数日渐频繁：1905年103次，1906年199次，1907年188次，1908年112次，1909年149次，到1910年，则达到266次。

全国风起云涌的群众斗争，使孙中山深受鼓舞。他认为国内同志要利用有利时机，多与新军联络，"达到一夫发难、各处响应的形势"；海外同志"务必做到宣传与筹款同时并重"；他自己则"久留美国，到各埠联络同志成大团体，以筹巨款"。

孙中山不停息，不歇步，他为了下一个回合的战斗，又奋然前进了。

注释：

[1] 公，指黄兴。

[2] 1908年10月19日，《民报》被日本政府封禁。

[3] 载沣生于1885年，卒于1952年。

[4] 房家子母，指光绪皇帝和慈禧太后。

[5] 车大炮，粤语，吹牛的意思。

[6] 倪映典（1885—1910），安徽合肥人。一名端，字炳章。1904年考入安徽武备学堂，次年加入岳王会，旋至南京考入江南陆师学堂炮兵科，兼习马术。毕业充新军第九镇炮标队官，秘密进行革命活动，并参加同盟会。

[7] 共进会是1907年在日本成立的革命团体，主要领导人是同盟会会员张百祥、孙武、焦达峰等。孙武、焦达峰回国后，1909年又在汉口设立共进会。

第十五章 ｜ 碧 血 黄 花

1910 年 3 月 14、28 两日，孙中山先后发电、函给在日本的黄兴，叙述了他与咸马里、布思会谈的情况，并提出在广东再次举义的设想。

5 月 13 日，黄兴复函孙中山，说同志们读了电、函，"莫不欢跃之至"。黄兴还向孙中山汇报国内运动情况，陈述选择广州作为发难地点的意见，认为若能召开"一次大会议，分担责任，各尽其才"，则"事无不成矣"。

孙中山看到祖国革命形势日渐高涨，深感再次举事不宜迟，为了确保万无一失，避免再蹈上次羊城失败的覆辙，他在 1910 年 5 月 30 日乘"蒙古"号轮船离檀香山赴日本，以便就近亲自筹划广州起义。

三年前，孙中山是被日本政府下令驱逐出境的。因此，这次赴日，他事先写信给东京的同志，请他们向日本政府交涉，取消驱逐令。结果，日本政府表示："改名亦可通融。"

6 月 9 日，轮船到达横滨的前一天，化名"Dokans"的孙中山在船上给池亨吉拍发电报："明 10 日请偕宫崎同来横滨'蒙古'船上一晤。"

10 日，孙中山乘坐的美国轮船刚刚靠岸，正被日本警方搜捕的黄兴就跳上船去。两人久别重逢，兴奋非常，但他们不及寒暄，就立即转入对革命形势的讨论……然后他们来到为孙中山安排的旅馆。在那里，大约有两小时之久，孙、黄就各种重要问题又交换了意见，并对未来的若干方针大计取得了一致看法。

当黄兴要离开时，他对孙中山说："哦！对了，钱！您有钱吗？"孙回答说："是的，我有。"并把满满一皮箱的钱指给黄兴看。孙中山刚从美国归来，在那里，他向华侨募集了资金。

孙中山秘密赴日的行动，还是被清廷的耳目探知。就在孙中山登岸不久，清公使打电话问日本外务省孙是否到来，外务省答以不知。不料在这同时，横滨警察长在给内务大臣的报告中，云多坎斯（Dokans，即孙逸仙）已乘"蒙古"号轮到埠，请示如何处理。这样日本政府不能推诿不知，陷于或留或拒的困境，遂开内阁会议商讨办法。经过激烈讨论，最后决定准予孙中山留住日本，但又不能公开表示留意，便发令横滨警察长说：劝逸仙他去。这时警察长已暗晓政府的意思，便一面在表面上劝孙中山出境，一面暗示孙中山只要离开横滨，就不追究。于是，孙中山第二天就由横滨到了东京，并改名为阿拉汉（Dr. Alaha）。

孙中山到了东京，马上召集同盟会骨干黄兴、赵声诸同志举行会议，决定通告各省，在年内中止一切不成熟的起事。他们还决定在东京设立秘密机关，"以为联络及统一各省团体之行动，使归一致"。

清朝政府对孙中山重返日本十分害怕。它耍出种种手段与日本政府交涉，非要将孙中山驱离日本不可。6月25日，孙中山又被迫离开东京，经过香港、槟榔屿前往新加坡。

11月13日，孙中山在槟榔屿召开秘密会议，黄兴、赵声、胡汉民以及槟榔屿、怡保、芙蓉和国内东南各省的代表出席。

当时，不少同志认为新军起义已经失败，机关已经破坏，地盘已经丧失，加上亡命南来的新军为数不少，招待、安插他们，已经用尽了力量，革命党人的生活费用，正有断炊的可能。举望前途，他们面有忧色。问及他们的计划，也只是摇头叹气，相对无言。一种悲观的气氛弥漫在与会的革命党人中。

孙中山不愧是一位意志坚强的革命者。他心中燃烧着熊熊的烈火，这烈火把存在的困难燃成灰烬。他的话像川流般射出来："一败何足气馁？我们从前的失败，几乎为世间所抛弃，对比今天，它的难度实在是今天的百倍。

今天我们虽然十分困难，但革命的风潮已经高涨，华侨的思想已经开通。从今以后，只担心我们革命党人无计划，无勇气罢了！如果众志不衰，则财用一层，我当尽力设法。"

大伙凝望着孙中山，觉得他是那么朝气蓬勃，精力旺盛，完全看不出往昔的挫折在他身上留下的痕迹。他那饱满的前额，好像是高山上光滑而坚固的岩石，任凭风吹浪打，依然岿然不动。

孙中山态度端庄，神情冷静，以他特有的说服力，直冲击着到会者的心田："现在，因为新军刚刚失败，一般清吏自以为我们党必然不敢轻易再举，可以高枕无忧。这样，他们对我们的防御必然疏忽。新军的失败虽然不幸，但这次起义对军界影响最大。我党同志如果能够鼓起勇气，乘此良机重谋大举，则攻克广州易如反掌。如广州已得，我党既有这个绝好的根据地，以后发展，更不难着进行了。各位同志所以疑虑不决，乃在于饷械尚无着落。不知现在因为我党历次的起义和海外各埠同志竭力的宣传，革命精神早已弥漫在南洋群岛的华侨之中。现在我们以'教育义捐'的名目筹款，可以保证不用忧虑。"

一会儿是惊人的大胆，一会儿又是异常的真实。尽管孙中山的这番话也有想象的地方，但每字每句都是从他的心底里迸涌出来，燃烧着信仰的热火，从而使得到会者莫名所以地颤动着，共鸣着，眼前闪耀着光辉灿烂的前景。到会的同志被说服了，而且变得跃跃欲试。

赵声说："如果打算再举，必须立即派人携带数千金回国，接济某处的同志，以免他们散去。然后再设机关，策划再举。我们亦应该继续回香港与各方接洽。如果是这样的话，日内立即需要旅费五千元；如果起义有可能，则又非要数十万大款不可。"

"旅费问题，我可以设法尽快解决。"孙中山当场保证。

会议终于接受了孙中山的意见，决定设法在南洋筹集港币十三万元，在广州再次举义。起义仍以新军为主力，另外选择五百名志士充当"选锋"，加强战斗的实力。计划占领广州以后，由黄兴率领一军出湖南趋湖北；赵声率领一军出江西趋南京；长江流域各省举兵响应，会师北伐。

会议刚一结束，孙中山立即召集当地华侨开会，动员大家捐款。他在会上说：

"……正如我刚才所说，每次会晤同志诸君，大多是劝捐的事，虽然我亦不愿对同志诸君每次都有这种要求，但念到救国的责任，除了我们明达爱国道理的同志之外，又将向谁人要求？所以虽然想法避免，实际还是不行，这实在是海外同志捐钱，国内同志捐命，共同肩负起救国的责任是了。总而言之，捐款的义务，诸同志责无旁贷。这是需要同志诸君原谅我的苦衷，仍当踊跃捐款，帮助完成这最后的一次起事。如天不护佑我汉族同胞，我党这次义举还是遭到失败，则我当无机会再干扰诸同志，再向诸同志捐钱了；倘或我仍能生存，亦无面目见江东父老了！这样，此后未竟的革命事业，亦惟有依赖同志诸君一肩担起了！总之，我党无论如何险阻，破釜沉舟，成败利钝，实在此一举。我所要说的，也就是这些了。"

孙中山神情肃穆，声调沉和，似弹奏琴瑟，像江河汩汩，特别是说到"海外同志捐钱，国内同志捐命，共同肩负起救国的责任"，一时声泪俱下，说不出话来，像是祖国母亲深沉的呼唤，又像是儿女拯救母亲的呐喊。尤其是孙中山谦虚的态度，恳切的言辞，对祖国深情的热爱，对侨胞诚挚的要求，使得侨胞心潮翻滚。热泪盈眶，发出了强烈的回响。

到会的侨胞，当场就认捐了八千多元。

接着，孙中山派赵声往香港联络广州新军；派黄兴、胡汉民、邓泽如分赴南洋各埠募款。

孙中山自己本来打算遍历南洋英、荷各国属地，但各地殖民当局却禁止其入境。孙中山迫于无奈，只得以通信方式运动侨胞捐款。

经过多方努力，南洋各地华侨捐出了十一万多元[1]。

正在这个时候，南洋英国殖民当局以孙中山的活动"妨碍地方治安"为名，勒令孙中山出境。该到哪里去呢？荷兰殖民当局长期禁止孙中山入境，日本、香港、越南、暹罗也是早就不许孙中山居留。那时候，正像孙中山自己所说的那样，"东亚大陆之广，南洋岛屿之多，竟无一寸为予立足之地"。

孙中山又不得不远赴欧美了。

啊，难道果真是"天将降大任于斯人也，必先苦其心志，劳其筋骨，饿其体肤，空乏其身，行拂乱其所为"吗？

1911 年 2 月 6 日，孙中山抵达加拿大温哥华，开展革命宣传。接着，又到加拿大各埠演说募款。那时候，孙中山也经常碰到一些不愉快的事。比如，有一次，孙中山到小餐馆吃饭，给一个思想保守的侨胞看见了，那人就故意去为难他："孙文，你说要打倒清廷，请问你用什么兵去打呀！"孙中山微笑回答："乡亲，我们有办法的，打倒清廷很容易。我们的军队多着呢！"他哈哈大笑："什么军队，我只见你一个人在这里吃饭！"孙中山幽默地告诉他："我们的军队很多，清廷的军队就是我们的军队，清朝皇帝在给我们训练军队哩！"他不以为然，只是嗤之以鼻，最后挖苦地说了一句："真是孙大炮！"但是，革命形势毕竟是发展了，侨胞支持革命的热情也空前高涨了。有的侨工慨然捐出自己一两个月的工资，有的甚至把自己大半生的积蓄捐献出来，却连姓名也不屑留下。

可是，国内准备起义，需要大量金钱，已募集到的显然不够，怎么办呢？孙中山苦思冥想，寝食不安。发动洪门兄弟捐集，陆续汇寄？但缓慢不济，远水不解近渴。怎么办？怎么办？孙中山和侨胞商量。有人提议：干脆将致公堂大楼典押出去。这样做行吗？可一经发动，洪门兄弟一致赞成。不多时，就筹集了六万多元的巨款[2]。

孙中山不由吁了一口气。

3 月 19 日，孙中山又从温哥华前往美国纽约募款。

1911 年 1 月 18 日，满怀革命豪情的黄兴受孙中山委托，从新加坡返抵香港主持广州起义筹备工作。月底，成立以黄兴、赵声为正、副部长的统筹部。下设以姚雨平为课长，负责运动新旧军界的调度课；以胡毅生为课长，负责购买和运送枪械的储备课；以赵声为课长，负责联络江、浙、皖、鄂、湘、桂、闽、滇各省的交通课；以胡汉民为课长，负责掌管文件的秘书课；以陈炯明为课长，负责草定制度的编制课；以李海云为课长，负责掌管财政收支的出纳课；以洪承点为课长，负责司理一切杂务的总务课；以罗织扬为课长，负责调查敌方情况的调查课。这八课的事，各课不相问及，亦不准相告。

统筹部设在香港跑马地三十五号。同时，在摆花街设实行部，专门制造起义需用的炸弹和工具。

2月4日，同盟会会员谭人凤应黄兴电邀抵达香港，共同商议联络各省策应广州起义的事。多年来，谭人凤在两湖地区开展革命活动，熟悉那里的情况。他提醒黄兴："南京举义的事，谋划很久了。湖南、湖北居中原中枢，如果夺得，可以震动全国，控制清廷；假若得不到两湖，广东虽为我有，仍不能有大的作为，希望你们加以注意，以收到响应的效果。"

黄兴问："采取什么办法，才可以取得两湖？"

谭人凤答道："现今居正、孙武二人，日夜谋划武昌举义，只是缺乏资金，所以不能设立机关，扩张势力。湖南同志也很多，也是缺乏资金，不能部署。如果能够拿出部分资金分给两湖同志，让他们设立机关，集中力量，待广东一动，他们立即响应，占据中原将指日可待了。"

这确实是有远见卓识的见解。黄兴采纳了谭人凤的意见，当即拨给两湖同志二千元。

次日，谭人凤立即乘轮北上，由上海到武昌，再转到长沙，一路上，联系了宋教仁、郑赞丞、居正、孙武诸同志，要求各地届时响应广州起义。谭人凤还交六百元给居正、二百元给孙武，让他们在汉口租界设立机关。

黄兴又通过方君瑛、曾醒，联络广西的同盟会会员，准备举兵响应。

经过几个月的紧张筹备，组成了一支拥有八百人的敢死队——"选锋"队，在广州设立了三十八处秘密据点，省城内外和各省革命力量的联络也大体就绪。

4月8日，统筹部在香港召开"发难会议"，大家认为起义时机已经成熟，决定4月13日在广州发难。

他们拟订了十路进攻计划：黄兴率领南洋及闽省同志百人进攻督署；赵声率领苏、皖同志百人进攻水师行台；徐维扬、莫纪彭率领北江同志百人进攻督练公所；陈炯明、胡毅生率领会党及东江同志百余人防截满人反抗和占据归德、大北两座城楼；黄侠毅、梁起率领东莞同志百人进攻警察署、广中协署兼守大南门；姚雨平率领所部百人占领飞来庙，进攻小北门迎接新军入城；李文甫率领五十人进攻旗界石马槽军械局；张禄村率领五十人占领龙王庙；洪承点率领五十人突破西槐二巷炮营；罗仲霍翠领五十人破坏电信局。

"发难会议"还任命赵声、黄兴为起义正、副总指挥，决定加设放火委员，计划入旗界租屋九处，预备起义时候临时放火，扰乱敌人军心。

可是，就在4月8日这一天，在统筹部毫不知情的情况下，却发生了温生才[3]枪杀清署理广州将军孚琦的事件；而吴镜从香港运送炸弹往广州的时候，又不幸被捕。这样，使得驻守广州的清军加强了防范。接着，从日本启运来的一百多支手枪和几千发子弹，稍因风吹草动，又被押运的周来苏惊慌失措地扔到海里。而且，国外的捐款还没有汇齐，很难如期起事。

原定的起义计划，不得不做改变。

4月23日，黄兴写下"本日即赴阵地，誓身先士卒，努力杀贼"的绝笔书，由香港潜入广州，在两广总督衙门附近的小东营五号建立起义指挥部。

当时，广州的同志已经决定4月26日举义。

可是，日本、越南方面的枪械又是不能如期运到，而准备响应起义的新军第二标，又有5月3日即将退伍的消息。这就使起义陷于既不能速发，又不能拖延的境地。

黄兴当机立断，决定改为4月27日举义。

留居香港的革命党人，原计划4月25、26两日全部赶到广州。黄兴见广州风声过紧，在24日夜间电告他们暂缓出发："省城疫发，儿女勿回家。"

形势果然是越来越紧张了。25日，粤督张鸣岐、水师提督李准接到陈镜波的密告，知道革命党人即将要在广州起事。陈镜波是潜入革命队伍内部的奸细，消息自然准确。张鸣岐、李准不敢怠慢，连忙调巡防营两营入城，驻守观音山等制高点。一时间，使得广州满城风雨，人心惶惶。

胡毅生见状，对黄兴说："这是必定有奸细混迹党内的缘故。我听说陈镜波就是其中之一，现在敌人已经有所准备，我们应该改期才是。"

陈炯明忐忑不安，赞同胡毅生的意见。

姚雨平反对改期，但要求发五百支枪。

改期，无异于解散队伍，前功尽弃；起事，又人心不一，困难重重。侨胞的重托，使黄兴振奋，内部的意见分歧，又使黄兴痛心。一时间，他心绪如麻，命令各部迅速解散，退回香港，躲避清兵搜捕，同时保存枪械，以便将来再举。而他本人，则决定去死拼李准，以自己的牺牲来报答海外侨胞的支持。

喻培伦、林文不同意黄兴的应变主张，认为不但不能改期，而且必须迅速举义，方可自救。他们找到黄兴，慷慨激昂地陈述自己的见解："花了海外华侨这么多钱，南洋、日本、内地同志不远千里而来，决心拼搏一番，但举事一缓再缓，怎不令人灰心？万一不能再举，岂不成了个大骗局，堵塞了今后革命的道路？巡警就要搜查户口，人、枪怎么办？难道束手待擒？革命总是要冒险的，何况还有成功的希望！即使失败，也可以用我们的牺牲作宣传，振奋人心。现在形势紧急，有进无退，万无缓期之理！请再三深思！！"

喻培伦曾因试制炸药损伤一臂。他更是激烈主张非马上举义不可："就是大家都走了，剩下我一个人，也要丢完了炸弹再说，生死成败，在所不计！你们四肢俱全，难道还不如我这个残废人吗？"

这一番话，说得黄兴热血沸腾。他决定集合三四十人围攻督署，杀掉张鸣岐。

这时，形势又发生了转机。26日，陈炯明、姚雨平到小东营向黄兴报告："李准调吴宗禹所统巡防营三营进城，其中哨官十人中有八人是我们的同志。他们正在天字码头，打算乘机起事。"他们说罢，又前往天字码头，与巡防营的同志密商，不多久，又回来向黄兴汇报："他们已经下定了决心，请你当即密电香港。"

他们的报告使黄兴看到了新的生机。他当即召集同志研究对策。黄兴觉得外有新军，内有巡警教练所学生二百多人，现在又有巡防营三营反正，起义或许可以成功。再说，这次举事准备了近一年时间，又是全党和广大侨胞所属望，假如就此迁延退却，实在无脸面对天下人士。想到这里，黄兴咬紧牙关，决定按期举义。

26日下午，黄兴电告香港统筹部，要香港同志立即携带枪械赶来参加广州起义："母病稍痊，须购通草来。"

晚上10时，电报才到达香港。而这时候，从香港直达广州的夜轮早已启航。当时，香港还有同志三百多人和枪两百多支。统筹部考虑多数同志已经剪辫，省港早轮只有一艘，晚上却有多艘来往，决定第二天让少数同志乘早轮，多数乘夜轮出发；推谭人凤乘早轮向黄兴陈述香港情况；发电要求推迟一天起义。

陈炯明接到香港电报，未经黄兴同意，私自跑到昭平书院告诉胡毅生："改期三十日。"接着，他跑到黄兴那里，说赵声还未到达广州，要求再延期一天起事。

黄兴部署已定，决定不再更改。他根据情况的变化，将原定十路进攻改为四路进攻：黄兴率领队伍由小东营进攻督署；姚雨平率领队伍进攻小北门，占飞来庙，接应巡防营和新军入城；陈炯明率领八十人围攻巡警教练所；胡毅生以二十人把守大南门。

起义就要举行，革命党人精神奋发，不少志士怀着必死的决心，写下了遗书。

现在，将令已下：决定 4 月 27 日下午 5 时半，以白巾缠臂为标志，四路同时发动。

27 日，小东营五号布置得像是办大喜事似的辉煌、隆重。下午 3 时，广西、广东、湖南、四川以及华侨的志士，都装扮成贺喜的客人，陆续到来。

众人见喻培伦也来到这里，都不同意他参加战斗，认为他应该留下来，把制造炸弹的本领传授给别的同志，这对革命更有好处。但是，无论是谁劝阻，他总是这么几句话："啥子话!? 我为革命才学制炸弹，现在自己做了炸弹，大家都去，我倒不去，那不行!"

有人说："不少你一个人啊!"

"我一个人比你们几个都强。"喻培伦朗声回答。

是的，在需要舍身救国的时候，谦让确实变得毫无意义了。

4 时许，黄兴慷慨激昂地做战斗动员：

> "清政府从鸦片战争以来，对外丧权辱国，对内欺压百姓，弄得中国暗无天日。如果不将这个腐败的政府推翻，亡国之祸，即在目前。革命，是救国的唯一良方，是我们的天职，要靠我们富有热血的男儿，不顾一切，抱着牺牲的精神，才有办法。只要我们肯牺牲，革命是一定会成功的。同志们，努力吧! 革命一成功，我们就

不再受外国人的欺负和清政府的压迫，大家都可以过自由幸福的生活了！"

动员的话不多，却像是平静的河流，到了高山峡谷，汹涌奔腾，又像是一把金属的锤子，敲击在战士们蹦得最紧的心弦上，发出了激动人心的回响。战士们个个摩拳擦掌，准备大干一场。

徐维扬操着广州口音的普通话，对外省同志宣称："我们是本地人，街道熟悉，应该做开路先锋。"

李德山慷慨激昂，当仁不让："我们广西同志是惯于打仗的，广西这一组应做尖兵。"

"我们炸弹队愿意同广西同志担任尖兵。"侨胞不甘示弱。

"前头部队应该是我们湖南同志，因为张鸣岐的卫队湖南人多，走在前头容易号召他们倒戈反正。"湖南志士更是说得理直气壮。

黄兴见是如此，豪情满怀地下令："各队应互相掩护前进，听从号令冲锋。"

身穿白长衫的朱执信，这时候气喘吁吁，踉踉跄跄地从外面跑来，要求参加战斗："我愿跟从黄胡子去拼命。"

看他这副模样，有一同志不由笑了："你穿着长衫，怎能冲锋陷阵?"

朱执信瞪了这同志一眼，二话没说，立即取出剪刀来，将白长衫的下半截剪掉，双手拿着两个炸弹，站队待命。

正巧，谭人凤也由香港赶到指挥部，传达香港方面情况，要求延缓一天。

黄兴急得直顿脚："老先生，不要乱我军心。我不拿人，人将拿我了！"

的确，此时此刻，只有拼搏向前，不能再有片刻的犹豫了。谭人凤不再多说，只是向黄兴要枪。

5 时许，手执枪弹、臂缠白巾、脚穿黑鞋的一百多名"选锋"队员集合待命。

黄兴身穿雪青色纺绸短衣，双腿扎布，双手持枪，威风凛凛，神采奕奕。他一看钢表，指针正指在 5 点 30 分，便立即发出号令：

"各同志记住：胆要大，心要细。时间已到，向督署前进！"

战斗号角吹响了。"一时呜呜声动，风起云涌，直扑而前。"

督署东西辕门驻有一连的卫队，他们正在吃晚饭，义军冲来，他们仿佛还不知道是怎么一回事。冲在前头的战士朝他们大声喊道："我们为中国人吐气，你们也是中国人，如果赞成举义，请举手！"

清军卫兵你看看我，我看看你，有的还企图拿出枪来。义军枪弹齐发，当即击毙卫队管带，冲入二门，与清军卫队对射。

黄兴手持双枪，连续射击，迫使卫兵弃枪请降。朱执信冲锋陷阵，机智勇猛，平日文弱的姿态竟抛到九霄云外。黄兴、朱执信、林文、李文甫、严骥冲入私寓，分头搜索张鸣岐。

喻培伦、熊克武、但懋辛他们从督署后门进攻。喻培伦赶制炸弹，起义前三天三夜不曾合眼。此刻，他右手拿枪，身负一箩炸弹，前额尽染灰土，双目炯炯有神，果真是威风凛凛，杀气腾腾，好一副视死如归的猛士形象。他只用两颗十磅的炸弹，就把督署后墙炸开两个大洞。

但懋辛连声喊着："活捉张鸣岐！"马上冲进督署。

战士们跟着蜂拥而入，杀得卫兵四散逃命。

张鸣岐正在督署与司、道官员计议，听到警报，连忙穿过后壁，转入水师行台。

义军找不到张鸣岐，放火焚烧了督署，又冲杀出来，正好与李准的卫队相遇。

林文听说李准的卫队内有自己的同志，便上前招呼："我们都是汉人，应当同心协力，恢复汉疆。不用打！不用打！"话未说完，一弹飞入他脑部，林文立刻倒地牺牲。

刘元栋、林尹民五人也相继中弹身亡。

黄兴右手中指、食指的第一节都被打断了。他当机立断，立即将所部分为三路：川、闽及南洋的同志往攻督练公所；徐维扬率领花县同志四十人攻小北门，接应新军；黄兴亲自率领十人出大南门，接应防营。

黄兴的队伍走到双门底，与同志温带雄率领的巡防营相遇。按计划，温带雄率部进攻水师行台。但他没有按照要求让部下缠白巾做记号。双方互不认识，方声洞见对方毫无标记，以为又遇上敌人，便举枪相向，枪声一响，温带雄应声倒下。对方马上还击，方声洞也当场牺牲。

黄兴带领队伍且战且退，直到最后剩下他一个人，才用肩膀撞开一家百货店的门板，从门隙里左右射击，枪中了七八个人，敌营才退却而去。

啊，正是在共同对敌的关键时刻，正是在同志的生命比金子还要贵重千万倍的时候，小小的疏忽，却导致了同志间的一场火并，付出了惊人的代价。

朱执信跟随黄兴转战到了双门底，从牺牲的同志手中拾起一支枪，继续战斗，手、胸负伤，血透衣外，他在所不顾，直到子弹打光，队伍被冲散，他才避入友人家里，次日转赴香港。

黄兴在店里伙计帮助下，易服改装，走出大南门，进入女同志徐宗汉所在的河南机关。翌日凌晨，黄兴的断指还是流血不止，徐宗汉到街上购买止血药，路上遇到从香港赶来的赵声，急忙把他引到黄兴住处。

黄兴、赵声二人相见，抱头大哭，痛不欲生。当夜，赵声发病，由人护送返回香港。4月30日，黄兴也由徐宗汉陪伴，易服返港。

"起义是一种带有若干极不确定的数的方程式，这些不确定的数的值每天都可能变化。……如果起义者不能集中强大的优势力量对付敌人，他们就要被击溃和被消灭。"[4]

广州起义日期一再改期，战斗部署多次打乱；陈炯明、胡毅生"畏事之棘手"，临阵逃出广州城，姚雨平未能及时领到枪械，结果，三路都未能同时发动；新军有枪无弹，只能在城外"束手作壁上观"；防营有少部分行动起来了，却因为联络失误，竟与"选锋"开枪火并；各地会党也没有及时配合；赵声一部从香港赶到广州，大势已去。这样，只有黄兴一部孤军苦战，敌我力量悬殊，失败实在不可避免了。

起义失败了，但参加这次起义的革命党人，却住在这个慷慨悲歌的历史舞台上，演出了"惊天地、泣鬼神"的一幕。

林觉民被捕了，张鸣岐、李准如临大敌，亲自出审。林觉民席地而坐，从容不迫，侃侃而谈，纵论世界大势，痛斥清廷腐败，弄得张鸣岐、李准之流狼狈不堪。林觉民在被囚禁的几天中，不吃一粒饭，不喝一滴水。就义时，"俯仰自如，色不少变"。

喻培伦面对清吏的严刑，自称王光明，嬉笑怒骂，视死如归。在生命的最后一刻，他还是勇敢地宣称："革命学说扼杀不了，革命尤其扼杀不了！"

李德山临刑前夕，监斩官还挤出几滴鳄鱼眼泪，以富贵作诱饵，劝李德山回头是岸，切勿轻生。李德山痛快淋漓地臭骂清吏一顿："大丈夫为国捐躯，乃分内事。难道我不能致富贵吗？只是不屑像你们那样认贼作父，不知羞耻罢了。"

李雁南就义时，干脆自己迈开大步，走去刑场，找好了地方，便对刽子手说："子弹请从口射入！"随即张开大口，饮弹而终。

八十六位义士就这样壮烈牺牲了。

烈士们的遗骸身首分离散露在荒山野岭，交通要道，到处是血迹斑斑。直到5月7日，残暴的清吏才允许善堂收殓遗骸，革命党人潘达微冒着生命危险，收到遗骸七十二具，合葬在广州东郊黄花岗。

这就是中国近代史上著名的"黄花岗七十二烈士"。

黄花岗之役失败了，但它却产生了敌我双方预料不到的效果：

"是役也，集各省革命党之精英，与彼虏为最后之一搏。事虽不成，而黄花岗七十二烈士轰轰烈烈之概已震动全球，而国内革命之时势实以之造成矣。

"是役也，碧血横飞，浩气四射，草木为之含悲，风云因而变色。全国久蛰之人心，乃大兴奋。怨愤所积，如怒涛排壑，不可遏抑，不半载而武昌之大革命以成。则斯役之价值，直可惊天地，泣鬼神，与武昌革命之役并寿。"

是的，辛亥革命的序曲奏响了，痛饮黄龙酒的时刻已经为期不远了。

注释：

[1] 南洋英属、荷属殖民地各募捐五万元，暹罗、越南三万元。

[2] 域多利致公堂三万三千元，温哥华致公堂一万九千元，满地可一万一千元。

[3] 温生才（1870—1911），字练生，广东嘉应州人。马来西亚华工出身。在霹雳参加同盟会。1911年春归国至广州，决心刺杀清军水师提督李准。4月8日，误认广州将军孚琦为李准，将他击毙。被捕后英勇就义。

[4]《马克思恩格斯选集》第一卷，第585－586页。

第十六章 | 创建中华民国

　　由黄花岗起义失败产生的悲观绝望情绪，一时间笼罩着不少革命党人。他们当中，有的认为至少需要五年时间才能重整旗鼓，有的悲叹革命前途渺茫，更有人落荒，有人颓唐，有人叛变。斗志坚决的同志，有的也想孤注一掷，提倡实行拼命主义。

　　在英国，同盟会会员杨笃生悲愤交加，在利物浦跳海自杀。

　　在香港，赵声痛不欲生，滥饮狂歌，不久含恨病死。

　　黄兴，也感染了拼命主义情绪，认为"革命与暗杀二者相辅而行，其收效至丰且速"，"此时党人惟有行个人暗杀之事，否则无以对诸烈士"！他闭门谢客，从事暗杀准备，决心死拼李准。

　　孙中山，不愧是位百折不回、屡仆屡起的英雄。他没有被敌人的凶残吓倒，也没有为失败而灰心丧气，他透过失败，看到"广东虽败，幸无大伤，而其影响于中国人心实有非常之大，虽败犹胜也"。确信"现时各省民心之望革命军起，以救彼等脱离清朝之苛政者，已若大旱之望云霓。而十八省之新军，亦多欲倒戈相助。……吾党无论由何省下手，一得立足之地，则各省望风归向矣"。于是，他以更加坚定的信念和信心，继续着力筹集巨款，以图再举。

　　1911 年 5 月 5 日，孙中山召开芝加哥同盟会分会会议，研究筹集巨款的方法。他说："最好想出一个统筹办法，集合巨款，分途举义，一方得手，就地因粮筹饷，革命事业便可成功。"

　　梅乔林问："分途举义，约需款项多少？"

孙中山答道："须款多少，似难预定，暂以一百万美元为目标，想一可行方法筹集。"

一时间，大家议论纷纷，但就是想不出一个大家认为妥善的办法。梅乔林苦思冥想了好一会，提议说："何不设立革命公司，发行股票，股份一万股，每股美金一百元，待革命成功以后加倍偿还。这样，侨胞认股，义、利兼收，应该无不乐为。欧美、南洋华侨众多，想不难达到目标。"

大家点头称是。孙中山认为梅乔林的建议可行，又补充了一点："只是股份必须认定半数以上，方可收款，以免陷于流弊。"

当晚，孙中山返回德皇饭店，随手拿起一份隔日的英文报纸作稿纸，振笔直书《革命公司缘起》。

5 月 7 日，孙中山致函南洋同盟会会员谢秋，叮嘱他将芝加哥同盟会分会设立革命公司募款的事，通知南洋各埠同志，希望他们激励人心，同心协力，筹足大款，供充革命军费。

6 月中旬，孙中山又风尘仆仆赶到旧金山，计划在那里设立一个筹饷总机关，"以联络美洲各埠华侨，实行担任革命之义务"。

孙中山向美洲同盟总会会长李是男、致公总堂首领黄三德建议：消除门户之见，两大组织实行联合，全体同盟会会员加入洪门，协力筹饷救国。

他们接受了孙中山的建议。两大组织联合以后，孙中山又发起成立美洲洪门筹饷局，代订了《洪门筹饷局缘起》《革命军筹饷约章》两个文件，重申"为废灭鞑虏清朝，创立中华民国，实行民生主义，使我同胞共享自由、平等、博爱之幸福"的革命宗旨；强调"今时机已至，风云亦急，失此不图，则瓜分之祸立见"；号召华侨"踊跃捐资，以助成革命大业"。

洪门筹饷局成立以后，决定由孙中山和筹饷局三位演说员，分两路赴美国各地募款。孙中山参加往北向的一路，计划到四十四个埠；另一路打算去南方的六十一个埠。

孙中山沿途的筹款演说，受到侨胞的欢迎，"一般老农老圃，均辍耕来听"，往往"座为之满，听者鼓掌不已，继以顿足"。"人心倾向革命，如水就下，即平时最不喜谈革命者，至今亦连声诺诺，以革命事业为救国之唯一上策"。"捐款尤以工人为多，且有无工栖身而借债捐助者"。

到了 10 月上旬，孙中山已经走了十多个城市。在此同时，他密切注视着国内形势和革命党人的思想活动。

他对杨笃生跳海自杀殊深悲悼，但对革命党人演出这种惨剧深感遗憾："弟观笃生君尝具一种悲观恳挚之气，然不期生出此等结果也。夫人生世间，对于一己方面，此身似属我有，行动似可自由；然对于社会方面，此身即社会之一分子，亦不尽为我所有也，倘牺牲此身不有大造于社会者，决不应当也。杨君之死，弟实为之大憾焉！"

黄兴的拼命主义情绪，更使孙中山大惊失色，连忙去电、函劝阻。"盖黄君一身为同人之所望，亦革命成败之关键也。彼之职务，盖可为更大之事业，则此个人主义事非彼所宜为也。"

黄兴接受了孙中山和美国各埠同志的劝告，给他们复电说："弟此行以粤事非先破坏，急难下手，且不足壮党气，酬死友。今遵谕先组织四队，按次进行，惟设机关及养恤赞甚巨。兹李准虽伤[1]，须再接再厉。恳助万五千元，电《中国报》收。乞复。"

孙中山接读了电报，吁了一口气，才放下心来。他马上叮嘱洪门筹饷局电汇港币一万元往香港，另函嘱檀香山、伦敦两地同盟会，请他们把余款凑足汇去。

黄兴没有辜负孙中山的期望，又肩负起策划国内武装起义的重担。他根据国内情势，制订了"以武昌为中枢，湘、粤为后劲，宁、皖、陕、蜀亦同时响应"的起义计划。他还特地给武汉同志写信，嘱咐这次要格外慎重经营武汉，千万不可轻举。

事实证明，这个决策是正确的。

其实，1911 年的黄花岗起义和四川保路风潮[2]，大大鼓舞了全国人民的信心，革命形势一片大好。清王朝像一只千疮百孔、日渐下沉的破船，随时将被革命的怒涛所吞没。在陕西流传着的"不用掐，不用算，宣统不过二年半"的民谣，形象地反映了当时的形势。

果然，1911 年 10 月 10 日，埋葬清朝统治的武昌起义爆发了。

10 月 10 日之夜，武昌城火光闪闪，炮声隆隆，喊杀声和欢呼声混成一片。炮声像滚滚的春雷，震撼着大地，引起了四面八方的反响。

武昌首义后不到两个月，在全国二十四省中，便有十四省举起了义旗，宣告独立，使得清王朝迅速陷入土崩瓦解的境地。

这一年，正是中国阴历辛亥年，这次波澜壮阔的革命运动，史称辛亥革命。

辛亥革命是在孙中山的号召下发生的。他在这次革命中起了重大的作用。

孙中山虽说在西南领导了十次起义，但他对起义地点，并无成见，也很重视武汉地区。早在同盟会成立之时，他就曾经对程潜说过："选择革命基地，则北京、武汉、南京、广州四地，或为政治中心，或为经济中心，或为交通枢纽，各有特点，而皆为战略所必争。北京为中国首都，如能攻占，那么，登高一呼，万方响应，是为上策。武汉绾毂南北，控制长江上下游，如能攻占，也可以据以号召全国，不难次第扫荡逆氛，南京虎踞东南，形势所在，但必须上下游同时起义，才有成功希望。至于广州，则远在岭外，僻处边徼，只因其地得风气之先，人心倾向革命，攻占较易；并且港澳密迩，于我更为有利。以上四处，各有千秋，只要哪里条件成熟，即可在哪里下手。"

1906 年，孙中山曾派同盟会会员伴同法国武官到武汉联系新军，鼓吹革命。从 1907 年起，武汉地区先后出现一批革命小团体，其中重要团体文学社[3]、共进会的主要分子，都是同盟会会员。

1911 年 2 月，接受孙中山委托准备广州起义的黄兴，拨款二千元，派谭人凤到长江流域各省进行串联活动，准备响应广州起义。居正、孙武两人向谭人凤领取了八百元，派出同志，在武昌黄土坡开设同兴酒楼，效法梁山泊朱贵的方法，专门联络士兵。

7 月，宋教仁、谭人凤诸人在上海成立同盟会中部总会，并在南京、安徽、湖北、湖南设立分会，策动长江流域各省起义。

武汉革命党人在新军中，普遍用孙中山的名义行事。共进会用孙中山的名义委任学兵黄甲芸为大都校，命他在学兵中串联。接着，又用孙中山的名义任命十二个大都尉，派他们到各处活动。

共同的革命斗争目标使共进社和文学社联合起来。他们一致决定：在武昌城内选择要地开设旅社，平时互通声气，有事即为集合点；在汉口分租密室，专门制造发难时应用的炸弹、旗帜和文告；派人赴上海购办手枪，邀请黄兴、宋教仁、谭人凤前来武汉主持起义。

9月初，清朝政府命端方率兵入川，镇压四川人民的保路斗争。端方指调湖北新军第三十一标和三十二标一个营。随后，他又下令将四十一标调赴宜昌、沙市、岳州、襄阳等地。湖北革命党人马上意识到，湖北新军陆续外调，固然暂时分散了革命力量，但同时也削弱了敌人的防务实力，有利发动起义。

9月24日，共进会、文学社确定中秋节，即10月6日起义，推蒋翊武为临时总司令，孙武为参谋长，确定了总动员计划。

可是，就在同一天，发生了南湖炮队暴动。社会上纷纷传说"八月十五杀鞑子"，一时间闹得满城风雨，湖广总督瑞澂非常恐慌，连忙加强戒备，下令收缴各营士兵的子弹，各标、营提前一日过中秋节。这样，起义总指挥部只得将起事时间改为10月11日。

到了10月9日，又发生了一件意外的事。这天下午，孙武在汉口俄租界机关装配炸弹，在旁观看的人抽烟不小心，霎时引起爆炸，硝烟滚滚，声震四邻。孙武面部灼伤，由两位同志护送到医院急救。

俄国巡捕闻声赶来，发现是革命机关，立即抄走炸药、旗帜、文告、印信，并把逮捕的四人引渡给清政府。瑞澂连忙下令在武汉三镇大肆搜捕革命党人。

当夜，被捕的革命党人彭楚藩、刘复基、杨洪胜壮烈牺牲。

10日凌晨，阴云密布，整个武昌"细雨昏迷，征象凄惨"。凶残而又愚蠢的敌人，陶醉在覆灭前的"胜利"之中。革命党人怀着为烈士报仇的决心，紧张地投入"首先发难"的准备。第八镇工程第八营首先打响了第一枪。

夜幕降临，阴晦的天气显得格外灰暗。作威作福的排长陶启胜带领护兵巡棚查哨，发现士兵金兆龙、程正瀛正忙着把子弹装入枪膛，便厉声斥问："想干什么？"

金兆龙一语双关地回答道："准备不测。"

这个素来仇视革命的排长怒不可遏，瞪眼狂叫："你想造反吗？"

金兆龙平日就恨透这个狐假虎威的家伙，回答得十分干脆："老子造反就造反，你要怎么样？"

陶启胜气得满脸通红，命令两个护兵："给我把他捆绑起来！"

护兵知道革命党人的厉害，哪里敢下手？陶启胜仗着自己五大三粗，有些力气，就上前去扼住金兆龙的手腕，喝令护兵"逮捕"。

金兆龙满腔怒火，一面与陶启胜死拼，一面大叫："弟兄们，现在还不动手，更待何时？"

程正瀛应声而起，用枪托猛击陶启胜的后脑勺。陶启胜负痛急逃，程正瀛举枪射击，砰然一声，打响了起义的第一枪！

枪声就是命令！全营立即哗然而起，又打死了前来镇压他们的代理管带、队官和司务长。各标、营革命代表熊秉坤立即鸣笛集合，带领四十多个战士，猛扑楚望台军械库。

守库的士兵立即响应，打开库门，让起义的英雄们去挑选自己最中意的武器。

楚望台占领了，各标、营、队的革命者陆续前来集合，公推素有"智多星"美誉的队官吴兆麟为临时总指挥。革命军的各路人马纷纷汇集，分别在蛇山、凤凰山和中和门城楼布置了炮兵阵地。接近午夜，一场围攻督署的战斗开始了。

总督见大势已去，从督署右墙打洞逃走，登上"楚豫"兵舰，一溜烟似的跑了。

第八镇统制张彪抵抗了一阵，也由文昌门渡江逃到了汉口刘家庙。

一夜血战，革命军克复了武昌城。一面红底十八星大旗，在黄鹤楼上迎风招展。

武昌的枪声刚刚停息，革命党人马上聚集在谘议局开会，商议组织军政府。这时，孙中山在美国，黄兴在香港。起义前，革命党人公推的起义总指挥部主要领导人不知去向，一时无法联络。怎么办？有人建议：就让临时总指挥吴兆麟担任都督。

吴兆麟是日知会[4]会员，自从日知会遭到破坏以后，他就同革命党失去了联系。他觉得自己资望浅，连忙谦让："本人官卑职小，压不住众。"

谁来充任都督呢？大家面面相觑。于是又有人提议："谘议局是一个民意机关，所有议员都是湖北各县有代表性的人物，应该合作，好让革命事业早日得到胜利。"

大家表示同意，派人找议长和议员来谘议局聚会。

大约 11 点钟，汤化龙议长被请来了，后面还跟着七八个议员，都是些有名望的巨绅富商和立宪派的头面人物。

汤化龙在隆隆的枪炮声中过了一夜，惊魂未定地来到谘议局，以为是凶多吉少。没想到，却受到革命党人的尊重。这才放下心来，清清嗓子，发了一通议论："革命事业，兄弟一向表示赞成，但此时武昌发难，各省均不知晓。须先通电各省，请一致响应，以助大功告成。此时正是军事时代，兄弟非军人、不知用兵。关于军事，请诸位筹划，兄弟无不尽力帮忙。"意思是说行政责任我汤某当仁不让，用兵打仗须另选高明。

汤化龙这一席话居然博得了一片掌声，在座的议员于是也跃跃欲试。议员刘赓藻说："黎元洪[5]现在城中，如果大家认为合适，我愿带人找他。"

会议接受了刘赓藻的提议，决定派人随他前往。但是，这时候，工程营的士兵已经把黎元洪簇拥到了谘议局。

原来，工程营发难以后，黎元洪坐镇混成协司令部，阻止士兵响应。听见有人爬上营墙朝里面高喊"革命成功了，同胞们速去攻打督署"，他命令卫兵把这人捉了来，当众处死。后来得知瑞澂已经逃上兵船，炮弹又接连落在自己的营盘内，见大势已去，才换上便服，跑到黄土坡一个参谋家里躲藏了起来。

事有凑巧，黎元洪打发一个炊事员回家取衣物，却给工程营士兵汤启发、程定国、马荣发现，跟踪往寻，找到了黎元洪。

黎元洪一见起义的士兵，吓得浑身颤抖，喃喃地说："我平素待兵并不刻薄，你们为什么要和我为难？"

他们说："我们到这里来，是请你出面主持大计，并没有丝毫恶意。"

不管怎样再三解释，黎元洪死活不肯出门。程定国火了，厉声说道："从则生，不从则死，你自己选择吧！"

黎元洪更害怕了，不敢过于违拗，便硬着头皮跟着他们到了咨议局。

黎元洪刚入咨议局大门，就听到有人高呼："黎都督到了！"他一听，大惊失色，急得大喊："你们不要抬举我，我不是革命党，休要害我！"

吴兆麟耐着性子说："兄弟拟请在座诸位同志、先生，公举黎元洪统领为湖北都督，汤化龙先生为湖北民政总长。两公系湖北人望，如出来主持大计，号召天下，则各省必易响应。"

众人鼓掌赞成。黎元洪仍然摇头拒绝，不肯就任。这时候，有人拿来一张事先拟好的安民告示，要黎元洪签署。黎元洪瑟缩着手，颤抖地说："莫害我！莫害我！"

李翊东直气得火冒三丈，举枪对准黎元洪，喝道："我们不杀你，要你做都督，你还不愿意！再不答应，我就枪毙你！"

黎元洪变得像是个泥菩萨，但还是拒绝在布告上签署。李翊东见这样僵持也不是办法，就提笔代书一个"黎"字，转身对黎元洪说："我代签了，看你还能否认不！"

这天下午，武昌城内到处张贴着六言告示：

> 中华民国军政府鄂军都督黎布告。今奉军政府令，告我国民知之：凡我义师到处，尔等不用猜疑。我为救民而起，并非贪功自私。拔尔等出水火，补尔等之疮痍。尔等前此受虐，甚于苦海沉迷。只因异族专制，故此弃尔如遗。须知今满政府，并非我家汉儿。纵有冲天义愤，报复竟无所施。我今为民不忍，赫然首举义旗。第一为民除害，与民戮力驰驱。所有汉奸民贼，不许残孽久支。贼昔食我之肉，我今寝彼之皮。有人激于大义，宜速执鞭来归。共图光复事业，汉家中兴立期。建立中华民国，同胞其毋差池。士农工商民众，定必同逐胡儿。军行素有纪律，公平相待不欺。愿我亲爱同胞，一一敬听我词。
>
> 黄帝纪元四千六百零九年八月二十日示

这个布告虽说颇有缺点，但在当时，它是破天荒的一件大事，在民众中激起强烈的反响。人们奔走相告，争先恐后地观看军政府的第一个布告。当他们看到布告上的那个"黎"字时，又惊奇，又疑惑："黎元洪也是个革命党?!"

这就是革命党人用枪杆子强迫清军统领黎元洪当革命政府都督的史实。

现在看来，这样做也许觉得幼稚可笑。其实，这也并不是不可理解的。在新旧事物交替之间，历史往往喜欢和人们开开玩笑。因为人们的活动，反映了当时的社会状况，也必然受着历史条件的制约。

即使这样，革命者毕竟是革命者。

革命党人看到黎元洪变成了一个既不说话也不肯进食的"泥菩萨"，马上组织了一个十五人的谋略处，负责处理一切军政大事。

12 日，革命党人克复了汉阳、汉口，马上致电上海，催促黄兴、居正、宋教仁到鄂，并请转电孙中山从速回国主持大计。

黎元洪看见革命党人居然占领了武汉三镇，击退了来犯的清军，各方面都布置得有条不紊，心眼开始动了。特别是有人用"黄袍加身"的故事启示他，这就在他面前展现了一个十分富有诱惑力的天地。

第二天，黎元洪果然剪掉了辫子，变成了"革命党"，他对监护他的革命党人说："我与你们帮忙就是。"稍后，在军政府召开的一次军事会议上，黎元洪当众宣布："我对于革命，从二十日（农历）到今天上午，始终拿不定主意，现在我是下定决心了。从现在起，我也是军政府的一员，不管是成功，是失败，我与各位同生共死。"

天真的革命党人见黎元洪的态度有了转变，非常高兴，他们哪里想到，这位"泥菩萨"开口之后，摆在他们面前的矛盾和难题就更多了。

10 月 30 日，湖广总督兼钦差大臣袁世凯[6]正式"出山"，带兵南下，直指湖北。

老奸巨猾的袁世凯怀着不可告人的目的，左右开弓，既借革命力量胁逼清朝皇室，又仗恃北洋军向革命党人讨价还价，逼使革命党人交出政权。他知道革命党人不会轻易接受他的要求，就首先用武力威胁，然后再用"和平"谈判，逼使革命党人就范。

袁世凯命令手下干将冯国璋用重炮猛攻汉口，革命军奋力作战，还是不得不退入市区。

清军重兵压境，汉口形势十分危急。

正在这个时候，黄兴赶到武昌，毅然承担了保卫汉口军事指挥的重任。10月29日，黄兴到达汉口，鼓舞了苦战中的将士。但是，敌我力量毕竟过于悬殊，经过三天三夜的巷战，到11月1日汉口陷入敌手，黄兴只得渡江返回武昌。

汉口失陷那天，清廷任命袁世凯为内阁总理大臣。袁世凯见时机已到，向革命党人放出"和平"烟幕，要求南北双方"务宜设法和平了结"。

黄兴在致袁世凯书中，则希望袁世凯"以拿破仑、华盛顿之资格，出而建拿破仑、华盛顿之事功，直捣黄龙，灭此虏而朝食，非但湘、鄂人民戴明公为拿破仑、华盛顿，即南北各省当亦无有不拱手听命者。苍生霖雨，群仰明公，千载一时，祈毋坐失。"

武昌带给袁世凯的信息无疑是相当悦耳的，但还没有完全满足袁世凯的欲望。他觉得还需要再"教调"革命党人一番，又下令冯国璋迅速拿下汉阳。

黄兴指挥汉阳军民进行汉阳保卫战。汉阳之战，革命军伤亡数千人。11月27日，革命军又不得不放弃汉阳。

汉阳沦陷前夕，真是壮烈悲怆，催人泪下。当时亲临其境的萱野长知回忆说："在腥风血雨的城里，筋疲力尽的败卒，在拼命地捍卫着城门并照顾着负伤的官兵。而在汉阳衙门后头的一室，以总司令黄兴为中心，正夜以继日地在那里鼓着最后的力气召开军事会议。黄兴以悲怆的声调，眼里带着血泪，慨叹这几天来牺牲了那么多湖南子弟，自己一人生还，哪里有面子见其他同志，因欲自尽……此时，敌人似已在大别山布置了炮阵，现在如不赶紧撤退，大家将遭炮击，同时徐宗汉女士领着看护队来要求撤退，于是不问黄兴的意向……协力硬把黄兴从汉阳拖出来上船。"

在革命军和汉阳人民乘船向武昌撤退时，残暴的清军又向江中开炮，军民又是死伤无数。据当时报纸记载："武昌城外，由江中捞出之死尸陈列堤上，不计其数。内有未死而呻吟者，有妇人抱子，母死而子苏，啜泣索乳者。血溅江边，死者相枕藉。"

汉阳虽然失守了，但黄兴领导军民坚守汉阳近一个月，却为各省革命人赢得了时间，使得上海和黔、苏、浙、桂、皖、粤、闽各省乘机大举，宣布独立。

12 月 2 日，江浙革命联军攻克南京。南京光复意味着长江以南为革命军所占领，稳定了汉口、汉阳失守以后的战局。

这时候，袁世凯又提议停战议和了，帝国主义者也亲自出面调停了。汉口英领事向交战双方提出三项议和条件：停战；清帝退位；举袁世凯为大总统。接着，英、美、德、俄、日、法六国驻沪领事向双方代表提出照会，要他们"尽速成立和解，停止现行冲突"。

帝国主义列强何以现在"劝告"南北和议呢？说穿了，他们看到武昌起义以后，清廷已经没有力量扑灭这场革命火焰，用少数外国军队干涉，也只能得到适得其反的结果。这样，在他们看来，扶植袁世凯，利用他来取代清王朝，是再好不过的了。

英国驻北京公使朱尔典在袁世凯前往汉口的途中，就向他的政府报告："袁此行形式上虽系军务，其实乃调和此事。以彼之声望，或能设一通融之法以拯朝廷而令乱民之要求满意。此次革命蔓延如是之广，如仍欲以武力镇压，袁之识见，或知其不能有大效。且欲选一调和汉人者，除袁外，无更相宜而又为人信从者。"

一个美国作者也说：当袁世凯奉旨回到北京时，"他立即成为这个帝国的事实上的独裁者。对于他重新当政，外国人公开地表示欣慰"。

帝国主义列强对革命党人施加压力，胁迫革命党人与袁世凯进行"和谈"，实际上是强迫革命党人将政权交给袁世凯。

武昌起义次日晚上，孙中山抵达美国丹佛市。十多天前，他在旅途中接到黄兴从香港打来的电报。可是，密电码本随着行李先运送到了丹佛市，孙中山一时无法译出。到了丹佛市，他从行李检出密电码本，才知道："居正从武昌到港，报告新军必动，请速汇款应急。"

此刻，孙中山无法筹得款项。他本想马上拟电回复，建议他们暂勿行动。可是，这时已是深夜时分，孙中山体倦神疲，思想烦乱，一时拿不定主意，只得上床睡觉，打算明晨精神清爽的时候，好好思虑一番，才去复电。

旅途疲乏，使得孙中山一觉睡到翌日上午 11 时。他决定先到餐厅用膳，然后再处理事情。孙中山路经走廊报摊，顺便购买一份报纸携入餐厅。他坐下一看，一段电讯赫然写道："武昌为革命党占领。"

开始，孙中山不敢相信自己的眼睛，待他再看两遍，便紧紧抓住那张报纸。一个重要的问题，需要他马上回答：是马上回国直接指挥战斗，还是先在欧美进行外交活动？孙中山手里拿着报纸，思绪万千，苦苦思索。他想马上回到祖国，可以亲自指挥战斗，以快生平之志。他站在窗前凝立了好一会，又否定了马上回国的念头："不，成立共和国，将会遇到外交、财政方面的困难。此刻，自己效力革命不应在战场上，而应该在外交方面。"孙中山决定暂时还是留在国外，走访美、英、法三国政府，争取国际对新政权的支持。

后来，孙中山自述了那时考虑这个问题的经过：

"时予本可由太平洋潜回，则二十余日可到上海，亲与革命之战，以快生平。乃以此时吾当尽力于革命事业者，不在疆场之上，而在樽俎之间，所得效力为更大也。故决意先从外交方面致力，俟此问题解决而后回国。按当时各国情形：美国政府对于中国则取门户开放、机会均等、领土保全，而对于革命则尚无成见，而美国舆论则大表同情于我。法国则政府、民间之对于革命皆有好意。英国则民间多表同情，而政府之对中国政策，则惟日本之马首是瞻。德、俄两国当时之趋势，则多倾向于清政府；而吾党之与彼政府民间皆向少交际，故其政策无法转移。惟日本则与中国最密切，而其民间志士不独表同情于我，且尚有舍身出力以助革命者。惟其政府之方针实在不可测，按之往事，彼曾一次逐予出境，一次拒我之登陆，则其对于中国之革命事业可知；但以庚子条约之后，彼一国不能在中国单独自由行动。要而言之，列强之与中国最有关系者有六焉：美、法二国，则当表同情革命者也；德、俄二国，则当反对革命者也；日本则民间表同情，而其政府反对者也；英国则民间同情，而其政府未定者也。是故吾之外交关键，可以举足轻重为我成败存亡所系者，厥为英国；倘英国右我，则日本不能为患矣。予于是乃起程赴纽约，觅船渡英。"

可是，帝国主义列强对辛亥革命的态度，并不像孙中山所估计的那样。而武昌起义后的错综复杂的斗争，也说明孙中山不径直由太平洋潜回上海，实在是失策。

但是，孙中山的一颗赤子之心，却赫赫可见了。

孙中山在赴纽约途中，路过圣路易斯，看到报上载有"武昌革命军为奉孙逸仙命令而起者，拟建共和国体，其首任总统当属之孙逸仙"的文字，从此，他在途中格外谨慎，避免会见一切报馆访员。可是，他到了芝加哥，又满怀激情地为中国同盟会芝加哥分会代拟了召开预祝中华民国成立大会的布告："武昌已于本月19日（农历）光复，义声所播，国人莫不额手相庆，而虏运行将告终。本会谨择于24日开预祝中华民国成立大会，仰各界侨胞届期踊跃齐临庆祝，以壮声威，有厚望焉！"

10月20日，孙中山自芝加哥抵达纽约。在纽约，他对华侨演讲共和政治，向美国朝野人士介绍中国革命宗旨，希望博得他们的同情。同时，他确定今后革命计划，拟由黄兴领导湖北革命军对清作战，由胡汉民、朱执信诸人相机争取广东反正，并致电两广总督张鸣岐，敦促他率领所部归降。

10月31日，孙中山给咸马里拍发电报，发表了自己的政见："黎元洪的宣言是难以解释的，突然成功可能助长其野心，但他缺乏将才，无法久持。各地组织情况甚好，都希望我加以领导。如得财力支持，我绝对能控制局势。在我们到达之前，不可能组成强有力的政府，因此贷款是必需的。"

11月11日，孙中山抵达伦敦。在伦敦居留期间，他通过咸马里介绍，与四国银行团主任商谈停止贷款给清廷的事。接着，他又委托维加炮厂经理道森与英国外交大臣葛雷交涉，向英国政府提出三项要求："一、止绝清廷一切借款；二、制止日本援助清廷；三、取消各处英属政府之放逐令，以便予取道回国。"他还向英国外交部提出了一份由他本人与咸马里签署的备忘录，表示中国革命党人希望与英、美结盟。

英国政府对孙中山这些要求，都采取了敷衍的态度。

孙中山又要求四国银行团贷款给中国革命政府。四国银行团也只是表示："我们政府既然答允先生的要求，停止借款清廷，此后银行团借款与中国，则只有与新政府交涉了。这样，必然要待先生回到中国，成立正式政府之后，方能开始议论贷款的事。本团现在打算派某行长与先生同行归国。正式政府成立之后，就近与他磋商便可以了。"

对此，孙中山又能再说些什么呢？他只得深深地叹了一口气。

11月中旬，孙中山公开发表政见。他对伦敦《滨海杂志》记者说："不论我将成为全中国名义上的元首，还是与别人或那个袁世凯合作，对我都无关紧要。我已做成了我的工作，启蒙和进步的浪潮业已成为不可阻挡的。中国，由于它的人民性格勤劳和驯良，是全世界最适宜建立共和政体的国家。在短期间内，它将跻身于世界上文明和爱好自由国家的行列。"

他在致民国军政府电中也说："今闻已有上海议会之组织，欣慰。总统自当推定黎君。闻黎有请推袁之说，合宜亦善。总之，随宜推定，但求早巩国基。满清时代权势利禄之争，吾人必久厌薄。此后社会当以工商实业为竞点，为新中国开一新局面。至于政权，皆以服务视之为要领。"

现在看来，孙中山的政见不无值得商榷之处，但这些确实是孙中山当时的心里话。

孙中山的欧洲之行虽然取得了一定成效，但他的主要目的——争取列强对革命政府的外交承认和财政援助，并没有达到。他不得不"不名一钱"地回国了。

1911年11月24日，孙中山由法国马赛乘"丹佛"号轮船归国。次月21日抵达香港，在船上与胡汉民、廖仲恺商讨革命大计。胡汉民说：

"清政府人心已尽，只是还有北洋数镇兵力尚未打破，所以能苟延残喘。袁世凯心怀叵测。他所以能持两端，所恃亦不过数万兵力。这种势力如未扫除，革命则无一种威力以巩固政权，这样，破坏、建设更谈不上。先生一到沪、宁，众望所归，必被推戴，幕府当在南京，但无兵可用，何以直捣黄龙？且以选举克强任事，命令还未易实行，元首且同虚设。不如留在广东整理粤中各军，很快便可得精兵数万，再行北伐，才有胜算。估计尽北洋数镇兵力，两三个月内，不能摧破东南。这时候，我们就有办法，以实力肃清强敌，才真正形成南北统一的局势。与赴沪、宁相比较，事情正好相反，若骛虚名，将来一定后悔。最近福建、广西、贵州意见，认为宁、鄂正处前线，有暂推广东作为首都的议论，我们正谦让不已。先生回来了，正可以控制这种局势。"

孙中山不同意胡汉民要他留在广东的意见，坚持前往沪、宁。他说：

"现在的大患即在无政府，如果能够创建政府，则清朝政府必然倾覆；即使袁世凯也未必能够支持。沪、宁在前方，我如不首当其冲，而退避广东，这样做实在是避难就易。全国的同志正在引颈属望，难道是希望我退避广东？敌恃兵力，我恃人心。既如你所说，我们为什么不善用所长，而用所短？湖北黎元洪既怀有异心，南京又有内部纠纷，这样去对抗敌人，正所谓赵举而秦强，形势更是不利，到那时候我们才举兵以图恢复，怎能达到目的？朱明末期，正是东南不守，粤、桂才不能支持。我们今天又怎能重蹈覆辙？革命军起，有不可抗拒之势，列强没有更好办法，只得宣告中立，不事干涉。如果我方形势屡受挫折，则事情发展还是未可预料；戈登、白齐文之流对待太平天国的手段，也可能用来对付我们，我们怎可不作考虑？说袁世凯不可信，这显然是对的；但我们因而利用他，以推翻二百六十多年的清廷专制统治，则胜于用兵十万。纵使他妄图继续实行罪恶统治，但他的基础已远不如清廷，推翻他自然比较容易，所以今日可以先作这样一个比较圆满的设想。我如果不到沪、宁，则一切对内对外大计主持，决非他人所能胜任，你还是和我一起马上出发吧。"

12 月 25 日，孙中山由胡汉民、宫崎滔天、池亨吉、咸马里诸人陪同，到达上海。

上海人民期待着孙中山，热烈欢迎孙中山。上海《民立报》以《欢迎！欢迎！》为题，发表专栏说："先生归来，国基可定，新上海光复后一月，当以此日为最荣。"

这天清晨，上海十六铺金利源码头上，布满了沪军都督府的卫队和军警，挤满了各国领事、中外记者和各机关团体的代表。马路边，码头上，到处飘扬着各式各样的革命旗帜。黄兴、宋教仁和沪军都督陈其美走上趸船。

他们背后，站立着成千上万的欢迎人群。

孙中山站在海轮船舷旁边，激动地挥着右手向欢迎的人群致意。这位远离祖国十六年的游子，面对着这宏大的欢迎人群，深深地感动了。

黄兴、陈其美簇拥着孙中山，在欢呼声中登上码头。孙中山在码头一露面，立刻就被中外记者团团围住，一系列的问题接踵而来。

"孙逸仙先生与日本政府有关系吗？"记者见孙中山的随行人员中，有好几位日本人，就问道。

"我们将与各国政府都有关系。我们将建设新政府，岂有不愿意与各国政府友好的道理？"孙中山站在汽车旁，微笑地回答着。

"先生是不是中国民主共和国大总统的候选人？"这是人们最关心的一个问题。

"我还不清楚。"

"先生带有巨款来沪供革命军使用吗？"外间传说孙中山这次带着几百万美元回国。

孙中山笑着问道："为什么问这个呢？"

"人们都说，革命军的成败，就是要看军饷充足与否。"

孙中山严肃地答道："革命不在金钱，而全在热心。我这次回国，未带金钱；所带者，革命精神而已。"

记者提的问题不可能全部回答。黄兴、陈其美护卫着孙中山，坐进黑色的小汽车，沿着欢迎的人群，缓缓向法租界驶去。

孙中山一到上海，马上通过记者向革命党人和全国人民指出："从前种种困难虽幸破除，而来日大难尤甚于昔。今日非我同人持一真精神、真力量以与此困难战，则过去之辛劳将归于无效。"

翌日，孙中山召开同盟会最高干部会议，讨论组织临时政府问题。

宋教仁主张采取内阁制，设总理。孙中山则主张采取总统制，不设总理。他说："内阁制乃平时不使元首首当其冲，因此以总理对国会负责。但这种制度断非是非常时代所适宜。我们不能对于唯一置信推举的人，而又设防治的法度。我亦不肯屈从诸人的意见，成为自居于神圣的而又无用东西，以至有误革命大计。"

张静江说:"好!除了孙先生,没有第二人能说这样的话的了。我们唯有遵照孙先生的意见行事。"

黄兴也说:"我赞成孙先生的意见。"

会议通过了临时政府采取总统制的决议,并决定预先向集中在南京的各省代表建议,选举孙中山为临时大总统。

选举孙中山为临时大总统,已经是众望所归的了。

许多团体纷纷致电南京各省代表:"请举孙中山先生为总统,以救国民。兆众一志,全体欢迎。"

美洲全体同盟会会员致电《民立报》转南京各省代表:"孙先生才、德、望,中外相孚,请举为总统,内慰舆望,外镇强邻。"

12月29日上午,南京十七省代表会议正式选举中华民国临时大总统。投票结果,孙中山得十六票,黄兴得一票。孙中山以超过投票总数三分之二的票数,当选为中华民国第一任临时大总统。当选举结果公布时,"众呼中华共和万岁三声,是时音乐大作,在场军学各界互相祝贺,喜悦之情,达于极点"。

代表会议立即做出决议:各省代表具签名书,交正、副议长到沪欢迎临时大总统来宁。

在上海的孙中山得知当选,立即复电:

> 南京各省代表诸公鉴:电悉。光复中华,皆我军民之力,文子身归国,毫发无功。竟承选举,何以克当?惟念北方未靖,民国初基,宏济艰难,凡我国民皆具有责任。诸公不计功能,加文重大之服务,文敢不黾勉从国民之后,当刻日赴宁就职。先此敬复。孙文叩。

孙中山当选临时大总统的消息一经传出,全国人民和海外侨胞兴高采烈,一片欢腾。安徽军民各界万人集会都督府庆贺。福州万人举行提灯游行。南京全城喜气洋洋:"宁垣军学各界自悉各省代表举定孙大总统后,均色舞眉飞,互相庆祝,所有各商铺居民无不预备香花灯烛,以争迎迓。总统府内,均用五色电灯,排成花样,其光采焕然一新,虽白叟黄童,无不共称中华民国万岁云。"海外侨胞则是"自总统选举以来,南洋、澳、欧美各地

民族振兴的追梦者——孙中山

贺电为日盈尺"。

孙中山并没有陶醉在凯歌声中，他又为组织新的革命政府而废寝忘食，日夜工作了。他在上海召开中国同盟会本部临时会议，改订同盟会暂行章程，驳斥"革命军起，革命党消"的论调；强调革命党的责任"不卒之于民族主义，而卒之于民权、民生主义"；号召革命党人"必先自结合，以成坚固不破之群"。他致电邓泽如、陆弼臣、谭扬："现为组织中央政府，需款甚巨。委任阁下等向南洋侨商征集大款，国债票日间付上。"他接见上海《大陆报》记者，强调艰苦朴素，宣称"南京新政府无庸建设华丽宫殿，昔日有在旷野树下组织新政府者。今吾中华民国如无合宜房宇组织新政府，则盖设棚厂以代之，亦无不可也"。

12 月 31 日，参议院决议 1912 年 1 月 1 日为中华民国元年正月一日，临时大总统孙中山来南京就职。

孙中山没有回避出任临时大总统所必然遇到的种种风险，毅然决定到南京就职。行前，他唯恐铺张浪费，特别嘱咐沪军都督陈其美："我们革命党，全不采仪式，只一车足矣。"

话，虽然是这么说。不过，正如杰克·伦敦所说，"进行现代革命是需要钱的……"

就在孙中山赴南京的前夕，据宫崎滔天回忆，还有这么一件值得品味的事：

> 黄昏，宫崎滔天走进孙中山的寓所。孙中山部下的人，大都到了南京筹备成立临时政府的事。夕阳西下，平时闹闹嚷嚷的大院显得冷冷清清，人去楼空。
>
> 孙中山正在书房整理文件。宫崎滔天走进书房，问："今天你不觉得寂寞吗？"
>
> "哪里，忙还忙不过来。剩下我们几个，倒还安静。"孙中山说着，继续整理文件。
>
> 这时，秘书走进来，送上刚刚缝制好的总统制服。孙中山穿上，站在立柜大镜面前左右照看，随口问宫崎滔天："怎样，可以吗？"

宫崎滔天深情地凝望着孙中山，淡淡地应道："马马虎虎。怎么，你觉得很愉快？"

孙中山脱下制服："谈得上愉快？苦还苦不过来哩！"

"你找我有什么事？"宫崎滔天瓮声地问。

"你能给我借上五百万元吗？我明天要到南京就任大总统了但却身无分文。"

"我又不是魔术师，一个晚上去哪里弄这么多钱。"

"明天没有钱也关系不大。但你如果不保证在一周之内给我借到五百万元，我当了总统也只好逃走。"话刚说完，孙中山脸上不由露出苦涩的笑容。

1912年元旦，上午10时，孙中山乘沪宁铁路专用花车起行。下午5时，车抵南京下关，接着，换乘专车入城。南京城内，到处张灯结彩，百姓填街塞巷，欢声雷动，热烈欢迎孙中山的莅临。临时大总统府设在南京城内旧两江总督衙门，即太平天国的天王府旧址。下午6时15分，孙中山的专车抵总督衙门车站，即换乘马车由车站去总统府。

当晚10时，举行临时大总统受任典礼。四十六岁的孙中山在就职典礼上宣读誓词：

倾覆满洲专制政府，巩固中华民国，图谋民生幸福，此国民之公意，文实遵之，以忠于国，为众服务。至专制政府既倒，国内无变乱，民国卓立于世界，为列邦公认，斯时文当解临时大总统之职。谨以此誓于国民。

中华民国元年元旦   孙文

孙中山宣誓完毕，立即接受了临时大总统印，发布了《临时大总统宣言书》《告全国同胞书》和《通告海陆军将士文》。在宣言书中，孙中山明确提出中华民国临时政府的任务是"尽扫专制之流毒，确定共和，以达革命之宗旨"；规定对内的方针是"民族之统一""领土之统一""军政之统一""内治之统一""财政之统一"；规定对外方针是"满清时代辱国之举措与排外之心理，务一洗而去之；与我友邦益增睦谊，持和平主义，将使中国见重于国际社会且将使世界渐趋于大同"。

1月2日，孙中山通电各省都督：中华民国改用阳历，以临时大总统就职的1月1日，作为中华民国元年元旦。

3日，成立中华民国临时政府。各省代表会议通过孙中山提出的各部总长、次长任命名单。黄兴任陆军总长兼参谋总长。临时政府的实权掌握在以孙中山、黄兴为首的革命党人手中。

经过无数次的艰苦奋斗，中华民国南京临时政府终于成立了。它标志着资产阶级共和国的诞生，标志着在中国政治上开辟了一个新纪元。它不仅推翻了二百六十八年的清朝统治，而且，也结束了中国历时两千一百三十三年的封建帝制，在中国人民中散播了民主共和国思想的种子。

事后，孙中山回顾了这段历史，无限感慨地说："文奔走国事三十余年，毕生学力尽萃于斯，精诚无间，百折不回，满清之威力所不能屈，穷途之困苦所不能挠。吾志所向，一往无前，愈挫愈奋，再接再厉，用能鼓动风潮，造成时势。卒赖全国人心之倾向，仁人志士之赞襄，乃得推覆专制，创建共和。"

可惜，孙中山就任临时大总统只有三个月时间，又被迫辞职了。

就是在这短短的九十天里，孙中山凭着一颗赤子之心，为"尽扫专制之流毒，确定共和"，又是如许呕心沥血，身体力行。

在短短的任期内，他颁布了许多除旧布新的政令：限期剪辫，力禁缠足，禁止刑讯，保障人权，禁止买卖人口，禁绝贩卖"猪仔"、保护华侨，严禁鸦片，改革称呼，废止跪拜，禁止赌博，提倡廉洁奉公、民主作风、任人唯贤。

在短短的任期内，他颁布了许多有利于资本主义发展的经济、财政、文化、教育的政令。

在短短的任期内，他提出了一整套有利于资本主义发展的法律，提出了国会组织法大纲、选举法大纲，公布了《中华民国临时约法》，用法律的形式确立了资产阶级共和国的国体和政体，巩固国基，预防后患。

更加难能可贵的是，他在短短的任期内，始终以身作则，廉洁奉公，以人民公仆的姿态为人民服务。

1912 年 1 月 1 日就任典礼结束的时候，已经是深夜了，孙中山亲自送代表们直到大堂阶沿。代表们请孙中山留步，孙中山说："我是人民的公仆，诸位是人民的代表，所以就是主人。我应当送你们到大堂阶下。"

　　在临时大总统府内，从总统、总长到一般职员，都未规定支付薪金，除了供给食宿，每人每月只发给财政部发行的军用券三十元。孙中山身穿的是粗陋的呢大衣，住的是简陋的小楼房，吃的是一般饭菜。

　　孙中山任职期间，每天要接见大批来访者。有一位年过八十姓萧的盐商，特地从扬州到南京来瞻仰大总统的风采，因为说不出会见的理由，便被传达室阻拦。孙中山知道了，对卫士说："你请他进来，我很愿意会见他。"卫士把老人扶进来，指着孙中山告诉他："这就是大总统。"孙中山含笑起立，正准备和他握手，他却放下手杖，要行从前拜见君主的三跪九叩的旧礼。孙中山连忙扶他起来，请他坐下，亲切和他交谈，最后告诉他："总统在职一天，就是国民的公仆，是为全国百姓服务的。"老人问："总统离职后呢？"孙中山说："总统离职以后，又是和老百姓一样。"老人告辞时，孙中山送到办公室门口，吩咐卫士用车送他回到旅馆去。这时候，老人高兴极了，笑着说："今天我总算见到民主了。"

　　孙中山胸襟宽广，从不计较个人得失、恩怨。他告诫同盟会会员不得和光复会闹矛盾，特意函聘章太炎为临时政府枢密顾问，甚至对保皇党人也不准"挟私复怨"，"擅行仇杀"。但当他得知广东各界打算推举孙眉为广东都督的时候，却复电广东各界，申明"家兄质直过人，而素不娴于政治，一登舞台，人易欺以其方。粤督任重，才浅肆应，决非所宜"。坚决不同意孙眉就任广东都督。终使孙眉气得大骂："如果阿文是大总统，我是大大总统。"孙中山也一笑置之，不肯因为是至爱至敬的长兄而让步。

　　在短短的任职期内，孙中山领导的南京临时政府，外受帝国主义列强和袁世凯逼迫，内则财政困难十分严重。为了挽救财政危机，孙中山坐卧不安，想方设法，他曾经委托宫崎滔天，通过三井总公司上海分公司负责人藤濑向三井总公司借款二百万元。同情中国革命的藤濑见三井总公司迟迟不肯答应，便在自己权力范围之内，筹款三十万元，带往南京去见孙中山。孙中山谢却了藤濑的好意，不肯接受这笔借款。萱野长知记述了这件充满着崇高精神的事情：

　　"但孙先生却回答说：'谢谢你的盛意，不过现在我不想借了……'这样推来推去，推了很久，结果孙先生拒绝了它。无奈，藤濑回到上海，遂向宫崎滔天诉冤说：'如你所知，钱是不那么容易设法的。如今我好不容易弄到了这笔钱，孙先生却不接受，忽视了人家的好意，真是非礼。'宫崎滔天解释说：'你的好意我们是知道的，真谢谢你。不过孙先生不接受有其原因。说实在话，这几天来，为着是否应该继续执政这件事，孙先生一直在苦闷，现在他可能已经决定不执政了，所以才没有接受你的好意。'

　　"藤濑听了宫崎滔天这番话，以为孙先生之所以决心放弃政权，乃是因为他未能及时为孙先生设法银根所致，于是又带着这笔钱到南京去见孙先生，并且说：'我不知情，实在很抱歉。这些钱是我的诚意，所以无论如何请你把它收下来。'对此，孙先生却回答说：'非常感谢你的好意。不过这些钱我不能借了。因为我仍然是政府首长的话，我还可以说什么时候能够还你，但现在我却没有这种把握。因此请你把这些钱带回去。'藤濑见孙先生坚持不收，便苦口婆心地说：'这样办好不好？你说你已经决定放弃政权，但这还是属于秘密的事，你还没有公开宣布，现在你仍然是中华民国的大总统，你如果觉得不方便，请把借款的日期写成你决心放弃政权的前一天。这样，就是你辞了职，对我们是不会影响的，反正继起的政府会承认这笔债。何况你离开了政府之后，还得照顾你的党，马上需要钱……'但孙先生却毅然地回答他：'谢谢你的好意。不错，辞了职以后还是需要钱。但我是中华民国的第一任大总统。这个第一任大总统，就是再穷也不能借逃跑的路费。这是我的耻辱。而且更将启开很不好的先例。因此我只能接受你的诚意，但钱请你带回去。……'"

　　1912年4月1日，孙中山正式辞去临时大总统职务。孙中山在辞职书中表示："本总统今日解职，并非功成身退，实欲以中华民国国民之地位，与各国民之力量，与四万万人协力造成中华民国之巩固基础，以冀世界之和平。"

中国第一位总统，确实是一位充满着崇高精神和英雄气概的伟大战士。正是这样，使得列宁由衷地赞扬这位中国第一位临时大总统：

"这里的亚洲的共和国临时大总统是充满着崇高精神和英雄气概的革命的民主主义者，这种精神和气概是这样一个阶级所固有的：这个阶级不是在衰落下去，而是在向上发展；它不是惧怕未来，而是相信未来，奋不顾身地为未来而斗争；它憎恨过去，善于抛弃死去了的和窒息一切生命的腐朽东西，决不为了维护自己的特权而硬要保存和恢复过去的东西。"[7]

注释：

[1] 1911 年 8 月 13 日，在黄兴主谋下，同盟会会员林冠慈、陈敬岳在广州炸伤镇压黄花岗起义的刽子手、清广东水师提督李准。林冠慈、陈敬岳两人先后牺牲。

[2] 1911 年 5 月，广东、湖南、湖北、四川人民为反对清朝政府将已由民办的川汉、粤汉铁路收归"国有"，又将筑路权出卖给英、法、德、美四国银行团，掀起保路运动，四川尤为激烈，参加保路同志会者达数十万人，清朝政府下令镇压。9 月 7 日，四川总督赵尔丰屠杀请愿群众，激起四川人民更大愤怒。同盟会会员乘机组织同志军在各县发动武装起义，把保路运动推向高潮，为武昌起义点燃了导火线，掀起了辛亥革命的高潮。

[3] 文学社是清末湖北革命团体之一。1911 年 1 月，湖北革命党人将已暴露的振武学社，改组为文学社，蒋翊武为社长。他为武昌起义实际组织者和领导者之一。

[4] 日知会，清末湖北革命团体。1905 年 2 月由刘静庵、曹亚伯等发起，次年 2 月在湖北武昌正式成立。该会以利用美国圣公会所设的日知会阅报室得名。

[5] 黎元洪（1864—1928），湖北黄陂人，字宋卿。北洋水师学堂毕业。后应张之洞之招，随德国教官训练湖北新军，由管带、统带擢升为第二十一混成协统领，南京临时政府成立后当选为副总统。

[6] 袁世凯（1859—1916），河南项城人，字慰亭，别号容庵。1882 年随淮军提督吴长庆入朝鲜，负责前敌营务处。1885 年被李鸿章保荐为三品道员，改任"驻朝总理交涉通商事宜"。1895 年，授浙江温处道，在天津小站训练"新建陆军"。1899 年升山东巡抚。1901 年继李鸿章署理直隶总督、北洋大臣，次年实授。1907 年调军机大臣、外务部尚书。1909 年初被摄政王载沣罢免。1911 年，出任内阁总理大臣。

[7]《列宁全集》第十八卷，人民出版社 1959 年版，第 153 页。

第十七章 ｜ 讨　　袁

1912 年 2 月 15 日，太阳刚刚露出脸来，孙中山便匆匆命令部队赶赴钟山明孝陵。

外交总长王宠惠对此莫名其妙，便问孙中山："这是干什么?"

孙中山说："祭明太祖。"

王宠惠吁了口气，提醒孙中山："今天是参议院选举临时大总统的日子，孙先生或许必须出席，改日祭祀，怎样?"

2 月 12 日，清帝溥仪宣告退位。翌日，孙中山向临时参议院提出辞职，推荐袁世凯继任中华民国临时大总统。这天（2 月 15 日），参议院将进行投票。

孙中山知道王宠惠还不明白自己的用意，就说："正因为今天是参议院选举临时大总统的日子，我才命令部队去告祭明太祖。"

"为什么?"王宠惠不由瞪大了眼睛。

"今天选举的事，听说军中有持异议的人，他们既不愿我辞职，又不满意袁世凯。我恐怕他们在选举时候有所表示。如果选举袁世凯一案不通过，人们必然会怀疑我嗾使军队维持个人地位，所以特地移师城外，使他们不能干预选举的事。"

王宠惠这才明白过来，又吁了一口气。

其实，为让位袁世凯的事，孙中山一直处于矛盾和苦恼之中。

1911 年 11 月 30 日，在汉口英租界举行的光复各省都督府代表会议上，已经做出袁世凯如果反正，即举为临时大总统的决议。

12 月 18 日，南北议和在上海开始，"收拾大局，非袁莫属"

的妥协声浪，更是铺天盖地而来。

孙中山对袁世凯的印象并不好，觉得此人"狡猾善变"，"可能迟滞革命行动"，甚至认为他是个"巨奸大憝"，把政权让给他是靠不住的。在南北议和期间，孙中山坚持民主、共和的原则。当袁世凯一度表示反对共和，主张君主立宪，以致中断谈判，企图迫使南方革命势力做更大让步的时候，他毫不退让，下令出师北伐，而且在安徽、河南、湖北战场上，取得了一些胜利。可是，南京临时政府军事力量薄弱，财政困难，以至连陆军总长黄兴也不由发出这样的哀鸣："和议若不成，自度不能下动员令，惟有剖腹以谢天下。"

南京临时政府曾经三次要求列强承认，它们却不答一词，只是催迫孙中山尽快与袁世凯妥协。

不仅如此，连颇得孙中山器重和信赖的汪精卫也指责起孙中山来了。他一面发表宣言，提出"不做官，不做议员，不纳妾，不吸烟，不饮酒"的"五不"主义，故作姿态地力争广东都督不就；一面指责孙中山有权欲思想，当面斥责孙中山："你不赞成和议，难道是舍不得总统吗？"

孙中山无力改变"过渡"政府和"过渡"总统的局面。所以，他说："我……及至抵达国境，一切都已发展到了使我认为明智莫过于承认既成事实的阶段。"1912年1月2日，孙中山致电袁世凯，表示自己"不忍南北战争，生灵涂炭，故于议和之举，并不反对。……倘由君之力，不劳战争，达国民之志愿，保民族之调和，清室亦得安乐，一举数善，推功让能，自是公论"。孙中山在无奈之下，对袁世凯这个"汉人"还抱有幻想，以为他"本汉族，人情必思宗国，而总统复非帝王万世之比，俯与迁就，冀其自新"，企图借助他，"使推翻二百六十余年贵族专制之满洲，则贤于用兵十万"。

当狡猾的袁世凯向南京临时政府虚伪地承认"共和为最良国体，世界公认"，保证"永不使君主政体再行于中国"的时候，孙中山便马上向临时参议院提出辞职，推荐袁世凯继任。他终于拿出了装有国玺的红袋，庄重地交给了临时参议院议长。

一位西方史学家这样评论孙中山的辞职："一个人在通缉逃亡中过了多

年疲惫的生活，一旦尝到了权位的甜头，依照常理，他是否会实行其诺言呢？……他履行了诺言。……他的高尚道德能使他贯彻此一自愿引退的目的。这种高尚的人格，在世界上是绝无仅有的。"

其实，孙中山在民主、共和问题上，是决不拿原则做交易的。至于总统的职位，他却放眼世界，抱着"天下为公"的信念，视总统为国民公仆，从不把它看成是自己的禁脔。

在任职期间，孙中山常常听见人们向他高呼："大总统万岁！"他心里很不是滋味，回到总统府就对秘书说："封建专制已经推翻，但还是有人呼喊'万岁'，很不适当。"

秘书见孙中山这样认真，便又向他报告："各省都督发来的电文，好几份也有'恭祝大总统万寿无疆'的词句。"

孙中山听罢，摇摇头，严肃说道："封建流毒真深！必须继续肃清！我们已经革除了帝制，难道还要做皇帝吗？对那些祝我'万寿无疆'的，你们应劝导几句。以后如果再是这样，就把原件退回！"

1912年4月3日，孙中山由唐绍仪陪同，以一个国民的身份离开南京，循着他前来就任临时大总统的路，回到上海。

20日，孙中山乘坐"联鲸"号军舰到福建考察。舰泊马尾，福建都督孙道仁上船迎接，请孙中山换坐甲板船到南台登岸。

孙中山一见到孙道仁，便不高兴地说："刚才江面小船有'欢迎孙大总统！''孙大总统万岁！'的纸旗，太不像话了，是你布置搞的吗？共和国的总统卸任就是平民了，怎么还可以继续称总统？至于'万岁'二字，本是封建专制皇帝强迫手下臣民这样称他的。我们革命的先烈为了反抗'万岁'，抛弃了多少头颅？流了多少鲜血？我如果接受这个称呼，如何对得起先烈？请你马上通知大家取消这些纸旗，如果不取消，我不能熟视无睹，只好不下船了。"

孙道仁连忙道歉，马上让人通知把那些纸旗都改写为"欢迎孙中山先生"。

这样，孙中山才高高兴兴坐上甲板船进城。

孙中山在福建考察完毕后，继续南下，来到了广东，回到了阔别十七年的故乡。

早在学生时代，孙中山就十分关心家乡的建设。现在，孙中山作为前中华民国第一任临时大总统回来，乡亲们自然感到无比自豪，纷纷扶老携幼，夹道欢迎。翠亨村呈现出一派欢乐的气氛。

孙中山亲手栽种的酸子树苗虽说枝叶婆娑，长成大树了，但翠亨村的民众依然糠菜度日，贫困如故。孙中山心里十分不安。大家看见孙中山回来了，不免都有些奢望，纷纷要求孙中山拨公款修缮祠堂，兴建道路，创办学校。

以天下为己任的孙中山，对乡亲们的要求，只是微笑着回答："易的，易的，你们尽管自己动手去做。"他向乡亲们解释：现在国家百废待举，财政困难，要想把家乡搞好，还得靠大家出力。

孙中山没有搞光宗耀祖、衣锦荣归那一套，他和乡亲们布服叙旧，闲话桑梓，回家三天，演说三次。直到临别那天，才摆了十桌简便酒菜，请乡亲父老吃了一顿饭，便又踏上新的征途。

解职以后，孙中山追求的是什么呢？他在解职词中表示自己"并非功成身退，实欲以中华民国国民之地位，与各国民之力量，与四万万人协力造成中华民国之巩固基础，以冀世界之和平"。那时候，他认为清帝退位，民国成立，"民族、民权两主义俱达到，唯有民生主义尚未着手，今后吾人所当致力的即在此事"。为此，从解职之日起，他便以民国国民的身份，兴致勃勃地周游湖北、福建、广东各省，宣传民生主义，鼓吹社会革命，提倡振兴实业，为新中国开创一个新局面，"俾全国之人，无一贫者，同享安乐之幸福"。

6月22日，孙中山回到上海，集中精力与黄兴悉心规划铁路建设。他认为：振兴中国的唯一方法，是振兴实业，交通为实业之母，而铁路又是交通之母，要振兴实业，必须从修造铁道入手。他打算十年之内，修造铁道二十万里。"此事告成，则中国虽有一千兆之外债，亦不患无力偿还了。"6月27日，他在给咸马里夫人的信中，表示了自己的信心："我相信并且希望在不久之后，每一件事情都会再一次顺利发展下去。我想尽可能避开政治方面的

民族振兴的追梦者——孙中山

事情，我要尽我的力量来发展本国的自然资源，特别是铁路的建设，我希望我能够完成这些事情。"

然而，孙中山所期望的"实业救国"和"教育救国"，都是行不通的。在当时，危害最大的，莫过于把政权让给大地主、大买办阶级的政治代表袁世凯。

不错，孙中山提出辞职，推荐袁世凯出任总统的时候，为了防范袁世凯背叛共和国，特别附带了三个条件："一、临时政府地点设于南京，为各省代表所议定，不能更改；一、辞职后，俟参议院举定新总统亲到南京受任之时，大总统及国务各员乃行辞职；一、临时政府约法为参议院所制定，新总统必须遵守颁布之一切法制章程。"可是，历史上的巨奸大憝愚弄正直的贤者是不乏其例的。何况，那时候，利令智昏的袁世凯已经不把孙中山放在眼里了。

1912年2月27日，孙中山派遣迎袁专使蔡元培欢迎员宋教仁、汪精卫等人抵达北京，欢迎袁世凯到南京就任。袁世凯命令城内外商铺悬挂五色旗，车站支搭松柏牌楼，打开正阳门[1]迎接专使。当天下午，蔡元培一行由唐绍仪陪同谒见袁世凯，呈递临时参议院通告文和孙中山手书。蔡元培说："大总统必须南行，以联络南北感情，藉巡视军民近状，表示融洽。"

袁世凯当然不肯离开他的老巢北京到南京去受约束，但他却满脸是笑："我极愿南行，一俟拟定留守的人，即可就道。我非但要到南京，还计划赴武汉，与黎副总统晤商一切。"他装模作样地与陆军统制、民政首领协商留守人员，甚至连南下的具体路线也做了研究。

忠厚的蔡元培以为袁世凯遵从临时参议院决议，很是高兴，却没想到袁世凯的另一手动作。

早在专使到达北京之前，袁世凯就指使爪牙，盗用民间团体的名义，纷纷发表谈话，通电，致函，声嘶力竭地叫嚷"袁君不能离京"。

这还不够。29日晚7时许，曹锟第三镇陆军两营在北京发动兵变。东城和前门一带，火焰熏天，枪声隆隆，专使招待所首当其冲，变兵吵吵嚷嚷，骂声不绝，持枪破门而入，将他们的行李、文件洗劫一空。蔡元培一行眼看不对路，却又和袁世凯联络不上，急忙爬墙逃入东交民巷六国饭店。保定、天津的北洋军也相继哗变，假戏真做，趁机大肆掠劫百姓一番。

这时候，袁世凯的爪牙又放出空气了："袁总统尚未离京，已经闹到这个样子，若真离去，恐酿大变。"

其实，兵变不过是由袁世凯一手导演的丑剧。事后，唐绍仪泄露了"天机"："当时兵变发生，南代表束手无策，促予黎明访袁。予坐门侧，袁则当门而坐，曹锟戎装革履推门而入，见袁请一安。曰：报告大总统，昨夜奉大总统密令，兵变之事已办到矣。侧身见予，亦请一安。袁曰：胡说，滚出去。予始知大总统下令之谣不诬。"

帝国主义各国驻京外交使团和袁世凯配合得非常默契。他们借口"兵变"，让各国士兵 700 多人在北京街头列队巡行，给袁世凯助威、鼓劲。日、英、美、法、俄、德等国，还纷纷从旅顺、香港、哈尔滨、青岛调遣军队入京"护卫"。他们的报刊连篇累牍刊发"专电"，宣称"各国公使均以襄助袁世凯为平乱之惟一妙法"，"深望南京政府许袁世凯在北京履任"，"今设不即组织共和政府，各国便将干涉"。

有了洋人撑腰，北洋军将领便向南京临时政府发出最后通牒："临时政府必应设于北京，大总统受任必暂难离京一步，统一政府必须旦夕组成。"

副总统黎元洪也站出来说话了："舍南京不至乱，舍北京必至亡。"

蔡元培惊魂初定，一时拿不出主意来。还是汪精卫首先开口："今天的问题，应当首先实现统一，成立全国统一政府，才能安定大局。其余一切问题，都不妨尽量迁就。"蔡元培不知是计，连忙致电孙中山和南京临时参议院，提议改变临时政府的地点，取消袁世凯南下的要求，准许袁世凯在北京宣誓就职，以挽救垂危的大局。

孙中山即使明白这次兵变的内幕，又能有什么办法呢？他一筹莫展，只得再次让步了。

3 月 6 日，软弱的南京临时参议院议决统一政府组织办法六条："一、由参议院电知袁大总统，允其在北京受职。一、袁大总统接电后，即电参议院宣示。一、参议院接到宣示之后，即复电认为受职，并通告全国。一、袁总统既受职后，即将拟派国务总理及国务员姓名电知参议院，求其同意。一、国务总理及国务员任定后，即在南京接受政府交代事宜。一、孙总统于交代之日始行解职。"

3 月 10 日，袁世凯在北京前清外务部公署内宣誓就职。蔡元培代表临时参议院接受誓文，并代表孙中山致祝词。这样，几经艰苦奋斗得来的革命成果，国家的最高权力，被袁世凯攫夺去了。

其实，孙中山的辞职是时势造成的，正如《中国国民党第一次全国代表大会宣言》所指出："曾几何时，已为情势所迫，不得已而与反革命的专制阶级谋妥协。此种妥协，实间接与帝国主义相调和，遂为革命第一次失败之根源。……夫袁世凯者，北洋军阀之首领，时与列强相勾结，一切反革命的专制阶级如武人官僚辈，皆依附之以求生存，而革命党人乃以政权让渡于彼，其致失败，何待言！"

袁世凯就职以后，马上推荐唐绍仪[2]为国务总理。唐是袁世凯的老朋友、外交上的得力助手，既代表袁世凯参加了南北议和，又征得袁世凯同意加入了同盟会。袁世凯推荐这个"双栖人物"，无疑是既可靠，又不致被临时参议院否决。

临时参议院自然同意由唐绍仪组阁。3 月 30 日，袁世凯任命陆征祥为外交总长，赵秉钧为内务总长，熊希龄为理财总长，段祺瑞为陆军总长，刘冠雄为海军总长，蔡元培为教育总长，王宠惠为司法总长，宋教仁为农林总长，陈其美为工商总长，唐绍仪兼任交通总长。这个"混合内阁"，外交、内务、陆军、海军四个部都掌握在袁世凯手里，财政部也掌握在拥护他的立宪派手中。同盟会虽然掌握了教育、司法、农林、工商四个部，但都是摆设性的"冷衙门"。唐绍仪内阁实际上是袁家天下。

出乎袁世凯意料之外，国务总理唐绍仪并不完全跟着他的指挥棒转。唐绍仪是一个醉心西方民主的官僚，因此，袁世凯逐渐对他产生了芥蒂。

王芝祥事件迫使唐绍仪不得不弃官出走。6 月 17 日，袁世凯马上任命外交总长陆征祥暂行代理国务总理事务，另组内阁。

袁世凯的倒阁风潮，激起了同盟会部分会员的愤慨。同盟会的四位阁员也向袁世凯提出辞呈。袁世凯假惺惺地向他们说道："我代表四万万人民挽留总长。"蔡元培比过去清醒多了，针锋相对，用尖锐的口气回答他："元培亦作为四万万人的代表而辞职!"好些同盟会员更看出袁世凯的本来面目,主张"二次革命"。他们说:"我们用热血换得来的江山,不能任其断送在这个野心家之手!我们要再来一次革命,打倒这个独夫!"但大多数同盟会议员对袁世凯的违法行为,漠然视之,只求在下届内阁人选上予以补救。6月20日下午,他们派出四位代表去见袁世凯,申述对组织新内阁的意见:"此次唐内阁成立以来,一切政务不能著著进行,实因党派混杂,意见不一致的缘故。……此后欲图进展,非采取完全政党内阁不可。因此,同盟会的意见认为,第二次内阁只有两种:一、超然内阁,一、政党内阁。如果仍然采取混合内阁,同盟会会员不再加入。"

袁世凯反对政党内阁,坚持采取混合内阁,以便操纵。他色厉内荏,反咬一口:"我以前退居林下,何等安闲,这次出山,冒着艰险,负担重任,实为国民一分子不能不尽的义务。我的宗旨在于建设民国,诸君如热心建设,我都引为同志。否则,我亦不能强人所难。……"接着,袁世凯又用武力威胁议员,逼使议员通过陆征祥内阁阁员名单。这个所谓"超然内阁",实际上是袁世凯的傀儡。

袁世凯一方面加强对中央的控制,一方面利用各种借口,削弱南方各省都督的实力,打击革命力量。老奸巨猾的独裁者深知,要行这着棋,决非轻而易举。他决定利用矛盾,各个击破,最后一举歼灭革命力量。

终于,发生了骇人听闻的张振武案[3]。张振武案是民国成立以来,北京政府公开杀害"革命元勋"的第一桩大血案。

大血案的消息传开,各界人士纷纷议论:"昨为座上客,今作刀下鬼,北京城的政治气候变动得多么快呀!"

在北京的同盟会参议员连忙提出质问案:"今以民国首功之人,大总统、副总统乃口衔刑宪,意为生杀。本院有保护人民生命之天职,心滋疑虑,无可缄默,不能不一探其究竟也。"

在上海的黄兴也致电质问袁世凯:"南中闻张振武枪毙,颇深骇怪!……未见司法裁判,颇难释此疑问。乞更明白宣布,以解群惑,共和幸甚。"

袁世凯振振有词地说:"张振武一案,黎副总统原电有'蛊惑军士,勾结土匪,破坏共和,昌谋不轨,乞立予正法'等语。黎副总统为鄂军督帅,对其所部宣布罪状，请正典刑，自应即予照办。至原案颠末，已电黎副总统明白宣布矣。"

张振武、方维的血迹还未抹干，袁世凯马上下令以大将礼安葬，给张、方两人的遗属各发抚恤金三千元，将被捕的湖北将校团团员全部释放，各给一千元回籍旅费。

这种花招，又蒙骗了不少人。张振武的流血事件还不能使革命党人清醒。同盟会的部分骨干更热衷政党政治，他们当中，不少人正在全国各地展开国会竞选运动，认为一切问题都可以通过国会而纳入法制轨道，此时不宜引起政争。同盟会悄悄收兵了。

袁世凯也感到扩军、借款两大问题还没有解决，对南方用兵为时尚早。此时此刻，他还需要耍弄"拔木之术"。

袁世凯连连发出数电邀请孙中山、黄兴、黎元洪来京"面商国事"。而且，还派人到上海迎接孙中山、黄兴。

邀请黎元洪，北洋派是毫无疑虑的。而邀请孙中山、黄兴，就不是那么简单了。

在袁世凯看来，孙中山、黄兴二人正在危疑时刻，不会也不敢贸然到北京来。如果这样，就可记下一笔账，认为同盟会无合作的诚意，留作下一步讨伐南方的口实。如果他们应召而来，那也很好，既可以利用他们二人的合作关系，压制同盟会中的激进派，又可借此粉饰中国真正统一，争取各国早日承认他的政府。

一位谋士还是不放心，又问："我们为什么偏偏在这个时候，电请孙、黄二人？"

袁世凯瞥了那个谋士一眼，面带嘲弄的笑容，显得十分得意："各位知道拔木的技术吗？专用猛力，木不可拔；即使拔了，木也必然折断；唯有用左右摇撼的办法，直到根土松动，到那时，不必用大力，一拔就起来了。"

1912 年 8 月 24 日，北京街头悬挂着参差不齐的五色旗，穿着整齐的军警到处巡逻、警戒。前门东站高搭着彩棚。匾额用经冬不凋的翠柏扎着"欢迎"两个斗方大字。两字旁边，竖着两面隐喻五族共和的五色大旗。彩棚前面，左右站着两排持枪肃立的军人。站台旁边，军警仪仗队、军乐队连同本是袁世凯乘坐的金漆朱轮马车肃穆地候立着。

孙中出走下火车，欢呼声如潮似浪，欢迎的人流直朝孙中山涌来。孙中山连连鞠躬表示谢意。袁世凯的代表上前鞠躬敬礼："我代表袁大总统热烈欢迎孙中山先生，并表示深切诚意。"说着，拉开黄缎子门幔，请孙中山入座。

孙中山接到了袁世凯的邀请，决意以自己的诚意感化他，毅然决定北上。同盟会大多数成员都认为袁世凯不怀好意，反对孙中山深入虎穴。孙中山却不以为然："政权已经交出去了，合作关系就应当维持下去。至于个人安危，那是可以置之度外，不必多虑。"

当晚，孙中山随即拜访袁世凯。

袁世凯早就站在大门口迎接。他见到孙中山，连忙走下台阶，迎上前去，和孙中山热情握手，高声谈笑，仿佛会见了多年不见的亲人、挚友。他热切地和孙中山携手走进会客厅，屏退左右，只留下亲信、孙中山同乡梁士诒，三人一起亲切交谈。

次日，袁世凯也恭敬如仪地做了回拜。一时间，石大人胡同车水马龙，热闹异常。

26 日，孙中山发表谈话："袁总统才大，我极盼他为总统十年，必可练兵数百万，其时我所办的二十万里铁路，收入每年有八万万，这样便可与各国相见高低。"

这番话，正是袁世凯所需要的。唐在礼说："袁早已同梁[4]预先商量妥当，故意由梁出来同孙拉拢，主要的目的是要孙向全国公开表示永远不愿做大总统，而专心为国家搞实业，并且迎合着孙要办全国铁路的愿望，要求孙对全国宣布他要办铁路的决心。"

27 日，孙中山又与袁世凯进行了长时间的会谈。孙中山每提出一项意见，袁世凯都诺诺连声地表示："贵论宏大，可以参考。"

"方今革命已告成功，先生奔走数十年的目的已经达到，中国革命是否从此告终了呢？"袁世凯刺探孙中山今后的去向。

孙中山微笑着，从容回答："清廷虽幸已推翻，但若说国内革命便从此告终了，则恐怕未必呢！"

袁世凯不禁一怔，但他即刻控制下来，又是满脸堆笑："先生说得很对，我以人民、国家为念，以一日在职为苦，待国会选出新总统后，鄙人亦可一息仔肩，退为国民，与诸君共谋社会上的事业了。"

孙中山听他说得如此恳切，便恳切地鼓励他："我已决定今后从事社会事业，与黄君同时放弃竞选总统。十年之内，大总统非公莫属。"

袁世凯听了心里乐滋滋的，但又叹了口气，苦着脸说："只可惜鄙人难以忍受党派竞争之苦。"

"大总统的困难，我当尽力调解。"孙中山慨然应允，"同盟会改组为国民党后，公若加入，我与黄君愿以党的领导地位相让。"

袁世凯连忙摇摆着右手："我怎么行，我怎么行？"

"怎么不可以呢？公以国民党为后援，可以建设强有力的政府啊。"孙中山还是真诚地鼓励他。

袁世凯若有所动，但脑子忽而一转：这岂不是给孙中山牵着鼻子，成为头上的一个紧箍咒吗？于是又轻轻叹了口气："加入国民党诚然不错，可现今还不是时候啊。"

"怎么，我说的不在理？"孙中山觉得惊讶。

袁世凯霍地站起身来，显得十分激动："你所谈的一切，样样都对，都非常之对！我都赞成，非常之赞成！只有这件事我不赞成，非常之不赞成。我以衰朽之年，勉强出来支撑危局。现在无论外交、军事、财政，存在的问题实在太多了，太多了！将来选举正式总统，只有像你这样年富力强而又才高志大的人，才能当之无愧。我怎么行！我怎么行？"

在袁世凯看来，孙中山已入圈套，但他还是放心不下，所以再试探一番。

孙中山淡淡一笑："我们不但今天要你担任正式总统，而且将来还要你连任下去，担保十年之内不换总统！"

袁世凯像是吃了定心丸，内心舒坦极了，但却故作正经地说："孙先生，你这不是越谈越远了吗？我只能勉强维持到国会选举正式总统的一天。到了那个时候，我请求你放我回到洹上村去，做个太平盛世的老百姓。"

孙中山不察他的诡计，还是诚恳劝告："我们建立一个新国家，不能设想没有一段艰难的过程。但是，只要全国人民团结一致，发奋为雄，自强不息，无论任何困难都不是不可以克服的。你不必气馁，如果遇到困难，我们愿意帮助你去克服。而且，全国四万万主人翁也将共同努力，不会把困难搁在一个人的肩上的。"

袁世凯内心似乎受到很大的感动，脸上闪耀着红光。他用手搔搔后脑壳，心想，哼！你要用政党政治来卡我，我也要来个请君入瓮："我说你不过，先生你真是太会说话了。不过，这岂不是架我在火炉之上，而你自己却落得逍遥自在？"

"这却不是。我们可以分工合作。"孙中山开诚布公发表自己的见解，"我认为我们有许多事要做。以我看来，当前最重要的工作，第一件是训练军队以抵抗外国侵略，第二件是开辟交通以发展国民经济。我们要制定一个宏远的规划：十年之内，你练成百万精兵，我造好二十万里铁路！"

袁世凯根本没有心思谈论什么铁路建设，只得笑着应付："办铁路先生自有把握；若练精兵百万，恐怕不那么容易了。"

袁世凯话刚说完，突然灵机一动，试探地问："如果委曲先生为全国铁路督办，负责铁路建设一切事项，如何？"

孙中山沉思片刻，果断地答允："我乐于受任。"

袁世凯笑眯着眼睛："那太感谢先生了。"

会谈结束以后，孙中山又发表谈话："袁总统可与为善，绝无不忠民国之意。国民对袁总统万不可存猜疑心，妄肆攻讦，使彼此诚意不孚，一事不可办，转至激迫袁总统为恶。"

眼看孙中山已经进入圈套了，袁世凯兴高采烈，召集文武百官，于28日晚上举行欢迎宴会。他清清嗓子，首先致辞："孙君创立民国，功绩赫赫，垂名后世。予不肖承乏其后，窃虑堪其任，今夕相会，益当为民国努力，勿背孙君初志。"词毕，他热情洋溢，举杯高呼："孙中山先生万岁！"

可就在这个欢宴上，口蜜腹剑的袁世凯在表面文章的背后，又做了见不得人的手脚。袁世凯的亲信张国淦在日记中写道：

"中山到京后第三天，袁世凯在迎宾馆设筵为盛大欢迎，到者有四五百人。在大厅布置门形餐案，孙及其随员北面南向坐，袁及内阁阁员及高级官吏皆北向坐，北洋一般军官坐在东西两排，孙、袁在正中对坐。入坐后说了一些普通客套话，吃过一个汤，第二个菜方送上来，便听到西南角上开始吵嚷，声音嘈杂，说的都是'共和是北洋之功，'随着又骂同盟会。认为是'暴徒乱闹'。随着东南角也开始响应，并说'孙中山一点力量也没有，是大话，是孙大炮'、'大骗子'。这时两排的军官已经都站了起来，在吵嚷的同时，还夹杂着指挥刀碰地板、蹬脚和杯碟刀叉的响声，但都站在自己的座位呼喝乱骂。中山态度还是从容如常，坐在他旁的秘书宋霭龄等也不理会。仍照旧上菜，只是上的很慢。"

第二天，张国淦向孙中山"解释"说："北洋军人都是老粗，态度太不够。"

孙中山和往常一样，十分大度地说："这没什么关系。"

如果说，孙中山对袁世凯一点怀疑也没有，那也不确实。

一天深夜，梁士诒送孙中山回迎宾馆，孙中山问他："我与项城谈话，两人所见略同。我的政见，他亦多能领会。惟有一事，我至今尚有疑惑，请先生为我解释！"

"什么事？"

"中国以农立国，农民自身问题如果不能彻底解决，则革新肯定不易。如果要解决农民自身问题，又非耕者有其田不可。我说及这项政见时，以为项城必然反对，怎知他不但不反对，而且肯定为理所当然的事。这是我所不理解的。"

梁士诒微微笑着，慢慢"解释"："先生环游各国，目睹大地主的剥削，又生长南方，亲见佃农的痛苦，因此主张耕者有其田。项城生长北方，足迹未曾越过大江以南，而北方多属自耕农，佃农少之又少。项城以为耕者有其田，是当然的了。"

孙中山信以为真，哈哈大笑。

孙中山与袁世凯会谈了两次，便给黄兴拍发电报，催促他迅速北上：

"到京以后，项城接谈两次。关于实业各节，彼亦向有计划，大致不甚相远。至国防、外交，所见亦略相同。以弟所见，项城实陷于可悲之境遇，绝无可疑之余地。张振武一案，实迫于黎之急电，不能不照办，中央处于危疑之境，非将顺无以副黎之望，则南北更难统一，致一时不察，竟以至此。自弟到此以来，大消北方之意见。兄当速到，则南方风潮亦止息，统一当有圆满之结果。千万先来此一行，然后赴湘。"

9月11日，黄兴到了北京。袁世凯以接待孙中山的礼仪规格来接待黄兴。一位法国籍目击者记述了黄兴到达北京的盛况：

"皇宫附近的街道上都布满了岗哨，蒙古骑兵伫立在车站外面的露天广场上，卫队沿着月台排列成行，迎候列车。……

"还有一些少妇和少女，像团队一样整队肃立，她们来自新式学校，到这里来向革命军统帅致敬。她们大部分穿着淡蓝色上衣和淡色丝绸裤子。……

"月台上站满了不计其数的中国人，也有少数外国人，他们都渴望一睹"中国革命之拿破仑"的丰采。

"远处喷着浓烟，最后，列车在站上停下来了。乐队高奏国歌。人人涌向车厢门口去欢迎黄兴。他步出车厢，站在四十个人组成的贴身卫队中间，……他们穿西服，据说身上藏有炸弹。

"黄兴中等身体，外表刚毅倔强，宽肩膀，体格强健有力，面貌丰腴，蓄黑髭。他没有穿军装，着大礼服，戴礼帽。

"同朋友们握手之后，由那些被特许进入车站的人们陪同，黄兴走向出口。清廷为德国亲王的预定访问而购置的一辆四轮大马车，在车站外面等候。当黄兴在列队中间走过时，士兵们举枪敬礼，妇女积极分子也向这位革命元戎致敬。走到马车跟前，他停了下来，向聚集在车站外面露天广场上的群众发表了简短演说。"

9月21日晚，袁世凯在居仁堂大殿举行盛大宴会，欢迎孙中山、黄兴。

9月25日，袁世凯通电宣布："与孙、黄二先生讨论后，并征得黎元洪副总统同意决定八大政纲。"内容是："一、立国取统一制度；二、主持是非善恶之真正公道，以正民俗；三、暂时收束武备，先储备海陆军人才；四、开放门户，输入外资，兴办铁路矿山，建置钢铁工厂，以厚民生；五、提倡资助国民实业，先着手于农林工商；六、军事、外交、财政、司法、交通，皆取中央集权主义，其余斟酌各省情形，兼采地方分权主义；七、迅速整理财政；八、竭力调合党见，维持秩序，为永久之根本。"

孙中山以为他"此次北上是一次巨大胜利"，其实是上了当，帮了袁世凯的大忙。这不仅使张振武案风潮平息了，而且革命党人的妥协倾向也达到了顶峰。

1912年10月5日，英国《旁观者》发表了驻北京记者的通讯：

"此间情势已有惊人的进步。民众对民国政府深为满意，对临时大总统的反对声浪也沉寂下去了。经过选举，袁世凯当选总统已无疑义。英国报纸许多评论员的悲观论调是没有根据的。记者在中国生活时间太久了，虽不敢即认为见解过人，但记者以为，袁世凯实为中国此时所需要的强人。"

同一天的上海英文刊物《国民评论》周报也发表了报道：

"黄兴到北京后，继续致力于消除党派之间的猜忌和纷争，其结果无疑是加强了政府的力量。在孙文博士和黄兴将军到京以前，这些猜忌和纷争已危及民国的生存。"

孙中山以中华民国前总统、全国铁路督办的身份，于1913年2月11日乘"山城丸"号轮船自上海启程访问日本。

孙中山的这次访问，破天荒地受到日本朝野人士、华侨、留日学生的盛大欢迎和隆重接待。在前往神户的时候，孙中山在车上对陪同人员说："二十多年前我曾在此地山麓居住过，究竟是现在的什么地方，如今已无从记忆了。人们常说第二故乡等等，而当时对我来说连第一故乡也丧失了。其时我被迫逃出故乡，以漂泊之身东渡日本，真所谓沦落天涯之孤客。加以所到之处必有日本警察尾随跟踪，令人颇为厌恶。遇到过于讨厌的家伙，即不禁怒喝其即速离去。"

往事不堪回首。孙中山把希望寄托在将来："将来世界上总有和平之望，总有大同之一日。这是我无穷之希望，最伟大之思想。"

孙中山从日本经济的高速发展，看到祖国的未来。他认真探索，仔细研究，而且满怀信心地说："今日革命成功，祖国前途，大有可为。"

正在这个时候，孙中山收到了这样的一封电报："宋先生于22日午前4时47分，因伤绝命于上海铁道医院。"

残酷的事实最能教训人。这消息像晴天霹雳，使孙中山从和平建设的幻想中惊醒过来。他立即致电国民党本部及上海交通部："闻钝初[5]死，极悼。望党人合力查研此事原因，以谋昭雪。"

孙中山迫不及待，立即起程返沪了。

宋案发生，绝不是偶然的事。

正当孙中山宣布自己不过问政治、专心致志办理实业的时候，宋教仁却积极鼓吹议会政治、政党政治，从事国会竞选活动。

宋教仁四出奔走，到处游说，联合了统一共和党、国民公党、国民共进会、共和实进会，将同盟会改组成为国民党。1912年8月25日，国民党在北京召开成立大会，选举孙中山为理事长，黄兴、宋教仁、王宠惠等为理事。不久，孙中山委托宋教仁为代理理事长。宋教仁大刀阔斧，雷厉风行，在北京设立国民党本部，在各省和海外各埠设立支部，在国内各交通口岸设立交通部。这样，国民党很快成为机构遍布海内外，党员人数众多，在临时参议院内占有三分之二议席的"民国政党，唯我独大"的第一大党。

袁世凯一看势头不对，立即操纵立宪派和旧官僚，拼凑成了共和[6]、民主[7]两党，专门对抗国民党，与国民党形成三足鼎立的局面。

按照《临时约法》规定，临时参议院成立后十个月内应举行国会选举。1913年2月，选举名单揭晓，国民党党员在众议院596席中占了269席，在参议院274席中占了123席，国民党成了国会中的第一大政党。国民党人踌躇满志，准备利用在国会的优势，组织政党内阁，而且预定由宋教仁担任内阁总理。

袁世凯是个视权力如性命的专制独裁主义者。半年前，他用了很大气力才把内阁控制起来，现在国民党居然想把它夺回去，再变为束缚他的工具，这使他十分恼火。他曾经向杨度透露过自己的心事："我现在不怕国民党以暴力夺取政权，就怕他们以合法手段取得政权，把我摆在无权无勇的位子

民族振兴的追梦者——孙中山

250

上。"宋教仁是个有才干的政治活动家，活动能力强，要是他当上内阁总理，在袁世凯看来，要比唐绍仪可怕得多。

　　一时间，袁世凯变得坐卧不安了。袁世凯对付政敌，向来有两件"法宝"：金钱地位和白刃。他决定同样使用这两件"法宝"来对付宋教仁。

　　宋教仁在北京期间，袁世凯对宋教仁颂扬不已，百般笼络，甚至放出空气，说他可能让宋教仁出任内阁总理，继陆征祥之后组织内阁。

　　宋教仁没有理睬袁世凯的拉拢，他决心为实现自己的政治理想而奋斗："组织内阁必与各国务员负连带责任，若仅更换总理，不能与各国务员一致进行，必不能成一强固之政府，且与国民党政党内阁之党议大相刺谬。"

　　1912年10月18日，宋教仁离京南下。临行前，袁世凯"慷慨解囊"，送给宋教仁一套价值三千元的西服和五十万元交通银行支票，任他支取；还特意表示，如果不够用，可以再增加。宋教仁收下西服，退回支票。

　　袁世凯知道宋教仁决"非高官厚禄所能收买，乃暗萌杀意，密令心腹赵秉钧[8]谋之。赵又委其走狗洪述祖，程克二人主其事"。

　　宋教仁回老家住了一个多月，又重新开始竞选活动。他由长沙到武汉，过九江到上海，又到杭州和南京，到处演说，批评时政，言论风采，倾动一时。他在国民党湖北省支部欢迎会上对听众说："民国虽然成立，而阻碍我们进步的恶势力还是整个存在。我们要建设新的国家，就非继续奋斗不可。""以前，是旧的破坏时期；现在，是新的建设时期。以前，对于敌人，是拿出铁血的精神，同他们奋斗；现在，对于敌党，是拿出政治的见解，同他们奋斗。""现在接得各地的报告，我们的选举运动是极其顺利的。袁世凯看此情形，一定忌克得很，一定要钩心斗角，设法破坏我们，陷害我们，我们要警惕，但是我们也不必惧怯。"他在国民党湖北省交通部欢迎会上又指出："自民国成立，迄今二载，纵观国事，几天一善状可述"。"扶危济倾，端在我党有志之士"。

　　更使袁世凯不能容忍的，是宋教仁想通过民主的手段，甩开专横拔跋的袁世凯，选举"最为愚呆脆弱的黎元洪"为总统，"组织同志内阁"，使革命党人掌握国家大权。

　　袁世凯决定下毒手了。他一面秘密下令暗杀宋教仁。一面公开拍电催促宋教仁上京商讨国事。

宋教仁完全陶醉于国会选举的胜利，对袁世凯的杀意却没有任何提防。他急于上京组阁，决定坐津浦路火车去北京。

20日夜10时45分，宋教仁和黄兴、廖仲恺、于右任走出上海火车站议员休息室，他们刚刚走到检票处，忽然听到一连三声低沉的手枪射击声，接着，只见宋教仁摇晃了一下，倒在旁边的一张铁椅子上，轻轻而又镇静地说道："我中弹了。"送行的人急忙把宋教仁扶上汽车，送到附近的铁路医院抢救。凶手乘机逃走。

当夜手术，取出了一颗子弹，弹头有毒，宋教仁伤势严重，几度昏迷。他知道自己已经不行了，挣扎着说："这次我北上的目的，是要竭力调和南北意见，以便集中全国力量一致对外。"说到这里，宋教仁的伤口刀割似地剧痛，他额上满头大汗，但仍然支撑着，喘息着喊道："请你们快拿纸笔来代写遗电。"

黄兴急忙拿来纸笔，照着他所说的话写下：

"北京袁大总统鉴：仁本夜乘沪宁车赴京，敬谒钧座。十时四十五分在车站突被奸人自背后施枪弹，由腰上部入腹下部，势必至死。窃思仁自受教以来，即束身自爱，虽寡过之未获，从未结怨于私人。清政不良，起任改革，亦重人道，守公理，不敢有一毫权利之见存。今国基未固，民福不增，遽尔撒手，死有余恨，伏冀大总统开诚心，布公道，竭力保障民权；俾国家得确定不拔之宪法，则虽死之日，犹生之年。临死哀言，尚祈鉴纳。宋教仁。"

22日凌晨4时47分，年仅三十一岁的宋教仁与世长辞了。临终前，他还呼喊着："我调和南北的苦心，世人不谅，我死不瞑目！"袁世凯得到宋教仁被刺的消息，满心高兴，但却故作十分惊讶："竟有这种事吗？快拿电报来！"看完电报，又故作痛惜："这事怎么好？国民党失去宋遁初，少了一个大主脑，以后越难说话了。"紧跟着，他电饬江苏都督程德全、民政长应德闳和上海地方官、沪宁铁路总办，立悬重赏，勒限缉凶，而且马上派出交涉使陈贻范前去上海慰问。

22日，袁世凯又下了一道"穷究刺宋主名令"。与此同时，袁世凯的御用报纸，广泛传播着宋教仁之死，纯粹是国民党内部倾轧所致的"消息"。

出于袁世凯意料之外，23日，古董商王阿发向上海租界捕房报告："一星期前，因出售字画，到小西门外应桂馨处，应出示一张照片，说如能谋杀照片上这个人，酬银一千元。我无此能力，当即将照片交还与他。现在见各报所登的宋教仁的照片，与一星期前所见的照片相同，特来报告。"

捕房根据这个线索，在24日0时30分，到迎春坊三弄妓女李桂玉家里捕获了应桂馨；天明时候，又在应桂馨家里，查抄出一支五响手枪、应桂馨与洪述祖、赵秉钧往来密电码本和函、电多件。

凶手武士英来到应桂馨家里，也被逮捕了。

消息传到北京。袁世凯心慌意乱。3月29日，他密电程德全："连接南方私人来电，宋案牵涉洪述祖，是否确实？究何情节？宜速查复，以凭核办。"接着，他又电催程德全："宋案心烦喷，亟盼早见证据，望速照迭次电嘱，速行检齐报告。"

袁世凯的机要秘书张一麐也多次密电程德全，催他把"牵涉中央证据速向英厅索取"，派人带京呈阅，叮嘱"可不作正式报告"。

4月25日，程德全被迫通电宣布宋案证据：

赵秉钧致应桂馨函："密码送请验收，以后有电直寄国务院可也。"

洪述祖致应桂馨函："冬电到赵处，即交兄[9]手，面呈总统，阅后色颇喜，说弟颇有本事。既有把握，即望进行。"

洪述祖致应桂馨函："来函已面呈总统、总理阅过，以后勿通电国务院。因智老[10]已将应密电本交来，恐程君不机密，纯令归兄一手经理，请款总要在物件到后，为数不可过三十万。"

……

证据公布，宋案真相大白。

袁世凯是不可能低头认罪的。他授意亲信、爪牙为他洗刷罪名。

在北京各界举行的宋教仁追悼大会上，京兆尹王治馨强作证明："去年应桂馨到了北京，向赵总理自告奋勇，要动手杀害宋先生。总理即向总统请示。总统表示，政见虽有异同，暗杀之风究不可长。这些经过情况，可以证明总统、总理与宋案毫无关系。"

赵秉钧也发出了自辩电："洪述祖系内务部秘书，本总理与之通函，事所时有，来电即未述明原函内容，自系无干宋案，应即无庸置辩。此证明本总理与宋案无涉者也。……洪假政府名义诳诱应犯，决非受政府之嘱托，……此证明中央政府于宋案无涉者也。……该犯3月13日以后致洪各电，关系宋案，自出于本总理及政府意计之外。"

洪述祖首先跑到青岛租界，接着通电狡辩："述祖人微言轻，不得不假托中央名义，……述祖宗旨不过欲暴宋劣迹，毁宋名誉，使国民共弃去之，以破其党派专制之鬼蜮而已。"

欲盖弥彰！这些文章，恰恰证明袁世凯、赵秉钧与宋案有关。

5月8日，上海地方检察厅根据原告律师的请求，票传赵秉钧、洪述祖到案对质。

袁世凯、赵秉钧眼看正面文章做不下去了，转而又做反面文章。

5月11日，一名叫周傲予的女学生，向京畿军政执法处"自首"来了。她自称是"女子暗杀团团长"，奉"血光团团长"黄兴之命，在北京、天津一带组织暗杀机关，企图颠覆政府，暗杀政府要人。

袁世凯政府立即大肆宣传，京津军警马上四出搜捕"血光团"，弄得鸡飞犬走，人人自危。

北京地方检察厅立即票传黄兴到案对质。6月11日，上海会审公堂根据北京地方检察厅的来文，票传黄兴待质。黄兴哈哈大笑："这个把戏倒也变得好！"他一传就到，而且保证随传随到。

墨写的谎言毕竟无法掩盖血写的事实，而血淋淋的事实，教育了孙中山和广大革命党人，使他们丢掉了幻想，重新举起民主革命的旗帜。

1915年5月，孙中山在《复北京学生书》中回顾这段曲折经历时写道：

"第一次革命[11]，解职推袁，以免流血之祸；张、方之难，身自入都而为之解，宣言十年不预政治，俾国人专心信托之，即东游一月，不窗为袁氏游说也。迨'宋案'发生，弟始翻然悟彼奸人非恒情所测，且必有破坏共和之心，而后动于恶，故一念主张讨贼，以爱国之故，不能复爱和平也。"

1913年3月25日上午，孙中山回到了上海。当晚，就在黄兴寓所开会研究对策。

孙中山看到"袁氏将拨专制之死灰而负民国之付托",力主武力解决。他提出"联日""速战"的主张:"日助我则我胜,日助袁则袁胜。袁氏手握大权,发号施令,遣兵调将,行动极称自由。在我惟有出其不意,攻其无备,迅雷不及掩耳,先发始足制人。"

黄兴则认为,袁世凯称帝的逆迹尚未昭著,南方革命军又刚刚裁减,必须加以整备才能作战,仓促发难,必至失败。而且,民国已经成立,法律并非没有效力,对于宋案,宜持冷静态度,以待正当的解决。因此,黄兴主张"听候法律,与袁世凯相周旋"。

孙中山不同意黄兴的意见,反复陈说:"事情已经到了这个地步,只有起兵才行。因为袁世凯是总统,总统指使暗杀,则断非法律所能解决。所能解决的,只有武力。"

与会者只有一人支持孙中山的主张,其他都同意黄兴的意见。黄兴的"法律解决",无疑是一个幻想,但他对当时形势的分析,却不无可取之处。孙中山的"武力解决",从理论上说无疑是正确的,但他"所定计划",则脱离实际。

日本政府支持袁世凯,"联日去袁"只不过是一厢情愿。孙中山两袖清风,缺乏革命经费;黄兴撤销南京留守府,南方革命军所剩无几;国民党人控制的数省各自为政,情况复杂,兵力单薄。这一点,孙中山也十分清楚。谭人凤询问孙中山的打算,孙中山说:"若有两师兵力,我当亲率问罪。"谭人凤当即反驳他:"孙先生说的,空论罢了,两师兵力从何处来?"一时间,孙中山也无言可答。而袁世凯经过一年的经营,基本上做好了"武力统一"的准备。在这种情势下,"速战"本身已成问题,即使先发制人,也难以取胜。

打内战,消灭革命民主力量,这是袁世凯既定的方针。为了取得战争经费,1913 年 4 月 23 日,袁世凯下令接受英、法、德、日、俄五国银行团提出的苛刻贷款条件。26 日,国务总理赵秉钧伙同外交总长陆征祥、财政总长周学熙溜进东交民巷汇丰银行,与五国银行团签订了二千五百万英镑的借款合同。

借款合同刚刚签订,五国银行团便毫不掩盖地宣称:"中国前途非袁总统不能维持，政府力量不得不力求增加。"

5月2日，美国政府正式承认袁世凯政府。这是帝国主义公开支持袁世凯发动反革命内战的举动。

孙中山得悉袁世凯冒天下之大不韪，向五国银行团借款的消息，立即要求上海汇丰银行速电北京总银行阻止签字，同时致电各国政府和人民，揭露袁世凯政府的罪行，呼吁各国政府和人民设法禁阻五国银行团以巨款"充与人民宣战之军费"："北京政府一旦巨款到手，势必促成悲惨之战争。"

五国银行团根本不理睬孙中山的劝阻，帝国主义列强也决不会帮助孙中山。

宋案和大借款案发生以后，"全国人心鼎沸，国贼国贼之声，震于环宇"。4月13日，国民党上海交通部召开宋教仁追悼大会，参加者多达四万人。天津、上海、广州相继成立中华民国省议会联合会、全国公民会、拒债救亡会等团体，在全国各地，也召开了规模巨大的公民大会，强烈反对北京政府违法借款，表示誓不承认。各地报刊纷纷发表社论，抨击北京政府是"专制政府""强盗政府"；指出袁世凯为"全国人民之公敌，手不操戈之大盗"；呼吁国民发动"二次革命"，诛奸讨逆，以"作民国之砥柱，挽共和于既倒"。这对孙中山来说，无疑是一个巨大的鼓舞。他呼吁"欲求解决之方，惟有诉诸武力而已矣"。

孙中山、黄兴又在上海召开讨袁会议，决定派出同志分赴各省督促兴师讨袁。

然而，诚如列宁所指出的，国民党的"弱点在于它还不能充分地吸引中国广大人民群众参加革命"[12]，因而它还是软弱无力的。

孙中山电令广东首先发难。广东都督胡汉民回答说："广东情况复杂，时机未至。"

孙中山又命陈其美在上海打响第一炮。陈其美答复道："上海乃弹丸之地，很难与之抗衡。"

黄兴电令湖南独立讨袁。湖南都督谭延闿复电"陈其不可"。

黄兴派遣谭心休到昆明去和云南都督蔡锷商量起兵的事。蔡锷却劝黄兴"息事宁人，保全实力"。

这样，国民党人谈来议去，说不出一个所以然来。结果，只好作出十二个字的决策："宋案责成法院，借款责成国会。"

其实，大多数国民党人所顾虑的，宋案和大借款案尚属次要，当前最迫切的问题，莫过于阻止北京政府用兵南方，否则，南方数省必不能保。他们祈望再举行一次南北议和，推岑春煊、王芝祥、汪精卫、章士钊为南方议和代表，到北京协商和平条件。

但是，时至当日的袁世凯已不是昔日的袁世凯了。他凶相毕露，杀气腾腾："今日并非调和南北问题，乃系地方不服从中央、中央宜如何统一问题。宋案自有法院，借款案自有议会，我与岑君等皆不能说话。"

袁世凯早已经把刺刀提到议事日程上来了：

4月7日，参谋部密电山东都督周自齐、武卫前军张勋进行军事动员，以供调遣。

4月30日，袁世凯在海宴堂召开第一次军事秘密会议，决定多购军火，增置募兵；不准开会演说宋案和借款案，取缔登载宋案和借款案的报纸。

5月1日，袁世凯任命段祺瑞代理国务总理，组成"战时内阁"，"总理每日在居仁堂西偏小楼上，处分军事"。

5月3日，袁世凯公布"除暴安良令"。

5月6日，袁世凯召开第二次军事秘密会议，制定湘、赣、皖、苏四省的军事部署。

5月中旬，北洋军大举南下，完成了"监制南军"的军事部署。

5月15日，袁世凯解除黄兴陆军上将职。

5月22日，袁世凯令人传语国民党人："现在看透孙、黄除捣乱外无本领。左又是捣乱，右又是捣乱。我受四万万人民付托之重，不能以四万万人之财产生命听人捣乱。自信政治、军事经验，外交信用，不下于人。若彼等能力能代我，亦未尝不愿。但今日诚未敢多让。彼等若敢另行组织政府，我即敢举兵征伐之。"

6月9日，袁世凯免去李烈钧江西都督职，任命黎元洪兼任。

6月14日，袁世凯免去胡汉民广东都督职。

6月30日，袁世凯免去柏文蔚安徽都督职。

7月3日，袁世凯以江西湖口"匪党谋乱"为借口，命令第六师火速向九江推进。

7月12日，袁世凯任命李纯为九江镇守使。

北洋军重兵压境，战火迫在眉睫。孙中山力排异议，毅然发动"二次革命"，武力讨袁。

7月12日，讨袁急先锋李烈钧奉孙中山的命令潜抵湖口，召集旧部，成立讨袁军总司令部，发布江西讨袁军总司令檄文。是日，讨袁军与李纯部在德安一带开始接战。

"二次革命"终于爆发了。

江西首倡独立，各省相继响应。

7月15日，黄兴在南京组织江苏讨袁军，就任江苏讨袁军总司令，正式宣告："袁世凯违反约法，蹂躏国会权限，举腐败不堪胜任之私人，高据要职，爱国志士惨遭谋毙，迹其罪恶，甚至专制暴君。我人先拟依据约法令袁世凯退职，以谢人民。法律解决既经无效，乃不得不诉之武力，作最后之解决，今兹讨袁之军，其目的惟在保障共和，维持人道，因此而牺牲一切，亦所不惜。"

7月17日，安徽宣告独立，柏文蔚为安徽讨袁军总司令。

7月18日，上海、广东同时宣告独立，陈其美为上海讨袁军总司令，陈炯明为广东讨袁军总司令。

7月20日，福建宣告独立，许崇智为讨袁军总司令。

7月25日，谭延闿被迫宣布湖南独立。

8月4日，四川宣告独立，熊克武为四川讨袁军总司令。

"二次革命"爆发，孙中山积极呼吁，一时间，大江南北燃起了讨袁的熊熊烈火，形成相当大的声势。可是，讨袁各军仓促上阵，孤立作战，缺乏统一指挥和战略配合。这样，尽管不少地方出现"孤城落日斗兵稀"的悲壮搏斗场面，但"二次革命"在两个月内就失败了。孙中山、黄兴等革命党人不得不相继逃亡日本。

注释:

　［1］按清律，非皇帝出入，不得开正阳门。

　［2］唐绍仪，广东香山人，字少川，1874 年留美学生，历任清政府天津海关道，外交部侍郎，署邮传部尚书，铁路总公司督办，奉天巡抚等职。

　［3］张振武是发动武昌起义的重要人物，湖北军政府成立时任军务部副部长。他反对黎元洪解散同盟会的军队、排斥革命党人。黎元洪下令解散张振武领导的将校团（将校团共六百多人，方维任团长），张振武"函阻将校团不得退伍"。黎元洪企图遣散兵站总监兵六大队，张振武闻讯，立即将它改编为护卫队。黎元洪下令解散护卫队，张振武"抗不遵命"。最后，袁世凯诡称有重要军务商讨，电令张振武入京。张振武中计，最终于 1912 年 6 月 16 日凌晨 1 时和方维一起被枪毙杀害。

　［4］梁，指梁士诒。

　［5］宋教仁字遯初，亦作钝初。

　［6］1912 年 5 月，统一党、民社和国民协进会合并，组成共和党，黎元洪为理事长，张謇、程德全等为理事，是同盟会的劲敌。

　［7］1912 年 8 月，梁启超、汤化龙等联合共和建设讨论会、共和俱进会、共和促进会、国民新政社等小党组成民主党。次年与共和党合并为进步党。在国会中与国民党对立，为袁世凯效力。

　［8］赵秉钧，河南临汝人，字智庵。1902 年受直隶总督袁世凯委派，以道员创办警察制度。1905 年任巡警部侍郎，1912 年任袁世凯政府内务总长，并继唐绍仪任国务总理。

　［9］兄，指洪述祖。

　［10］智老，指赵秉钧。

　［11］第一次革命，即 1911 年的辛亥革命。

　［12］《列宁文稿》第二卷，人民出版社 1978 年版，第 130 页。

第十八章 | 东渡的悲欢

从上海南下的德国"约克"号轮船徐徐驶向马尾港。

轮船刚刚靠岸，预先在马尾伫候的日本人多贺宗之立即跳上船来，声言非要马上会见孙中山先生不可。

这天是 1913 年 8 月 3 日。孙中山和胡汉民、梅光培诸人，乘着这艘轮船，计划到广东去策划讨袁斗争。

孙中山穿着白色的立领西装，在船内会客室会见了多贺宗之。

多贺宗之向孙中山敬过礼，马上说道："我是福州日本领事馆武官。根据昨天我所接到的情报，广东方面的情势突然发生大变化。先生如果去广东，无异自寻绝境；现在不如变更计划，改赴他地，以观情势。"

"到哪里去？广东形势果真变化得那么快？"孙中山直视着他问。

"正好，马尾有一条商船明晨开往台湾，请先生赶快换乘这艘船。到了台湾以后，如广东的情势并不如所说的那么严重，先生再从台湾到广东也不迟；如果广东的情势仍然不利，则请先生到便于实行计划的地方去。"多贺宗之说得斩钉截铁，简直不容置疑。

孙中山摇摇头，不相信多贺宗之的说法，沉思地解释着："我到广东，是跟陈炯明约好的。我离开上海时，广东的情况对我们非常有利，不能想象在一两天之内，广东会有什么大的变化。"

"广东的独立已经被彻底破坏了，而香港政府不允许先生上岸也是确实的；先生还是赶紧下船为上策。我会设法保护先生的安全。"

多贺宗之说得十分恳切，使得孙中山不得不认真考虑。他沉思着，久久没有说话。

"先生想到哪里去？"多贺宗之又问。

孙中山无言以对，随即翻开身边的世界地图，默默地观看着。

多贺宗之建议："先生先到新加坡去，怎么样？"

孙中山摇摇头："我只能先到日本去。到日本跟同志们商量后，再决定到什么地方。"

"日本政府是否准许先生登陆，我不知道。不过，避免目前的危境，应该是先生的第一要务，因此，我认为先生应该到台湾去。如果先生同意，我给台湾当局拍电报。"

孙中山一时下不了决心，他又沉默着，吁了一口气，好一会才说："谢谢您的好意，请让我再考虑考虑。"

时间刻不容缓。多贺宗之急得坐立不安，简直是用命令的口吻说话了："已经没有再考虑的余地了，请赶快决定吧。为了迎接先生，我早已准备好了小汽艇，正在这条船的旁边等着先生。"

孙中山显然被他的真情感动了，亲切而又婉转地说道："还有再考虑的必要。今天晚上9点钟烦您再来一次，那时我将作最后的决定。"

多贺宗之只好告辞，回到商船"抚顺丸"号等候。

孙中山决定先到台湾基隆港，再转赴日本。他对同行者说："你们还是乘这艘船赴港；我与汉民渡台。"吩咐完毕，他转过身来，又亲切地对梅光培说道："你由美国万里归来，志切革命，现今不幸失败，且你离国日久，回来人地生疏，钱财不可不多带。"说罢，把自己的六百元钱递给梅光培。梅光培十分感动，就是不肯伸手接受。

胡汉民便向梅光培解释："先生给的，不可不接受。至于先生方面，我这里尚有存款，可以无虑。"梅光培这才接受孙中山的赠款。

多贺宗之如约乘小汽艇来到"约克"号上。

孙中山、胡汉民乘汽艇登上去台湾的"抚顺丸"号商船，随员把孙中山的六个大皮箱也由汽艇上搬到船上来。

当夜，东海月黑风急，波涛汹涌。孙中山、胡汉民与多贺宗之在甲板上漫步叙谈。孙中山望着隐隐约约的岸上灯火，真是百感交集。十六年沦落天涯的滋味，已经尝够了。想不到现在又要东渡日本，做亡命孤客，怎不令人痛心疾首！

8月4日上午10时，"抚顺丸"号从马尾启航驶往基隆，次日上午6时抵达。日本驻台湾总督派员接待孙中山一行。

上岸后，孙中山还没有坐稳，日本外务大臣牧野伸显已经电示台湾总督："鉴于国内外形势，帝国政府认为，以防止与此次中国骚乱有关之领袖来本国为上策，并执行此项方针，望照此精神依适当方法，劝告孙改赴日本以外之其他地方。"

尽管日本政府采取这种态度，孙中山还是在5日下午4时，偕同两位随员，换乘日本"信浓丸"号邮船，直奔日本。[1]

在海上，孙中山给东京的萱野长知拍发电报："文如远去欧美，与我党前途实多影响，故无论如何，希在日暂住，俾便指挥。船抵神户，并望与同志叙晤密商。"

萱野长知接到电报，马上转告头山满。头山满派遣寺尾亨向首相山本权兵卫进言，要求允许孙中山居留日本。山本固执己见，坚决不肯答应。头山满只得拍发电报，请在伊豆长冈静养的犬养毅速回东京与山本交涉。

犬养毅赶回东京，告诉萱野长知："你去神户接孙先生，我去跟山本首相和牧野外相交涉。我自信能说服他们。"

头山满也告诉萱野长知："不能把孙先生交给美国。你速去神户，要大胆去干，准备牺牲。其他的事，我可以负责。"

萱野长知还是不明白头山满的用意，便问："你的意思是……"

"必要时候，跟孙先生跳进海里去。"头山满说得斩钉截铁，不容置疑。

8月9日上午7时，孙中山抵达神户。

可是，就在孙中山奔赴兵库县首府神户的途中，外相牧野又电示兵库县知事，令他劝告孙中山改赴美国："孙逸仙抵达贵地后，在其未与他人接触产生种种麻烦之前，望贵官采取适当方法，将如下意旨作为政府意向，恳切对孙面示，让其充分谅解我立场，尽快决定照原计划赴美，并注意设法不使其动摇该决心。"

"信浓丸"号抵达神户，立即受到警察、侦探严密监视。

东京赶来的萱野长知，与川崎造船所所长松方幸次郎和三上丰夷密商孙中山秘密登陆的方法。松方幸次郎说："一定要在日本上岸，不能把孙先生交给西洋人。"

当时，川崎造船所正在建造北京政府订购的两艘大船。北京政府如果知道松方幸次郎帮助孙中山在日本上岸，必定会采取报复性措施。这样，川崎造船所在经济上一定会蒙受损失。但松方幸次郎还是毫不犹豫地提出"盗窃孙"的方法。

商量妥当，萱野长知准备上船会晤孙中山。这时候，旅馆的佣人赶来送上一封电报。他连忙拆开来看，上面写道："山本已同意，请转告孙先生。"

萱野长知十分高兴，马上到船上向孙中山报告这个消息；接着，又向兵库县知事交涉孙中山上岸的事。兵库县知事说："不要太公开，请秘密地去进行。"

夜 9 点，黑幕笼罩着大地和海面，只有星星点点的灯光像鬼火似的闪耀着。趁着黑夜，松方幸次郎、三上丰夷陪同孙中山，从"信浓丸"号走下来，换乘小汽船，在大阪的海面上兜了一个大圈，又悄悄回到神户，在川崎造船所岸边靠岸，他们从后门步行到诹访山温泉境内的常盘花坛别墅。

这时候，已经是深夜 11 点了。

萱野长知很关心孙中山的生活，问他："您有没有钱？"

孙中山淡淡回答："只有一点，但不要紧。"

许多日本人都以为孙中山随身带有巨款。孙中山经过神户和田岬的时候，他带着的六个大皮箱，马上吸引了日本警察的注意力，他们向上级报告："孙先生带了很多钱来。"

这六个皮箱一直没有打开，到了夏天才拿出来晒太阳。大家一看，原来里面装的全都是书。警察又马上向上级报告："那些皮箱装的都不是银元美钞，而是书。"

萱野长知后来回忆起这件事，还感慨地说："就是在这种生死关头的时候，他也绝不带钱，而要带书出来。孙先生之所以成为孙先生，其特色就在这里。"

日本政府虽然同意孙中山上岸，但仍然劝告他离日去美。

8 月 14 日晚上，兵库县知事秉承外务大臣的意旨拜访孙中山，说明"久留日本并非上策之意"。

孙中山十分明白日本政府的用意，便说："中国南方形势目前尚有恢复的希望，所以暂时还得留在日本观察形势，然后决定自己的进退。"

兵库县知事最后向孙中山"说明"了："如果你将日本作为敌视邻国的策源地，则自然招来困难，务请充分注意。"

孙中山微微一笑，算是回答。

可是，过不了多久，日本政府对孙中山的态度，又发生了戏剧性的变化。

8 月 12 日，外相牧野致电驻华公使山座园次郎："若他们不听劝告，强行驱逐亦非上策，故或许万一会留在日本，亦尚难意料。在此情况下，一则对其严加监督，以免使日本成为邻国动乱之策源地，同时亦不得不对其人身安全予以适当保护。"

驻华公使把这个意向通过陆军参谋本部驻北京的代表坂西利八郎转告袁世凯。袁世凯自然不肯同意："对日本国政府对其严加监督之举亦充分谅解。……但只要他们留在日本，日中国民间误解的种子便不会全然消除，所以要设法令其离开日本。"

凶狠的袁世凯又密令驻日大使馆组织暗杀团，在东京暗杀孙中山。

犬养毅、头山满、宫崎滔天、萱野长知获悉这个消息，马上转告在东京的中国革命党人，同时组织"刺客击退团"。

8 月 16 日凌晨 4 时，孙中山由菊地良一陪同，离开常盘花坛别墅到和田海角，秘密走上开赴东京的"襟裳丸"号轮船。18 日 0 时 48 分抵达东京的住地，即东京赤坂区西灵南坂 27 号海妻猪勇彦宅。从此，孙中山在东京居住了两年九个月。

日本政府何以开始不许孙中山登岸，继而同意久留日本呢？这种微妙的变化，确是事出有因。

辛亥革命影响了整个亚洲，促进了亚洲的觉醒。1913 年，日本国内爆发了第一次护宪运动，反对藩阀统治，要求建立立宪政治。日本政府害怕孙中山在这个时候来到日本，会直接影响日本的政局。日俄战争以后，袁世凯从亲日转向亲英、美、俄、法。日本政府为了维护并扩大在华的权益，既不敢得罪欧美列强，又想拉拢中国当权者袁世凯。这也许就是日本政府不许孙中山登岸的内外两个方面的原因吧！

然而，日本政府又注意到："二次革命"虽然失败了，但中国革命党人依然是一支不可忽视的力量，孙中山在世界上仍然享有盛名，完全抛弃孙中山和中国革命党人，把他们推向欧美列强，"于帝国不利"；把他们掌握在自己手中，可以当作和袁世凯讨价还价的筹码，甚至是威逼他的一张"王牌"。计来算去，还是把孙中山留在日本合算。这也许就是日本政府同意孙中山久留日本的原因吧！

半年前，作为"胜利者"的孙中山，一踏上日本的国土，就受到日本政府的盛大欢迎；现在，作为"失败者"的孙中山，一踏上日本国土，则受到如此冷酷的待遇，在"严加监督"下过着亡命的生活。孙中山的感触，是不言而喻的。

更使孙中山悲伤的，莫过于革命派的分裂，战友黄兴与他的分手。

耐人寻味的是，孙中山毕生反对封建主义，却也不自觉地受了封建思想的影响，存在着独断的观念。这种观念，在把同盟会、国民党改为中华革命党这两件事情上，充分表现出来了。

1910年2月，孙中山鉴于同盟会发生内讧，在旧金山建立同盟会分会的时候，他自作主张，修改了同盟会的宗旨，把同盟会改称为中华革命党。这么一件大事，事先没有经过同盟会干部和会员讨论，只是总理一人说了算数，这就未免独断专行了。结果，中华革命党这个名称还是行不通。

1913年，孙中山流亡日本以后，又把国民党改组为中华革命党。孙中山之所以要这样做，用他的话来说："国民党是一盘散沙，乌合之众，这个党我不要了。"

正是这件事情，成了革命派分裂、孙中山与黄兴分手的导火线。

国民党是一个民族资产阶级政党，它的革命性不如同盟会，有着浓厚的妥协色彩。宋教仁、黄兴把大批官僚、政客拉入国民党内。孙中山也劝过袁世凯和内阁阁员加入国民党。这样，使得国民党的成员越来越复杂。

开始，孙中山并没有意识到这个问题的严重性。1912年8月25日，他在国民党成立大会上说道："五党合并，从此成一伟大政党，或处于行政地位，或处于监督地位，总以国利民福为前提，则我中华民国将可日进富强。故兄弟于五党合并，有无穷之希望也。"

国民党在第一次国会选举的胜利，更使孙中山欢欣鼓舞。1913年1月10日，他在上海国民党恳亲会上还说："吾国民党，由革命志士合各政团组织而成，本吾民国之盛举。……正式国会、正式政府成立之期不远，尤不能不细心研究，冀产出一最良之宪法，以为立国之根本。吾国民党员果人人以当年经营革命之精神，用温和稳健之手段，共谋建设民国之事业，则党事发展，与国事之进步，必有十百倍于昔日者。今日兄弟对于党员，窃有无穷之希望焉。"

"二次革命"的迅速惨败，"二次革命"后大批国民党员的落荒、颓唐以至叛变，给孙中山极大的冲击，使他对国民党的认识，发生了很大的转变，认为国民党患有"散漫不统一之病"。于是，为了"正本清源""屏斥官僚""淘汰伪革命党"，孙中山决心将国民党做一番改造。

孙中山鉴于前辙，主张建立一个能贯彻主义、纪律严格、有战斗力的革命党，无疑是正确的；可惜，矫枉过正，却走向另一个极端，他此刻想要建立的是一个只服从他个人的、狭隘的秘密革命团体。

他提出："此次重组革命党，首以服从命令为唯一之要件。凡入党各员，必自问甘愿服从文一人，毫无疑虑而后可。若口是心非，神离貌合之辈，则宁从割爱，断不勉强，务以多得一党员，即多得一员之用，无取浮滥，以免良莠不齐，此吾等今次立党所以与前此不同者。"入党各员要宣誓"附从孙先生"。

他提出：入党各员要在誓约上印盖指模，"指模为一不可更之条件"，"欲防假伪，当以指模为证据"。

他提出："凡于革命军未起义之前进党者，名为首义党员；凡于革命军起义之后、革命政府成立以前进党者，名为协助党员；凡于革命政府成立之后进党者，名曰普通党员。""革命成功之日，首义党员悉隶为元勋公民，得一切参政、执政之优先权利；协助党员得隶为有功公民，能得选举及被选权利；普通党员得隶为先进公民，享有选举权利。"

孙中山屡败屡战的韧性战斗精神，在多灾多难的中国，无疑是十分难能可贵的。但是，此时此刻，他以为"除我外无革命导师"，提出今后全党必须"服从文一人"，在组织原则上搞以我为核心，却走到个人崇拜、绝对自信的极端去了。

许多革命党人对孙中山的组党主张提出了不同意见，对孙中山草拟的章程提出了修改意见。黄兴曾劝告孙中山：誓约上"附从孙先生再举革命"一词和盖指模一事，"前者不够平等，后者几近侮辱"，恳切地期望纠正过来。

孙中山也曾经表示考虑大家的意见。可是，陈其美之辈却当面吹捧孙中山："你是最伟大的人，由你统治中国是天经地义的事。无论在中国还是在日本，哪有你这样的人？"他们带头宣誓盖指模，攻击与孙中山有意见分歧的同志。宫崎滔天回忆说："陈其美是主要赞成者。陈其美这次开始进行人身攻击。他攻击的是黄兴等人。……我认为陈其美很会玩弄手腕，是一个缺德的人。"

孙中山又退却了。他以为只有陈其美才是真正的革命党人，以至脱口而出："陈其美是最了解我的人！"

黄兴不得不和孙中山分手了。

1914 年 5 月 29 日，孙中山致函黄兴："今图第三次革命，弟欲负完全责任，愿附从者，必当纯然听弟之号令。兄主张仍与弟不同，则不入会者宜也。此弟之所以敬佩而满足者也。弟有所求于兄者，则望兄让我干此第三次之事，限以二年为期，过此犹不成，兄可继续出而任事，弟当让兄独办。"

黄兴不赞成孙中山包打天下、包办革命的错误思想。6 月初，他复函孙中山："今请露肝胆，披心腹，为先生最后一言之。……先生于弟之不入会以满足许我，虽对于前途为不幸，而于弟个人为幸已多，当不胜感激者也。惟先生欲弟让先生为第三次之革命，以二年为期，如过期不成，即让弟独办等语，弟窃思以后革命原求政治之改良，此乃个人之天职，非为一公司之权利可相让渡、可能包办者比，以后请先生勿以此相要。弟如有机会，当尽我责任为之，可断言与先生之进行决无妨碍。"

孙中山仍然坚持己见。6月3日，他在给黄兴的信中又说："弟终以为欲建设一完善民国，非有弟之志，非行弟之法不可。兄所见既异，不肯附从，以再图第三次之革命，则弟甚望兄能静养两年，俾弟一试吾法。若兄分途并进，以行暗杀，则殊碍吾事也。……此后彼此万不谈公事，但私交上兄实为我良友，切勿以公事不投而间之也。"

战友间的不和，既是自我损耗的开始，也是敌人进攻的良机。正直的革命党人十分忧伤，日本友人也为解决他们之间的矛盾，多次奔走调停，但都没有成功。

萱野长知在《中华民国革命秘籍》一书中写道：

"孙中山提议组织绝对服从领袖的党，黄兴则反对领袖专政，他们之间发生了冲突。萱野想调停一下矛盾，跟孙中山一齐访问黄兴，那时黄兴一步也不相让，两人感情所激，有时高声惊动四壁。晚餐后再激论，直至夜深，争论最后几乎变为争吵而破裂。"

宫崎滔天回忆说：

"孙、黄之争的根源是什么？从根本上说来，是主义之争。这当中也掺杂有感情用事，这一点我认为是孙不对。我们当时当场忠告过孙。结果反而吵了起来。互相大骂一通，不欢而散。然而从心情上说来，是可恕可悯的。孙说：'屡次失败，这是因为没有统一所致。这次要一切都听从我的主张。过去我每次都发表自己的意见，但最后都撤回了。因此，本来应该成功的，但结果都失败了。这回第三次革命，我负完全责任，你们大家听我的命令好了。'但是有人对此持反对态度。这些人说：'要我们唯命是从，那你不就成了专制君主了吗？你自己的主义是民权自由，而现在你自己却要取消这个主义，采取君主专制主义，我们不赞成。'黄兴、张继等总部的人都反对孙的做法。孙是个刚愎自用的人，死硬坚持自己的意见，甚至说：'你们不愿意干，也不勉强你们。'"

笃实的黄兴，是"一个党一个领袖"论者。他始终认为中华革命党只有一个领袖，领袖就是孙中山。但当孙中山主张中华革命党只有一个"党魁"，党员必须绝对服从"党魁"的时候，反对力度最大的又是黄兴自己。

自信不偏执、不苟同的黄兴，"为避免党内纠纷，决计到美游历"。6月27日，黄兴宴请孙中山叙别。席间，孙中山集古句书联相赠："安危他日终须仗，甘苦来时要共尝。"

6月30日，黄兴由横滨乘轮船赴美国。

章士钊在《与黄克强相交始末》一文中畅谈黄兴的为人之道：

"论曰：吾弱冠涉世，交友遍天下，认为最难交者有三人：一陈独秀；一章太炎；一李根源。但吾与三人都保持始终，从无诟谇。吾答或问：吾恃以论交之唯一武器，在'无争'二字，然持此以御克强，则顿失凭依，手无寸铁。何以言之？我以无争往，而彼之无争尤先于我，大于我。且彼无争之外，尤一切任劳怨而不辞，而我无有也。由是我之一生，凡与克强有涉之大小事故，都在对方涵盖孕育之中，浑然不觉。因而我敢论定：天下最易交之友，莫如黄克强。又克强盛德大量，固不独对吾为然也，凡视天下之人，罔不如是。视天下之人且如是，何况首领？于是吾又敢论定：人若以克强不服中山相齮龁者，克强有灵，必且惶恐退避，而不作一语，使言者在克强之前，化为渺小无物，不知所裁。"

平心而论，黄兴与孙中山分手，出走美国，主要责任在孙中山。然而，有缺点的战士终归是战士。

无私无畏、顾全大局的黄兴，着实令人钦佩。他到了美国，并没有"静养两年"，而是与孙中山"分途并进"，从事反袁斗争。

1914年7月9日，他在檀香山发表谈话："此行的目的不是筹款，而是要让世人了解中国目前的真实情况。本人直接奉孙先生之命向美国转达他的意见，我们认为美国公民必须知道真相。……孙先生在世人面前被诬为自私自利、贪赃枉法、卷款潜逃，这些都是谎言。"

7月15日，他在旧金山宣布袁世凯的罪状："袁世凯继孙逸仙为临时总统后，即有帝制自为的野心。他是利用虚伪的承诺骗取了今日的地位，他用所有的方法来标明重视共和，但却把自己形成绝对独裁的地位。袁世凯是绝对不会成功的……"

黄兴在旧金山的时候，有人来信挑拨他和孙中山的关系，怂恿他另行组党。黄兴气愤地回答："党只有国民党，领袖唯孙中山，其他不知也。"

李书城在回忆录中记述了黄兴在美国的活动：

"从美国西部到东部，凡有华侨聚居的地方，黄先生都被邀去作了访问。各地华侨同胞除开会欢迎外，并拟筹集款项送给黄先生作革命活动的经费。黄先生每到一处，除了说明旅外侨胞历来帮助革命，贡献很大，向他们表示感谢之外，并评述袁世凯背叛民国的事实，鼓励华侨继续奋斗，共同打倒袁世凯。他并嘱华侨同胞将筹集的款项直接汇寄东京交孙先生支配，声明他自己这次是来美暂居，不需要侨胞资助。他每与侨胞谈及孙先生时，都表示很尊敬孙先生，从未讲及他自己与孙先生在党的改组问题上的意见分歧，因为他唯恐因此使侨胞热爱祖国的情绪受到影响。"

1914 年 10 月 5 日，黄兴向梅光培表白自己的心迹："吾非反对孙先生，吾实要求孙先生耳。吾重之爱之，然后有今日之要求。吾知党人亦莫不仰重孙先生，尊之为吾党首领。但为此不妥之章程，未免有些意见不合处。故吾党中分裂，于孙先生名誉有碍，党务亦因而不能统一，于国家前途亦有莫大关系。"

1915 年 3 月，孙中山在给黄兴的信中深情地回忆说："东渡以来，日夕共谋，非欲雪癸丑之耻，实欲竟辛亥之功。……二十年间，文与公奔走海外，流离播迁，同气之应，匪伊朝夕。……公革命之健者，正宜同心一致，乘机以起。……慎勿以文为孟浪而菲薄之，斯则革命前途之幸也。"

正是在这艰难困苦的岁月，孙中山得到了宋庆龄莫大的支持和安慰。

宋庆龄，原籍广东省文昌县（现属海南省文昌市），1893 年 1 月 27 日出生在上海，父亲宋耀如，名嘉树，是一个在美国受过高等教育，皈依基督教的实业家。他协助组成了中国第一所基督教青年会，从事传教活动。还亲手建立了上海福丰面粉厂、纺织厂，成为第一个把外国机器输入上海的代理商。而且，他又创办了美华书馆，出版大量中文圣经。

母亲倪珪贞是明代大科学家、《农政全书》作者、崇祯皇帝的礼部尚书及东阁大学士徐光启的后代。她同宋耀如结婚时，加入基督教。

宋耀如有三女三子，宋庆龄排行第二。后来，世人称他的三个女儿为"宋氏三姐妹"。

宋耀如不但是一位虔诚的基督教徒，而且是一位资产阶级民主革命者。1894年春，他在上海同孙中山相识，从此，成了孙中山革命事业的支持者和挚友。当年孙中山准备从檀香山到美洲宣传革命的时候，宋耀如依据国内形势的变化，认为革命时机已到，曾发函檀香山，催促孙中山回国。

孙中山在上海，经常访问宋耀如，共同探索救国的道路，畅谈反抗清廷的斗争。宋耀如利用自己有利的身份，掩护孙中山，为革命秘密印刷宣传品。

童年时代一直跟在父母身边的宋庆龄，自然也经常见到孙中山。孙中山的为人和革命精神，在宋庆龄幼小的心灵里，留下了难以磨灭的印象。

1908年，15岁的宋庆龄到美国留学，进了佐治亚州梅肯市的卫理公会威斯里安女子学院。

她温文尔雅，说话轻柔，举止端庄，身材娇小，体形优美，被认为是一位标准的东方美人。她学习勤奋，善于思索，文章写得很好，常常得到老师的称赞，被推荐担任了威斯里安女子学院学刊的文学编辑。同学们都很敬重她，亲切地称呼她"罗莎蒙黛"。

她始终关心着祖国。不管学习多么紧张，她经常翻阅报纸，了解祖国的情况，还在校刊上发表关于中国社会和前途的文章。她最初的一篇文章《留学生在中国之影响》中就有这么一段：

> "数百年来，中国的政治都是以用人唯亲和尔虞我诈为特征。政府的各种职位，全为御用书生和宫廷亲信所充塞。……他们根本不懂科学管理，甚至连一点希图治国的才能也没有。人民的悲惨状况，频繁的骚动和起义，都是这种选拔'能干官员'的不光彩的方式带来的后果。"

有的同学对宋庆龄这种忧国忧民的感情还不理解，便问："亲爱的罗莎蒙黛，你为什么不愿无忧无虑地生活，而老是去考虑这么多国家大事，自寻烦恼？"

"我觉得自己非常愉快！"宋庆龄深思地说，"我对国内的事情充满了理想和希望。我不能不想中国，我也不能忘掉中国。如果真的忘记了祖国，生活该是多么没有意思呀！"

宋庆龄写的一篇阐述中国革命的文章，被学校的历史教授看到了。教授很欣赏她的才智，可又为她担心，怕她回国以后，仍然无所顾忌地发表这种言论，会遭到清王朝的迫害。

这位历史教授决定找宋庆龄谈话，规劝她一番。

"你的这些思想是从哪里来的呢？"宋庆龄刚来到办公室，教授就指着校刊上的文章问她。

"这些思想我早就有了。"宋庆龄望着教授，平静地回答。

"你的这些思想不会是受家庭的影响吧？"教授又试探着。

"原因是多方面的。我家有个朋友，这个人正在领导中国革命。我小的时候，他常到我家来和我父亲谈话。他们所说的那些话，给我留下了深刻的影响。"宋庆龄思索片刻，又说，"另外，中国社会上的种种不公平现象，也是我产生这些思想的根源。"

"罗莎蒙黛，我很为你担心。你有这些思想，将来回国以后，会招来祸事的。"

"谢谢您的关怀，我是不会害怕的。"

谈话结束，宋庆龄有礼貌地向教授告别。教授望着她的背影，喃喃自语："在这一班学生中，能够有这样一个深思熟虑而又有胆量的学生，真是个伟大的成绩。"

辛亥革命的消息传到了美国。

"罗莎蒙黛，好消息……"

"快看报纸，最新消息，中国皇帝下台了！"

宋庆龄接过同学送来的报纸，看到武昌起义胜利的消息，顿时热泪盈眶。

"太好啦！太好啦！"她一边擦着泪，一边拥抱着同学，禁不住连连呼喊。

不久，宋耀如给宋庆龄寄来一面新国旗。她激动得满脸通红，当即把寝室墙上的黄龙旗扯落，踩在脚下，高呼着："打倒龙！高举共和国的旗帜！"

1912 年 4 月，宋庆龄在校刊上发表文章《二十世纪最伟大的事件》，高度评价了辛亥革命的意义：

"这场革命取得了最辉煌的成就，它意味着四万万人已从君主专制政体的奴役下解放了出来。……在它的统治下，'生存、自由和对幸福的追求'是被剥夺的。……清政府被推翻，意味着具有最野蛮的制度而又道德沦丧的这个皇朝的毁灭和废除。五个月以前，我们连做梦也想不到会有一个共和国。对一些人来说，即使许诺尽早成立一个立宪政府，他们也是抱着怀疑态度的。但是，每一个爱国的中国人，不论是一个政治家或是一个劳动者，在他的内心深处，都有着反清精神。一切苦难，如饥荒、水灾和各方面的倒行逆施，其根源都是由于清朝暴政及其贪官污吏。压迫是这场惊人的革命的起因，它看来是一场灾难，实际是造福于人的一大幸事。"

1913 年，宋庆龄以优异成绩，取得了学士学位毕业了。毕业前夕，同学们经常围坐在一起，热烈地谈论着毕业以后的理想、前途和事业。宋庆龄常常静静地坐在一旁，笑容可掬地看着大家。

一次，一个同学忍不住了，推了宋庆龄一下，问她："密斯宋，你毕业以后想干什么？"

宋庆龄微微一笑，说："我毕业以后就回国。我觉得中国在召唤我，我要献身中国的革命事业。"

"那么说，你要追随孙中山先生啰。"

"是的。"宋庆龄安详地回答。

"要追随孙中山，可要有自我牺牲精神。"

宋庆龄平静地回答她："如果都没有人愿意牺牲，都不去干革命，任何事业都不可能有成就。"

一位同学被宋庆龄的这种献身精神感动了，她拉着宋庆龄的手："密斯宋，我预祝中国革命取得胜利，预祝你成功！"

"对！祝密斯宋成功，祝中国革命胜利！"许多同学纷纷上前握着宋庆龄的手，表示了自己的衷心祝愿。

宋庆龄恬静地笑了。

但是，就在宋庆龄大学毕业时，"二次革命"失败了。宋耀如夫妇和宋霭龄流亡到了日本，住进神户东方饭店。宋庆龄只得改赴日本了。

1913 年 9 月 16 日，宋庆龄从美国乘轮船抵达日本。离美前夕，她写信给一位教师说："我已委托孙逸仙博士的同志携带一盒加州水果，并且致一封私人信件给他。"

宋庆龄见到了流亡日本的孙中山，心里异常高兴。据日本外务省文件档案资料记载，宋庆龄见到孙中山以后半个月内，会晤孙中山达七次之多。这，不能不归之于她对孙中山的爱戴和决心投身中国革命事业的坚定意志。

宋耀如此时身患肾病，已经不宜长时间盘腿席地而坐，担负繁重的工作了。他就让宋庆龄帮助，并且教会女儿如何协助孙中山工作。随后，宋耀如夫妇便从日本返回上海居住。

1914 年年底，宋霭龄和孔祥熙结婚，她建议让宋庆龄代替自己的工作，做孙中山的秘书。孙中山赞成这个意见，宋庆龄也同意了。从此，孙中山和宋庆龄的关系就朝着谁也没有预想到的方向发展了。

1932 年，美国著名记者斯诺到上海莫利爱路 29 号拜访宋庆龄时，曾问宋庆龄："你当年究竟是怎样爱上孙先生的？"

宋庆龄沉思片刻，轻声慢语地告诉斯诺："我开始并未爱上他，只是一种崇拜。他当时流亡在日本，处境很艰难，需要人帮助，于是，我就去帮助他了。"

志同道合是爱情的契机。宋庆龄的这个举动，深深地感动了孙中山，而孙中山不屈不挠的顽强意志，更加深了宋庆龄对他的仰慕。就这样，共同的奋斗在他们心中不知不觉地就产生了一种谁也离不开谁的复杂情感。

1915 年秋，宋庆龄准备回上海探望双亲，在动身的前几天，她对孙中山说："在我离开以后，假使你能把你的各种思想和建议记录下来，我回来后，就可以把它们整理出来，加上详细的注释，再由你来修正。这样做，在我是十分容易的；而你，也可以省去一些不必要的工作。"

孙中山安静地坐着，深沉的目光注视着宋庆龄，问："那么，你是准备回来的。是不是？要是家长反对呢？"

"我准备在两三个月后回来。"宋庆龄轻声细语中夹带着不容置疑的音调，"我仔细地想过好久，觉得除了帮助你为革命工作之外，没有什么再使我快活的了。我可以设法解除你所受的困扰，帮助你工作，留意你的一切。我十分希望我能这样地献身革命。"

宋庆龄微俯着头，脸上充满光彩，而说话的声音，在孙中山听来，却又是格外地清晰。

"你是这样年轻，"孙中山不能不为宋庆龄着想，"而我几乎是一个老人了，并且有一个年长的儿子。我自愧地感到自己不足以胜任革命领袖的重任，而你竟愿意在我这样困难的时候，委身来帮助我！庆龄，我怪自己不应当在你小的时候，让你听这些事，也怪自己不应当让你再度接触饥饿、灾难这些事。这是人们一经受到，便无法摆脱的痛苦。你能不能回到上海，在那里住上一段时间，看看你的思想怎样？我目前不能接受你这一点。"

孙中山说话的时候，面色苍白，搁在桌面上的手，也微微震颤着。

宋庆龄凝视着孙中山，勇敢地问："有一件事我要晓得：你愿不愿意和我永远在一起？我知道你曾结过婚，但那已经过去，与目前的事情不发生什么关系。我认识你的儿子孙科。……至于说到后悔，记得我小时听你讲过：要是我不为一件伟大的事业而生存，那末我的生命便毫无意义，而且没有中心了。在我还是小女孩的时候，就梦想着能有帮助几百万民众，成为伟大事业一分子的一天。现在我要知道的，只有一件事：就是你要不要我做你的妻子，永远帮助你做革命工作？"

宋庆龄搜索似地看着孙中山，发觉他的眼睛充满了深挚的感情，可是，仍然面带愁容。

"庆龄，我已经老了，你是年轻而……"

"但是革命呢？"宋庆龄打断了他的话。

"它可不管年龄，却需要一切人。"孙中山摆摆手，打断了她的话，"但是庆龄，我深知你是位怎样的人，你太勇于自我牺牲了。你以前是那样的，我听你父亲说过……庆龄，可爱的孩子，我不晓得我应当说些什么话，你是知道我的心的。"

"你的心吗？"宋庆龄亲昵地望着孙中山，欢慰地说，"你是需要我的。

第十八章 东渡的悲欢

275

这样，一切都确定了。我非常快乐。我这一生非常清晰而简单了。"

"但是，庆龄，"孙中山握着她的手，急促地说着，"你必须得到你父母的同意才行。我不能对不起你和他们。"

宋庆龄吁了一口气："我会跟他们说的。不过现在一切都算决定了。"

在她的眼睛里，发出了孙中山不曾见过的快活的光彩。这使孙中山十分感动，但是，他还是说："不！要你回来，或者让我知道了你父母的意见后，才算决定。"

"一切都决定了。"宋庆龄重复说着，她像小孩似的，顿足表示不满，可脸上却带着笑容，"我们目前是不是生活在一个民主政体之下？难道这种事情，我们还不能自己做主吗？你是应当负责的，现在可以说一切都决定了。"

"庆龄！"孙中山深深吁了一口气，便把宋庆龄拥抱在臂圈里。她的头搁在他的肩上。好一会，他的手松开了，"但是，你必须征求父母的同意才好。"

"我知道。"宋庆龄夹着文件离开了房间。

真挚的爱情结合，是一切结合中最纯洁的结合。但是，俗话说，好事多磨。孙中山与宋庆龄的结合，却遭到了不应有的阻挠。

回家一周后，宋庆龄说话了。当时在场的，只有她和父母。

"我已经等待了很久，想告诉你们一件事。"宋庆龄轻声细语，却又说得十分清晰，"可是我不希望由此而打消我们家庭的快乐，所以我一直等待着。现在，我不得不说了。我和孙先生都希望能互相结合。这样我们可以常常厮守在一起。我可以帮他不少的忙，而我的心也倾向着革命。他是一位善良而伟大的人物，所以我现在征求你们的同意。假如孙先生知道我已经把这一件事说了，那末，他会马上写信来的。"

宋耀如大为震骇。

宋夫人十分惊慌，待她看清了女儿严峻而坚定的表情，更是恼怒："庆龄，你疯了！你简直疯了！孙先生的年纪是你的两倍，而且又是一个——一个革命者，同时又是一个结过婚的人。我决不会同意这桩婚事！"

宋庆龄被父亲软禁在上海家里，不准出门。

她写信给孙中山说："你看，你叫我先告诉我父母后加以决定的办法，是得到了怎样的一个结果！……我现在只为着我父亲，才留在这里。你是认识他的，同时你也知道，他既然叫我等待，那我是不得不等的。但是等可是苦事，是非常恼火的苦事。如果讲到我母亲的态度，那末等待完全是白费工夫。"

宋庆龄还是在上海等待着。

与此同时，孙中山写信给卢慕贞，请她到日本一趟，"商配宋氏之婚"，征得她的谅解和同意，实行分居。

孙中山是受父母之命与卢慕贞结婚的。他早年外出革命，劳碌奔波，同家人团聚的机会甚少。两人的知识、理想和习惯，都有很大的差距。据孙中山的一位友人说，卢慕贞并不赞同孙中山的政治理想，双方都缺乏共同生活的基础和乐趣。

在孙中山的时代，有钱有势的人，一妻数妾是天经地义的事。宋庆龄向孙中山表示爱意，并没有提出别的要求。但孙中山既不愿使宋庆龄处于"妾"的位置，更要顾及卢慕贞的社会地位。当时，还没有离婚的概念。丈夫与妻子分离，叫休妻，被休的妻子叫弃妇。弃妇在社会上是没有地位的。孙中山与卢慕贞用分居，实际上是离婚的办法，周全地解决了这个问题。

以爱情为基础的婚姻才合乎道德，才有幸福。在封建意识十分浓厚的社会，孙中山的行为光明磊落、合理、负责，无可非难。

但是，连孙中山的一些战友也反对了。他们开会讨论，派遣代表去"说服"孙中山。可这位代表见到孙中山，却又哑口无言，借故走了。

胡汉民不甘心，让孙中山的侍卫武官郑卓给他送信。孙中山看了，问："阿卓，婚姻的事，是公事，还是私事？"郑卓说："当然是私事啦！"孙中山叹了一口气："你还懂得，但他们却不懂。"

胡汉民、朱执信当面向孙中山"谏诤"了。孙中山仅仅回答他们："展堂、执信，我是同你们商量国家大事的，不是请你们来商量我家庭的私事。"

作为一个革命者，孙中山义无反顾。

宋庆龄在上海等待了三个多月，走投无路的宋庆龄决定不顾一切，不辞而别，潜回日本，与孙中山完婚。

回日本前，宋庆龄给在威斯里安女子学院读书的妹妹宋美龄写了一封信。

宋美龄接到二姐的信，马上给在哈佛大学读书的哥哥宋子文发了一封电报："家有重要消息寄到，周末能来否?"

在这一周内，宋美龄几次三番地取出了二姐的信，认真阅读着：

"……在前几封信上，你大概已经知道，我早就希望回到日本去，而父母亲却表示反对这事了。母亲所以不许我去，是因为反对孙先生。而父亲所以不许我去，是因为他要我详细地考虑，而要我得到相当的把握。我已经等了好久，可是母亲的意志，仍旧不会改变。而父亲的心，在我表示有了把握后，早已同意了。……美龄，你接到这封信的时候，我恐怕已经到了日本，而和孙先生在一起了。我走时是那样的迅速、秘密而又不会通知任何人；我想你或许会把这种行动，叫做私奔的。由于家庭对于这次婚事的不同意，因此我们在日本的婚礼，也将非常简略而隐秘。这事情你告诉子文吧!……美龄，在这种情况之下，做事是非常困苦的，但是我却很坚定。"

周末，子文、美龄兄妹俩又一同读着这封信。

"这件事我们看着它发展，却无法制止它。"宋子文低沉着脑袋，慢慢说着："当她碰到孙先生后，这件事便开始发生了。"

宋子文把一卷报纸递给妹妹。

报上的特大标题赫然映入宋美龄的眼帘：

"上海宋氏的第二位公子现已私奔日本，与中国革命领袖孙逸仙结婚。"

1915 年 10 月 24 日，宋庆龄回到东京。第二天，10 月 25 日，孙中山和她结婚。[2] 宋庆龄对孙中山说："这是我一生中最幸福的日子。"直到 1979 年 8 月 1 日，宋庆龄在会见日文新本《宋庆龄选集》译者仁木富美子女士的时候，还特别说明："这一天，是比自己的生日更重要的日子。"

上午，他俩在日本著名律师和田瑞家里办理手续，签订婚姻誓约书，举行结婚礼仪。

下午，在日本友人梅屋庄吉家里，他们举办了简单的茶点宴会，招待几位中、日友人，然后，回到他俩的新居青山原宿一〇九号住宅。

民族振兴的追梦者——孙中山

他们听从结婚见证人和田瑞的建议，在结婚誓约书上，把结婚日期写成26日，以取逢双吉利的意义。婚姻誓约书全文如下：

此次孙文与宋庆琳[3]之间缔结婚约，并订立以下诸誓约：

一、尽速办理符合中国法律的正式婚姻手续。

二、将来永远保持夫妇关系，共同努力增进相互间之幸福。

三、万一发生违反本誓约之行为，即使受到法律上、社会上的任何制裁，亦不得有任何异议；而且为了保持各自之名声，即使任何一方之亲属采取何等措施，亦不得有任何怨言。

上述诸条誓约，均系在见证人和田瑞面前各自的誓言，誓约之履行亦系和田瑞从中之协助督促。

本誓约书制成三份：誓约者各持一份，另一份存于见证人手中。

誓约者　孙　文

立约者　宋庆琳

见证人　和田瑞

千九百十五年十月二十六日

婚后，宋庆龄给美国的同学写信说："婚礼尽可能简朴，因为我们两人都不喜欢多余的仪式。我是幸福的。我想尽可能地帮助丈夫多做英文通讯工作。我的法语大有进步。我最近能看懂法文报纸，并能作简单翻译。因此我相信你能理解结婚对我来说，除了没有伤脑筋的考试以外，它好像是上学校。"

孙中山与宋庆龄的结合，无论对孙中山或宋庆龄的革命生涯，都产生了重大的影响。孙中山的秘书兼中华革命党总务部印铸局局长田桓回忆说："当时，中山先生正在日本组织讨袁力量，处境相当困难，他不仅生活颠沛流离，而且由于党内（当时是中华革命党）负责人意见不统一，更使中山先生忧心忡忡，以致患有颇为严重的胃病。然而，就在这个时候，宋庆龄同志却冲破种种阻力，和中山先生在患难中结成伴侣。这在当时，对中山先生是个巨大的支持！宋庆龄同志婚后的十年，在革命工作上，成了中山先生极其得力的助手，在生活上，对中山先生更是无微不至的体贴和照顾。"

注释：

[1] 胡汉民留在基隆。8 月 9 日，胡汉民偕廖仲恺、许崇智离基隆，12 日抵日本门司，是晚 7 时 10 分在下关上车去东京。

[2] 关于孙中山与宋庆龄结婚的时间，一直存在不同的说法。有的说是 1914 年 10 月 25 日，有的说是 1914 年 11 月 25 日，有的说是 1915 年 10 月 25 日。我们同意后一说法。1914 年 12 月 25 日（邮戳日期）孙中山致戴德律函："目前我身边没有英文秘书。我先前的两位女秘书，是两姐妹，姐姐宋霭龄女士刚结婚，妹妹宋庆龄女士最近已回上海。"（《孙中山全集》第 3 卷，中华书局 1984 年版，第 145 页）众所周知，孔祥熙与宋霭龄结婚在先，孙中山与宋庆龄结婚在后。孙中山与宋庆龄结婚的时间，应在 1914 年 12 月 25 日以后。1980 年 2 月 23 日，宋庆龄在给尚明轩的信中说："和孙中山先生结婚时期是一九一五年十月二十五日，在东京著名律师和田瑞家中办的手续，由和田瑞去东京市政府办理登记。我和孙先生各有执照一张。日本军阀侵入上海时，到故居打开保险箱，取去孙先生许多著作材料。连同结婚签名证二张。一起送到日本（听说，后来几经周转，其中一张现存中国历史博物馆）。"（尚明轩：《孙中山传》，北京出版社 1979 年版，第 322 页）中国历史博物馆保存的一张《誓约书》注明的日期是"千九百十五年十月二十六日"，日本风俗以双日是吉日，孙中山、宋庆龄接受律师和田瑞的建议，将 25 日写为 26 日。可见，孙中山与宋庆龄结婚的时间是 1915 年 10 月 25 日。

[3] 孙中山与宋庆龄结婚誓约书，宋庆龄亲自鉴定："此系真品。"同时并说明，"龄"字写为"琳"是简笔。

第十九章 | 再 次 讨 袁

1913 年 12 月 23 日，东京，大雪纷飞的深夜。

孙中山在寓所里来回踱步，坐卧不安。他"自东渡以来，夙夜以国事为念，每睹大局之颠危，生民之涂炭，辄用怛恻，不能自已"。想到"在东之亡命客中，竟有不能向火而致疾者"，实是痛心。

更使孙中山焦虑不安的，是不少亡命日本的革命党人，每当"谈及将来事业，意见纷歧，或缄口不谈革命，或期革命以十年，种种灰心，互相诟谇，二十年来之革命精神与革命团体，几于一蹶不振"。有些人甚至对革命完全绝望了。他们问道："当二年前，吾党正是成功，据有十余省地盘，千万之款可以筹集，三四十万之兵可以调用，尚且不能抵抗袁氏；今已一败涂地，有何势力可以革命？革命进行究竟有何办法？"

是啊，究竟有何势力可以革命，有何办法进行革命？孙中山不禁闭目深思了："从前吾党当推翻满清时，何尝有力量，大众皆是赤手空拳。当武昌革命党发动时，亦未有何种方法。"他自问自答，自言自语："不过大众皆明白满清一定要推翻，人人皆有此种信仰，人人皆明白此种道理，但尚未有何种事实可以证明。今日吾等虽失败而亡命，然吾等信用益大，经验益富，而且有事实可以证明。故今次失败，比之三年前较有信用、有经验、有证据。何以在三年前遇有失败，无不继续奋斗，在三年后便尔灰心，不肯继续奋斗呢？"他透过灯光，凝视着窗外纷纷扬扬的鹅毛大雪，激情似潮水般涌来，"我辈既以担当中国改革为己任，虽石烂海枯，而此身尚存，此心不死。既不可以失败而灰心，亦不能以困难而缩步。精神贯注，猛力向前，应呼世界进步之潮流，合乎善长恶消之天理，则终有最后成功之一日。即使及身而不能成，四亿苍生当亦有闻风而起的，不要畏怯呵"。

他突然想到：该给咸马里夫人写信介绍咸马里将军遗著《撒克逊的时日》在日本销售的情况了。他拿起笔来，却自然而然地首先写道：

> "我仍在日本。目睹我可爱的国家复归旧状，实令人痛心。所幸不乏迹象表明，不久情况将有好转。独夫政治现又得逞，其压迫较之当初的满清，更加令人无法忍受。反动如钟摆之已达极限，回复必将来临。……斗争可能是持久而烦冗的，但必胜无疑，因为正义最终一定胜利。"

面对着重重困难，孙中山勇敢地挑起了革命重担。在生活上，他尽力设法救济困苦颠连的同志；在思想上，他再三鼓舞垂头丧气的革命党人；在组织上，他"为卷土重来之计"，1914 年 6 月 21 日在东京召开了中华革命党第一次党员大会，孙中山被选为总理。7 月 8 日，中华革命党召开成立大会，公布《中华革命党总章》。接着，又发布《中华革命党成立通告》，号召党员"协力同心，共图三次革命"。

"关于第三次革命"，王统一解释道，"我们同志一直卧薪尝胆，焦虑万分。最近时机逐渐成熟，与袁总统管辖下的湖北、湖南、广东、江西等省军队已联络好。这些军队正在整装待发，孙一派一声令下，即可随时起事。只因军资尚未凑齐，正在隐忍以待。最初的计划，是全国同时举起革命大旗，但因军资筹集不如意，故先在南方举事，然后向全国发展。"

为了发动"第三次革命"，孙中山又呕心沥血、猛力向前了。

1914 年 8 月，爆发了第一次世界大战。战云弥漫整个欧洲大陆，欧美列强都卷入了战争的旋涡，无暇东顾。素亲欧美列强的袁世凯顿时失去了靠山。

孙中山认为这正是发动"三次革命"的良机。

8 月 24 日下午，孙中山兴冲冲地拜访了犬养毅，向他说明中国革命的良机和准备情况："刻下欧洲战乱，确是中国革命空前绝后的良机，遂决定起兵举事。目前正在准备之中，请阁下予以关照。"

犬养毅漫不经心地回答说："要采取谨慎态度呵。"

孙中山求援心切，甚至提出："如若这次仍不能筹足所需资金，即便附和任何条件，也靠阁下在日筹款。"

犬养毅听罢，还是不大热心："如果周围条件允许，现在是举革命大旗的大好机会。关于筹款一事，待我与头山商议后再答复吧。"

事与愿违，孙中山不但没有筹到款项，日本政府反而压制中华革命党的活动。

原来，在这场帝国主义列强重新瓜分世界殖民地的战争中，日本帝国有它的打算，它正想借口对德宣战，来侵夺德国在中国的权益和势力范围。而英国由于害怕日本支持孙中山推翻袁世凯，便和日本政府达成协议——"此时如中国内地发生革命，日本则有责任予以镇压"，作为同意日本参战的条件。

1914 年 9 月，日本借英日同盟之名，向德国宣战，出兵占领胶济铁路及青岛。日本帝国的胃口是无法满足的。它得寸进尺，企图吞噬整个中国。1915 年 1 月 18 日，日本驻华公使日置益按照大隈重信的指示，趾高气扬地拿着灭亡中国的"二十一条"，径直跑到总统府去会见袁世凯："日本政府向大总统表示诚意，希望日中悬案能够早日解决。同时也是大总统向日本表示诚意的一个良好机会。日中悬案解决，日中两国的亲善关系加强，日本政府希望贵大总统高升一步。在商谈中，请贵大总统严格保守秘密。"

在日本政府的威逼下，在反复权衡和战之轻重利害后，袁世凯最终选择对日本妥协，接受了亡国的"二十一条"，由外交总长陆征祥在条约及换文上正式签了字。

日本帝国的目的已经达到，大隈重信笑眯眯地对北洋政府驻日公使陆宗舆说："关于君主立宪的事，请袁大总统放心去做，日本甚愿帮忙一切。"

日本政府迫使袁世凯签订"二十一条"的消息传出后，使得革命党人的思想更加混乱，一些人只看到日本帝国的狼子野心，而没有看清袁世凯复辟帝制的阴谋，以致联名致电孙中山，请示"可否暂停国内革命运动，实行一致御侮，免为国人借口"。

孙中山否定这种看法。他认为对袁世凯必须坚决斗争，谈不到合作一致对外："袁氏以求僭帝位之故，甘心卖国而不辞，祸首罪魁，岂异人任？传曰：'国必自灭，而后人灭之。'故有国者，恒自爱其国。侵略兼并，只视其力所能为，而大盗在室，乃如取如携，祸本不清，遑言扞外？彼方以是为求扰得扰，将莫予毒，而乃望以一致为国，相去万里，何止径庭？"

孙中山把袁世凯的卖国勾当与复辟帝制阴谋联系起来，指出"根本救国，舍倒去恶劣政府更无他术"，无疑是正确的。但他不去揭露和公开反对日本的侵略罪行，甚至主张"联日去袁"，显然是对日本帝国存有幻想甚至畏惧了。

1915 年夏末，孙中山决定正式建立"中华革命军"，密令陈其美在上海筹组东南军总司令部、居正在青岛组建东北军总司令部、胡汉民在广州筹建西南军总司令部，于右任在陕西三原组织西北军总司令部，还派遣中华革命党人分赴各省，运动军队和会党起义反袁。

此时，袁世凯正加快迈向帝制的步伐。

袁世凯的宪法顾问、美国政客古德诺[1]的论文《共和与君主论》出笼了。它声称中国"大多数之人民智识，不甚高尚，……无研究政治之能力。四年以前，由专制一变而为共和，此诚太骤之举动，难望有良好之结果"；"中国如用君主制，较共和制为宜"。

试探气球放了出来，袁世凯又通过他的心腹转告杨度：袁世凯打算让他出面组织一个推动帝制的机关。一向以新朝"宰辅"自居的杨度一听大喜，立刻跑到总统府求见袁世凯，自告奋勇地提出由他组织一个鼓吹帝制的机关。

袁世凯满心高兴，却又装模作样地答道："不可，外人知道我们的关系，以为是我指使。"

杨度正色说道："度主张君主立宪十多年，现时如办君主立宪，度是最早提出的一人，且有学术自由，大总统不必顾虑。"

袁世凯装得无可奈何的样子："你可与少侯[2]等谈谈。"

就这样，杨度串通了孙毓筠、李燮和、胡瑛、刘师培和严复，在 8 月 14

日联名发起成立"以筹一国之治安"为名的"筹安会",发表宣言,公开鼓吹复辟帝制。

目光敏锐的孙中山看出这是袁世凯"私与日人结托,急欲制其王冠"。9月1日,他组织中华革命党人在东京集会,声讨袁世凯复辟帝制,谴责筹安会"盛倡帝制之说":"袁氏运动帝制,明目张胆,海内人心,不胜愤激;即袁氏素所依赖以为长城者,亦复各萌退志,不甘与袁同罪,可谓天怒人怨,众叛亲离。吾党负保障共和之责,兴师讨贼,急不容缓。"

孙中山一面派遣中华革命党人分赴南洋各地筹款,一面命令在国内的中华革命党人准备举兵,以恢复共和,芟除国贼。11月10日,中华革命党人王晓峰、王铭山刺杀了袁世凯的心腹、上海镇守使郑汝成,然后从容就捕。孙中山赞扬他们说:"此等气魄,真足令人生敬。沪去此贼,事大可为。"

1915年10月8日,袁世凯公布了《国民代表大会组织法》,要求选举国民代表大会代表,解决国体问题。12月11日,参政院汇总查对全国"国民代表"一千九百九十三人,百分之百投了票,百分之百赞成君主立宪。

可是,实际上又是怎样的呢?当时的《申报》对这场袁世凯导演的丑剧做了披露:

> "投票之日,军署自大门以至投票处,军警夹道,背枪荷戈。各代表于刀枪林立之中,鱼贯而入,其心已不能无惧。及入场,所谓将军者,又戎服登坛,慷慨以谈帝制之有利于中国;投票纸上又仅有'君主立宪'字样,并非谓帝制与共和并列,此反对二字,遂愈觉下笔为难矣。投票已毕,即有职员捧出预定之推戴书,各代表哄然聚观,职员又厉声谓,诸君何必纷扰,一言以蔽之,举袁世凯为皇帝而已,为时已晚,望诸君从速签名,不然者,恐今日将不及出门矣。诸代表无法,遂一一遵教,到底未尝知推戴书中如何措词也。签名既毕,又有职员发起高唱'大皇帝万岁'三声,然当时众志不齐,声口不一,竟有误呼'中华民国万岁'、'大总统万岁'者。职员大怒,谓这回不算,卒另选六、七人于室隅,重唱'大皇帝万岁'三声而罢。"

12月12日,袁世凯扯下面纱,高唱"民之所欲,天必从之"的滥调,发布接受帝位的命令，正式接受推戴。翌日，袁世凯在居仁堂接受文武百官朝贺。随即，他册封黎元洪为"武义亲王"，册封龙济光、张勋、冯国璋等一百二十八人以公、侯、伯、子、男五等爵位；下令把民国五年改为"中华帝国洪宪元年"，又以八十万元做了两件龙袍，十二万元刻了新朝玉玺，六十万元刻了五颗金印，准备在1916年元旦正式"登极"。

就在袁世凯发布接受帝位命令的第二天，孙中山发出讨袁檄文：

"袁贼苦吾国民久矣！世界自有共和国以来，殆未有此万恶政府危亡祸乱至于此极者也。……袁贼妄称天威神武之日，即吾民降作奴隶牛马之时，此仁人志士所为仰天椎心，虽肝胆涂疆场、膏血润原野而不辞也。军府痛宗国之陆沉，愤独夫之肆虐，爰率义旅，誓殄元凶，再奠新邦，期与吾国民更始。中原豪俊，望旆来归；草津英贤，闻风斯起。诸袁将吏士卒反正及降者，不次擢赏，勿有所问。若其弃顺效逆，执迷不复，大兵既至，诛罚必申，虽欲悔之，晚无及也。布告天下，咸使闻知。"

孙中山和中华革命党人在资产阶级各派政治势力中，最先举起反袁的旗帜，态度也是最坚决的。可惜由于重犯以前的军事错误，只是企图通过金钱的作用，"利用土匪、运动军队去打倒袁氏"，结果是连续失败了。尽管这样，他们那种不屈不挠的革命精神，却激励着无数仁人志士勇猛向前，推动了全国反袁斗争，终于爆发了"护国"战争，埋葬了袁世凯的"洪宪"帝制。

袁世凯倒行逆施，复辟帝制，使梁启超也愤然拍案而起了。连梁启超这个往昔著名的保皇派首领也起来反对复辟帝制，这更是轰动中外，震撼人心，沉重地打击了袁世凯。

反袁最有力的，还是梁启超的学生蔡锷。

蔡锷，1882年出生在湖南宝庆[3]的一个农民家庭。原名艮寅，字松坡。1898年进入长沙时务学堂学习，是梁启超的得意门生。次年东渡日本，先后入大同高等学校、横滨华商东亚商业学校、日本陆军成城学校、日本陆军士官学校学习。1900年，改名锷，意在砥砺锋锷重新做起。1904年回国后在广西训练新军。辛亥革命期间领导云南起义，被推举为都督。蔡锷是位志向远大的人，感到身处祖国西南边陲难以施展抱负，又深感袁世凯对自己猜忌很深，加上云南革命派内部宗派主义情绪严重，遇事经常受到牵制，所以，他给梁启超函电，希望离滇回湘任职。

当时的内阁总理熊希龄也向袁世凯推荐蔡锷督湘。

袁世凯对享有盛誉的蔡锷很不放心，认为"这个人有才干，但有阴谋"。他得知蔡锷想离开云南，心生一计，立即派亲信到云南与蔡锷密商，隐约许以湖南都督或到中央组阁，同时请他到北京一行。蔡锷同意赴京，推荐唐继尧接任都督兼民政长。

蔡锷不顾朋友们的劝告，婉言谢绝云南各界人士的挽留，离滇赴京。离滇前，他在云南高级将领举行的欢送会上，曾经踌躇满志演说一番："现任总统袁世凯，原是我们的死敌。戊戌那年因为他临时告密，我们的师友，有的死，有的逃，现在想起来，犹有余痛。但衡量中国现在的情势，又非他不能维持。我此次入京，只有蠲除前嫌，帮助袁世凯渡过这一难关。"

可是，当蔡锷刚刚离滇，袁世凯立即派亲信汤芗铭为湖南都督。接着，又下了一道这样的命令："云南都督蔡锷，因病请假，着给假三个月，来京调养。"

在途中的蔡锷获此消息，知道自己受骗了，又气又恨，但也只好硬着头皮到了北京。

袁世凯接受"二十一条"，激起了全国人民强烈的愤怒和反抗。入京以来一直谨慎沉静的蔡锷，此刻再也无法忍耐了。他在参议院慷慨陈词，滔滔不绝地演说了一个多小时，反对签订卖国条约。随后，他又拿着自己起草的对日作战计划面见袁世凯："以今日人心而论，未尝不可一用，同一亡国，与其顺从而亡，不如力战而亡，尚可在千秋史乘留下未甘屈服的美名。我在云南练兵数万，固备国家有事之用，公果决大计，正可调供一战。国中一切猜忌，正可藉同仇敌忾，尽使消弭。"

袁世凯丝毫不为蔡锷的爱国热情所动，却对云南拥兵数万大感不快。袁世凯的亲信乘机向他进言："松坡竟存不轨，惟其人深鸷善能掩饰，不易为人所觉，闻他近与黄兴、孙文辈时常通气。大总统不可不预先防备。"袁世凯闭目沉思，默默点头。从此，他对蔡锷更加注意。

筹安会的出笼，使蔡锷完全看清了袁世凯复辟帝制的狰狞面目，下定了反对帝制复辟的决心："袁氏叛逆，以致强邻生心，内乱潜滋。在这千钧一发之际，我们不得不负重而行了。"

就在筹安会发表成立宣言的第二天，蔡锷乘搭晚班火车赶赴天津，在汤觉顿寓所与梁启超密商反袁事项，一直交谈到翌日凌晨。

面对袁世凯的倒行逆施，蔡锷愤慨异常："眼看着不久便是盈千累万的人都要颂王莽功德，上劝进表了，老袁便安然登了大殿，叫世界各国看着中国人是什么东西？国内怀着义愤的人，虽然很多，但没有凭藉，或者地位不宜，也难发手。我们明知力量有限，未必抗得他过。但为四万万人争人格起见，非拼着命去干这一回不可。"

梁启超说："我的责任在言论，我必须立刻作文，堂堂正正反对他。你则是军界有力之人，宜深自韬晦，勿为袁世凯所忌。"

蔡锷同意老师提出的一文一武两步走的方案。

此后，蔡锷经常秘密到天津与梁启超密商，共同制定了这样的一个起义计划："云南于袁氏下令称帝后即独立，贵州则越一月后响应，广西则越两月后响应，然后以云、贵之力下四川，以广西之力下广东，约三四个月后可以会师湖北，底定中原。"

起义计划一经确定，蔡锷立即与西南各省军政人员密电往还，互通声气，向他们透露北京帝制活动和袁世凯的阴谋，要他们"稳静""慎重"；又密派何鹏翔、黄实赴滇接洽；派彭权、何上林赴广西运动，派王伯群回滇、黔做好起义部署；又致函四川泸州的川军旅长雷飙，要他注意团结反袁志士，以备将来国家所用；又派人到日本、南洋一带，邀约李烈钧、熊克武、程潜、方声涛等回滇以任将佐。

筹安会出笼以后，蔡锷想方设法离开北京。他不得不采纳一位友人的计策，日夜逍遥市场、戏院，放浪京师八大胡同妓院，乔装成意志衰落、沉溺酒色的样子，与京师名妓小凤仙搞得火热。出京前夕，蔡锷还托梁士诒买下一位清朝遗老的住宅，日夜修缮；又买古董、名人字画，邀请政界名流到家里评论真赝。

民族振兴的追梦者——孙中山

1915 年 11 月 11 日，蔡锷按例到统率办事处签到，他预先将手表拨快至 11 时，然后故意与值班室时钟核对，并对值班员说："你的时钟慢了。"值班员说："我的时钟不错，将军的手表快了。"蔡锷说："我彻夜未眠，手表还曾停过，今天虽然来得早了，既然来过，则签到算了。"蔡锷签到以后，即同小凤仙乘车直奔火车站。小凤仙不仅色艺冠绝一时，而且富有爱国心和正义感，敬慕蔡锷，积极参与了这次出京的策划。

梁启超早已派老家人曹福买了两张三等票，在车站等候。蔡锷上车以后，曹福偷偷地把车票递给他。到了天津，蔡锷先到意租界与梁启超会面，随后又到日租界同仁医院预先订好的房间下榻。

张孝准早已由日本来到天津迎候。两人见了面，蔡锷请他先回神户布置一切。

蔡锷抵津后，向袁世凯请假治病。留津期间，他与革命党人进一步建立了联系；与梁启超多次密商，决定他去云南，梁启超去两广。

12 月 2 日，天色微明，蔡锷身穿日本和服，变更姓名，又登上日本商船"山东丸"号东渡日本了。

此后，就这样一步步地，神出鬼没般，蔡锷冲破了重重关口，于 12 月 19 日到达昆明。蔡锷由北京到昆明，果真是"定策于恶网四布之中，冒险于海天万里以外"。

蔡锷将军回到昆明的消息一经传开，男女老少奔走相告，纷纷出城迎接。云南的民众和中下级军官是拥护反袁的。但唐继尧和一些高级将领却犹豫不决。唐继尧的父亲唯恐惹来灭门之祸，曾三上五华山劝儿子不要反对帝制。唐继尧也顾虑自身的力量对抗不了北洋军。蔡锷向他反复说明：现在不但全国民众一致反对袁世凯复辟帝制，就是北洋派大将冯国璋、段祺瑞也表示异议；不但中国人反对，外国人也大为不满。袁世凯必将众叛亲离，空前孤立，最后必然是落得个可耻的下场。

唐继尧还是犹豫。恰巧，正在这个时候，南京宣武上将军署转来梁启超的一份密电，请"唐将军转交蔡将军"，披露袁世凯决定派周自齐为赴日赠勋特使，将以卖国条件交换日本帝国承认帝制。

这个电报恰好证明蔡锷所说的话是有根据的，如果冯国璋不反袁，就不会代替别人发出反袁的电报。[4]这个电报消除了唐继尧的顾虑，他表示赞同起兵反袁。

22日，蔡锷、唐继尧主持军事会议，起义者庄严宣誓，歃血为盟。翌日，唐继尧以开武将军督理云南军务、任可澄以云南巡按使的名义发电要求袁世凯取消帝制，立将杨度等明正典刑以谢天下，限24日上午10时以前答复。

24日，蔡锷、戴戡又联名向袁世凯发出"敬电"，要求袁世凯立将段芝贵诸人明正典刑，并发明令永除帝制。

25日，蔡锷、唐继尧又在护国寺举行军事会议，决定将讨伐袁世凯的军队定名为"护国军"；军民分治，督师者为总司令，守滇、黔者为都督；第一军为主力，由蔡锷率领，出四川，得手后进取武汉；第二军为偏师，由李烈钧率领，出两广，相机进取湖南、江西，得手后与第一军在武汉会师；第三军由唐继尧率领，负责补给和警卫后方。

这一天，蔡锷、唐继尧向全国发出通电，宣布云南独立，揭开了"护国"战争的序幕。云南宣布独立，昆明各界人士欢声雷动，高呼着"打倒袁世凯""拥护共和"的口号，举行了声势浩大的游行。此情此景，记者报道说：

"宣告独立之后，恍如阴霾四塞天地晦冥之际，霹雳一声，大雨滂沱，一霎时间，雨散云收，日丽天青，其快适盖可想见矣。记者旅滇经年，精神上之快愉，实无逾于兹日者。近十日来，全城悬旗结彩，爆竹之声不绝于耳。士民则欢声雷动，军中则士气奋腾，相见必曰：民国五年之纪年，实赖我滇人保有而延长之，否则袁世凯之洪宪元年矣。"

1916年元旦，云南军政府成立，唐继尧为都督。军政府发布讨袁檄文，宣布"（一）与全国民戮力维护共和国体，使帝制永不发生；（二）划定中央地方权限，图各省民力之自由发展；（三）建立名实相符之立宪政体，以适应世界大势；（四）以诚意巩固邦交，增进国际团体之资格"。四条政见，赢得了中外各界人士的同情和支持。

蔡锷出京时已患喉症，一路历尽艰险，身体更加虚弱，但为争取部队按时出征，还是夜以继日地工作。[5]支队长朱德劝他注意身体，他说："我的日子不多了，我要把全部生命献给民国。"

1月10日清晨，护国军官兵数千人在昆明校场举行誓师。蔡锷刺破手指，血滴酒坛内，余血滴在亲手签名的誓词上。唐继尧、李烈钧依次进行。随后，蔡锷率领全体官兵宣誓：

> "拥护共和，我辈之责，兴师起义，誓灭国贼。成败利钝，与同休戚，万苦千难，舍命不渝。凡我同人，坚持定力，有渝此盟，神明必殛。"

在"中华民国万岁"的欢呼声中，蔡锷、唐继尧、李烈钧诸人同饮血酒，共赴国难。

护国军浩浩荡荡地出征了。

孙中山得悉云南独立的消息，一面连续致电旧金山、火奴鲁鲁、南洋等地革命党人，嘱咐加速筹款、汇款，以济军用；一面致电国内中华革命党人，告以"唐、蔡已动……既有首难，则袁之信用已破。此后吾党当力图万全而后动，务期一动即握重要之势力"。

他仍努力与日本财界和军部接触，争取获得资金和军械。

这时候，日本政府看到中国掀起了反袁高潮，袁世凯政权开始土崩瓦解，他们为了确保日本帝国在华的权益，决定改变对袁的政策。日本陆军和外务省也开始"支持"反袁的势力。1916年3月7日，日本内阁通过了《帝国对目前中国时局应采取的政策》，其中说道："袁掌握中国之权力，不能不成为帝国完成上述目的的障碍。为完成帝国的上述目的，袁脱离中国权力是适宜的。""帝国的民间有志之士同情以排斥袁为目的的中国人的活动，并提供资金和物资。对此，政府虽不负有公然支持它的责任，但默许它是符合于上述政策的。"

日本政府的对袁政策，使得孙中山的活动有了一些效果：向久原矿业株式会社社长久原房之助借款七十万日元，向军部购买了一批武器。[6]

更值得一提的，是孙中山在反袁斗争实践中取得了经验，纠正了过去那种包办革命、包打天下的错误思想，注意联合各种反袁势力共同对敌。

1916 年 1 月 18 日，孙中山热情招待李烈钧使者陈仁、席正铭等四人，和他们畅谈直到夜晚 9 时 15 分。从此，孙中山和席正铭继续保持联系。

据 1916 年 2 月 4 日日本警方记载："周善培[7]作为梁启超的代理，代表进步党于昨天二月三日上午到东京车站。""在东京的张继、戴天仇等人立刻会见周，就各首领聚会一事作了协定。为与尚在热海的岑春煊商议，今日下午，张继、戴天仇、居正、谭人凤等四人前往热海。四人与岑会见后，商定聚会的地点、日期等事项，准备 6 日返回东京。"2 月 12 日，孙中山、岑春煊、张国祥举行了三方首领会议。

4 月 27 日，孙中山乘"近江丸"号轮船返沪。一到上海，孙中山"立即访晤各方人士，听取诸同志之报告，经详细调查了解后，本乎团结同志、联系各派之愿望"，在 5 月 9 日发表了《讨袁宣言》，强调反袁斗争"不徒以去袁为毕事"，表示"文与袁氏，无私人之怨，违反约法，则愿与国民共弃之。与独立诸省及反袁诸君子，无私人之惠，尊重约法，则愿与国民共助之。……袁氏未去，当与国民共任讨贼之事；袁氏既去，当与国民共荷监督之责，决不肯使谋危民国者复生于国内"。

5 月 23 日，孙中山致电中华革命军负责人："文回沪后已宣言与各方面协同一致，声讨国贼。此时袁逆负偶恋栈，而南方义军势力犹薄，各地方进行彼此不相协，则更使袁贼得间。请兄等体察此意，一切事宜务求与讨袁各派协同进行，以收群策群力之效。至于旗帜，云、贵、桂、浙均已一致遵用五色旗，吾党亦宜一律沿用，俾不致同一讨贼之军而有猜疑。"

孙中山尤其注重团结黄兴共同战斗。1916 年 5 月 20 日，他给从美国到了日本的黄兴写了一封长信，请宫崎滔天转达。他在信中阐述了最近的国情和自己的主张，委托黄兴在日本借款购买军械，期望他早日回国共商国是："兄与弟有十余年最深关系之历史，未尝一日相连之感情，弟信兄爱我助我，无殊曩日，此事成否，关系全局。……望兄以全力图之。事有把握，仍企来沪一行，共商进行各事。"

这正是黄兴所盼望的。

两年来，黄兴身在美国，内心却无时无刻不惦记着中国革命。为了使革命党人互相支持、互通信息，他在日本马关设立办事处，传递昆明、东京、美国之间的消息。1915年9月底，黄兴接到蔡锷将赴西南发难的密信，认为反袁的时机已经成熟，立即与各派反袁势力联系，要求互相支持，确定联络唐继尧作为实现各派团结的基础。他对唐继尧说："蔡锷来滇，只借滇军讨袁，不为都督，不留滇，到即率兵出发。"

10月，黄兴派长子黄一欧回国参加倒袁，并致书孙中山："袁世凯必将称帝，三次革命的发难时机已届成熟，如有所命，亟需效力。"接着，指示黄一欧迅速与蔡锷建立联系，相助进行；又命石陶钧随张继回国。

11月底，黄兴函示在日本的张孝准与蔡锷联系，建议蔡锷经过日本前赴云南，要求张孝准、石陶钧保护蔡锷安全到达目的地。他还向张孝准部署了讨袁策略，赞同在滇或粤发难，"割据一二省，响应必起，袁贼财政，即生缺陷，此可制袁之死命"。主张"广设暗杀机关，造起种种恐慌"。主张争取冯国璋，激发陆荣廷倒袁的策略。

12月14日，黄兴致电美国驻华公使，阐明自己的态度："袁世凯废共和，行帝制，中国必立起革命，声讨其罪。此时吾定返中国，再执干戈，随革命军同事疆场，竭尽吾最后之气力，驱逐国贼，另举贤能，保全国民，使吾国人民得共享自由共和政体之益。中国五千年来，至今得改为共和政体，国民始得享自由幸福，吾国民断不能坐视袁氏任意复行帝制。"

黄兴的特殊地位，使他成了促进革命派内部团结和革命派与立宪派、西南实力派联合的桥梁。

"护国"战争爆发以后，黄兴在美国加紧反袁宣传，呼吁美国朝野赞助中国人民的共和事业，对国内时局不断发表意见，希望把讨袁斗争进行到底。他又命令谭人凤、周震鳞等人赴南洋筹饷，支援西南义举；指示张孝准在东京与日本朝野接触，争取支持。

1916年5月9日，黄兴从美国抵达日本。当天致电袁世凯，斥责其称帝叛国罪行，敦促他悔过引退。12日，黄兴又通电全国各界，指出"此次讨逆，出于全国人心，理无党派意见，更无南北区域之可言。今既谊切同仇，务希协力策进，贯彻主张，速去凶顽，共趋正轨"。不久，他又致电谭人凤，表示："袁逆谋叛，凡属国民，均宜联合一致，同事挞伐。中山先生在沪宣言，豁然大公，无任钦仰！"

1916 年上半年，孙中山和黄兴发动的武装起义遍及长城内外，大江南北，此起彼伏，连绵不断，有力地牵制了袁军，支援了护国军的胜利挺进。可惜，中华革命军毕竟力量薄弱、分散，不能肩负起"护国"战争的领导重任。

云南的独立、讨袁，真如平地一声惊雷，使得袁世凯惶恐不安，举止失措。但他决不会甘心失败。

云南宣布独立那天，袁世凯在国务会议上结结巴巴地抱怨："云南自称政府，照会英法领事脱离中央。此事[8]我不主张，是你们逼我做的。"他立即故技重演，使用反革命两手对付云南护国军。

他找到蔡锷的老上司李经羲和熊希龄，妄图通过他们进行调解；又通过美国公使朱尔典请求英国驻昆明领事，直接离间蔡锷和唐继尧的关系，劝唐继尧"杀蔡反正，即封亲王"，并由汇丰银行立拨三百万元，作为馈赠和犒劳。

软化的一套无济于事，袁世凯便来硬攻的一着。在他看来，北洋军兵精粮足，久经战阵，云南兵仅万余，饷难月给，只要大军压境，不难一鼓荡平。他在新华宫丰泽园设立临时军务处，亲自制订用兵计划，妄图兵分三路，大举向云南进逼。

但是，凡属倒退的行为，结果都和主持者的愿望相反。事实完全出乎袁世凯的意料，北洋军士气低落，行动缓慢；而护国军却斗志昂扬，进展迅速。

1916 年 1 月 21 日，入川的护国军攻克叙府，取得了"护国"战争开始以来的第一个重大胜利。

1 月 24 日，戴勘率领护国军一部抵达贵阳，黔军团长王文华响应护国军，将军刘显世也赶走了袁世凯派来监视他的巡按使，1 月 27 日宣布贵州独立。

1 月 26 日，日本忽然通知袁世凯政府"不便接待特使，请延期启行"，这又给袁世凯当头一棒。消息传来，袁世凯十分懊丧，想当皇帝而不可得了，袁世凯只觉得四面楚歌、孤立无援了。

为了摆脱被动局面，争取列强的同情，袁世凯迫不得已，只得下令延缓登极。但是，袁世凯还是不会就此罢休，他把北洋军的主力调往四川，严令全线反攻，企图利用军事优势扭转不利局面。

可就在这个时候，3月15日，陆荣廷突然宣布广西独立。广西宣布独立，这对袁世凯又如一个晴天霹雳，惊破了他做皇帝的美梦。

袁世凯的后院也起火了。他正是惊魂未定，忽然发现办公桌上摆着一封请求"取消帝制，以安人心"的密电。他拿来一看，发电人竟是江苏宣武上将军冯国璋、山东泰安将军靳云鹏、江西昌武将军李纯、浙江兴武将军朱瑞、湖南靖武将军汤芗铭。袁世凯看罢，两眼失神地望着身边的内史，连声哀叹着："完了，完了，一切都完了！"

袁世凯已经陷入了众叛亲离的绝境了。他不得不把打入冷宫的黎元洪、徐世昌、段祺瑞三人找出来替他支撑危局。段祺瑞也抄袭袁世凯的老谱，迫使袁世凯恢复责任内阁制，把权力交出来。

人民是不可欺侮的。形势急转直下了：

4月6日，袁世凯在广东的代理人龙济光被迫宣布广东独立。12日，浙江宣布独立。5月9日，陈树藩被迫宣布陕西独立。

5月8日，滇、黔、桂、粤四省护国军军务院在广东肇庆成立，唐继尧为抚军长，岑春煊为副抚军长，梁启超为抚军兼政务委员长，蔡锷、李烈钧等为抚军。四省统一行动，"联军西南，声震全国"，推动了"护国"战争的发展，加速了袁世凯的灭亡。

5月22日，连陈宦也发出通电了："自今日始，四川省与袁氏个人断绝关系，袁氏在任一日，其以政府名义处分川事者，川省皆视为无效。"

陈宦是袁世凯的忠实鹰犬，1915年2月，袁世凯派他带领三个旅的北洋军进入四川，督理四川军务。陈宦带兵入川前夕，"向项城辞行，竟行三跪九叩大礼。项城惊异道，何必如此。陈对以陛下登极大典，臣恐未必能躬预，故先行庆贺。项城即说，即改国体亦废跪拜礼了。陈又跪下，三嗅项城之足而退，据说这是喇嘛对活佛的最敬礼"。陈宦到成都后，袁世凯又立即升授他为成武将军，督理四川军务兼四川巡按使，把一省军政大权交给他。陈宦也多次向袁世凯表忠。这样的一个忠顺奴才，现在竟然通电"独立"，宣布"与袁氏个人断绝关系"，怎不气坏袁世凯！

袁世凯一接到陈宧的通电，"悲恨交集，想起辞别时情形，真是不堪回首"。他"半日未出一言"，只觉得眼前一片漆黑，突然晕倒过去。过了好一会，他悠悠地苏醒过来，脸上红得像炭火一样，两眼泪水汪汪，口中自言自语，喋喋不休道："人心大变！人心大变！"

5月29日，袁世凯又一亲信汤芗铭被迫发表《独立布告》，宣布"袁氏叛国"，"本都督鉴于时势之必要，于本日脱离袁政府宣布独立"。

汤芗铭的电报终使袁世凯看清"大事已无可为"。他大失常态，时而顿足怒骂近侍，时而呆若木鸡，陷入绝望的沉思。从此，他病入膏肓，不能起床，只得举行"榻前会议"处理事务。

6月5日，袁世凯自知死期将至，忙把徐世昌、段祺瑞、王士珍和表弟张镇芳找来安排后事。徐世昌最后赶到，他望了徐世昌一眼，有气无力地说："菊人[9]来得正好，我已经是不中用的人了。"

"总统不必心焦，静养几天自然会好的。"徐世昌安慰他几句，又说，"总统有话，早点安排出来也好。"

袁世凯的嘴唇微微动弹了几下，最后才弱如游丝地吐出"约法"两个字来。

在场的人都知道他要说的是总统继承人的事。但是约法有新有旧，到底是旧约法还是新约法？徐世昌、段祺瑞两人正待动问，守在榻旁的袁克定连忙代答："金匮石室。"

这时，袁世凯已经不能说话。他把头微微动了一下，似乎表示同意。

法国医生给袁世凯打了一支强心针，他又从昏迷中苏醒过来，僵硬的舌头十分吃力地吐出了最后的四个字："他害了我！"

"他"是谁？是袁世凯的儿子、朋友还是部下，谁也不能准确回答。

翌日上午，袁世凯这一代奸雄，在亿万人民的唾骂声中，结束了罪恶的一生。

徐世昌、段祺瑞、王士珍、张镇芳四人打开金匮石室，找到了袁世凯所写的总统继承人的名单：黎元洪、徐世昌、段祺瑞。据袁世凯的侍从透露，原来的名单上写的是袁克定，并没有段祺瑞的名字。"在护国军起义后，各省纷纷响应，袁眼看皇帝梦要破灭，连总统也保不住了，在一个黑夜里，叫亲信侍卫去把石室凿开，偷偷地换进这个名单的。"

名单是找出来了，究竟由谁继任大总统？顾命大臣谁也不愿首先开口，一致推举徐世昌发表意见。

"根据约法以副总统继任大总统。"徐世昌转过身来，把眼睛盯着段祺瑞，"这不过是我个人的意见，最好还是取决于总理。"

段祺瑞绷着面孔，过了半晌，才听得段祺瑞口中憋出两个字来："很好。"

6月7日，黎元洪宣誓继任中华民国大总统。

进步党和其他反袁派讨袁的目的，只在于袁世凯退位，恢复旧约法，召开国会。黎元洪宣布遵行《临时约法》，恢复国会，他们便认为大功告成，7月14日，唐继尧以抚军长的名义通电全国，宣布撤销军务院。

中华革命党讨袁的目的，是"扫除专制政治，建设完全民国"。但是，究竟应该怎样才能达到这个目的？孙中山提出来的，也只是尊重《临时约法》这一点。当北京政府宣布恢复《临时约法》的时候，中华革命党本部便发出了这样的通告："奉总理孙先生谕：'本党成立，实继癸丑革命而起，其重要目的在推翻专制，重造民国。迨袁贼自毙，黎大总统依法就职，因令各省党军停止进行。今约法规复，国会定期召集。破坏既终，建设方始，革命名义，已不复存，即一切党务亦应停止。将来如何改组，有何办法，应征求海内外各支、分部之意见。'"

革命的根本问题是政权问题。"如果没有政权，无论什么法律，无论什么选出的机关都等于零。"[10]

孙中山还不理解这点。他在给戴德律的信中写道："目前，我要留在政府之外，静观各项事务的处理和解决，并将继续置身幕后，除非有重大理由需我复出。"

孙中山解散了中华革命军，交出了枪支，放弃了争取政权的斗争，只是准备从事实业方面的工作，又重犯了以往的错误。

"护国"战争打倒了袁世凯，结束了"洪宪"帝制，是胜利了。但是，"护国"战争后的中国政局，却出现了军阀割据和军阀混战的局面。

注释：

　　[1] 古德诺（1859—1939），美国人。毕业于德国柏林大学，曾在美国哥伦比亚大学任教。1913年受袁世凯聘任为总统府顾问。

　　[2] 少侯是孙毓筠的字。

　　[3] 宝庆，今邵阳市。

　　[4] 这个电报是由冯国璋的秘书长胡嗣瑗做主代发，冯国璋从来懒看公文，根本不知道这回事。而这个内幕又是唐继尧所不知的。

　　[5] 1916年11月8日，蔡锷因喉症不治逝世。

　　[6] 参看《孙中山全集》第三卷，中华书局1984年版，第250、263－266页。

　　[7] 周善培是张国祥的化名。

　　[8] 此事，指复辟帝制。

　　[9] 菊人是徐世昌的号。

　　[10]《列宁全集》第十一卷，人民出版社1959年版，第98页。

第二十章 │ "南与北如一丘之貉"

袁世凯死后，黎元洪以副总统的资格继任了大总统，"反对帝制派"的段祺瑞当了国务总理，《临时约法》和旧国会恢复了，"共和重造"，灾难深重的中国，又好像回到了袁世凯解散国会以前的局面。

一切善良的人们都以为中国有望了，都以为在经历了种种不幸和劫难以后，中国将从此走向民主、共和的新轨道。但事情并没有朝人们的这些美好愿望发展。

"护国"战争刚结束，北洋军阀就分裂了，形成以段祺瑞为头子的皖系、以冯国璋为头子的直系、以张作霖为头子的奉系，依附他们的，还有张勋、倪嗣冲、阎锡山等较小的军阀。在南方军阀中，势力最大的是唐继尧的滇系和陆荣廷的桂系。

就是这些大大小小的军阀，各自仗着帝国主义主子的支撑，横行霸道，争权夺利，使中国在摆脱了袁世凯独裁后，又陷入了军阀割据的局面。

各派系军阀的矛盾和斗争，集中地反映在"府院之争"上。"府"，是黎元洪集团的总统府；"院"，是段祺瑞集团的国务院。得到日本支持的段祺瑞，把持中央大权，排斥异己，扩张势力，俨然以袁世凯的当然继承者自居。得到美国支持的黎元洪，不甘心做傀儡总统和盖印机器。双方尔虞我诈，明争暗斗，毫不相让。到1917年春，"参战问题"成了双方争执的焦点。

1917年2月，在第一次世界大战后期，德国宣称将以潜艇无限制地封锁海面。美国则宣布对德绝交，准备参战。美国要求中国和它采取一致行动，主动提出借款给中国做参战军费。黎元洪立表同意，国会也通过了与德国绝交的决议。

日本唯恐落后美国，便也积极怂恿段祺瑞参战："美借款，必须实行出兵欧洲，不能挪作别用；日本借款，不加干涉，可以此款名为练参战军，即以先清内乱。"这正好符合段祺瑞的口味，他"大为所动"，也积极主张参战。

黎元洪集团认为，参战"必先倒段。段去，仍由后任者实行参战，则成功自我矣"。美国公使同意黎元洪的打算，而且慨然"允为后盾"。黎元洪有恃无恐，下令免去了段祺瑞国务总理的职务。

段祺瑞自然不甘心失败，他跑到天津，唆使皖系、奉系八省督军宣告"独立"，在天津设立"独立"各省总参谋处，进行倒黎活动。

直系军阀虽然并不附和段祺瑞，却也没有积极支持黎元洪。黎元洪势单力薄，处境险恶。张勋见有机可乘，便向黎元洪表示："总统若令我入京，愿任调停。"

孤立无援的黎元洪立即派李盛铎到徐州迎接张勋入京调停。

既有帝国主义的支持，又有各省督军的赞助，张勋的复辟之火越烧越旺，成了整个清王朝复辟集团"翘首仰盼，所恃以旋乾转坤"的"武圣"。

1917年6月7日，张勋打着"调停"的旗号，带了五千辫子军到达天津。

张勋的如此动作，段祺瑞早已明白三分，他打定了"一箭双雕"的如意算盘：首先要假张勋之手赶跑黎元洪，然后又以"拥护共和"的美名再打倒张勋，重掌北京政府的实权。主意一定，他首先派遣徐树铮、倪嗣冲两人赶到徐州，赞成张勋推倒黎元洪，让宣统复辟，怂恿张勋进京。张勋到达天津的当天晚上，段祺瑞就亲自跑去看他，却又假惺惺地对他说："大哥来了很好，到了北京首先要维持治安，这是要紧的事。别的事亦可以办，只是保清帝复位的事，还不到时候，即使勉强办了，就算北方答应了，可南方亦不会答应，我看这件事还是慢慢来办。"

黎元洪听到张勋将带领大队人马进驻北京的消息，就怀疑张勋此行不怀好意，立即电请徐世昌、李经羲两人劝告张勋"减从入京。以免京师人心恐慌"。不料到了 6 月 8 日，张勋突然向黎元洪派到天津来欢迎他的总统府秘书长夏寿康提出：请总统下令解散国会，从 8 日起至 10 日止，限三天之内实行，否则不负调停之责。

夏寿康慌慌张张地把这个要求转报黎元洪，黎元洪才知道上了大当。

黎元洪一向以遵守《临时约法》自我标榜，而且曾根据《临时约法》总统无解散国会之权申诉过督军团。此时此刻，他也顾不得什么"约法"了，只得匆匆忙忙下令解散了国会。

14 日下午 3 时，张勋以"战胜者"的姿态，乘专车到达北京。市民们从门角里偷看这位"张大帅"，只见他头戴中央嵌有一方宝石的瓜皮小帽，脑后垂着大辫，身穿纱袍，套以韦陀金边的玄色大马褂，脚穿乌缎鞋。众人一看，不由得交头接耳，轻轻说道："这真是一个不伦不类的大怪物啊！"

张勋到了北京，各地王公贵族和封建遗老大喜过望，纷纷涌来。陈请立即"还政于清"的函电，也如雪片般飞来。

7 月 1 日凌晨 3 时，张勋身穿朝珠蟒服，头戴红顶花翎，带领复辟群丑 300 多人进入清宫，跪请溥仪重登皇位："臣等反复密商，公同盟誓，仅代表二十二省军民真意，恭请我皇上收回政权，复御宸极，为五族子臣之主，定宇内一统之规。"

年仅十二岁的溥仪，按照事前的安排，立即发布由康有为起草的诏书："收回大权，与民更始，自今以往，以纲常名教为精神之宪法，以礼义廉耻收溃决之人心。"

张勋自任首席内阁议政大臣、直隶总督兼北洋大臣，独揽大权。康有为被授予弼德院副院长兼太傅。

黎元洪连忙逃进日本使馆，电令副总统冯国璋代行总统职务，重新任命段祺瑞为国务总理，讨伐张勋。

复辟不得人心，民意不得强奸。"全国民情，莫不反对复辟"，"来电反对，高可盈尺"。张勋终于陷入"普天同愤"的火海之中。

孙中山在上海奔走呼号，频频与各界人士接触，商议救国大计。他发表《讨逆宣言》，阐明"此次讨逆之战，匪特为民国争生存，且为民族反抗武力之奋斗"。

狡猾的帝国主义者看到张勋复辟不能得逞，立即甩掉这只不中用的走狗。

奸诈的段祺瑞眼见驱逐黎元洪、解散国会的目的已经达到，便由默认张勋复辟的同谋犯，摇身一变而成为"再造共和"的"讨逆军总司令"。

7月3日，"讨逆军"在天津近郊马厂誓师，宣布讨伐张勋。12日，"讨逆军"攻进北京，辫子兵被缴了械，张勋慌慌张张逃进荷兰使馆，康有为逃入美国使馆。溥仪再次宣布退位。奇形怪状的小龙旗不见了，大街小巷都是辫子兵逃命时剪下的辫子。

这出复辟丑剧，前前后后只演了十二天。

经过这场变乱，黎元洪通电去职，冯国璋继任大总统，段祺瑞重任了国务总理。

段祺瑞一上台，就"一手遮天，目无余子"，公开宣称"一不要约法，二不要国会，三不要旧总统"，实行"欲奠定湖南以收复两广，同时奠定四川以制服滇黔"的"武力统一"政策。

为了取消国会，段祺瑞采纳了投靠他麾下的梁启超的计策，成立临时参议院，代行国会立法权。

为了实现武力统一南方，段祺瑞不惜出卖国家主权，向日本帝国大举借款，购买大批军火，大肆扩充自己的实力。

"约法与国会，共和国之命脉也。"如果听任约法废弃，国会解散，"则数十年革命事业的成绩，固全被推翻，而将来国家根本之宪法，亦无从制定"。在孙中山看来，这是万万不能容忍的。孙中山挺身而出，开展"护法"斗争。

这时候，孙中山"深深觉得没有武装力量，不足以与北洋军阀对抗斗争，无由贯彻救国救民的宗旨"。他多次同海军总长程璧光磋商，希望海军也参加到"护法"的行列中来。同时，派遣廖仲恺运动海军军官，派遣何香凝做海军军官家属的工作。

段祺瑞的横行霸道，也激怒了程璧光。在孙中山的鼓动下，程璧光宣布"自违法解散国会后之命令概不服从"，拥护孙中山的"护法"主张。1917

年 7 月 1 日，他率领第一舰队开赴上海。

"文学巨子"章太炎，也被段祺瑞的倒行逆施激怒了，表示要参加孙中山领导的"护法"斗争。

单有海军支助，仍是势单力薄，孙中山又苦心孤诣争取西南军阀出师"护法"。他与章太炎联名致电唐继尧，劝告他团结西南力量，出师"护法"："若不投袂急起，与川和好，联合出师，非独民国沦亡，将来蚕食所及，西南亦无以自保。及今早图，庶无后悔。"

接着，孙中山派遣胡汉民赴粤联络"护法"力量。当时，广东省省长朱庆澜与桂系军阀矛盾尖锐，企图借孙中山加强自己的力量，赞成出师讨逆，并与驻粤滇军将领李烈钧、张开儒组织滇粤联军。广东方面有了进展，胡汉民又到达南宁，邀请陆荣廷来粤会商讨逆。1917 年 6 月 20 日，陆荣廷通电两广"暂行自主"。

1917 年 7 月 3 日，孙中山与章太炎、唐绍仪、程璧光和部分海陆军军官在上海寓所会商，一致决定通电全国，南下"护法"，讨伐叛逆。同时，孙中山致电桂、粤、湘、滇、黔、川六省都督及各界："火速协商，建设临时政府，公推临时总统，以图恢复。"

沉闷的中国又萌发了新的生机。

1917 年 7 月 17 日，孙中山偕同廖仲恺、朱执信、何香凝、章太炎诸人，由上海乘"海琛"号军舰抵达广州。

当晚，广东各界在广州黄埔公园召开大会欢迎孙中山。孙中山在会上发表演说，宣传"护法"宗旨：

"中国实行共和已经六年了，国民未有享过共和的幸福，非共和之罪也。执共和国政的人，以假共和的面孔，行真专制的手段也。因此今日变乱，不是帝政与民政之争，不是新旧潮流之争，不是南北意见之争，实在是真共和与假共和之争。欲要争回真共和以求福利，必须要有两大伟力：其一为陆军，其二为海军。鄙人密察大势，认为非得强大的海陆军，为国民争回真共和。否则无以贯彻我们救国救民的宗旨。……鄙人今日所期望诸公的，是即日联电，请海军全体将士来粤，然后即在粤召开国会，请黎大总统到来，执行职务。"

7月19日，孙中山通过上海、天津各报馆，电邀国会议员南下参加"护法"运动："前之倡乱坏法者，又假借反对复辟，拥护共和之名，以图自固。帝制余孽，亦乘此以邀功。文以为今日之患，非患真复辟者之众，正患假共和之多。……江河流域已为荆棘之区，惟西南诸省拥护共和，欢迎国会。诸位宜集会于粤、滇、湘各省，择适当之地以开会议，而行民国统治之权。如人数不足，开紧急会议亦可。责任所在，万勿放弃。"

接着，孙中山又派专人北上迎接议员南下。

7月21日，程璧光发表"一曰拥护宪法，二曰恢复国会，三曰惩办祸首"的宣言，率领七艘军舰开赴广州。

海军舰队抵达广州，"护法"运动声势大振。不久，唐继尧也宣布"护法"，组织"靖国军"了。

8月25日，孙中山在广州召集国会非常会议，通过了《中华民国军政府组织大纲》。它规定：为戡定叛乱，恢复《临时约法》，特组织中华民国军政府；中华民国军政府设大元帅一人，元帅二人，《临时约法》效力未完全恢复以前，中华民国行政权，由大元帅行使；大元帅对外代表中华民国。

9月1日，国会非常会议选举孙中山为大元帅，唐继尧、陆荣廷为元帅。10日，孙中山在广州河南士敏土厂就职，表示"任职以后，惟当竭股肱之力，攘除奸凶，恢复约法，以竟元年未竟之业，雪数岁无功之耻"。他任命伍廷芳为外交总长、孙洪伊为内政总长、唐绍仪为财政总长、张开儒为陆军总长、程璧光为海军总长、胡汉民为交通总长、章太炎为秘书长、李烈钧为参谋总长、林葆怿为海军总司令、李福林为大元帅府亲军总司令、许崇智为大元帅府参军长，建立了与北京政府相对立的"护法"军政府。

军政府成立，拥有桂系和滇系势力范围的粤、桂、滇、黔、川五省，其他地区也接踵响应，一县或数县联合的"独立""自主"不断涌现，使"护法"运动的烽火遍及十多个省，出现了新的"护法"高潮。

孙中山宣布段祺瑞、梁启超为叛逆，支持和推动了粤、桂、湘三省组成联军，1917年10月6日，联军与北洋军在湖南衡山、宝庆一带鏖战，护法战争开始。不久，联军先后占领了长沙、岳阳，使得北京政府十分震惊。

陆荣廷、唐继尧口头上拥护"护法"，实际上是拉大旗作虎皮，借孙中山这面"护法"旗帜，对抗段祺瑞的"武力统一"，以保存和扩大自己的地盘和势力。章太炎曾一针见血地指出陆荣廷、唐继尧"护法"的企图："广西不过欲得湖南，云南不过欲得四川，借护法之虚名，以收蚕食鹰攫之实效。"

就在国会非常会议选举孙中山为大元帅的时候，桂系的广东督军陈炳焜立即通电声明："此后因此发生何种问题，炳焜概不负责。"

非常国会给陆荣廷、唐继尧送去了元帅证书，他们不肯屈就孙中山麾下，拒绝就职。

陆荣廷致电非常国会及在粤名流："方今国难初定，应以总统复职为先务之急，总统存在，自无另设政府之必要。元帅名称，尤滋疑义，易淆观听，廷等实事求是，不为权利竞争，标本张皇，又所不取。此举实不敢轻为附和。"

唐继尧则复电孙中山："元帅一职，虽忝国会推举，自维才望无似，不欲冒君子上人之戒，又惧蒙世俗权利之嫌。"

这可苦了孙中山。陆荣廷、唐继尧和大部分总长不肯就职，实际上就是不承认军政府。这样，既给军政府带来严重的困难，更使孙中山处在十分尴尬的境地。

孙中山忍辱负重，表现了极大的耐心。

他先后派程璧光、胡汉民到南宁会见陆荣廷，请陆荣廷就元帅职。他甚至致电陆荣廷："若降心相从，即退让亦无不可。"然而，陆荣廷始终无动于衷，置若罔闻。

孙中山一再致电唐继尧，企望说服他就职。然而，唐继尧不但不肯应允，而且说道："中山举动，本嫌唐突。惟既已发表，似勿庸积极反对。有彼在，对内对外亦有一种助力；将来取消，亦有一番交换。故此间仅辞元帅职，未言其他。拟将此意，密告陆、龙、陈、谭[1]诸人，以免内部太纷歧，反授人以隙。"

章太炎眼见军政府内部钩心斗角，料定大事难成，决意离去。

孙中山苦苦劝留章太炎："现在正是人心不稳，先生是老同志了，不当先去以失人所望。"

章太炎深知孙中山的处境和困难，便解释说："我离开这里，可以更好地为军政府出力，就像下围棋一样，内困则求外解，现在军政府独处广东，只有一眼，局道相逼，我这出去，再作一眼，棋局就活了。"

孙中山只好同意，委任章太炎为军政府特别代表，请他持元帅印证，赴昆明劝说唐继尧。

章太炎一到云南，就制了两面特大的红旗，挑选两位力士扛着，作为先导，一路上威风凛凛，有声有色，吸引了不少行人。唐继尧也穿着上将礼服，设盛宴欢迎章太炎。

唐继尧这样做，只是假意殷勤，敷衍应酬罢了。章太炎请唐继尧接受元帅印证，他只是摇摇头；请他发兵东下，他又是不吭声。章太炎不由发火了，扬言要打背包，立即离滇，以示绝交。唐继尧这才勉强接下元帅印证，但文书号令，依旧只署"滇黔靖国联军总司令"，不称军政府元帅，至于派兵东下的事，还是缄默不语。

深秋的昆明，依然花红草绿，生机盎然。可章太炎的心情，却似枯枝败叶，暗淡萎黄了。"何以解忧，唯有杜康。"他终日穷瓶把盏，借酒消愁。此后，索性游山玩水，历时十五个月，跋涉一万四千多里，最后归抵上海，杜门谢客，不问国事了。

孙中山毕竟不同于章太炎。

他锲而不舍，坚韧不拔地组建军政府直属的各个部门，使它成为西南"护法"的"军事最高统一机关"。

可是，西南军阀不仅不听命军政府，反而对它进行了诸多干扰、破坏。

桂系军阀控制着两广地盘，实行财政封锁，企图扼杀军政府。莫荣新[2]竟然说："孙某的政府，空头政府而已。他无兵无饷，我们对他只要采取不理的态度，等到他不能支持的时候，自然会解散而去。"

确实，军政府财政上困难重重，以至从部长到办事员，每月每人只发零用钱二十元。孙中山命令廖仲恺向外交使团、驻粤税务司抗争，"将盐税一项收归军政府，以吾商民之正供充军府开支"。莫荣新一知道这件事，便扬言要动武抢夺盐税余款。只是孙中山据理力争，而且声称准备调遣军队保护。莫荣新迫于无奈，最后只好默认由军政府分配用途。

军阀有"军"而无"政府"。而军政府有"政府"却无"军"，"权日蹙，命令不能出府门"。广东省省长朱庆澜一直被桂系军阀视为"非我族类"。他向胡汉民建议："护法是正义行动，孙先生登高一呼，西南各省闻风响应。不过要出兵讨段，滇唐、桂陆仍在观望。自己缺乏可靠实力，看来难收实效。如果孙先生有意建立护法军，我可借个机会，将广东省警卫军拨出二十营，由他改编为护法军，然后再图发展。但此事不能由我单方面作主，还要向陆、陈多做工作，也要向广东省议会疏通疏通。"

孙中山听了非常高兴："朱子桥[3]有远见，热情支持我们的革命事业，是十分难能可贵的朋友，你们千万不要等闲视之。大家要知道，我们的事业所以屡次遭到失败，原因虽多，主要还是由于自己缺乏强有力的革命军队去扑灭敌人。"他立即吩咐胡汉民、朱执信分头活动，迅速办妥这件事情。

最懂得枪杆子重要的莫过于军阀了。陆荣廷命令广东督军陈炳焜抢先把省长亲军编入督军署警卫军。这件事引起广东各界群起反对，孙中山趁势派胡汉民向陆荣廷交涉。陆荣廷见众怒难犯，加上北洋军正在南下，湘桂边境战云密布，便只得将陈炳焜调回广西；以莫荣新代理广东督军，才勉强同意将省长亲军二十营交给军政府。

孙中山得到了二十营军队，如获至宝，马上任命陈炯明为援闽粤军总司令，将这支部队开赴福建，再图发展。

1917年冬，皖、直两系军阀矛盾加剧，进兵湖南的直系军队不愿替段祺瑞卖力，主张南北停战议和。陆荣廷首先响应，他通过岑春煊提出和议条件：任命陆荣廷为粤、桂、湘三省巡阅使，唐继尧为川、滇、黔三省巡阅使。

孙中山坚决反对陆荣廷议和："陆此次出兵，本在攫取湘权，长沙既得，其欲已偿，故一再电冯[4]停战，而未及国会之恢复。"

这样，在陆荣廷看来，孙中山又成了南北"议和"的障碍，便指使莫荣新想办法把孙中山赶出广东。

莫荣新向孙中山开刀了。1918年1月2日，他以惩治"土匪"的名义，拘捕了大元帅府卫队十名新兵，枪毙连、排长及卫兵多人。

孙中山忍无可忍了。他悲愤得掉出泪来："莫贼杀我同志多了，为大局计，我饮泪哑忍已久，今屠及良民，是莫自弃于国，如不惩戒，其祸无穷。"决定炮击粤督军署，驱逐莫荣新。

孙中山召集"同安"舰长温树德、"豫章"舰长吴芝馨到大元帅府商讨炮击粤督军署事项。可是，温树德认为这事须有海军部长命令。

孙中山问他："我是海陆军大元帅，可下命令吗？"

温树德支吾一番，最后只得答道："大元帅亲自下舰指挥是可以的。"

孙中山默默无言，最后命令温树德、吴芝馨回舰候命。当时，"同安""豫章"两舰停泊在帅府前的河面上，卫戍帅府。

待两舰长退出帅府，朱执信向孙中山建议：炮击粤督军署，要有陆军协作才能生效。

孙中山点头称是，采纳了朱执信的意见，命令他立即疏通李福林的福军和李耀汉的肇军。

当时，好些革命党人认为炮击粤督军署危险性太大，纷纷劝阻孙中山。孙中山不为所动。他们转而责难朱执信："若不停止进行，不特孙先生生命危险，在粤各同志也因你的行动而遭难。你死不足惜，为何要拖累孙先生及各同志呢？"

朱执信见这些人口气咄咄逼人，便也理直气壮地回答他们："此事乃奉孙先生命令办理。孙先生是革命党首领。党的首领不怕危险，我是党员，执行党的首领命令，为什么要怕危险；党的首领愿为党为国而死，我愿意追随首领，再也不顾及其他。"

这些人忐忑不安，只得走开。

朱执信找李耀汉、李福林商定了办法：一闻舰队开炮，肇军立即包围督军署，捕拿莫荣新；福军也马上渡河，接应肇军，阻止桂军增援。一旦事成，即由大元帅下令免去莫荣新督军职务。

孙中山做出决定：就在莫荣新枪杀卫队官兵的当天晚上，即1918年1月2日深夜炮击督军署。

可是，就在孙中山出发前，张继、方声涛又跑来帅府劝阻孙中山。

孙中山已经没有时间解释了，只是正告他们："我意已决，你们不要再说了。"说罢，拂袖而去。走到门口，他突然停下步来，解下身上的拳统，递给叶夏声，吩咐道："你为我监视这两个异议者，不许他们自由行动。如果我胜利了，我自然会释放他们；如果我失败了，为防止他们资敌，你为我处决了他们，你也可以自尽，免被辱死。"说毕，孙中山毅然向码头走去。

深夜12点多了，孙中山和随从登上"同安"舰，命令温树德开航，"豫章"舰跟随；驶到中流砥柱炮台，孙中山命令军舰停航，向观音山督军署开炮。

这时候，舰长还是犹豫不决，双手发抖，不敢开炮。

孙中山怒目圆睁，一手拨开舰长，亲自开炮数发，然后督促炮手："你们就照我那样开炮！"

连珠似的炮弹，隆隆作响，惊天动地，直朝督军署射去。

不一刻，大地死亡似的沉寂。孙中山沉默地等待对方的反应，奇怪的是，督军署方面，一点动静也没有，更不要说开炮还击。

难道是杀人不眨眼的莫荣新立地成佛了吗？孙中山感到纳闷，转身吩咐卫士黄惠龙、马湘："你们到大沙头搜索！"

"我们两人只能够带手枪。"马湘答道。

祁耿寰也连忙告诉孙中山："万万不能，万万不能。桂军在大沙头必有准备，而且现在潮水已退，连舢板也不能靠岸，沿岸泥泞没膝，又不能涉水前进，牺牲二人，实在无益。"

孙中山用望远镜仔细观察，丛荒之中果然隐蔽着众多的机枪。

朱执信正好赶来。

原来，朱执信听到炮声，正要率领福军渡河，接应肇军。这时，侦探回来报告，说是海军炮击后，省署军队并未出动，还是龟缩在营房里。朱执信知道事有变化，便令福军暂停出动，自己则乘电船面报孙中山。

孙中山命令停止发炮，率舰返回帅府，释放了张继、方声涛。

事后才知道，原来是李耀汉早把孙中山炮击督军署的计划密告了莫荣新。

莫荣新立即同谋臣策士商量对策。参谋长郭椿森力主镇静，不予还击：

第二十章 『南与北如一丘之貉』

"还击则一时间彼众我寡，决无胜算；不还击，人们将会说曲在中山，使他更是孤立。"

莫荣新采取了这个策略。翌日，他还身穿白夏布长衫，手执烟杆，亲自到帅府向孙中山"谢罪"。

孙中山痛斥莫荣新："我为什么要用大炮轰你？因为你执掌广东军政大权，弄得民不聊生。国家的主人就是人民，你将主人如此虐待，实在违法乱纪已极。你知道吗？现在广东同胞有代表来见我，要求将你从严处罚。"

莫荣新一时无词以对，只得唯唯诺诺："是我的错，是我办理不好。我这次出来没有坐汽车，沿途步行视察市面，觉得甚为萧条，烟赌林立。我回去必定要大加整顿，以不负粤人之托。"

孙中山见是如此，便吩咐坐在他右侧的祁耿寰："祁参军，你可和莫督军谈谈。"

祁耿寰要求莫荣新将广东财政收入拨出一部分作为帅府的经费。

莫荣新无可奈何，只好应允："大元帅有命，我一定服从。"

祁耿寰又问："既然应允支援大元帅府经费，我们立即跟随莫督军回署提取？"

莫荣新只得说："好极，好极。"

孙中山终于出了一口闷气。

难道莫荣新就此罢休了？不，恶人的举动绝不会像善良的人们所设想的那样，莫荣新不仅没有善罢甘休，反而变本加厉了。他指使刺客暗杀了程璧光，收买了海军军官，使孙中山失去了海军的支持。

莫荣新以五百元港币和团长职位为诱饵，策动帅府警卫连连长胡新行刺孙中山。

深夜，12点了，胡新身穿便服，携带两支驳壳枪，鬼鬼祟祟，潜入孙中山寝室楼下，见有卫士守卫，又蹑手蹑脚退去。过了一些时间，胡新又走到孙中山寝室楼下，见左右无人，竟迈步登上楼去。孙中山机警的近身卫士马湘发觉了，立即出其不意地上前制止："大元帅吩咐，就寝后无论何人都不准上楼。"

胡新见是马湘，霎时浑身冒汗，支支吾吾地掩饰道："……我是保护大元帅。"

马湘见他鬼头鬼脑，便当场揭露他的诡言："你的任务是警卫大元帅府，理应在府门外四周执勤。大元帅办公和睡觉的地方，自有卫士负责，你怎能随便携带枪械来到这里?!"

胡新战战兢兢，不敢再辩，只是诺诺退去。

翌晨，孙中山问马湘："你深夜与什么人争论？为着什么事？"

马湘便把事情的经过说了一遍，提出了自己的看法："胡新这个人是李福林派来的。李福林是贼头出身，难保胡新不是坏人，我极为怀疑这个人。"

孙中山让马湘打电话把李福林请来。

李福林匆匆赶来，坐下，挺着腰，双手放在膝上，状似十分恭敬，便问："大元帅有什么吩咐？"

孙中山见状，微笑着说："你今天精神十分好。"

李福林赶忙回答："和平时一样，不过今天刚剪了发。"

"你的部队有没有训练？"

"极少，极少。"李福林显得诚惶诚恐。

"你派来的卫兵，我很少看见他们出操。胡新连长近来的举动，你知道吗？你要问一问马湘才好！"

马湘把胡新的事详详细细说了一遍，听得李福林满头冒汗，勃然大怒："我几乎被胡新这个'契弟'[5]害死。"

"你有没有发给胡新两支驳壳枪?!"马湘问。

"我只发过大号左轮一支。"

孙中山告诉李福林："登同，你要好好查清楚胡新这个人。"

李福林回去后，一面请胡新晚膳，一面派人搜查他的住宅，果然查获莫荣新收买胡新的确凿证据，便当即将胡新扣留枪毙。

孙中山对桂系军阀完全失望了，但对唐继尧还存有一线希望，甚至恳求他坚持"护法"："首出担当，则桂人自难立异，而他省亦可景从。"

给野心家谈爱国，无异于对牛弹琴。唐继尧不仅拒绝了孙中山的恳求，反而加紧与桂系军阀勾结，反对军政府。他首先提出组织西南自主护法联合会。他之所以这样做，"明为销融陆、孙两派之畛域，而暗以具备南方政府之雏形"，直至把孙中山排挤出去。陆荣廷自然赞成这个主意，电令莫荣新速行筹备。1918 年 1 月 20 日，西南自主各省护法联合会在广东督军署召开成立大会。

孙中山坚决反对滇、桂系军阀一手包办的西南自主各省护法联合会："如果他们能隶属军政府，自可有商榷的余地，不然事既非法，我亦不能赞同。"

西南自主各省护法联合会不断遭到多方面的谴责。滇、桂系军阀又改变手法，策划改组军政府。他们的意图，居然得到了美国领事的支持。

孙中山洞察了他们的奸计，又及时予以揭露："其初，西南联合会本以图外交承认而打消军政府也。乃其事告成而通知外国之时，为美领事所反对，惟此为西南督军团勾结违法之机关，美国政府及国民决不承认。小伍于是问计于美领事，领事乃告以人必与军政府联为一致，得到国会之通过乃可，此改组之说所由产生也。"

滇、桂系军阀不顾孙中山的反对，用金钱和地位收买了那些唯利是图的议员。

1918 年 4 月 10 日，非常国会举行第七次会议，罗家衡等提出改组军政府案，会议决定交付审查。

次日，孙中山约请全体国会议员至军政府谈话，严正地质问他们："昨日所提议的改组军政府，实为军政府本身的存亡问题，而国会事先绝未征求军政府意见，径行提议而付审查，揣度事理，宁得为平？且以法律而论，约法规定为元首制，今乃欲行多头制。又军政府组织大纲明明规定：本大纲于约法效力完全恢复、国会完全行使职权时废止。无修改之名文，今日何以自解？军府近于外交方面，正在进行接洽之中。今蒙此影响，军府基础已摇，日后必无进步可言。……所以我对于改组一事，根本反对。即使改组后，以我为总裁，我亦决不就任，惟有洁身引退便是。"

5 月 4 日，非常国会居然通过了《中华民国军政府组织大纲修正案》，决定改组军政府，取消大元帅一长制，改为总裁合议制。

孙中山十分气愤，当即命居正将大元帅辞职咨文送交非常国会。至此，他对南方军阀也有一个比较深刻的认识了，发出通电揭露他们的罪行：

"顾吾国之大患，莫大于武人之争雄。南与北如一丘之貉。虽号称护法之省，亦莫肯俯首法律及民意之下。"

5 月 20 日，非常国会改组军政府，选举唐绍仪、唐继尧、陆荣廷、伍廷芳、孙中山、林葆怿和岑春煊为总裁。

孙中山虽然名列七总裁之一，但毫无实权，根本无法实施自己的主张。次日，便愤然离开广州前往上海。

临行前，国会议员吴景濂、褚辅成设宴饯别孙中山。孙中山悲愤交集，借酒辛辣地讽刺南方军阀、政客一番："我今天去了，军政府有岑宫保[6] 来维持，自能措置裕如。况且蹩脚老陆，大脸老莫，都是头等角色。他日岳出韶关，必能像当日的张翼德，吓退曹军百万。"

仅能如此而已，又能有什么办法呢？

"护法"运动以维护《临时约法》和国会为宗旨，已不能适应时势的发展和民众的需要了。孙中山自己没有实力，而只能依赖同北洋军阀有矛盾的南方军阀，早已埋藏着失败的种子。结果，在南北军阀的夹击下，这个运动失败了。

注释：

[1] 陆，指陆荣廷。龙，指龙济光。陈，指陈炳焜。谭，指谭浩明。1917 年 4 月 10 日，黎元洪特任陈炳焜为广东督军，谭浩明为广西督军。

[2] 广（州）惠（州）镇守使莫荣新于 1917 年 11 月 21 日代理广东督军。

[3] 子桥是朱庆澜的字。

[4] 冯，指冯国璋。

[5] "契弟"，粤语，"小子"的意思。

[6] 岑春煊曾做过清朝的宫保。

第二十一章 | 在探索中前进

　　孙中山回到上海，政治上"孑然无助"，经济上也十分拮据，家里平日有好几个人用膳，每天菜金大都不超过 2 元。外出时候，不是步行，就是租马车，不得已，才坐小汽车。

　　即使经济拮据，孙中山还是嗜好买书、读书。有一天，他和宋庆龄领了 100 多元生活费，便高高兴兴地和马湘缓步走到棋盘街，钻进一间旧书店，盘桓了大半天，选购了一大堆线装书籍。

　　马湘用预先带来的大包袱把书包好，正准备背着回去。可是，实在太沉重了，便说："雇一辆车回去吧。"

　　"好！这样多的书籍，得雇一辆车。"孙中山说着，伸手向衣袋一摸，不由说道，"唷，钱已经买书用完了。"

　　不巧，宋庆龄身上也分文没有。

　　他俩正在为难。马湘发现自己口袋里还有四角钱。

　　这样，他们才雇了一辆马车回家。

　　一到家里，孙中山就让秘书去购置书橱，并且和夫人迅速地把书籍分门别类地放好。

　　过了三个月，秘书为孙中山打扫书房，整理这批书籍，发现很多书本上已经有了孙中山不少的眉批了。

　　孙中山的好学精神，实在令人钦佩。宋庆龄回忆说："我记得，他只要有一点空，就在书房里把大地图铺在地上，手里拿着深色铅笔和橡皮，在上面标绘出铁路、河道、海港等等。他订阅了一种英国出版的航运年鉴，知道很多关于船只吨位、吃水等这一类的事情。"

孙中山原先住在环龙路[1]63号。一天，四位旅美华侨到寓所拜会孙中山，告辞的时候，拉着马湘的手，轻声问道："孙中山住的房子太不像样了，这是他自己的么？"

马湘沉默片刻，才说："他哪里有房子？这房子是租来的，每月还要付六十五元租金。"

一时间，他们简直不敢相信自己的耳朵，待看到马湘诚实的目光，不由连连叹息："哪里有做惊天动地大事业的人，连住的房子也没有呢？我们一定要替他想想办法。"

这四位华侨正要在上海合资开办一间化妆品工厂。他们决定拿出一笔钱来，购置一座像样的住宅送给孙中山。

他们买到了房子，装饰、布置好了，又来拜会孙中山，并且说明来意。

孙中山听完，大吃一惊，连连摇手道："送房子给我么？不可！不可！我怎能接受你们这样的重礼？"

这四位华侨再三解释，说着说着，连泪水也要夺眶而出了。身旁的同志也劝孙中山不要辜负了侨胞的诚意。孙中山不便再推辞，这才承受下来。

这就是上海莫利爱路29号[2]孙中山故居的来历。这是一座深灰色的两层小洋楼，兼有小花园和网球场。经过华侨的修整和布置，显得格外舒适、整洁、美观。

二十多年来，孙中山一直过着颠沛流离的生活。现在，有了这座幽雅的住宅，有了夫人宋庆龄无微不至的体贴，孙中山总算可以过上一段比较舒适的生活了。

但是，安定的生活并没有夺去孙中山的革命意志，面对灾难深重的祖国，他"救国之心，未尝少懈"。他只是感到可以利用这种安定生活，对自己的思想做一番清理，反省过去，思索现在，找到拯救祖国的良方。

"帝国主义的侵略打破了中国人学西方的迷梦。很奇怪，为什么先生老是侵略学生呢？中国人向西方学得很少，但是行不通，理想总是不能实现。多次奋斗，包括辛亥革命那样全国规模的运动，都失败了。国家的情况一天一天坏，环境迫使人们活不下去。

怀疑产生了，增长了，发展了。"[3]

此刻，孙中山看到了：辛亥革命以后，只是"去一满洲之专制，转生出无数强盗之专制，其为毒之烈，较前尤甚。于是而民愈不聊生矣"！

一天，马湘陪同孙中山到愚园路散步。孙中山一路所见，很有感触，他指着一片新的洋房告诉马湘："你看！愚园路这一带地方，以前都是坟墓，现在却都是华丽的洋房了。这些洋房都是军阀私有的。他们割据地方，横征暴敛，开烟开赌，无恶不作，吸尽民脂民膏，便来这里盖洋房，娶妾侍，打麻将，饮洋酒、吃大菜，弄得工人农民都吃不饱、穿不暖。这样，中国还能不亡国？所以我们非要打倒军阀不可。"

可是，如何打倒军阀？中国的出路在哪里？孙中山还是"实无具体解决办法"，只是希望通过著书立说，总结"奔走国事三十余年"的经验教训，"启发国民"，"唤醒社会"。

应该说，在那个寂寞的年代，孙中山闭门著书，并不是消极的躲避，而是积极的进取。因为他"所注目之处，正是现在，而不在将来"。

孙中山经常是一天到晚躲在书房里。地板上、书桌上，东一堆西一堆地摆满了图书、资料、地图。他时而蹲在地板上，用放大镜查看地图，时而掩卷沉思，在书房里来回踱步，时而孜孜不倦，奋笔疾书。寒冬，宋庆龄给他生火炉，添衣服；酷夏，宋庆龄常常为他扇扇子，或者，不时地给他递上一杯清凉的饮料。就这样，1918—1919年，孙中山专心致志地撰写了《孙文学说》和《实业计划》两本书。后来，他将它们和1917年写成的《民权初步》合成一部著作，定名为《建国方略》。

《孙文学说》是一部哲学著作，它力图从理论上探索以往革命失败的原因：

"吾党革命之初心，本以救国救种为志，欲出斯民于水火之中，而登之衽席之上也。今乃反令之陷水益深，蹈火益热，与革命初衷大相违背者，此固予之德薄无以化格同侪，予之能鲜不足驾驭群众，有以致之也。然而吾党之士，于革命宗旨、革命方略亦难免有信仰不笃、奉行不力之咎也，而其所以然者，非尽关乎功成利达而移心，实多以思想错误而懈志也。此思想之错误为何，即'知之非艰，行之惟艰'之说也。"

孙中山反其道而行之，他以饮食、用钱、作文、建屋、造船、筑城、开河、电学、化学、进化十事为例，提出了"知难行易"的学说，而且尽可能地用浅显的事例来解释它的道理：

"我从前和朋友正在研究'知难行易'的时候，有一个美国工学博士进房内来，他说他在美国学校的时候，有一天一个美国先生告诉他，说知是难的，行是不难的。这位工学博士是中国人，早有中国学说之'知易行难'的老成见在心，便很怀疑，和美国先生辩论起来。那位美国先生说：'你不要和我争，我告诉你一段故事，自然可以明白。我记得从前有一个人家的自来水管坏了，那个人家的主人，请一个工人去修理，那一个人稍为动一动手，就修好了。主人便问工人说：'你要多少钱呢？'工人说：'五十元零几毫。'主人说：'你稍为动一动手，就修好了，像这样容易的工，何以要许多钱呢？且你不要五十元或者五十一元，何以单要五十元零几毫呢？这个工价数目，真是奇怪得很呀！'工人对主人说：'你看到我修好之后，这个工作是很容易的，但是你从前何以不自己去修理呢？你从前自己不去修理，要请我来修理，自然是由于你不晓得怎么样修理的原故。我晓得怎么样修理，所以一动手便修理好了。这个晓得怎样修理的知识，是很难的，所以我多要一点价值，那五十元便是我知识的价值。至于动手去实行修理，是很容易的，所以我少要一点工钱，那几毫便是我动手的工钱。'主人听了这一番话后，便一面点头，一面对工人说：'你所讲的话很有道理呀！我给你五十元零几毫罢。'照这个故事看来，就可证明知道是很难的，行是容易的。"

就从这个例子来看，孙中山把以往失败的根本原因，归诸"知之非艰，行之惟艰"之说就不免有些偏颇了。但他反对守旧、重申"能知必能行"，"不知亦能行"，"有志竟成"的观念，鼓励人们要敢于实践，敢于革命，勇于建设的精神，则是可贵的。

《实业计划》是孙中山的经济学著作。书中阐述了开发中国实业的四项原则：

> "（一）必选最有利之途以吸外资。（二）必应国民之所最需要。（三）必期抵抗之至少。（四）必择地位之适宜。"提出了十项建设计划："（甲）交通之开发。（乙）商港之开辟。（丙）铁路中心及终点并商港地设新式市街，各具公用设备。（丁）水力之发展。（戊）设冶铁、制钢并造士敏土之大工厂，以供上列各项之需。（己）矿业之发展。（庚）农业之发展。（辛）蒙古、新疆之灌溉。（壬）于中国北部及中部建造森林。（癸）移民于东三省、蒙古、新疆、青海、西藏。"

通过这部著作，孙中山向中外人士展示了一幅建设现代化新中国的宏伟蓝图。他在书中疾呼："四万万人之中国一旦发达工商，以经济的眼光视之，何啻新辟一世界？而参与此开发之役者，亦必获超越寻常之利益，可无疑也。且此种国际协助，可使人类博爱之情益加巩固，而国际同盟亦得借此以巩固其基础，此又予所确信者也。"

在弱肉强食的时代，在乱云飞渡的岁月，孙中山的呼喊并没有得到回响，他的"实业计划"也根本不可能实现。然而，孙中山的主张，至今仍然有着珍贵的价值。

美国学者史扶邻就给予《实业计划》很高的评价："虽然关于修筑铁路和其它现代化措施的实业计划中有一些显得过于简单和幼稚，但这部著作所表达的基本主张却是值得认真思索的。它表达了孙中山最信守不渝和最基本的主张之一，即中国的现代化需要国际协作，而中国的现代化又将有益于全世界。"

《建国方略》是孙中山在理论上努力求索的结晶。但事实上仍然没有找到真正的出路。

朱德在回忆这段沉闷的日子时，曾说道："由于辛亥革命及其以后的讨袁战争、护国战争、护法战争的失败，孙中山先生和一切仍然忠于中国革命事业的人们，包括我自己在内，都陷入了一种怀疑和苦闷的状态，在黑暗中摸索而找不到真正的出路。"

正当孙中山彷徨不安，苦苦寻觅战机的时候，突然间，中国大地爆发了波澜壮阔的"五四"爱国运动。

事情是这样的：

1918 年 11 月 11 日，第一次世界大战结束了。没有一兵一卒参加这次大战的北京政府，也成了"战胜国"。1919 年 1 月 18 日，讨论战后问题的巴黎和会开幕。好些中国人对它充满幻想，以为通过这次和会，中国可以"挽百十年国际上之失败"，使中国能够"与英法美并驾齐驱"了。

巴黎和会有二十多个国家参加，而操纵会议的是美、英、法、意、日五国。作为"战胜国"之一的中国代表团，迫于人民的压力，向和会提出废弃势力范围，撤退外国军队、巡警，裁撤外国邮局和有线、无线电报机关，撤销领事裁判权，归还租借地、租界，关税自由权的七条希望和取消"二十一条"的请求。

可是中国代表团的"希望"和"请求"全部遭到列强否决。理由是"七条希望"不在和会讨论范围之列。其实，早在 1917 年，美、法、俄、意、日五国签订的秘密谅解，已经承认日本在山东的一切权益了。至于取消"二十一条"的请求，日本外交代表干脆把北京政府当年签署的文件拿了出来。

如此对待一个"战胜国"，真是对中国的最大侮辱和蔑视！连卖国求荣的北京政府外交代表也不得不发出这样的哀鸣："此次和会条件办法，实为历史所罕见。"

5 月 1 日，传来北京政府外交代表的一切"希望条件"和"请求"业已失败的消息。接着，又证实了巴黎和会决定将德国在山东的权益转让给日本的传说。更可恶的是，连这样"历史所罕见"的条约，卖国的外交代表也竟然准备签字。

人们的幻想破灭了。人民的怒火像火山似的爆发了。

《每周评论》首先揭露了两个会议的实质："上海的和会，两方都重在党派的权利，什么裁兵废督，不过说说好听，做做面子，实际上他们哪里办得了?! 巴黎的和会，各国都重在本国的权利，什么公理，什么永久和平，什么威尔逊总统十四条宣言，都成了一文不值的空话。……这两个分赃会议，与世界永久和平人类真正幸福，隔得不止十万八千里，非全世界的人民都站起来直接解决不可。"

5月3日，北京学、商、政、军各界人士，分别举行集会，讨论怎样抗议山东问题的无理决定。当日下午，北京一些政界人士所组织的国民外交协会召开全体职员会议，做出四项决议：（一）五月七日在中央公园开国民大会，并电告各省各团体同日举行；（二）声明不承认二十一款及英、法、意等与日本关于处分山东问题之密约；（三）如和会中不得伸我国之主张，即请政府撤回专使；（四）向英、美、法、意各使馆声述国民之意见。

国民外交协会还发出了这样的通知："本会因山东问题，消息万分险急，特定于本月七日，即国耻纪念日，午后二时在中央公园开国民大会，讨论对付方法，届时到会，入场券由本会临时在门口分赠。"

可是，满腔怒火的学生们已经迫不及待，不能等到那一天了。

5月3日之夜，正是周末。往常冷冷清清的北京大学校园却如一锅沸腾的开水。

法科大礼堂内外，挤满了满腔怒火的学生。他们纷纷上台发言，有的痛骂亲日派卖国贼的交通总长曹汝霖、驻日公使章宗祥、币制局总裁陆宗舆；有的埋怨原先的幻想，上当受骗；有的高呼"外争国权，内惩国贼"。他们声泪俱下，慷慨激昂，揪人心弦。

大会通过了四项决议：（一）联合各界一致力争；（二）通电巴黎专使，坚持和约上不签字；（三）通电全国各省市于5月7日国耻纪念日举行群众游行示威运动；（四）定于5月4日齐集天安门举行学界大示威。

4日下午1时许，北京三千多学生，从四面八方涌到天安门来了，围立在金水桥前的两个华表之下。学生们有的穿着长衫，有的穿着黑制服，手里拿着各色各样的旗帜，最引人注目的是金水桥南竖起的一面大白旗，上面书写着一副对联：

> 卖国求荣，早知曹瞒[4]遗种碑无字
>
> 倾心媚外，不期章惇[5]余孽死有头

3 日晚上北大学生血书"还我青岛"的那块衣襟，也悬挂在这里，格外掀动人心。

游行开始了，一支支的队伍，一群一群的学生，有的挥舞着大旗，有的手挽着手，组成浩浩荡荡的队伍，直向东交民巷走去。大家一步步地走着，一声声地呼喊着口号，传单像雪片似的从他们的身旁撒向四周。

大路两旁，站着许多交头接耳，举臂响应和拾着传单的群众。而那些呆立着的军警，更多的是带着惊惶不安的神色。

北京政府教育部次长袁希涛汗流满面地跑来干涉："我承教育部命令来这里，请大家从速解散，有事可推出代表办理。"

5 月 4 日，正好是星期天。学生们幽默地回敬他："我们今天的行动，教育部管不了！"

看看学生们冒火的眼睛和紧握着的拳头，这个教育部次长只好灰溜溜地走开了。

北京政府又派步军统领李长太和警察总监吴炳湘赶到现场。李长太来势汹汹，不可一世。他一声嚷嚷："我是承大总统的命令来的，学生队伍必须解散。"学生们手挽着手，用震耳欲聋的"打倒卖国贼！"的口号声，用洪水似的人流把他冲到角落里去。

学生队伍出中华门走到东交民巷的西口，被一道铁栅栏挡住了。解释，白费口舌；交涉，无济于事；抗议，无动于衷。学生们百感交集："国犹未亡，自家土地已不许我们通行；果至亡后，屈辱痛苦，又将何如？"

激愤超过了极限，总是要爆发的。忽然，有人振臂高呼："大家往曹汝霖家里去！"队伍潮水似地涌到了赵家楼胡同曹宅门前。

曹宅内外，警察林立，门窗紧闭。学生们透过矮墙，把大大小小的旗帜扔进曹宅院内，齐声呼喊着："卖国贼曹汝霖快出来见我们！"

院内，死一样的沉静。院外，学生在与军警说理、争论。

忽然一声响，大门打开了。

原来，有几个学生趁着大家和军警理论的时候，猛地跳上围墙上的窗洞，把铁窗击毁，冲入曹宅，打开了大门。

曹汝霖宅内的十几个卫兵，早已被门外的呼声、掌声震骇住了。学生们正气凛然的行动，使得他们不敢贸然行凶。

像是决堤的洪水，学生们一拥而入。

曹汝霖慌忙逃入密室。正在曹宅的章宗祥，则钻进漆黑的锅炉房里。

学生们找不着曹汝霖，决定"烧掉这个贼窝"。他们捣毁了曹汝霖的汽车，取出了几筒汽油，泼在地毯上，用火柴点燃着。霎时，曹宅大院浓烟滚滚，火光冲天。

学生们决意外争国权，内惩国贼。他们凌云的壮志未酬，正向往着牺牲的快乐。他们没有丝毫的恐惧，没有苟且偷生的念头。有的人连遗嘱也写好了，后事也交代了，再也没有什么可顾虑的了。

章宗祥看见火光，生怕葬身火海，连忙爬了出来向后门奔去，但却让满腔怒火的学生打得头破血流，倒在地上。一个日本人将他连抱带拖，出了后门，藏在对面的油盐店里。

半小时之后，大批军警赶来，逮捕了三十二个学生。

这不但没有消除"混乱"，反而更激起了学生们的义愤。5 日，学生们举行了全市总罢课，6 日，成立了北京中等以上学校学生联合会。

学生的爱国行动得到了各界人士的同情和声援，他们纷纷向北京政府呼吁释放被逮捕的学生。

7 日，是日本提出最后通牒，限 48 小时内承认"二十一条"的国耻纪念日。这一天，学生要闹出怎样的"乱子"，这是"不堪设想"的。外强中干的北京政府畏惧了。警察总监吴炳湘匆匆跑到徐世昌那里，战战兢兢地要求："必须将学生释放。若是总统一定不放，北京的秩序如果紊乱，我可不负责任，并且我即刻辞职，请总统再另简贤能。"

徐世昌垂头丧气，无可奈何，只能同意。

外争国权、内惩国贼的目标还没有达到。

5 月 19 日，北京两万多学生又举行总罢课。他们致书徐世昌，提出欧会不得签字、惩办国贼等六项要求。同时，决定组织讲演队、护鲁义勇队，分赴上海、天津各大城市，联络学生罢课、工人罢工、商人罢市。

中外的反动势力生怕事情越闹越大，终于撕去假面具迫不及待地伸出魔掌，派出大批军警镇压。6月3日，逮捕一百四十多名学生，4日，又逮捕了学生七百多人。

"民不畏死，奈何以死惧之?!" 5日上午，学生再次上街讲演。"当出去的时候，各人背着行李，连牙粉牙刷面包都带了，预备去陪伴同学坐监。"

6月5日，上海工人阶级举行大罢工，支援学生爱国运动。他们铿锵有力地宣告："我们都是穷人，但我们绝对不要我们的国家变成朝鲜第二，那里的一片景象是惨不忍睹的。我们当前所进行的运动，乃是世界史上一次最为惊人的运动。这是一个全民的运动，不是任何武力所能压制得了的。"

上海市学生罢课、工人罢工、商人罢市的消息，传到北京来了。北京政府当权者意识到，"一味的捉拿，越捉越多，恐怕要惹出别省的反响"。他们又害怕了，又不得不向青年学生、工人群众作出一些让步：免去教育部次长袁希涛的职务；曾经叫嚣"宁可十年不要学校，不可一日容此学风"的警备司令段芝贵，也不得不"引咎辞职"了。

北京学生点燃的火炬，很快燃遍了祖国大地。从6月3日开始，五四运动的主力由青年学生变为工人群众，运动的中心，也由北京移到了上海。

统治者真的害怕了。6月8日，淞沪护军使卢永祥和沪海道尹沈宝昌急电北京政府，惊呼"此次沪上风潮始由学生罢课继由商人罢市，近且将有劳动工人同盟罢工。……星星之火，可以燎原，失此不图，将成大乱，……上海为东南第一商埠，全国视线所及，内地商埠无不视上海为转移"。

北京政府恐慌万状，不得不又释放了被捕的学生；10日，又不得不下令免除了曹汝霖、章宗祥、陆宗舆三个卖国贼的职务。

6月28日，是"巴黎和约"签字的日子。中国代表的住所，早被中国留法工人和学生团团围困，使他们未能赴会签字。

五四运动是继1917年俄国十月革命之后的伟大事件。从此，中国革命进入了一个崭新的阶段。

五四运动使孙中山看到了新的力量，给他带来了新的希望。从运动一开始，他就满腔热情地关注着北京学生的义举，充分肯定这个崭新的运动：

"自北京大学学生发生五四运动以来，一般爱国青年，无不以革新思想为将来革新事业之预备。于是蓬蓬勃勃，发抒言论。国内各界舆论，一致同倡。各种新出版物，为热心青年所举办者，纷纷应时而出。扬葩吐艳，各极其致，社会遂蒙绝大之影响。虽以顽劣之伪政府，犹且不敢撄其锋。此种新文化运动，在我国今日，诚思想界空前之大变动。……故此种新文化运动，实为最有价值之事。"

他打电报给段祺瑞，要求释放被捕学生；又通电广东政府，要求立即释放被捕的学生和工人群众。

他赞同学生组织起来，增强斗争力量。1919 年 6 月 16 日，全国学生联合会在上海大东旅馆六楼召开成立大会，孙中山既给予经济上的支持，又应邀参加大会，而且即席发表演说："宋代有太学生陈东等伏阙上书，今日有北京学生发起的五四运动，学生不能安心读书，挺身出来干预政治，总是由于政治太坏之故。从五四运动以来，不一月间，学潮弥漫全国，人人激发爱国良知，誓死为爱国的运动，整个社会蒙受绝大的影响，使顽劣的北京政府也不敢撄其锋。此一运动倘能继长增高，其收效一定更为伟大而且久远。"

11 月 10 日，全国各界联合会在上海成立，孙中山指派代表出席讲话，热情支持群众的爱国斗争。

他多次参加群众大会和接见学生代表。

一天，上海学生召开群众大会，人头涌动，热闹非常。这里，既有目光专注、凝神屏息的听众，更有一个接着一个激情洋溢的发言者。北京大学一位学生代表跳上主席台，慷慨激昂地陈述自己的见解，忽然，他说道："孙中山先生的革命，算不上真正的革命，他的革命仅仅是把大清门的牌匾换作中华门而已，这样的革命不算彻底，这次，我们要彻底地革命。"

议论既不够公允，态度又如此咄咄逼人。这样好吗？有些人犹豫了，掌声变得稀稀落落。

正巧，孙中山出席了这个大会，夹在群众中间。他非但没有生气，而且热烈鼓掌。

会后，孙中山和来沪的北京大学学生亲切交谈，恳切地对他们说道：

民族振兴的追梦者——孙中山

"我所领导的革命，倘早有你们这样的同志参加，定能得到成功。"

开始，上海商人也热气腾腾地投入罢市活动。过了一些时间，影响了他们的生意，便显露出不耐烦的情绪。这时候，孙中山又及时提醒运动的组织者：取得胜利，及时收兵，否则，会挫伤民众的积极性。

陕西省学生联合会会长屈武到孙中山寓所拜会他。孙中山十分高兴，感慨万千地告诉他："中国的希望，就寄托在你们这般青年人的身上。"鼓励屈武返回陕西以后，要在有志青年中宣传三民主义，做救国的事业。

五四运动作为一场彻底的反帝反封建的群众运动，给了孙中山极其深刻的影响，使他的革命思想有了很大的发展。

巴黎和会和五四运动，加深了孙中山对帝国主义本性的认识，打破了他对帝国主义，特别是对日本的幻想，认识到它"深忌中国之强，尤畏民党得志而碍其蚕食之谋，故屡助官僚以抑民党，必期中国永久愚弱以遂彼野心"。

孙中山坚决反对日本政府提出的中日直接交涉山东问题的通牒，主张"极力坚拒日本，以抵制日货及其他断绝经济关系之法对待之，……则山东问题，日本亦唯有无条件交还中国而已"。他认为中日问题"解决的关键"就是"废除二十一条款"，号召中国人民"一定要打到一个人不剩，或者二十一条款废除了，才歇手"。

孙中山领导的《星期评论》，猛烈抨击巴黎和会是"强国的会议"，指出靠"国际联盟"来改造世界，不过是"一种空想"而已。

对国内盘根错节的封建势力的认识，孙中山有了明显的加深。他开始认识到：中国革命的敌人不单是清朝皇帝、袁世凯、段祺瑞几个人，而是一个集团；而他们的背后，则完全为帝国主义列强所支配。

1919年10月8日，孙中山在上海青年会举办的国庆庆祝会上，做了题为《改造中国之第一步》的讲演。他说，致力教育事业，兴办实业，实行地方自治，固然是改造中国的要件，但还不能认为是第一步的方法。第一步的方法"只有革命"，"八年以来的中华民国，政治不良到这个地位，实因单破坏地面，没有掘起地底陈土的缘故"。孙中山所说的"陈土"，就是官僚、军阀和政客。"要建筑灿烂庄严的民国，须先搬去这三种的陈土，才能立起坚固的基础。这便是改造中国的第一步。"从此，他的注意力开始转向广大的人民群众。

五四运动前，孙中山曾经把人分成"先知先觉"的"发明家"、"后知后觉"的"鼓吹家"和"不知不觉"的"实行家"，他把广大工农群众看作是"不知不觉的人"。这种唯心史观使得孙中山在很长的时间内没有真正懂得唤起民众，依靠民众，支持民众运动的伟大意义，不能把"国民革命"和民众运动结合起来，甚至把一些民众反帝斗争片面地说成是"排外无识之举"。这恰恰是孙中山领导的"国民革命"的致命伤，一再失败的根本原因。

对这一点，五四运动前的孙中山，始终缺乏正确而清醒的认识。在五四运动中，面对群众组织起来的伟大力量，孙中山有了新的认识："试观今次学生运动，不过因被激而兴，而于此甚短之期间收绝伦之巨果，可知结合者即强也。"他开始改变自己的群众观，想到要借助群众运动的力量来实现自己的主张了。1919年10月18日，他在上海环球中国学生会上，就诚恳地对学生们说过："若诸君在这举足轻重之际，来助我主张，我相信北京政府从此不能再拒绝我们了。"

孙中山对在中国建立西方资产阶级共和国的信念也开始动摇了。作为一个资产阶级革命家，他把《临时约法》和国会视为"民国"的重要标志，认为"规复约法，尊重国会，为共和根本大计"。一直到1919年5月28日，他还发表《护法宣言》："须知国内纷争，皆由大法不立。在法律，国会本不能解散。若不使国会复得完全自由行使其职权，则法律已失其力，根本先摇，枝叶何由救正？内乱何由永绝？……今日言和平救国之法，惟有恢复国会完全自由行使职权一途。"

仅仅过了四个多月，孙中山就认识到救国的办法有二：一是"维持原状"，二是"根本改革"。

所谓"维持原状"，就是"恢复合法国会"；所谓"根本改革"，就是"南北新旧国会一概不要，同时把那些腐败官僚、跋扈武人、作恶政客完完全全扫干净。……重新创造一个国民所有的新国家，比现在的共和国还好得多"。

经过俄国十月革命、巴黎和会和五四运动的启迪，孙中山的思想认识，确实是突飞猛进了。

如果有人要问，在那风云变幻的年代，在那动乱不堪的岁月，革命阵营中，又是如此鱼龙混杂，在革命进程中，又时时有人退伍，有人落荒，有人颓唐，有人叛变，然而，为什么孙中山竟能"一往无前，愈挫愈奋，再接再厉"呢？

　　这，不但是因为在历史中活动的人，各有不同的终极目的，而首先在于孙中山具有"适乎世界潮流，合乎人群需要"的精神。

　　作为中华民国开国元勋，并且已经艰苦奋斗了二十多年的民族资产阶级革命家来说，如果没有非凡的勇气和深沉的韧性，也是不容易做到的。

　　1920 年 1 月，就发生过这么一件有趣而又意味深长的小事。

　　一天中午，北京大学学生许德珩、康白情、张国焘和一位参加全国各界联合会的天津女代表，路过上海法租界。康白情指着莫利爱路 29 号这座小洋楼告诉大家："这就是孙中山先生的寓所。"许德珩，这位五四运动的闯将一听，便提议："我们何不现在就去拜访孙先生。"同行的有顾虑了："我们事先没有联系，这样做礼貌吗？""管它呢！去试试看。"他们走到门口，说明来意。门卫抱歉说道："诸位事先没有约定，不能会晤。"

　　血气方刚的许德珩生气了，高声嚷道："为什么那么多的陈规陋习，非要等联系不可？我抗议！"

　　声浪直冲进房子里。廖仲恺赶快跑出来，见是几位年轻人在和门卫争论。廖仲恺问明来意，便邀请他们进去。

　　霎时间，四位青年露出了羞愧、惊讶和得意的复杂表情。他们进入客厅，刚刚坐下，孙中山也从楼上下来，和他们逐一握手问好。可还来不及交谈，许德珩便首先开炮了："我们素来敬佩孙先生，因为孙先生是平民领袖。谁知门禁还是如此森严，不让与普通人接触！"

　　本来就是唐突，却还来势汹汹，毫不客气，真令那位女青年害羞。孙中山却好像根本没有听到这些责难的话，只是说："我就是要多听听同学们的意见。"

　　顿时，四位青年便旁若无人地高谈阔论起来。有的介绍学生运动的情况，有的谈及社会的动态，有的批评国民党人对民众运动的态度不尽恰当，有的问："南北政局都是一团糟，请问孙先生有何方针和计划？"有的干脆提出批评："孙先生只是重视上层的政治活动，对五四以来的各次民众运动和新文化运动，似乎不够重视。"

孙中山微笑着，仔细地倾听着他们的意见，直到他们都说了，才谈了自己的看法："你们反对北京政府的行动是很好的。但你们也要看到，你们无非是写文章，开大会，游行请愿，奔走呼号。你们最大的成绩，也不过是集合几万人示威游行，罢课、罢工、罢市几天而已。北京政府只要以几挺机关枪，就可以把几万赤手空拳的学生解决掉。现在，我给你们五百支枪，如果你们能找到五百个真正不怕死的学生，去打北京政府的那些败类，才算是真正革命。"

四位青年还不能更深一层理解这些道理，自然地更加不服气了："孙先生太小看我们青年了，别说是五百支枪，就是五千支乃至五万支，同学们也会托起来的。"张国焘说："今天的问题是什么革命？如何革命？"

许德珩、康白情甚至以责难的口吻，你一句我一句地回敬孙中山："孙先生不也掌握过几万人的部队，何以革命还是失败了呢？""新文化运动反对旧思想、旧势力，在那里艰苦奋斗，学生们赤手空拳、不顾生死地与北京政府抗争，只是因为没有拿起枪，就不算革命吗？""孙先生似乎瞧不起学生运动与新文化运动，又何尝注意过城市里的工人、商人和乡下的一般老百姓的意向呢？看起来孙先生只注重枪杆子而不注重民众了。"

张国焘又问孙中山："过去的种种挫折的原因在哪里？今天是不是应该改弦更张？难道孙先生对青年的期待，仅仅是五百支枪的问题吗？"

四位青年滔滔不绝，侃侃而谈，使得孙中山常常插不上嘴。他若有所思地凝神静听着，不时点头，显出赞叹叫好的激情；有时候又摇着头，对他们的观点表示不以为然。

壁钟敲了五响。四位青年才意识到已经是下午五点了，连忙起身告辞。廖仲恺看见孙中山兴犹未尽，谈趣方起，便热情招呼他们多谈一会。

孙中山看着这些朝气蓬勃的青年，内心充满着深情的怜爱和殷切的期望，他轻声细语地陈述了自己的见解，大意如下：

"我并不是看轻学生们开会、示威，动员民众反抗北京政府的行动，我要学生们拿起枪来，不过是希望学生们的革命精神再提高一步。你们说我没有充分重视学生运动和新文化运动，不是完全没有理由的。不过，我也很注意宣传，素来主张宣传与军事并重，但在事实上宣传工作做得不够，所以不能使一般青年和民众充分了解和积极支持我的主张。我要求青年信仰三民主义，一致合作，共策进行。"

态度是那样诚恳，声音是那么亲切，充满深情，听来和蔼可亲，使得四位青年如愿以偿了。

张国焘显得羞愧了，轻轻笑着说："我们学生说话，总有点像吵架似的。其实是真诚向孙先生求教的。我们今天谈得十分痛快亲切。孙先生的意思，我们十分赞成，下次再来进一步请教吧！"

孙中山也满面笑容，朗声说道："我也很喜欢这次痛快的谈话。"

孙中山的思想又随着形势的发展而发展，时代的进步而进步。

如果说，推翻封建王朝、建立中华民国，是孙中山革命史上所跨过的第一个高峰的话，那么，从五四运动开始，孙中山便以更加果断的步伐，向第二个高峰迈进了。

注释：

［1］ 环龙路，今南昌路。

［2］ 莫利爱路29号，今香山路7号。

［3］《毛泽东选集》第4卷，第1475页。

［4］ 曹瞒，即《三国演义》中的大奸臣曹操。这里用来讥讽曹汝霖。

［5］ 章惇，北宋王安石派，被司马光视为祸国殃民的大奸。这里用来讥讽章宗祥。

第二十二章 | 南 征 北 伐

　　五四运动后高涨的革命大潮，不仅在思想上促进了孙中山新的觉醒，而且在行动上坚定了他再度南征，重建广东革命根据地的信念。他把希望寄托在"援闽"粤军身上，对"此军实行护法，再造共和，实所厚望"。

　　孙中山在广州受桂系军阀威逼，深感必须有自己的军队，"援闽"粤军就是他为改变这种状态，于1917年12月以极大努力从粤督陈炳焜手中争到省长公署的二十营警卫军为基础建立起来的。他任命陈炯明为总司令，并派许崇智、邓铿等主要军事干部相助。次年1月，"援闽"粤军开赴粤东潮梅地区整编，并做着进军福建的准备。

　　当"援闽"粤军开入汕头后，陈炯明却徘徊不进了，而在福建的皖系军队却蠢蠢欲动，企图南侵，这使得孙中山焦急不安，多次电促陈率部攻闽。

　　1918年4月5日，孙中山致电陈炯明："度李逆[1]将有反守为攻之势，与其待敌之攻，不如攻敌，以寒其胆。况进攻虽败犹荣，且尚可退守，若仅固自守，则一败将无立足之地，重为义师谬述，又使闽中内附者寒心而不敢动，坐失事机，尤为可惜！况段贼复出，积极图南，我军纵事准备，增方几何，而彼则恃有外援，愈久则力愈充，及今图之，惟在速战。"

　　4月8日，孙中山又致电陈炯明："闻张怀芝率大兵已到赣，不日恐有攻粤之事。又闻北兵二千余由海运至徐闻登陆援龙[2]。李厚

民族振兴的追梦者——孙中山

基在闽兵力，日日增加，吾党在闽预备响应者机关日有破坏。潮梅东北为李、张所逼，沿海无可防御，现已在三面包围之中，地位极为危险。此时敢冒险进攻则生，不敢冒险，则必至坐困。以攻为守，则士气壮，响应多，敌胆寒，一进必收奇效。否则士气丧，响应日消，敌胆日壮，并我以可胜不可败之兵，据能进不能退之地，必无幸免也。"

孙中山在被迫辞去大元帅职务，离粤赴沪途中，虽说心绪烦乱，还是到大埔县三河坝视察部队，力劝陈炯明早日进军。

陈炯明这才决心攻闽。经过十个月奋战，粤军占领了闽西南二十多个县，建立了一块以漳州为中心，称为"闽南护法区"的根据地。

20世纪20年代初，随着美、英帝国主义和日本帝国主义争夺中国的加剧，直系和皖系、奉系军阀之间的矛盾也愈来愈激化。盘踞两广的桂系军阀与直系军阀曹锟、吴佩孚勾结，迫使皖系军阀段祺瑞不得不表示愿意与孙中山联合。这样，就促成皖系的福建督军李厚基默认了"闽南护法区"的既成事实，与援闽粤军休战议和，划界而守。

粤军抓住这个机会，进行整训扩编，兵员由开初的八千多人发展到了两万多人，编成两个军，以陈炯明为总司令兼第一军军长，许崇智为第二军军长，邓铿为总司令部参谋长。

在沪期间，孙中山运筹帷幄，竭力谋划南征大事。他不时委派朱执信、廖仲恺把华侨的捐款携去漳州接济粤军，还先后两次抵押自己的住宅，一次两万元，一次两万五千元，由廖仲恺带到漳州作为军费；他派遣归国的旅美飞机驾驶员杨仙逸"力展所长"，帮助粤军建立空军；同时，制定了收复广东的战略步骤："钦先，潮次，广后，此办法非得极佳之机，或逼于万不得已之故，切不可更改。"接着，又派遣朱执信、孙科、周之贞等人返粤联络广东各地民军，任命徐绍桢为民军总司令，回粤主持讨伐桂系。

桂系军阀、政客陆荣廷、岑春煊等逼走了孙中山，把持了广州军政府后，又想夺取驻粤滇军的统帅权了。唐继尧勃然大怒，通电声明："驻粤滇军由本督军直辖，并就近秉承李[3]参谋长办理。"孙中山决定利用桂系、滇系的矛盾，联滇讨桂。随后，他又联合与直系、桂系军阀有矛盾的湘、黔、川督军、将领"共除桂贼"，办法是"由竞存[4]先发，而湘为应援，滇、黔更以精兵复其巢穴"。

1920 年 6 月 2 日，孙中山、唐绍仪、伍廷芳、李烈钧及云南代表在上海孙中山寓所讨论应付时局的办法，决定由孙中山、唐继尧、唐绍仪、伍廷芳四总裁发表联合宣言，严厉谴责桂系军阀把持军政府，声明将军政府移往云南，贯彻"护法"主张。

接着，孙中山命令粤军所属各部队移驻指定的闽粤边境集中。候命讨桂。

7 月 21 日，徐绍桢率领数千民军在江门起义，号称"救粤军"，分五路攻袭广州，揭开了南征讨桂的序幕。

随着直、皖系军阀矛盾的激化，桂系军阀积极调集兵力，企图进窥闽西南的粤军，为直系助威。与此同时，闽南方面与岑春煊勾勾搭搭的浙军及地方军队数千人，也蠢蠢欲动。

粤军四面受敌，处境危急。孙中山决心以攻为守，让粤军回师广东，驱逐桂系。1920 年 6 月 29 日，孙中山派朱执信、廖仲恺到漳州催促陈炯明率师回粤讨伐桂系，声明军费由上海国民党本部承担。

许崇智、邓铿也主张回师讨桂。

陈炯明却有他的打算：既想和北洋军阀和平共处，又希望与桂系调和，不肯立即班师回粤。

7 月 14 日，直皖战争爆发。混战四天，直系打败皖系。桂系以为消灭粤军的时机已到，便与海军、闽、浙三军议定：以海军、闽、浙三军协同攻取厦门、泉州、福州，驱逐李厚基；桂军则从后方袭击粤军。

陈炯明获悉桂军将要打到自己头上来的消息后，匆匆与李厚基达成协议，以"事成后交还闽省地盘"为条件，取得了李厚基支援粤军五十万元军费和六百万发子弹。正好，孙中山又派廖仲恺携带十五万元大洋到漳州，作为粤军回师的出发费。

陈炯明这才下定了回师广东的决心。

8 月 12 日，粤军全体将士在漳州公园举行返粤誓师大会，宣誓"誓死杀敌，救我粤人，……为乡为国而战"。

16 日，粤桂战争开始。粤军分三路进攻桂军。当时，两军实力对比，桂军占优势。但粤军高举着孙中山的革命旗帜，士气高昂；又提出了"粤人治粤""广东人不打广东人""实行民主政治"的口号，得到广东人民的拥护；而且又特别注意策反工作，促使桂军驻潮安、汕头统领周辉甫、魏耀奎起义归附。这样，粤军仅花了五天时间，就击溃桂军军长兼潮梅镇守使刘志陆部，占领了汕头。

孙中山闻捷，不禁欢欣雀跃，认为粤军"已得潮梅，更进惠州，全粤有传檄可定之势"。他致函催促粤军乘胜速进，"务使桂贼无暇布置，顾此失彼。我师战愈利，气愈盛，而彼方乃风鹤皆惊，不战而溃矣。若稍迟顿，则彼挟两省之力，防御易周，攻之难攻；而我方适中老师费财之病，此时机之不可不争也"。又迭电川、滇、湘、黔、闽各省督军、将领联同出兵，围攻桂系，使其腹背受敌。

莫荣新听闻潮梅全区和东江上游为粤军攻占，大惊失色，急忙调遣重兵开进河源、博罗、惠阳一带固守。

粤军连续作战，无暇整顿补给，忽遇强敌，全线受阻。两军在惠阳、河源、龙门一线相持着。

在此紧急关头，广东珠江三角洲、雷州、虎门要塞各地民军和地方派将领由朱执信、孙科策动，纷纷宣布起义、独立，响应粤军，讨伐桂军。

广东各界也起来反抗桂系的残暴统治了。10月19日，粤汉铁路广韶段和广九段工人罢工，支援粤军讨伐桂系，声言不再为桂系运送军队。次日，广州各校学生罢课声援粤军，反对桂系统治。

联军也响应粤军讨伐桂系了。9月30日，驻粤滇军蔡炳环在琼州宣布独立，通电表示与粤军一致行动。10月18日，滇军朱培德部攻占韶关。

陷入四面楚歌的桂军，内部分崩离析，桂军第二军营长陈铭枢干脆在阳江宣布独立，而且反戈一击，出发西江讨桂。

陆荣廷见大势已去，只得致电陈炯明，表示"愿速弭兵修好"。岑春煊、林葆怿也出面"调停"粤事。

孙中山戳穿了他们的诡计，坚决反对调停："莫等罪在不赦，无调和之可言，其余众解除武装，亦不能附有何等条件。一旦纵敌，贻害无穷。狼子野心，势难姑息，即我有一部之牺牲，歼灭奸凶永除祸害，亦当为全粤父老所共谅。"

作为统帅，孙中山及时地给陈炯明做了战略、战术上的指示，及时地指示各地民军要"毅力猛进，以搏最后之五分钟"，接着，他更连续电示各军："此后战略宜大变更，集中全力速趋省城为上策。"

10月23日，陈炯明在惠州召开军事会议，决定分兵三路进攻广州。粤军势如破竹，迅猛前进。桂军兵败如山倒，狼狈溃退。27日，垂死挣扎的莫荣新炸毁了广州兵工厂，仓皇逃离广州。29日，粤军洪兆麟部及魏邦平、李福林两军进入广州，陈炯明通电宣布克复广州。

孙中山获悉广州克复，特函嘉勉陈炯明："竞兄此番回粤，实举全身气力，以为党为国。吾人亦不惜全力，以为竞兄之助，同德同心，岂复寻常可拟。我望竞兄为民国前之克强[5]，为民国二年后之英士[6]；我即以当时信托克强、英士者信托之。"

广东平定了。孙中山称之为"最好的同志"的朱执信，却在这次战役中壮烈地牺牲了。

噩耗传到上海，孙中山如失左右手，悲痛异常，以至说道："痛惋难言，虽尽歼桂贼，不足以补偿呵！"

岑春煊、莫荣新逃离广州前夕，即1920年10月24日，岑春煊、陆荣廷、林葆怿、温宗尧以四总裁名义，急电北洋军阀政府大总统徐世昌、国务总理靳云鹏，声明即日辞去总裁，撤销军政府，提出召集国会，迅谋统一。10月26日，莫荣新也以广东督军名义，急电徐世昌、靳云鹏，声明自24日起，"率同将士宣布取消自主，粤事应听中央政府主持"。31日，北京政府宣布"南北和平统一"。

暗中勾结的南北军阀，变为赤裸裸的公开合伙了。

孙中山同他们进行了针锋相对的斗争。就在10月31日这一天，孙中山和唐绍仪、伍廷芳、唐继尧联名通电否认北京政府所谓"南北统一"的伪令，声明"岑春煊早丧地位资格，而军政府依然存在"。11月10日，孙中山任命陈炯明为广东省省长兼粤军总司令，废除广东督军一职。

孙中山应该回到广东施展自己的政治抱负了。应许崇智的请求，11月

民族振兴的追梦者——孙中山

25 日，他偕同伍廷芳、唐绍仪诸人从上海乘"永翔"舰重返广东。

到了广州，孙中山立即与伍廷芳、唐绍仪通电宣布恢复军政府。29 日，军政府举行第一次政务会议，选定各部部长：孙中山兼内务部长，唐绍仪兼财政部长，伍廷芳兼外交部长，唐继尧兼交通部长，陈炯明兼陆军部长，李烈钧为参谋部长，汤廷光为海军部长，徐谦为司法部长，马君武为秘书长。

孙中山并不满足偏安一隅。他在艰苦奋斗中又要迈进一步——主张建立正式政府。

1921 年元旦，孙中山在军政府举行的南京临对政府成立九周年纪念会上发表演说："此次军府回粤，其责任固在继续护法。但我观察现在大势，护法断断不能解决根本问题。我们从今日起，不可不拿定方针。……方针为何？即建设正式政府是了。……护法乃国内一部分问题，对内仍承认北京政府为中央政府，对外亦不发生国际上地位之效力。……是望国会诸君建议，仿南京政府办法，在广州设立一正式政府，以为对内对外之总机关。"

许崇智、邓铿支持孙中山的主张，而陈炯明却极力反对。

陈炯明反对孙中山的主张，绝非偶然。他出身广东海丰县一个商人家庭，受过系统的封建主义教育，中戊戌科秀才。戊戌维新运动期间，他在家乡办了一间私立师范学校和设立正气书报社，鼓吹革新。1909 年 6 月，他由海丰官绅支持，当选了广东省咨议局议员。同年冬，加入同盟会。黄花岗起义最关键时刻，他临阵逃跑出城，躲藏在河南尾珠江水面一个同乡的盐船里。辛亥革命中，他利用了南京临时政府政策上的错误，靠镇压民军起家，当上了广东副都督、代都督。

孙中山辞去临时大总统职务，偕胡汉民等返回广州时，陈炯明以"让贤"为名，走避香港，胡汉民复任广东都督。陈炯明认为孙中山信任胡汉民而不信任自己，对孙中山心怀不满。这是孙、陈矛盾的开端。

"二次革命"中，陈炯明充当了不战而逃的角色。1913 年 6 月 14 日，袁世凯免去胡汉民广东都督职务，任命陈炯明继任。"二次革命"失败后，陈炯明在新加坡组织"中华水利促成社"，曾致电袁世凯，表示愿意"通融"返粤招募义勇兵为外交后盾。孙中山对他这种举动，曾经十分愤慨："此人险诈，难与共事，所谓通融的话，简直是诳语罢了。"

1917 年夏天，陈炯明来到上海，向孙中山"自陈悃愊，再效驰驱"。孙中山无求备于一人，也"尽忘前嫌，复与共事"，邀他同行南下"护法"，任命他为"援闽"粤军总司令。

粤军克复广州后，陈炯明"表面上不得不对中山之返粤表示欢迎，其内心自难悦服"。他认为自己闯荡出来了，羽翼丰满了，大权在握了，就要独树一帜，自搞一套，美国驻华使馆武官在给美国国务院的报告中说："陈炯明仅愿在他自己的省份建立一个廉洁政府。凭借他的五万军队，他已开始一个现代化的政府。"

孙中山提出成立正式政府，主要目标是进行北伐，"削平变乱"，统一中国；陈炯明却以"保境息民""模范省""联省自治"的口号来对抗孙中山的主张。

孙中山再三切戒"怀私心"的陈炯明："比如人身，未有心腹溃烂而四肢能得完好的，国既不保，广东一隅怎能独保？且既欲保境，则须养兵，所谓养兵以保境，无异说扫境内以养兵，民疲负担，如何能息？民疲其筋力以负担兵费，犹尚不给，则一切建设无从开始，所谓模范省，只是空言罢了。一省如此，已为一省之害，各省如此，更为各省之害，所谓联省自治，又仅是空言而已。谋国不以诚意，未有不误国的。况各省军阀利害不一致，而伪中央政府又于其间操纵挑拨，祸在顷刻，怎能不顾？保境息民，亦是幻想罢了。"

陈炯明另有打算，自然不肯听从孙中山的忠告。

其实，"联省自治"并不是陈炯明的发明。南北军阀早已吹过这支破笛子。请看看蔡和森对"联省自治"的分析吧，真是入木三分了：

"力能进取的军阀，便倡武力统一，或主张强有力的中央政府（如曹、吴）；仅能自保或希图自保的军阀，便倡联省自治或筹备制省宪，举省长（如川、滇）；同一军阀，进攻时宣布武力统一，退守时宣布联省自治（如奉张）；位置动摇时改称省自治（如浙）或打算取消省自治（如湘赵）；又如湘赵最初之因首鼠两端而宣布省自治，粤陈之想王广东，反对北伐而主张联省自治……凡此种种，无非是封建的残局之下，军阀专政、军阀割据的必然现象和趋势。

所以统一派的军阀最忌联治，联治派的军阀最忌统一。换言之，就是为帝者不愿众建为王，为王者不愿奉人为帝，或则为帝不成而思王，为王不愿而思帝，完全为军阀间一种斗剧。"[7]

野心是会不断膨胀的。"想王广东"的陈炯明按捺不住了：

海外各地华侨国民党支部纷纷来电拥护孙中山的元旦演说。陈炯明大为恼火，竟然下令禁止广州报刊登载这类消息。他还唆使一批亲信军官质问军政府总裁和非常国会议员："南方选举总统，无异自树目标，一旦北方来攻，何以抵御？广东现时军备是否充实，饷项是否丰饶，果有战事发生，究竟能支持几时？"

可是，有一天，陈炯明往见孙中山，孙中山问他："有人说你反对选举总统，是这样吗？"

陈炯明却又装聋作哑，自欺欺人："这属国会职权，个人无问题。"

"然而是什么人反对？"

"人多口杂，总裁当可一笑置之。"

孙中山见他闪烁其词，毫无诚意，不由生气地责备他："军人以服从为天职，他们如此混闹，你应负责。"

陈炯明却又默不作声了。

真相终究会一步步显露出来的。

1921 年 2 月 14 日，军政府召开政务会议，讨论收回海关管理权事项。孙中山又提出应该组织正式政府："非得组织强有力的政府，便不能得外人承认，交涉多难得力。"

以陆军部长身份参加会议的陈炯明却阴阳怪气地唱反调："但要自己内力充实，外人承认与不承认，且不必过问，亦不成为问题的。"

掌握了广东军政大权的陈炯明屡屡反对孙中山，实质在哪里呢？

美国驻华使馆武官在 3 月 1 日给美国国务院的报告中，说得再清楚不过了："陈炯明是现任广东省长，他是由闽南回师广东的，他不同意孙中山当大总统之梦想……虽然他没有明讲，但人们相信，陈炯明希望孙中山及其同党能离开粤境，而且本武官相信，最后陈必逐孙离开广东。"

矛盾的实质既是如此，斗争就必然会朝着它发展的方向继续下去。

3月29日，孙中山就选举总统发表谈话："此次费无数力，始得回粤。如不举总统，西南无发展之望。我今次回粤，具破釜沉舟共存亡之意。"

就在同一天，陈炯明却对非常国会议员发表这样的谈话："我不忍见孙先生失败，所以不赞成速选总统。因为现下时机未熟。如广东选出总统，北方必要借口来打，真是自树目标，使人攻击。粤省基础，尚未巩固，一有战事，实至危险。我辈与孙中山不知经历几许险阻艰难，始有今日，何苦冒险若是。故我对于大局，决持审慎态度。我已派员联络湘鄂各省，实行联邦。将来联邦政府成立，总统一席，仍属孙先生，不过稍缓时日而已。诸君果爱孙先生，请将选举总统一事，暂缓举行。否则设有意外，我不能负此重责！"

这不特是向非常国会议员施加压力，而且是在恫吓孙中山了。

4月4日，孙中山宴请非常国会议员，发表演说：公使团不肯交付关税给军政府，北方徐世昌又假总统名义行使职权，向外借款。广东应该迅速成立正式政府，选出总统，以谋对抗。而且，孙中山特别申明：如果国会不同意迅速成立正式政府，个人将离开广州。

大多数议员赞同孙中山的主张，立即草拟提案交非常国会讨论。

4月7日，非常国会参、众两院通过了周震麟等人提出的《中华民国政府组织大纲》[8]。

丁象谦提出立即依据组织大纲第二条选举大总统，也得到多数议员的同意。

有一位议员站起来，大声叫喊："我反对选举孙先生为大总统。"这本是容许的正常现象，周震麟却勃然大怒，用墨盒向这位议员掷去。

大会随即采取记名投票法选举。到会的议员220多人，孙中山以213票当选。

选举后，非常国会通告全国："外交迫切，内敌迭起，北京政府已自承认非法，取消其伪政府资格；中华民国对内对外，皆不可不成立正式政府，特于本日在广州开国会非常会议，议决中华民国政府组织大纲，并依大纲第二条文，大总统由国会非常会议选举之，以得投票之过半数者当选，于本日选出孙文为中华民国大总统。特此奉闻。"

顿时，广州市内锣鼓喧天，鞭炮满地，市民们一片欢腾，热烈拥护孙中山当选中华民国大总统。孙中山告诉邓铿："举我做大总统，市民都很欢迎。看来，只有陈总司令反对。"

事实确是这样。

8日，陈炯明部下的将领举行秘密会议，拟即通电反对选举总统。老谋深算的陈炯明为了避免"以下犯上"的恶名，阻止了亲信发电；但却授意湖南军阀的代表杨丙嗉使湖南出头反对。于是，就在8日那天，湖南教育会、农会、工会便神速联名来电反对广州选举总统。9日，湖南总司令赵恒惕致电非常国会参、众两院，声明不承认"非法选出"的总统。10日，以赵恒惕为首的湘军旅长以上军官，直接致电孙中山施加压力。

但是，拥护的声浪一下就淹没了反对的波涛。

11日，海外华侨获悉孙中山当选大总统，纷纷来电祝贺。

13日，云南总司令顾品珍和西南各省也纷纷电贺孙中山当选大总统。

大势所趋，陈炯明迫不得已，也发表"电贺"："广州孙大总统钧鉴：国会非常会议以投票最多，选出我公为中华民国大总统。闻讯之下，欢忭莫名。我公手建民国，肇造共和，全国人民，夙深景仰。今复当选，快惬人心，谨为我国前途贺。粤军总司令兼广东省长陈炯明率所属全体官兵同叩。"

22日，帝国主义列强驻京公使团以广州选举大总统"影响外国商务"为借口，特电各国驻粤领事声明否认。

27日，曹锟、吴佩孚、张作霖、陆荣廷、谭浩明、陈光远、卢永祥之流也通电反对广州非常国会成立正式政府，选举总统。

陈炯明以为有机可乘了，态度随即改变，想方设法阻挠孙中山就职："孙先生还是暂不就职为好；即使就职，也尽可以大总统的名义，赴欧美各国作政治活动。"

这无疑是要流放孙中山。孙中山当然不会同意。

一天，陈炯明正在省长公署午餐，忽报孙中山来访，他连忙出来迎接。双方刚刚坐下，孙中山苦笑着说："竞存，你回粤来做了很多事情，同时大家都有了差事。不过，独我一人还在向隅，望你委任委任吧。"

相当辛辣的讽刺，使得陈炯明面红耳赤，顿时哑口无言。而这对孙中山说来，实在又是相当辛酸的。当时，陈炯明是粤军总司令、广东省省长、陆军部长，掌握了广东的军政大权，没有他的同意，孙中山能顺利就职吗？

胡汉民、邓铿、罗翼群也多次往省署斡旋疏通，陈炯明迫于无奈，才"应允"孙中山就职。

5月5日上午8时，非常国会议长林森授予孙中山当选证书。9时30分，在国会礼堂举行授印典礼。孙中山宣誓就职，发表对内、对外宣言，提出了地方自治、和平统一、发展实业和开放门户四大政治主张，号召各界人民"各尽所能，协力合作"，促进国家的繁荣富强，希望各国承认广东政府"为中华民国唯一之政府"；任命伍廷芳为外交部总长，唐绍仪为财政部总长，陈炯明为陆军部总长兼内政部总长，汤廷光为海军部总长，李烈钧为参谋部总长，马君武为秘书长。

孙中山终于第二次在广东建立了革命政权。这是孙中山和战友们呕心沥血换来的成果，又是中华民国革命史上一个新的里程碑。

中华民国总统府设在广州观音山南麓[9]。

孙中山的寓所粤秀楼坐落在观音山山腰。从粤秀楼到总统府，有一道长约一里，蜿蜒曲折，跨过街道和民房的天桥相连接。粤秀楼是一座两层的小楼。二楼的西厢房是孙中山与夫人宋庆龄的卧室，东厢房是客房，中间是一个小客厅。楼下正中是大客厅、餐厅。楼梯旁边有一间勤务兵的住房。粤秀楼的东西两旁，各有一座小型堡垒，它的前面，则与卫士楼紧相毗邻。

离粤秀楼西北方不远处，有一座倚山建筑的文澜阁。孙中山专嘱许崇智拨款三千元，将这座古老的阁楼修葺一新，改名为"三老楼"，延请陈少白、龙列、杨鹤龄三位老朋友前来居住。

1919年，杨鹤龄写信到上海向孙中山求职，诉说"此数十年因'孙党'二字几乎无人敢近，忍辱受谤，不知几极"。当时，孙中山困居上海，专心著书。他恳切地回信老友："无事可办，闭户著书，倘他日时局转机，有用人之地，必不忘故人也。"

现在，正式政府成立了，孙中山履行诺言，聘请"三老"担任总统府顾问，商国事，同叙昔日"四大寇"的友情。

再任大总统的孙中山仍然是兢兢业业、廉洁奉公、不徇私情。

孙中山身为大总统，生活仍然简朴。他不沾茶、烟、酒，主食素，爱吃芥兰、菜心、通菜和虾酱，尤其爱吃竹笋。他清早起床，总爱摊开地图，细细端详思考一番以后才进早膳。晚上看书、工作，常常直到深夜。

在总统府里，孙中山常坐的那张木椅椅背太低，坐久了便很不舒服。庶务给他定制了一张沙发。孙中山知道了，立即通知庶务："沙发价钱很贵，不要买，要就买一张高背藤椅吧，既省钱，又轻便、舒适。"结果，庶务只好退掉沙发，买回一张藤椅。

孙中山严格要求自己，而对同志则关怀备至。孙中山的勤务兵区恺烘曾回忆说："中山先生对自己关心得少，对别人却关心得多。他自己没日没夜地工作，但每晚9时，便体贴地叫我休息。他常把自己用的东西送给周围的卫士。有一次他怕我受凉受雨，把自己用着的一顶毡帽、一件雨衣送给我。孙夫人则给我钱裁衣。"

孙中山把自己的财产看作是公众的财产，赤子之心，便常常可见了。

孙中山宣誓就任大总统那天，便给徐世昌拍发了电报，敦促他即日引退："袁世凯者乱世之奸雄，君则承平时一俗吏耳。……夫以君之才，立于专制君主之朝，为一臣仆，犹不能有所展布，况于任中华民国之重乎！……即日引退，以谢国人，则国人必谅君之不获已，且善君之能改过也。"

徐世昌读了电报，恼羞成怒，咬牙切齿地发誓要消灭广东正式政府。他的头一招便是以接济饷弹为饵，怂恿陆荣廷出兵进攻广东。

桂系军阀退出广东，贼心不死，无时不想卷土重来。现在，得到北京政府撑腰和接济，气焰更加嚣张。1921年4月，被北京政府任命为广西护军使的陈炳焜首先带领桂军集结梧州。被北京政府特派为督办粤边防的陆荣廷，则扬言要兵分五路攻粤，并且下了赌注：先攻入粤者立即任命为粤督。接着，陆荣廷、陈炳焜、谭浩明通电"讨伐"孙中山，桂军兵分三路大举侵粤。

孙中山针锋相对，寸步不让。他为了解除北伐的后顾之忧，早已决心肃清桂系残余势力。1921年2月，政府决定由陈炯明督师，四路出兵讨桂。5月28日，孙中山命陈炯明率部出驻肇庆，以趋梧州；命许崇智由北江夹击；

又命李烈钧率滇、赣军，谷正伦率黔军分路进攻桂林。

开始，陈炯明与陆荣廷、陈炳焜、谭浩明勾勾搭搭，函电来往，表示愿与桂军"各守边防，毋相侵犯"，奉劝桂系实行"桂省自治"。直到1921年5月27日，他还希望陆荣廷出面"订一不相侵犯之约"。可是，此刻的桂系有恃无恐，野心勃勃，再不理会陈炯明那一套，悍然出兵侵粤了。直到这时候，陈炯明才进行反击。当日的《字林报》一语道破了陈炯明"反击"的实质："陈之领兵入桂，纯由北京政府命令桂陆攻粤，有以激成之。不然，孙文如何向之敦促，陈亦未必行也。"

但不管怎样，在讨桂问题上，陈炯明和孙中山毕竟是暂趋一致了。

6月20日，孙中山任命陈炯明为援桂军总司令。陈炯明也通电讨伐桂系军阀，随即督师出发，直赴肇庆。

粤军分三路还击桂军。当时，粤、桂两方力量对比，粤方占据优势。粤军中路主力以海、空军协助，包围了梧州。桂军师长刘震寰受国民党的运动，做了内应，反戈一击，参加突袭梧州。6月26日上午，粤军攻占了梧州。

梧州是广西门户，一经突破，粤军便势如破竹，长驱直入。各地桂军像是热锅上的蚂蚁，纷纷宣布与陆荣廷脱离关系。

6月27日，孙中山正式下令讨伐桂系，要求粤军乘胜前进，"荡平群盗，扶植广西人民，使得完全自治"。7月6日，陈炯明通电就任粤、湘、滇、赣、黔五省征桂联军总司令。滇、黔、赣各军也协同粤军围剿残敌。北京政府再也挽救不了桂系溃败的命运了。捷报传到广州，孙中山立即委派廖仲恺、何香凝夫妇前赴梧州慰劳部队。28日，任命马君武为广西省长。次日，又任命陈炯明全权办理广西军事善后事宜。8月4日，粤军攻占南宁，13日，滇、黔军占领桂林。9月30日，粤军攻占龙州，陆荣廷、陈炳焜、谭浩明狼狈逃往安南，作恶多端、"煊赫一时"的桂系军阀彻底垮台了。

孙中山马上亲临广西，巩固既得的胜利。10月17日，孙中山到了梧州，特地乘滑竿登梧州近郊的望夫山，视察梧州地形。

晚上，孙中山决定一鼓作气，明天立即召集梧州各界人士讨论开发那块荒地的事。马湘劝告孙中山："先生从早到晚都是爬山、走路，太疲劳了，还是先休息三两天，然后再开会吧！"其实，孙中山也觉得太疲劳了，就说："好吧，休息一天。"他随即通知梧州市市长戴恩赛筹备会议，他本人则利用休息时间写了一份开荒计划。开会那天，孙中山不仅到会讲话，而且引导市民和各界人士到荒地勘察，还把自己拟好的计划交给他们。

在南宁，广西省长马君武召集工农商学各界欢迎刚刚到达的孙中山。孙中山在会上演说了三个多小时，滔滔不绝，慷慨激昂，而人们也听得津津有味，忘却了时间的流逝。

孙中山见到会的许多人衣衫褴褛，蓬头赤脚，内心十分沉重，他激愤地说："看看吧！各位穿的衣服都这样破烂，多数都还没有鞋穿，原因是什么呢？这就是陆荣廷、谭浩明一班军阀剥削你们，弄得你们生活这样困难。革命就是要使工人、农民以及各界人士都过好生活，现在广西的军阀已经打倒，马君武做广西省长，必定要负起这个责任，使人人都丰衣足食。你们是主人，省长是仆人。仆人必定要做到使主人满意，才是一个好省长、一个好仆人。马省长现在首先要把陆荣廷、谭浩明等存在上海外国银行的现款设法取回，连同他们在省内的产业一齐拿出来分给大家。南宁附近有很多荒地，各位主人可以马上去开发，入息必定很快就能增加，使大家有衣穿、有鞋着。"

听众欢声雷动了。

1921 年 8 月 10 日，国会非常会议通过孙中山提出的出师北伐案。

10 月 15 日，孙中山亲率北伐军开进广西，准备取道湖南北伐。孙中山到了梧州，电召尚在南宁的陈炯明来梧州会晤。陈炯明拒绝前往，叫罗翼群复电说："南宁尚须震慑，总司令不可轻易离开。"

孙中山只得亲自赶赴南宁，反复向陈炯明说明北伐的意义，要求北伐军饷由广东供应，并抽调粤军四十营加入北伐军。

陈炯明摇头叹气，老是说："还得半年时间准备才行。"

实际上，陈炯明坚决反对北伐，更不用说有所支持了。

孙中山近乎哀求了。他深知陈炯明拒绝北伐的根本原因，只得向他摊牌："我北伐而胜，在事实上自然不能回两广；北伐而败，更是无颜再回两广。无论如何，两广请兄主持，只是不要阻我北伐，并请切实接济饷械。"

陈炯明不好再说什么，只得表示同意。

真诚的孙中山相信了陈炯明的诺言，立即前往桂林督师北伐。

孙中山进驻桂王府，随即成立北伐大本营。

当时，参加北伐的军队，有粤军第二军许崇智部、福军李福林部，还有朱培德的滇军、彭程万的赣军、谷正伦的黔军，共十三旅三万多人。

他们决定休整一段时间，准备明春取道湖南，大举北伐。

年底，宋庆龄偕同红十字会会员，也抵达桂林慰问北伐部队。

孙中山来到桂林，给桂林人民带来了一股清新的民主空气。

桂林王府原是元、明两朝藩王的故宫，清代乡试的贡院，民国初年的省议会。王府内有一座当地市民称之为"铁房子"的大礼堂，平日渺无人影，阴森可怖。孙中山住了进来，顷刻间就门庭若市，熙熙攘攘。

过去，王府是不准平民踏进的，现在都可以自由地进进出出。儿童们在王府后苑玉皇阁捉蟋蟀，再也没有被禁止了，连好些妇女也跑来找孙夫人商量事情。孙中山一反过去达官贵人深居简出，或者出则前呼后拥，戒备森严的陋习，出入随便，市民可以看到他坐着"亮轿"从正阳门出来去游象鼻山，或去看太平天国军队北上时候的渡江处。

王府正阳门两侧，从太平天国时候开始，就堆起了两座垃圾山。孙中山来了，才让卫士们动手清除掉。清理时候，还意外地挖出了一对元代的大石狮。王府后苑离独秀峰那段路，凹凹凸凸，走起来很不方便，孙中山让卫士们利用空余时间，动手把它修筑好。开筑时候，第一个下锄的，就是孙中山。

春暖花开，新的一年——1922年降临了。孙中山也要施展他毕生的抱负，挥兵大举北伐了。

2月3日，孙中山以大元帅名义颁发动员令，命令北伐军的七个军团，四万多人，分路出师北伐。由李烈钧率领滇、黔、赣各军为第一路，兼攻赣南和鄂东；由许崇智率领本部粤军为第二路联合湘军直攻武汉。

不过十天时间，北伐军前锋部队已经分别进入了湘境。

当时，北京政府还掌握在直系军阀曹锟、吴佩孚手里；而奉、皖两系军阀密约联盟，要共同推倒直系。面对这种局面，孙中山决定联合段祺瑞和张作霖，企图借助他们的力量，配合讨伐直系军阀，"以成戡乱之功，完护法之愿"。

可惜，这只是孙中山的一个良好愿望；而更致命的，是陈炯明在内部捣乱。

陈炯明在 1921 年 11 月 9 日，以胜利者的姿态由梧州凯旋广州。他踌躇满志，趾高气扬，拒绝接济北伐军饷械，公开反对北伐："南之北伐，未有饷有械，焉能出师对抗……仍当暂留军于广西。"他勾结当时已经被顾品珍驱逐出云南而流亡香港的唐继尧[10]，策动他分裂参加北伐的滇军回滇争夺地盘。

唐继尧见时机已到，于 1921 年 11 月 16 日密电心腹张伯群："孙已不见容于陈……竞存选派其亲信要人来港，密商实行助我办法。如我军移动有阻，决以全力援助，并确实担任饷项。其内情：一惧孙、李[11]得势，彼位不安，一欲滇军离桂，事权统一。虽亦自身利害使然，而此时则与我以莫大之利。已派妥员，星夜密赴南宁，与陈接洽，接收款项。孙无实力，我复确得陈援，殊不足虑。我军由桂至柳，粤军[12]只有扶助，决无留难。万一孙等阻碍，不妨从权办理。"他在给心腹胡若愚等的密电中也说："自孙强作总统，群情解体。西南六省，实际早已分裂。竞存方面，暗潮尤烈。孙之在粤，实已不能立足；出师之议，竞存首先反对，立派人来密商，实行助我回滇办法，劝我勿受其愚。是所谓北伐策源地之两粤，已先不能发一兵矣！"

陈炯明还让唐继尧亲自跑来广州与自己面晤，答应援助唐继尧回滇复辟，双方达成了反对孙中山北伐的密约。

陈炯明反对北伐，破坏革命的劣迹，已经昭然若揭了。

有了陈炯明撑腰，唐继尧由香港潜达梧州，勾引北伐滇军反戈回滇。孙中山派胡汉民到梧州邀请他到桂林一谈，这个往昔曾一度来广州拜会孙中山的伪君子，此刻也神气十足，置之不理了。孙中山从团结的愿望出发，拟委任唐继尧为大本营参谋长，他也不屑一顾了。

唐继尧跑到广西柳州，接统滇军李友勋、胡若愚部，设立滇军总司令部，准备回滇与顾品珍争夺地盘。孙中山获悉，又派龚师曾赶赴柳州，劝他一同北伐，不要回滇，恳切说明"顾品珍问题是我们革命内部问题。……现在我们的兵力，应该用于铲除北方军阀"。

孙中山得到的，只是唐继尧一封狡诈的回信："请以云南为后方革命策源地，愿先回云南整饬戎行，及时简拔精锐，督师驰赴广州，唯先生命，效力北伐事业。"孙中山满腔怒火，1922 年 2 月 23 日，通电痛斥唐继尧"擅设总司令部，私委各军军长，调遣军队，反戈回滇，显系违抗命令，不顾大局"，命令云南、贵州、广西各省当局"严行制止，勿任其以一己权利之私，为西南大局之梗"。

可是，有恃无恐的唐继尧依然自行其是，3 月 20 日，带领滇军回滇。顾品珍被唐继尧收买的土匪吴学显枪杀，顾品珍部溃败，唐继尧又重新统治了云南。

孙中山还不知道陈炯明与唐继尧勾结的就里，更不知道自己所处的危险境地。

唐继尧的反革命行径刚刚得手，陈炯明又暗暗与吴佩孚紧紧勾结，以反对张作霖的名义，共同掣肘北伐军。他们南北呼应，狼狈为奸，大有统一天下舍我其谁之势，以致当时的政客们，竟也肉麻地吹捧陈炯明、吴佩孚为"南北两秀才，携手定国"了。

陈炯明又与湖南军阀赵恒惕结成联盟，由赵恒惕从正面阻止北伐军取道湖南，陈炯明则从后方加以掣肘。3 月 16 日，赵恒惕派出代表到达桂林，公开向孙中山表示湘省处境困难，拒绝北伐军过湘。

与此同时，邓铿血案发生了。

邓铿为人忠贞正直，坚决拥护孙中山，支持北伐，对陈炯明左右的爪牙尤其不满，曾经多次斥责、抑制他们，为这班爪牙嫉妒仇恨。3 月 21 日傍晚，邓铿从香港乘火车回到广州，刚下大沙头火车站，突然被奸徒枪击，腹部连中两弹，邓铿负伤追捕凶手不获，闭目前愤慨地叹息着："我知参谋长地位危险，何必自己人杀自己人！"

邓铿被刺身亡，孙中山深为哀痛，更感到后方接济乏人了。3 月 26 日，他在桂林大本营召开紧急军事会议，只好决定改道北伐，先行回师广东。

事后，孙中山叙述当时的情况："当文率北伐诸军次于桂林，以为陈炯明虽不肯自赴前敌，后方接济当不容辞，初不意其阴蓄异谋，务欲陷我于绝地。……一为阻我前进，一为绝我归路。……及款饷告绝，接济不至，北伐诸军，不为流寇，则为饿殍，计无所出，始有改道出师之举。"

孙中山有所警惕了。从避免陈家军阻挠的可能考虑，会议决定秘密回师，派谢文炳所部一旅，由广西富川、贺县出广东北江。

谢文炳却将会议的决定密电陈炯明。

陈炯明大为恐慌，果然打算部署军队阻止北伐军回粤，只是当时陈家军大部分驻扎南宁、浔州[13]一带，一时来不及集中，只得改用以退为进的对策。

4月12日，北伐军主力抵达梧州。次日，廖仲恺致电陈炯明，说明孙中山率领北伐军回师广东的意旨："先生遽归，意旨在添调军队图赣，并谋饷弹补充之确实，使此举不至无功，以坠声威，此外无他希冀。桂林调归各军，经三水、滟江口，集中韶、雄，宜于一星期内予以通过，俾勿别生枝节。"

孙中山还电召陈炯明来梧州面商北伐事项，陈炯明心怀鬼胎，一推了之。18日，廖仲恺由梧州回到广州，力劝陈炯明前往梧州。这次，他不但拒绝前往，反以电辞本兼各职相要挟了。

孙中山知道陈炯明的"辞职"并非本意，没有批准。他还是电复陈炯明前来梧州会晤，同时召开军事会议，讨论今后行动计划。这时候的孙中山已经感到力不从心，捉襟见肘，困难重重了。他难过地说："我们已经没有后方了。在桂林时，没有后方；现在到梧州来，也还是没有后方。我们只有以广州做后方，从韶关出兵。"

会上有人提出："陈炯明狼子野心，不可复信，北伐诸军宜留粤缓发，先清内患，再图中原。"

孙中山没有采纳这个意见。他见多数人赞成改道北伐，便决定"出师江西，悉命诸军集中韶州，以大本营设于韶州"。

三天过去了，仍不见陈炯明前来，孙中山实在是忍无可忍了，4月21日，下令免去陈炯明广东省省长、粤军总司令、内务部总长三职，但仍然保留他的陆军部总长一职，表示期望他能恍然醒悟。接着，又任命伍廷芳兼任广东省省长，任命粤军第一军第三师师长魏邦平兼广州卫戍总司令，撤销粤军总司令一职，把广东陆、海军改归大本营直辖。

免职令由廖仲恺带回广州。本来，廖仲恺期望在免职令公布之前，敦促陈炯明改变态度，以便使孙中山能收回成命。可是，陈炯明早已不把孙中山放在眼里，而且正要取而代之。他假戏真做，当晚在省署召开紧急会议，宣布下野，带领随从退居惠州西湖百花洲；却又命令广州的陈家军赶紧在石龙、虎门一带布防，密电叶举带领陈家军主力火速赶回广州。

孙中山至此仍把陈炯明看作是个反对北伐而又固执己见的同志，同时，孙中山也知道，广东的军事、财政实力，实际上还掌握在他手上，因此，孙中山还需要尽力争取他。4月22日，孙中山到了广州。马上派信使前往惠州，向陈炯明反复说明北伐大计，使他"对于大计不生异同，必当倚界如故"。

罗翼群向孙中山报告：陈家军恐有不稳。

这又是孙中山所估计不到的。他问罗翼群："如此说来，应该如何应付？"

罗翼群已知后果不堪设想，他忧心忡忡地告诉孙中山："竞存个人去就虽不大影响北伐大计，但所部叶举、洪兆麟等辈，多是利禄之徒，平日与竞存结纳颇深，过去对援桂已有分歧，现在对北伐更是反感，应该力劝竞存回来，防止他们发生事变。"

孙中山决定派遣古应芳、李文范、罗翼群三人前往惠州劝说陈炯明。

陈炯明一味推说"劳瘁多年，暂须休息"，就是不肯回穗。

当然，谁也知道这不过是托词而已。在陈炯明就任广东省省长的时候，曾任广东省教育行政委员会委员长的陈独秀，此时也到惠州访问陈炯明，他对同行的陈公博说："陈炯明不像下野的样子，室内排满了军用地图，桌上架满了军用电话，恐怕广东不免有事。"

陈炯明还需要时间调动军队。他表示愿意留任陆军部总长，"稍事休息，再效力行间"，实际上，却是加紧策划政变。

第一次直奉战争在5月1日爆发了。孙中山认为机不可失，立即准备北伐：用武力整顿"护法"南下驻广东的北洋舰队，使这支舰队成为支持北伐的力量；由廖仲恺筹备三百万元北伐军费。

5月4日，孙中山在广州下令北伐，表示将"亲履行间，扫除政治上之黑暗与罪恶，俾国家统一、民治发达"。

5月6日，孙中山离开广州直赴韶关督师。13日，北伐军分三路向江西进发，经过将近一个月的苦战，终于攻下江西南部重镇赣州。

6月15日，北伐军前锋进入吉安，大有直下省会南昌之势。平定江西，指日可待了。

可惜，祸起萧墙，孙中山不单壮志未酬，而且面临的，竟是一场杀身之祸。

注释：

［1］李逆，指福建督军李厚基，段祺瑞派他为援粤总司令，与龙济光东西呼应，配合作战。

［2］龙，指龙济光。

［3］李，指李烈钧。

［4］竞存是陈炯明的字。

［5］黄兴于1916年10月31日在上海病逝。孙中山亲自为黄兴发丧，并作挽联："常恨随陆无武、绛灌无文，纵九等论交到古人，此才不易；试问夷惠谁贤、彭殇谁寿，只十载同盟有今日，后死何堪。"（《孙中山全集》第三卷，中华书局1984年版，第405页）

［6］陈其美，字英士。1916年袁世凯收买张宗昌遣人刺死于上海。

［7］《蔡和森文集》上册，湖南人民出版社1979年版，第72-73页。

［8］《中华民国政府组织大纲》共七条：一、大总统依本大纲行使职权。二、大总统由非常国会选出。三、总统总揽政务，发布命令，统率海陆军，任免文武官吏。四、大总统对外代表中华民国。五、设各部掌部务，由总统任免。六、本大纲自宣布之日施行之。七、本大纲施行之日，军政府组织大纲废止。

［9］今越秀山脚中山纪念堂。

［10］驻川的滇军第一军军长顾品珍不满唐继尧强驱滇军混战，又得到熊克武的鼓动，以"士兵厌战"为由，班师回滇，驱逐唐继尧。1921年2月8日，唐继尧离开昆明，流亡香港，顾品珍进入昆明，以滇军总司令名义维持秩序。3月4日，孙中山、唐绍仪、伍廷芳电邀唐继尧来广州。9日，唐继尧由香港乘火车到广州，孙中山亲临车站迎接，举行盛大的欢迎会，希望唐继尧有所醒悟。但唐继尧的军阀本性难改，他与陈炯明勾结，反对孙中山任大总统，离广州返香港"养病"，准备回昆明重掌云南政权。

［11］孙，指孙中山。李，指李烈钧。

［12］粤军，指陈炯明控制的粤军，即陈家军。

［13］浔州，今桂平。

第二十三章 "祸患生于肘腋"

北伐军在江西的胜利，使陈炯明十分恐慌，他想，北伐军进展如此神速，声势日益高涨，如任其发展下去，将对他在两广的地位构成真正的威胁；但他同时又感到欣喜，北伐军大部在前线激战，后方空虚，自己可以趁机举乱，攻占总统府，控制广州城，切断北伐军的补给，这样，北伐军自然不攻自破，两广就属于他了。

于是，陈炯明决定对孙中山下毒手。

为求阴谋得逞，他佯与孙中山密电往返，商讨两广军务，摆出一副支持北伐的样子，以稳住孙中山；另一方面，他指使部将叶举不理会孙中山要他率部分驻肇庆、高州、雷州、钦州、廉州、梧州一带的命令，于1922年5月，擅自带领所部开进广州，在白云山郑仙祠设总指挥部，控制了广州地区。20日，在陈炯明唆使下，陈家将致电孙中山，要求"清君侧"，免除胡汉民职务，恢复陈炯明原职。

这些举动，使孙中山察觉到什么，他派姚雨平、程潜赶赴惠州西湖百花洲劝说陈炯明。陈炯明把自己装扮成退居山湖，超脱世事的隐士。他装聋作哑，只是邀请亲朋泛艇游湖，题诗消遣。姚雨平当即书赠陈炯明两句："征西奔走劳鞍马，扫北归来理钓丝。"先是表扬陈炯明福建回师征西之功，后劝他赞助孙中山北伐，待成功后再作退隐打算。陈炯明看罢，连连摇头表示："办不到，办不到！"

陈家将开始在广州北郊布防了。5月26日，他们又致电孙中山，再次要求恢复陈炯明原职，免除胡汉民、廖仲恺诸人的职务。

粤军总司令部早已并入陆军部，陈炯明现为陆军部总长，没有恢复原职的理由。孙中山为了争取陈炯明，还是任命陈炯明以陆军部总长督办两广军务。

陈炯明致电孙中山，表示服从命令："我愿竭能力，以副委任；已催促叶举等部迅速回防。叶等必无不轨行动，愿以生命、人格担保。"

实际上，他们正在加紧策划政变。陈炯明这样做，不过是麻痹孙中山而已。

陈家军盘踞广州后，终日向财政部索取军饷。当时，政府财政虽十分困难，但孙中山仍命令廖仲恺迅速筹款。但当他们一拿到饷款，又故意向省银行强迫兑现，造成挤兑风潮。与此同时，陈家军到处强迫买卖，明抢暗劫，滋事扰民，广州社会秩序极为混乱，市民朝不保夕，"一夕数惊"。

廖仲恺见广州局势日益严重，只得电请孙中山暂返广州镇慑。

后方告急，非同小可。孙中山担心"前敌战事方亟，后方空虚，若有骚扰，前方军心必因以动摇"，决定由胡汉民留守韶关大本营，自己立即率领卫队返回广州，坐镇总统府，"示前敌诸军以省垣无恙，安心前进"。

6月1日，孙中山乘坐的火车到达新街车站，从广州前来迎接的人，纷纷登车看望孙中山。一位老华侨告诉孙中山："陈炯明在惠州召集爪牙频频开会，显然有谋乱企图，请大总统从其他车站下车，切不可直到黄沙，免遭陈炯明暗算。"

众人纷纷点头，都赞成这个意见。

孙中山却很坦然："不要紧，不要紧，我以至诚待人，陈炯明是不会害我的。"

火车到了黄沙车站，孙中山即乘海防司令陈策派迎的军舰直达天字码头，再坐汽车回到总统府。

翌日，孙中山带领马湘、黄惠龙和杨仙逸从粤秀楼往震武楼、文澜阁巡视，看见文澜阁后面的粤秀茶室驻满了军队，墙上还凿了许多对着粤秀楼的枪眼。

孙中山问这些士兵："你们的官长是谁？"

"是洪兆麟司令。"

"洪司令驻在这里么？"

"是李旅长率领我们驻在这里。"

"你们是从哪里开来的，李旅长有什么任务给你们？"

"我们是从江西开来的，不知道有什么任务。"

旅途的顺利使孙中山略为安心，但白云山布满陈家军，又使他疑惑。孙中山仍想以至诚的态度感化陈炯明和陈家将。他致电陈炯明"请速来省共商大计"，设宴招待陈家将，派宋庆龄慰劳陈家军。

陈炯明拒不应命，陈家将也只是把请柬扔在一边。

孙中山气得直喘粗气，一拳擂在桌面上，厉声警告他们："你们不要以为据守了白云山，便可以胡作非为。我以几门海军大炮，便可以消灭你们。"

他们装聋作哑，根本不理会孙中山。

这时候，第一次直奉战争以直系军阀的胜利而告终了。直系军阀曹锟、吴佩孚既不满徐世昌偏袒奉系，又惧怕北伐军胜利发展，便与旧国会议员勾结，打出拥护约法、恢复旧国会的旗号，要求南北总统孙中山、徐世昌同时下野，"全国统一"。

徐世昌被迫在6月2日宣布辞职。

6月6日，孙中山以"中国事实上、法律上唯一政府行政首领之资格"发表对内对外宣言，申明"吾人今日正从事于改造中国旧生活之事业"，警告帝国主义列强不得干涉中国内政，"假使列强现承认北京之伪新总统，则其行动仍为干涉中国内政，其结果将更劣于承认徐世昌也"。

孙中山的宣言，打击了帝国主义列强和直系军阀企图建立一个傀儡政府的企图。

吴佩孚见孙中山不肯下台，便又催促陈炯明叛变。

陈炯明看见"火候"已到，决定冒天下之大不韪，发动政变。

他暗地指使亲信煽动陈家军叛变："北伐军丧师败北，我们若不速图自拔，必与北伐军同归于尽。"明里却又电贺前线告捷的北伐军，还假惺惺发电孙中山说："我本想返省城，可现在决不能回去了。因为军队不听我回防的命令，硬要驻在省城。"

这句话本身，就是一个谎言。孙中山却信以为真，以为陈炯明已经失去驾驭陈家军的能力，便想通过舆论迫使陈家军撤离广州。

6月12日，孙中山在财政厅举行记者招待会，愤怒谴责陈家军："这样横蛮的军队，违背上官命令的军队，反对政府的军队，贻害地方的军队，无时无刻不可以作乱。我现时决定处置的方法，下命令要他们全数退出省城三十里之外。他们若不服从命令，我不难以武力压服。以前我炮击督署，惩罚莫荣新，我尚敢为；今天我炮击陈家军，我岂不敢为吗？人人说我孙中山孙大炮，但这回大炮，更是利害，不是用实心弹，乃用开花弹，或用八寸口径的大炮之毒气弹，不难于三小时内，把六十余营陈家军变为泥粉。但残害六十余营的军人，且惊动全城的居民，不免过于暴烈。但我不如此做去，他们终不罢休。我只希望报界诸君主持正义，十日之内，做足工夫，对于陈家军加以纠正。"

在广州，陈炯明有两万五千人的兵力，而孙中山，则只有五百人左右的警卫部队。力量对比，相差太悬殊了。

北伐诸军继续捷报频传，"屈指师期，克赣州后进取吉安，拔南昌，至九江不逾一月"。前线的形势是这样的激动人心。孙中山决定于6月16日率领警卫部队离开广州，前往韶关大本营，然后"亲率海军舰队至上海，入长江，与陆军会于九江，以北定中原"。

事与愿违，就在北伐军克复赣州那天，陈炯明对孙中山的总攻击密令由忠实爪牙钟景棠带往广州。

为实施这个计划，6月14日，陈炯明以"领款"和"有要事相商"为名，电邀廖仲恺去惠州。廖仲恺明知陈炯明居心叵测，仍然冒着危险前往，希望再次争取他悬崖勒马。可是，刚到石龙，廖仲恺立即被钟景棠部逮捕。他们把廖仲恺囚禁在石井兵工厂，用三条铁链把他锁在铁床上。这一招，陈炯明十分得意："这就把'孙大炮'的荷包锁住了。"[1]

翌日，陈家将公开和直系军阀唱和，发出请孙中山下野的通电。

傍晚，杀气腾腾的叶举在郑仙祠召开军事会议，他特意出示陈炯明的秘密手令给陈家将壮胆，布置"发难"。

主张炮击总统府最得力的是粤军第一军第二师师长洪兆麟和海丰系的陈炯光、钟景棠、钟秀南。

会议决定熊略为攻城指挥官，洪兆麟部打先锋，6月16日凌晨3时围攻总统府，擒杀孙中山者重赏二十万元。

羊城上空，乌云密布，山雨欲来，全市陷入恐怖之中。

仍是6月14日这一天，总统府显得特别繁忙，从早到晚都有人来向孙中山报告陈炯明谋反的事。孙中山始终不肯相信这类消息，只是吩咐马湘、黄惠龙："今晚有什么举动，要立即报告。"

15日下午5时，罗翼群跑到总统府向孙中山汇报所得的情报。孙中山还是不肯相信："我与竞存近日仍有电报往返商量两广军务，现在可能是他部下的一些悍将骄兵借名索饷，为难财政当局，饷清还了，谅他们会各自回防。竞存曾说愿以生命、人格保证，我相信他不敢做犯上作乱的事。没有竞存的命令，难道叶举等敢做主吗？而且我已决定明日返赴韶关，难道今晚还会有事吗？"

陈策用电话向孙中山报告叶举准备叛变。孙中山干脆答道："这是外间的谣言，可以不必置信。"说毕，放下电话，命令副官第二天早晨到"宝璧"舰把钱款数十万元提回总统府，准备送往韶关大本营做北伐军军费。

刚刚吃过晚饭，陈少白来到粤秀楼劝告孙中山及时离开总统府。他见孙中山毫无所动，急得流出泪来："陈老烟今晚真家伙来了，你再不走，明天我就再见不到你了。"

孙中山却还是这样回答他："有我在，料竞存不敢造反。"

7时左右，陈家军罗献祥统领部的士兵何云生，急急忙忙跑来找他的朋友李洁之，问："你们警卫团第二营是不是明天早上开往西村，乘粤汉铁路火车出发韶关？"

排长李洁之答道："是的，而且一切都已经准备好了。"

何云生说："事情不好了！听说我们统领部已经奉到粤军总指挥叶举的命令，明早要派部队往西村去围缴你们的枪械，请你好好注意！"

李洁之立即向上反映，营长叶挺辗转听到报告，也是不以为然："陈炯明的问题已经商谈好了，孙大总统准许陈炯明以陆军总长的名义，节制留驻两广的军队，只是要求广东方面能够按时按数接济北伐大军的饷项、服装、弹药，此外别无其他。叶举、洪兆麟他们也是同意了的。明日孙大总统出发韶关转赴赣南前线督战，陈炯明的部队决不会有什么异动，大家应该放心，不要去轻信外间的谣言。"

可是，将近 10 时，何云生又仓仓皇皇地跑来，直喘着粗气告诉李洁之："事情真的不好了！明早我们的部队不是开往西村去围缴你们的军械，而是要围攻总统府，请孙大总统下野呀！刚才我们连点名时，连长已经下了命令和分配了任务，还发了作战的识别带并禁止士兵外出。我是假借要大便，偷偷地溜出来告诉你们，你们还是从速准备应付吧。"

情报又转到叶挺那里。恰好副营长梁端寅从外面回来。叶挺问他："你在外面听到什么风声？"

梁端寅说："我刚才经过永汉路、惠爱路，看到一队队的军队开往各个街口放步哨，好像都是向我们这方面警戒的样子，比以往几晚的情形完全不同，紧张得很。"

叶挺这才觉得情势不妙，马上报告团长陈可钰下令戒严，将总统府前后关上铁栅，各岗位加派一倍的步哨。

粤秀楼附近一带，灯光闪闪，人影晃动，还能够隐隐约约地听到修筑工事的叮叮当当的声音。

深夜 11 时了。陈策、魏邦平连续向孙中山电话报告："陈炯明谋叛，情况已经十分危急了，请大总统离开粤秀楼。"

孙中山还是这样表示："无论如何，我不离开，我只知为国家为民族，从来不为个人谋利禄，这是人所共知的，陈炯明何至要谋反？！"

粤秀楼不停地接到各方面打来的电话，报告陈家军快要向总统府攻击的消息。孙中山每次听了，都只是沉思、踱步，默默无言。

午夜，总统府秘书林直勉、参军林树巍和大本营输送队长陆志云匆匆赶到粤秀楼。林直勉一见孙中山，就说："今夜消息险恶，叛变在即，请先生立即离开总统府，暂避凶芒……"

不待林直勉说完，陆志云抢着说："我有一个在熊略部下当连长的同乡，他把陈军在今晚深夜开始攻击总统府，以至连口号是'食饱饭，杀民贼'的消息都告诉了我。这个消息十分确实，情势的确很险恶，请大总统必速往别处，暂时避开。"

孙中山仍是默不作声，在会客厅内来回踱步。

林直勉他们呆呆地站着，直盯着孙中山，却焦急得不知如何是好。

山风飒飒作响。粤秀楼沉寂得使人觉得格外可怕。

过了好一会，孙中山才从沉思中抬起头来，本来敏锐的目光也显出迷惑不解的神色来了。他慢慢说着，仿佛是自言自语："竞存纵然恶劣，料不至这样。即使竞存有不轨图谋，但他的部下有不少是明理正直的人，他们很多人和我久共患难，岂肯尽听竞存之命？请各位无须过虑。"

林树巍提醒孙中山："粤军素来野蛮，不能不防备。"

孙中山变得慷慨激昂了，他声高气急地说道："我已经将警卫团调往韶关，即是表明我对他信任。他对我虽有不利的阴谋，亦何须用兵？如果竞存胆敢称兵作乱，甘为叛徒，则人人都可以杀他。我身为大总统，负全体国民之托，有平叛责任。如果力量不足，被叛逆所害，正是我为国牺牲的机会，岂能临难苟免，贻笑中外，玷辱国家？"

时钟滴答滴答地响着。这声音，使人觉得心焦、烦躁，像是皮鞭在一下一下地鞭打着。

苦苦的劝告、哀求毫无效果，他们只得默默退去。

空气像是凝固了，时钟仍是不停地走着。时针指到了2字。此刻，是16日凌晨。粤秀楼上已能隐约听到远处叛军集合的号音和嘈杂的人声了。

孙中山只得命令卫士准备抵抗。

林直勉、林树巍和陆志云一阵风似地冲了进来。他们喘着粗气，围着孙中山，力劝他离开粤秀楼。

孙中山坐着不动，只是愤恨地回答："竞存胆敢作乱，我便要负平乱之责。如力不足，惟有一死，以谢我四万万同胞。"

事态已经是千钧一发，刻不容缓，再没有回旋的余地了。他们便不由分说，硬是给孙中山换上一件白夏布长衫，戴上一副墨晶眼镜，乔装成一个出诊的医生。接着，两人强挽起孙中山的双臂，挟持着他直朝外冲去。

孙中山身不由己，叹了一口气，只得答应了他们的请求。

他回到卧室，急促呼喊："庆龄，快起来！"

正在酣梦中的宋庆龄惊醒了，问道："什么事？"

"刚才我接到一个电话，说陈炯明马上就要来包围我们的住宅。我们必须立即到军舰上去。在那里我可以指挥部队剿平叛乱。"

"那你赶快走吧！"宋庆龄连忙穿上衣服，着急地催促着孙中山。

"不！我不能让你一个人留下！"

宋庆龄十分果断："不行！我和你同行，目标太大，再说我已有身孕，行动不便，会拖累的！"

"不，要走一起走！"

"中国可以没有我，不可以没有你，我请求你先走吧！"宋庆龄焦急得不由流出泪珠来。

"那，你……"孙中山迟疑了。

"你可以放心！我留在这里不至于有什么大的危险。"

"好吧，我如平安登上军舰，就发出鸣炮三声的信号。"孙中山只得接受夫人的恳求，把卫队全部留下守卫粤秀楼。

马湘、黄惠龙请求跟随保卫。孙中山摇摇头："你们不必跟随，什么危险我都不怕。你们要坚守粤秀楼。明天我若不回来，马湘带夫人到家中暂避。"说罢，不慌不忙地把一支曲尺手枪放在长衫袋里。

大地，夜空，像是给浓墨似的黑纱笼罩着，而吹来的阵阵山风，却显得格外的阴凉。

林直勉、林树巍挽着孙中山的手臂，轻轻离开粤秀楼，悄悄下了观音山。

街上，叛军岗哨林立，孙中山他们走到惠爱路，正欲入桂香街，叛军的哨兵大喝一声："站住！"

林直勉走上前去，指着神情自若的孙中山，镇定地向哨兵"解释"："我的母亲患了重病，不得不深夜请来这位医生到家诊治。"

"戒严了，任何人不准通行！"

"我们住在高第街，你们如果不信，就请一齐和我们到家里看看。"

哨兵打量孙中山一番，的确像个医生，将手一挥："走吧！"

他们吁了一口气，也顾不得浑身的冷汗，又匆匆地穿街过巷。

到了靖海路，又遇到一大队叛军。他们又怔住了。

恰巧，路上有十多辆人力车，他们从容镇定，混杂在人力车中间慢慢走着。幸好没有引起叛军的怀疑。

到了靖海路口，他们雇了小艇渡河到海珠海军司令部，再乘小电船，登上停泊在白鹅潭的"楚豫"舰。

1922年6月16日，陈炯明果然叛变了。

凌晨3时，流弹在空中呼啸着，直向粤秀楼和总统府射去。

叛军占据了观音山的制高点，居高临下，左右夹击，子弹声夹杂着嚎叫："打死孙文！打死孙文！"

粤秀楼四周一片漆黑，叛军用手电筒照着扫射。

卫士们蹲伏着，对准电光还击，条条火舌飞向敌人阵地，叛军哭爹喊娘地乱成一团，横七竖八地倒下了一片。

突然，珠江边传来"轰隆——轰隆——轰隆——"三声炮响。

神情严肃的宋庆龄突然拍掌欢呼，忘却了自身的危险，欣喜地告诉区恺烘："阿烘，先生平安了。"

区恺烘觉得奇怪："夫人，您怎么知道？"

"这是先生临行前约好的，先生如果平安抵达军舰，就发出鸣炮三响的信号。"

喜讯传遍了每一个卫士。大家都舒了一口气，紧绷着的脸上露出了笑容，保卫粤秀楼，保卫孙夫人的斗志更加昂扬。

也不知打了多久，东方天际终于露出了鱼肚白。叛军死伤300多人，而卫队只有4人受伤。叛军打红了眼，开始用野炮轰击粤秀楼，顿时，"轰隆——轰隆——"的炮弹直落在粤秀楼和天桥的四周，澡房被炸毁了。

卫士们沉着应战。一个卫士爬到高处，挺身扫射，一连击毙好些敌人。

可惜，到了上午8时，卫士们的子弹快要打光了。

马湘冒着枪林弹雨从天桥跑到总统府，向叶挺报告作战经过，要求发给子弹。

弹痕累累、断壁残垣的总统府，仍然在硝烟弥漫中屹立着。

叶挺大声说道："打得好，打得好，子弹随便拿去。"

白天的战斗尤其激烈。叛军利用有利的地形，用机枪扫射，用野炮轰击，粤秀楼处在危急之中。

下午2时，马湘再到总统府，请求团长陈可钰派兵增援。满脸硝烟的陈可钰感到为难了："这里的兵员连守卫总统府还不够，实在没有办法，最好还是请孙夫人到总统府，以便保卫。"

马湘只好跑回粤秀楼，请求宋庆龄从速下山。

卫士们也跟着请求："请夫人立即撤走，我们愿在这里阻击敌人！"

宋庆龄答应了。

副官长姚观顺和马湘、黄惠龙护送宋庆龄突围。

他们借着天桥两旁的夹板，在天桥匍匐地前进着。到了夹板已经被击毁了的地方，就弯着腰飞奔过去。

叛军发现有人在天桥上。顿时，流弹飞鸣，火光四迸，直朝天桥扫射。

"嗖——嗖——"，有两次，子弹就从宋庆龄的鬓边掠过。"哎哟！"姚观顺突然高叫一声，倒在桥板上。一颗子弹穿过他的大腿，鲜血直流。马湘、黄惠龙赶忙拖着他向前走去。

好不容易，他们才冲过了这座一里长的天桥，走进总统府后院。他们喘息未平，忽然之间，只见火光一闪，紧接着是"轰隆"一声，天桥被轰毁了，粤秀楼和总统府的交通完全隔绝。这时候，他们才觉得冒了一身冷汗。

粤秀楼也中炮起火了，卫士们纷纷逃跑出来。叛军闯了进去，在火光中遍寻孙中山不着，便集中火力向总统府猛攻。

宋庆龄和副官把姚观顺抬进一间房子。她仔细地替姚观顺包扎好伤口，轻轻地安慰他："你为革命流了血！"

满额汗珠的姚观顺强忍着疼痛，喘息着回答："将来总有我们胜利的一天。"

宋庆龄露出了欣慰的笑容。

总统府的水、电都被叛军切断了。它的四周又是炮火连天，硝烟弥漫，流弹炸塌了一间又一间的房子。有一次，宋庆龄刚刚离开一间房子，一颗炮弹就直飞下来，把房子整个地炸毁了。

战斗激烈地进行着。攻守双方都极为顽强。下午4时，广州卫戍司令魏邦平派副官长马敏藩到总统府调停。警卫团保卫孙中山脱险的任务已经完成，打击叛军的目的也已经达到。这里没有水电，没有粮食，子弹所剩无几，也没有外援，再坚持下去没有多大必要。于是，警卫团同意进行谈判。

双方正在总统府谈判。叛军却从总统府后门冲了进来，此时此刻，再进行抵抗也无济于事了。叶挺下令打开前门，让总统府人员撤退出去。

卫士和总统府人员冲出前门；叛兵窜入前门，顷刻之间，总统府乱作一团。

马湘、黄惠龙趁着混乱，护卫着宋庆龄混进人群中，溜出前门。

宋庆龄头上戴着姚观顺的草帽，身上披着孙中山的雨衣，夹在他俩中间，匆匆地走着。

叛军乱哄哄地从四面八方直朝总统府方向窜来。孙夫人随时有被叛军辨认出来的危险。比较妥当的办法，是让孙夫人走小巷。

马湘急中生智，立刻将身边的银币分别向左右两边掷去。叛兵一见白花花的银币，狗抢屎似地俯身收拾。黄惠龙他们乘机冲过马路，奔东走西，进入小巷。

宋庆龄毕竟是位怀了身孕的女士，体力不支，此刻再也走不动了。

马湘、黄惠龙搀扶着宋庆龄慢慢走着。突然间，一队叛兵从一条小巷跑出来，直朝他们开枪。

"伏在地上装死！"不知是谁叫喊了一声。大家都趴在地上，一动不动。叛兵果然跑了过去。

他们又扶着宋庆龄奔走。

街道上，到处是抢掠的叛兵，到处是死者的尸体、断腿、断臂……

宋庆龄看见街道旁边，有两个人面对面地蹲着，动也不动。她正要提醒他们赶快离开这个危险的地方，仔细一瞧，却大吃一惊：原来是被子弹击毙的两个死者。

宋庆龄不由得紧闭住眼睛，马湘只得劝告她："请夫人不要看路旁的尸体，不然您会晕倒的。"

他们搀扶着宋庆龄走进了一条小巷。这是一条再也没有通道的死巷。巷内有十来家住户。正好有一家的门户虚掩着。他们推开门，见屋里没有人，便把宋庆龄扶入卧室休息，他们两人把军服、手枪投入井里，然后坐在厅里休息。

一会儿，一位老妇人从屋后走进来，双方登时怔住了。老妇人看看副官，又往房间里面看看，霎时怒气冲冲地嚷道："你们是什么人？擅自进入人家屋里，连我媳妇的新房也进去了。你们马上出去！我儿子当排长，他一回来你们就不得好死了。"

宋庆龄听见后，立即走了出来。马湘见是这样，只得指着宋庆龄向她求情："她是我的姑母，在汕头当教师，放假来探望我们。刚才打算到市上买些蔬菜鱼肉，谁知在马路上遇到很多军队，害怕起来，又不熟识路途，因此躲到府上，请你原谅。"

老妇人的怒气消了一些，却还是坚持要他们离去。正说着，汗珠从宋庆龄额上滚下来，她感到身子轻飘飘的，只觉得一阵恶心，一下昏了过去。

马湘、黄惠龙急忙用冷水敷着宋庆龄的前额，又扇扇子给她解暑。过了好一会，宋庆龄才慢慢睁开眼睛，苏醒过来。

马湘、黄惠龙刚刚舒了一口气，"嘭嘭嘭"的叩门声急促地响了。他们大吃一惊，连忙站在一旁，准备搏斗。

老妇人开门，一个穿便服的青年走了进来。她指着他们告诉这个青年："他们闯进我们家里来，你得把他们赶出去。"

马湘料定这位青年是老妇人的儿子，便又向他解释了一遍。

这位青年听了，既不责备，也没有下逐客令，只是走到房里去。

这下子，黄惠龙认为非走不可了。他对马湘说："我到外面看看动静。"可刚走到巷口，就被叛兵抓了去。

马湘赶紧把门关闭，喘着气向宋庆龄报告："黄惠龙被抓了，也许殒命了。"

得想尽一切办法使孙夫人脱险。马湘先找一些泥土把两人的衣服弄脏，然后请这位青年出来攀谈。

这位新婚青年姓朱，是消防警察。马湘见他很和善，便恳求他带路："我们住在卖故衣的四牌楼，因为刚从乡下搬来，路途不熟，烦劳你带带路，好么？"

这位青年满口答应下来。

宋庆龄化装成农妇，马湘扮作厨夫，跟着这位青年转入内街，到了四牌楼。

谢别了这位青年，宋庆龄意识到自己空着双手，不像是个农妇。真巧，路上有只篮子，还有一些蔬菜，她急忙拿来，挎在胳膊上，马湘顺道又买了一些鱼、辣椒酱放在篮子里。他们向高第街方向走去。刚转到维新路，又看见许多叛兵把守着。马湘装着笑脸，走上前去，把篮子递给他们："弟兄！加菜么？"

叛兵拿了一瓶辣椒酱，挥挥手，放他们过去了。

他们急急横过维新路，转入高第街，终于到了马伯麟的寓所。刚刚休息了一会，又有人来叩门。幸好，叩门的正是长洲要塞司令马伯麟的勤务兵。

他是奉命回来烧毁文件的。马湘焦急地问他："你有没有看见孙大总统？"

勤务兵连声答道："看见，看见。"

宋庆龄真不知有多么高兴。她连忙写信，请他转交给孙中山。

可是，晚上10时，勤务兵却把那封信拿回来："各处戒严，车船都没有开行，没有办法送去。"

这里还不是久留之地。翌日，宋庆龄仍然装扮成农妇，和马湘冒着危险走到沙面。宋庆龄刚刚跨进沙面西桥的铁闸，跟在后面护卫的马湘才走到西桥，却被四个叛兵发觉了，紧跟着追来。马湘匆匆跑入闸里，告诉守闸的华差："这几个匪徒要抢我的东西，不要让他们进来。"

华差果然上前阻止了叛兵。

宋庆龄在沙面自来水厂过了一夜。

18日上午8时，一艘小汽船开到沙面，岭南大学校长钟荣光接宋庆龄、马湘到了岭南大学。

在钟荣光家里，劳累过度的宋庆龄最终流产了。

孙中山的顾问、美国人那文也来到钟荣光家里，陪同的是一位衣服沾满了白灰、黄土的工人。马湘仔细一看，这个"工人"竟是黄惠龙。

大家惊喜交集。马湘问他："你是怎么脱险的？"

黄惠龙笑了笑："我被叛军拘捕到了一条小巷，他们剥去了我的手表，就放了我。后来我到东山那文先生家，看见邻近有一个建筑工人，就把他穿的衣服买来，化装成建筑工人，便与那文先生一同到这里来。"

叛军在围攻粤秀楼、总统府，驱逐国会议员，奸淫掳掠，杀人放火的时候，却在街头张贴四言布告："国会恢复，护法告终，粤军将士，一致赞同；请孙下野，以示大公，商民人等，幸勿惊恐。"陈炯明叛变，不喜欢孙中山的帝国主义列强自然是拍手称快。美国国务院远东事务司获悉陈炯明叛变，立即向美国代理国务卿报告："现在情势显示，陈已将广州政府推倒，拥护原来'法统'。如果电报属实，显然是如此，则此消息必为北方政府所乐闻，孙的被消灭，可能是中国统一最大障碍的排除。"陈炯明叛变的消息传到北京，北京政府更是兴高采烈。吴佩孚接到电报，拍案而起，哈哈大笑："竖子今天落入我的圈套了！"

正义的事业毕竟会得到人民的支持。陈炯明叛变激起了天怒人怨。

6月17日，海军全体官兵通电讨伐陈炯明。翌日，全国各界联合会致电孙中山，要求孙中山调遣海陆各军讨伐叛逆；美国、古巴、暹罗等地华侨纷纷通电，请求孙中山调遣北伐军回粤讨逆，华侨"誓为后盾"，"尽力接济"。22日，黄埔附近乡民一千多人组织义勇队，与海军共同保卫黄埔。从7月初开始，广州工人举行罢工，发表宣言，要求叛军撤出广州。

野心家的阴谋会得逞一时，但成不了大事，接着而来的便是一场血腥的战斗。

孙中山登上"楚豫"舰，立即手拟电报号召各军讨平陈逆。随后，他率领各军舰集中黄埔。1922年6月17日，孙中山移驻"永丰"舰。

外交总长兼广东省省长伍廷芳、广州卫戍司令魏邦平来"永丰"舰，和孙中山商议今后的行动。孙中山命令魏邦平所部集中大沙头，配合海军进攻陆上叛军，恢复广州防务；又对伍廷芳说："今天我要率领舰队击破逆军，戡平叛乱。否则，中外人士必以为我没有戡乱的能力，而且不知道我在哪里。如果我畏慑暴力，潜伏黄埔，不尽职守，只是为个人避难偷生，又将以什么昭示中外呢？"

伍廷芳按照孙中山的指示，以外交总长的名义，通告各国驻广州领事严守中立，勿助叛军。

17 日下午，孙中山率领永丰、永翔、楚豫、豫章、同安、广玉、宝璧七艘军舰，由黄埔驶进省河，沿途开枪开炮，袭击大沙头、白云山、沙河、观音山一带的叛军据点。叛军猝不及防，狼狈逃窜。

魏邦平却以"中立""调停"的身份自居，按兵不动。

七艘军舰只好在傍晚又驶回黄埔，"以俟北伐诸军之旋师来援，水陆并进，以歼叛军"。

翌日下午，宋庆龄与那文、马湘、黄惠龙乘小电船到黄埔与孙中山相会。宋庆龄和孙中山交谈了一会，便乘小电船返回岭南大学。19 日，宋庆龄由那文护送到达香港，又立刻转往上海去。

虽说是要顽强战斗，但此刻孙中山的力量实在是太薄弱了。

马湘向孙中山建议："现在只有黄惠龙和我两个卫士，必须增加些人才是。各军舰的给养，恐怕也有问题。"

问题是明摆着的。可是，此刻的孙中山只能说："现在没有办法。长洲要塞的军费也是马伯麟自己筹划的。李安邦司令手下只有五六十个士兵[2]，还需要协助长洲要塞的防御，不能调充卫士……"

话正说到这里，马伯麟带着一个身穿黑胶绸便服的人来见孙中山。这人叫徐树荣，住在隔河的村子里。他纠合了村里一百八十名弟兄前来效力。

孙中山看着这一百八十名弟兄签字的名单，问："弟兄们的决心都是一样的吗？"

徐树荣立刻举起右手宣誓："徐树荣带同弟兄一百八十人立誓服从中山先生，护卫中山先生，如有违背，坠海而死。"

这无疑是雪中送炭。孙中山非常高兴，立即委任徐树荣为别动队队长，吩咐他率部在长洲要塞一带布防，与海军互相配合，互为犄角。

舰队需要补充大量物资和弹药，孙中山派马湘到香港找伍学煜筹集，伍学煜答应租用一艘比利时货轮三天之内将军需品运到黄埔。

比利时货船按时抵达黄埔。孙中山立即吩咐打旗召集各舰舰长前来，叫他们把应领的粮食、煤炭、军饷等都开列清册，到货船提取。

总算解了燃眉之急。

孙中山趁热打铁，又召集各舰将士到"永丰"舰，鼓舞他们克服困难，坚持战斗，一致讨伐叛逆。将士们也表示服从孙大总统，志愿加入国民党。接着，孙中山又致电入赣北伐军，命令他们迅速回师平乱；而孙中山本人，则要"坚守待援，以图海陆夹攻，务歼叛逆，以彰法典"。

北伐军将领立即复电孙中山，表示即行回师，南下靖乱。

孙中山脱险，陈炯明又气又恨，自然不会罢休。他立即派兵往粤北布防，阻击北伐军回师广东；又威迫利诱广东省议会与各团体举行联席会议，电请"孙、陈双方停止战争"，通过了所谓"赞成统一，欢送孙中山下野，迎接陈炯明回省"的决议。

孙中山对此自然不予理睬。

6月19日，陈炯明亲自出面，电邀伍廷芳胁迫孙中山下野："现惟仗公之力，切劝孙公敝屣尊号，示天下以无私。"

八十岁的伍廷芳看了电报，"愤恨异常，至于昏厥"。23日，突然病发去世。

孙中山听到噩耗，情不自禁地流下泪来，沉痛地对海军将士说道："陈逆叛乱，祸国殃民，伍总长忧劳过度，才至不起，我们后死者自应同心戮力，戡平叛乱，以告慰伍总长英灵，完成革命大业。"

孙中山寸步不让，6月24日，他在"永丰"舰上接见香港《士蔑西报》记者，申明自己照常行使大总统职权："我为国会议员所举，负有重大责任，现时我在军中，所以照常行使我的职权。……我誓必戡乱，以谢国人。违法之举，非我孙某所为。"

北洋军阀政府大总统黎元洪也从北京打来一份"词情恳切"的电报，劝请孙中山从速脱离险境，离舰北上，以保安全。孙中山一笑置之，不假思索，即复了"临难苟免，人之大耻，国之大辱"十二个字。

一时间，南北军阀对坚强不屈的孙中山也无可奈何了。

6月18日，孙中山电促蒋介石来粤。29日，蒋介石奉命从上海抵达"永丰"舰。

威迫手段恐吓不了孙中山，陈炯明又改变花招。7月1日，他托人央求钟荣光代转一封这样的亲笔信给孙中山：

　　"大总统钧鉴：国事至此，痛心何极！炯虽下野，万难辞咎。自十六日奉到钧谕，而省变已作，挽救无及矣。

　　"连日焦思苦虑，不得其道而行。惟念十年患难相从，此心未敢丝毫有负钧座。不图兵柄现已解除，而事变之来，仍集一身，处境至此，亦云苦矣。

　　"现惟恳请开示一途，俾能遵行，庶北征部队，免至相残，保全人道，以合天和。国难方殷，此后图报为日正长也！"

　　明明是"省变"的罪魁祸首，却装作局外人士；明明是要打倒孙中山，却说"惟念十年患难相从，此心未敢丝毫有负钧座"。残酷的事实最能教育人。孙中山已经从梦幻中惊醒过来了。他自然知道"开示一途"的真意不外是"请孙下野"。孙中山针锋相对，严词痛斥陈炯明，给他的"一途"是"如真能悔过，可前来相见，办法就是如此"。

　　陈炯明当然不会有丝毫的悔过，更不会前来与孙中山相见。7月2日，他跑到石龙部署陈家军如何堵截回师的北伐军。随后，他复电曹锟、吴佩孚，向他们提出"请孙文退位，实行联省制"的南北军阀割据统治中国的办法。

　　陈炯明对孙中山仍不死心。7月5日，他又托钟荣光到"永丰"舰向孙中山"求和"。孙中山回答得十分干脆："陈炯明对我，只可言悔过自首，不能言求和。"

　　洪兆麟也派陈家鼎持函求见孙中山。陈家鼎还假惺惺地对孙中山说什么"洪司令原意是想陪同陈炯明一齐前来向大总统请罪的；陈炯明已经做错了，请大总统不必计较，现在洪司令希望大总统回省城，再任陈炯明为总司令"。

　　孙中山再也不听信这些谎言了。他一笑置之，只是命人写了一封信交陈家鼎转给洪兆麟。

　　魏邦平又来"永丰"舰谒见孙中山，表示愿负孙、陈双方的"调解"工作。

　　"本总统主张北伐，完成革命，而陈炯明反对北伐，叛变革命。你却认为双方都是朋友，以中间人自居，然则正义何在？你居心革命还是不革命？"

孙中山生气了，大义凛然，慷慨激昂地斥责魏邦平，"宋代之亡，尚有文、陆，明代之亡，亦有史可法。而民国之亡，如果没有像文天祥这样的人，则何以对为建立民国而死去的无数同志，更何以为未来的国民做出榜样，难道要我自负三十年来效死民国的初衷吗？"

陈炯明见孙中山硬是不肯"下野"，便以金钱、暴力来对付孙中山。

他用二十六万元收买了海军司令温树德。7月8日，温树德下令"海圻""海琛""肇和"三大舰驶离黄埔。这样一来，"永丰"舰失去掩护，直接暴露在敌人的炮口之下。

仍然追随孙中山的几艘军舰的火力，已经不能与鱼珠炮台的火力对抗，而黄埔背后的那条河道，也久已没有轮船航行，大家也认为无法通过。这几艘军舰处于被封锁的危险境地。

险象丛生，刻不容缓。熟悉这里河道的孙中山当机立断，下令军舰连夜驶入那条河道，出三河口，到新造河面，躲过鱼珠炮台的火力，避免叛军封锁。开始，各军舰舰长忧心忡忡，但又不敢违抗命令，只得执行。结果，各军舰竟然顺利通过了。

可是，9日，驻长洲的海军陆战队司令孙祥夫叛变，迎敌登陆，长洲炮台失守。

孙中山见势不妙，马上召集各军舰舰长和陆上部队指挥人员开会，宣布当前的形势和今后的作战计划：北伐军正在回师途中，总统仍应驻在广州，坚决讨逆；但"永丰"等军舰应该选择白鹅潭这个既可以安全锚泊，又靠近广州的地点下锚。

驶进白鹅潭，必须经过叛军占据了的险要地区——车歪炮台，要冲过这个虎口，需要冒更大的风险。

翌日凌晨，"永丰""楚豫""豫章"三舰向白鹅潭进发，临近车歪炮台，叛军的炮弹直朝军舰射来，军舰开足马力直冲过去。顿时之间，双方展开了一场激烈的炮战，许多爆炸开来的烟柱，在炮台四周像旋风似地向空中卷去；而呼啸着的炮弹，更是越来越凶狂地震撼着军舰。

孙中山站在甲板上指挥作战。马湘、黄惠龙手持机关枪站在孙中山左右，每发一炮，便高声喊杀助威。

叛军用密集的炮火封锁江面，雷鸣电闪地向"永丰"舰猛烈轰击，一时间，"永丰"舰连中六颗炮弹，舰身摇摇晃晃，四处冒烟。

离孙中山不远的一位炮手，被炸得血肉横飞。

好几发炮弹从孙中山头上呼啸而过。孙中山毫无惧色，站在指挥台上镇定自若。有人劝孙中山入舱避弹，孙中山只是微微一笑："你以为舱下就比甲板安全吗？其实是一样的。"

各军舰终于冲破了叛军的封锁，胜利驶进白鹅潭。

"永丰"舰刚刚下锚，广东海关的英国税务司夏利士就气急败坏地登舰求见孙中山。

夏利士劈头就问："你到白鹅潭来，是不是为了避难？"

孙中山知道他的来意，瞪了他一眼，理直气壮地回敬他："白鹅潭是中国领土，我是中华民国大总统，凡我国的领土，无论在什么地方，都是我的权力范围，我都可以往来自由，岂可说是避难？你的话用意何在？"

夏利士被孙中山的气势震慑了，他立刻改用商量的口吻说道："白鹅潭是通商港口，接近沙面。万一战争发生，恐怕会引起国外干涉，不如请总统离粤，使通商自由无阻。"

孙中山听罢大怒，当场厉声驳斥他："这不是你所应讲的话，我生平不服暴力，不畏强权，只知正义与公道，决不受无理的干涉。"

夏利士见孙中山正气凛然，目光逼人，毫无商量的余地，而自己却是理屈词穷，不由十分尴尬，脸色红一阵白一阵，灰溜溜地走了。

孙中山巍然坐着，连看也不看他一眼。

当时，正好有一位西方人士在座，目睹了这个场面。事后，他告诉友人："我今天才见到孙总统的真面目，他确是中国真正的爱国者，谁能说中国无人才？"

据说，夏利士后来无可奈何地电告香港总督："孙是硬汉，难以劝说。"

"永丰""楚豫""豫章"三舰驶入白鹅潭后，孙中山委托人前去接收停泊在这里的"永翔""同安"两舰。"永翔"舰受温树德唆使，逃出省河。当时泊在白鹅潭里的还有三艘外国军舰，它们和这四艘中国军舰，由北而南，排成长蛇阵。

叶举害怕得罪洋人，恐有失误，不敢贸然开炮攻击四艘中国军舰。但他却用重金从香港雇来工程师徐直等两人，派遣他们驾着小艇，在 7 月 18 日深夜偷偷溜到白鹅潭布下水雷，准备炸毁"永丰"舰。

次日，孙中山正在用膳，忽然听得一声震耳欲聋的巨响，不远处猛地升起一丈多高的水柱，骤然而起的冲击波，使得舰身左右摇晃了好一会。

幸好水雷没有布准，"永丰"舰才安然无恙。

水兵们迅速地乘着舢板分头搜索，在附近涌边的淤泥里，发现了一只小艇，抓到了施放水雷的这两个人。

这两个人被水兵枪毙了，但停泊在白鹅潭的四艘中国军舰，仍然处在叛军四面包围的险恶环境之中。

在险象丛生的环境里，在酷暑炎热的气候中，孙中山表面上仍然从容，内心却一直异常紧张、焦急和不安。

首先是四艘军舰的供给日渐困难，使得孙中山不得不亲躬财政，而且，亲自下达这样的手令："无论何人，非经大元帅签字，不准支款。"

更严重的，是孙中山日夜企望南下的北伐军，消息时好时坏，但就是没确切消息。

到 8 月初，有的说北伐军败退，南雄失守；有的却说北伐军正在反攻，叛军翁式亮已被击毙，不少叛军反正，宣布独立。

孰是孰非？一时间，孙中山也无法判明。他只得说："现在从各方面传来的消息，我们都不能轻信，仍要照原定计划，严密防御敌人的偷袭，等到接获前方确实报告后，再作其他部署，以免打乱步骤。"

那么，北伐军回师的情况究竟是怎样的呢？

6 月 23 日，叛军翁式亮、杨坤如部占领了韶关，截断了北伐军的归路。胡汉民率领大本营人员由韶关抵达赣州，与北伐军将领开会，决定以粤军第二军许崇智部、滇军朱培德部、福军李福林部和粤军第一军第一师梁鸿楷部回粤靖乱。7 月 2 日，北伐军各部进入粤境，分成三路讨伐陈炯明。10—29日，北伐军与叛军在韶关、翁源一带激战。北伐军长期征战，补给困难，疲惫不堪。而叛军则据守有利地形，以逸待劳，且利用粤汉铁路，不断运兵增援。梁鸿楷第一师脱离了北伐军，陈修爵团叛变，倒戈指向北伐军。结果，北伐军战败退却，8月3日，北伐军在南雄召开军事会议，决定北伐军中的粤军经江西进入福建；滇、赣军经湘南进入广西，继续讨逆。4日，南雄失守，北伐军向湘赣边境退却。

程潜于8日登上"永丰"舰，报告北伐军南下失利的真相，劝请孙中山离粤另谋进取。

一位从安南回国的老华侨，只身跑到韶关探听北伐军消息，9日，也登舰来见孙中山，报告北伐军已从韶关、翁源一带败退，南雄确实失守。

北伐军的失利使孙中山非常失望。他只得马上召集各军舰舰长共商对策。

舰长们一致认为：北伐军退却，陆路援助告绝，即使大总统仍然株守省河，也无济于事，不如暂去上海，争取时机再起。

孙中山苦苦沉思，估量时局，只好同意。他委托那文将这个决定通知各国领事。

"送客出门"本来就是英国领事的心愿。英领事立刻告诉那文："十日，刚好有'俄国皇后'号邮船由香港开往上海，孙总统如果决定赴沪，请于今天下午乘英国炮舰到香港，由英领事先用电报通知港方代孙总统预订房间。"

9日下午3时45分，孙中山登上英国"摩汉"号炮舰，启程赴港。

"俄国皇后"号邮船劈波斩浪开赴上海。

孙中山站在甲板上，默默凝望着无际的碧水，翻滚的波浪，不禁悲愤交集，感慨万千，脑海像激浪似地翻腾着：我率领同志为民国奋斗了三十多年，经历了多少风险，遭受了多少失败，但它们都不像这次那样惨重，那样令人痛心。以往的失败，毕竟是失败于敌人；而这次的失败，却是败于相从自己十多年的部属。祸患生于肘腋，干戈起于肺腑，以致北伐大计功败垂成，我的过失的确是无可推辞的。

如果说，能使人学到一点东西的并不是言辞，而是厄运的话，陈炯明的叛变就使孙中山觉悟到从前的老办法非改变不可，必须从头做起，寻求新的力量，走新的道路。可是，如何寻求新的力量，怎样走新的道路呢？孙中山痛苦地思索着。

不过，有道德的人是不会永远孤立的。14日上午，邮船抵达上海，竟有四十多个团体的一千多名代表冒着狂风暴雨到新码头欢迎孙中山。

更为重要的，就是在这个时刻，共产国际和中国共产党人向孙中山伸出了友谊之手。

孙中山又奋然而起了。他毅然决定改组国民党，平定叛逆，"把广东省变成国民革命运动的战略基地"。他命令驻扎在江西瑞金的许崇智、黄大伟、李福林部进入福建，与皖系的王永泉部合作，攻取福州。

许崇智通电声讨投靠直系的闽督李厚基，进兵闽境。王永泉在延平宣布独立，电促李厚基即日离闽。

李厚基大为恐慌，急急向陈炯明求救。

陈炯明派洪兆麟为"援闽"总司令，匆匆带领三千人马奔向福建；他不惜出卖主权，以让广九铁路延长与粤汉铁路衔接为条件，向香港英商借款七百万英镑，作为攻闽的军费。

入闽的北伐军长驱直入，10月6日，攻占古田，12日，攻占福州。

这时候，奉系派人游说孙中山，鼓动他令入闽北伐军会同驻桂滇军，分别向湘赣进军，以窥取武汉；奉方则率师入关，直捣京、津。

这次，孙中山不再轻信了。他回答道："孔明欲图中原，先定南中。我党欲出长江，非先灭陈不可。因此必定要先得广东，方能有力图谋长江，否则我还是会腹背受敌的。"

福州各社会团体联名电请孙中山赴闽主持福建政局，孙中山立即派遣廖仲恺赴闽慰劳北伐军，命令把北伐军改编为东路讨贼军，以许崇智为讨贼军总司令兼第二军军长，蒋介石为参谋长，黄大伟为第一军军长，李福林为第三军军长，计划取道闽南进攻潮汕，直捣陈炯明老巢。又派邹鲁为驻香港特派员，成立驻港办事处，联络在广西的滇、桂各军，组织滇、桂、粤联合的西路讨贼军，由梧州东下，直取广州。同时，密令黄明堂为讨贼军南路总司令，举旗讨贼。

福州克复以后，"各方面对东路讨贼军寄予深切之希望，福州一时俨然成为革命军政之中心，各方党政军人员前来访问者络绎不绝"。陈策、张惠长、陈庆云、林伟成等海军空军人员，也赶来视察。林伟成还运来华侨捐献的几架飞机，作为建立空军的基础。

共产党人蔡和森也在《向导》周报上发表文章《福建人民当助革命军复建革命政府》，号召福建人民支持讨贼军："国民党的革命军就是你们自己的军队，你们应参加进去，普遍的武装起来，把革命势力尽可能的扩张。"[3]

10月22日，蒋介石由上海抵达福州就任参谋长。不久，他认为第一军军长黄大伟恃功骄纵不听指挥，很有意见。许崇智任命张国桢为第四军军长，令张国桢回粤收编叛军残部，也使蒋介石很不高兴，便写信给胡汉民、汪精卫表示："十日内如毫无进展，则无可如何，将去而返沪。"

孙中山急忙驰电劝阻蒋介石："我以回粤讨贼重任，托汝为[4]与兄，无论如何困难，总须完成此任务，方能释肩，万勿轻去，以致偾事。如有阻力，当随时为兄解除。仲恺即来相助。"

廖仲恺于11月24日又到福州，将孙中山慰留信交给蒋介石："我不能亲身来闽，而托兄以讨贼之任，兄何能遽萌退志如此！夫天下事，其不如人意者，固十常八九，总在能坚忍耐烦，劳怨不避，乃能期于有成。若十日无进步，则不愿干，则直无事可成也。……十数年来，今日为绝好之机会，吾人当要分途奋斗，不可一时或息，庶不负先烈之牺牲，国人之期望也。千万识之。"

这样，蒋介石才安定下来。

受孙中山以大元帅名义委任的中央直辖滇军总司令杨希闵、中央直辖桂军第一路总司令沈鸿英、中央直辖桂军第二路总司令刘震寰和驻扎在梧州、肇庆的粤军，12月26日各派代表到广西藤县白马庙会商，决定讨伐陈炯明的军事计划。28日，滇、桂、粤联军收复梧州。30日，南路讨贼军黄明堂部攻克灵山，向廉州进攻。31日，滇、桂、粤联军组成西路讨贼军，在梧州誓师东下。西路讨贼军四万多人分左右两路进军，浩浩荡荡，势如破竹。陈家军军心离散，迅速溃败。在广州的陈家军谭启秀部和驻观音山的炮队相继反正。

陈炯明见大势已去，通电下野，带领残部逃往惠州。

1923年1月16日，西路讨贼军进入广州。孙中山任命胡汉民为广东省省长，许崇智为粤军总司令，魏邦平为广州卫戍司令。还任命胡汉民、李烈钧、许崇智、魏邦平、邹鲁为全权委员，代行总统职权。

一波未平，一波又起。陈炯明刚刚逃往惠州，沈鸿英又在广州发动叛乱。

沈鸿英是个野心勃勃的小军阀，妄图在广东取得地盘，也参加了驱逐陈炯明出广州的战事。当滇、桂、粤联军进入广州时，沈鸿英部李易标师兼程赶路，抢先占据了观音山、白云山，盘踞官署，强收捐税。沈鸿英利用"客军入境，广东亡省"的流言，煽动滇、桂军说："魏邦平将联合广东各军，解决滇、桂各军，我们要想在广东站住脚，非先把魏邦平制服不可。"杨希闵、刘震寰果然中计。1923年1月26日晚上，沈鸿英便与杨希闵、刘震寰联名邀请胡汉民、邹鲁、魏邦平、李烈钧、陈策到江防司令部滇军杨如轩旅部开"军事会议"，企图乘机当场枪杀他们，举行叛变，投靠曹锟、吴佩孚。

杨希闵称病不到，李烈钧派了代表参加，只有胡汉民、邹鲁、魏邦平、陈策和刘震寰出席了"军事会议"。沈鸿英在江防司令部四周密布了步哨，然后带领部将李易标、陈天太、刘达庆和卫队到会。

"军事会议"一开始，沈鸿英就从腰间拔出手枪，放在桌上，杀气腾腾地大声喊道："今晚这次会议，有谁不接受我的意见，请试问这支手枪是否答应！"会议开了一会后，沈鸿英故意与魏邦平争执了起来，这时刘达庆突然从魏邦平背后执住他的双手，陈天太拔枪向他敲击，沈鸿英、李易标则拔枪向胡汉民、邹鲁、陈策猛射。胡汉民急忙跑下楼躲避，邹鲁慌忙逃进杨如轩的卧房，陈策跳楼坠地受伤。魏邦平伏在地上，虽说没有受伤，却被李易标捉住，打算解回沈鸿英司令部，只是杨如轩不同意，才送交滇军总司令部。胡汉民脱险，立即避居沙面，接着又赶赴香港，电辞省长职务。

当时孙中山还在上海。他听到这次事变，决计中止回粤，立即采取措施讨伐沈鸿英。

他复函刘震寰："在沈鸿英变乱阴谋中，贵部及其他诸同志部队，亦经在被暗算之列。"勉励他迅速进剿沈鸿英，以"维持护法根据地"。

他致函杨希闵，劝告他不要受沈鸿英的迷惑，"苦衷密画意可与汉民……详筹之"。

他分函各路海陆军将领，着令他们"从速进剿，迟恐滋蔓难图"。

沈鸿英奸计败露，受到粤、滇、桂各军一致反对。沈鸿英见势不妙，连忙施展缓兵之计，将部队移往郊外，派亲信持函赴沪，声言服从孙中山命令，邀请孙中山回粤主持政局。

孙中山复函沈鸿英，劝他悔过自新："国家之事……绝非挟私任术，好逞阴谋，与民治之道背驰者所能得胜；中间或能侥幸得一二胜利，结果亦终归于失败。"

北京政府妄图利用沈鸿英推翻广东革命政府，任命他为广东军务督理。北京、广东各界纷纷通电谴责北京政府"挑拨离间，违反人民渴望和平之意"。表面上，沈鸿英被迫通电拒绝接受北京政府的任命，佯作遵照孙中山命令移防西江。实际上却将部队集中在韶关、新街、高塘一带。

1923年2月21日，孙中山由上海乘邮船抵达广州。当天，孙中山就在广州东郊农林试验场设立大元帅府，就任大元帅。3月2日，陆海军大元帅大本营正式组成，任命伍朝枢为外交部长，谭延闿为内政部长，廖仲恺为财政部长，谭泽如为内政部长，邓泽如为建设部长，古应芬为法制局长，刘纪文为审计局长，朱培德为参军长，杨庶堪为秘书长，林云陔为金库主任。

这是孙中山第三次在广东建立的革命政权。

这次，孙中山抛弃了"护法"的旧旗，将他所领导的军队称为讨贼军，宣布今后转入"讨贼时期"："今次，本总理再回广州，不是再拿护法问题来做功夫。现在的政府为革命政府，为军事时期的政府。"

4月16日，沈鸿英在新街宣布接受北京政府的任命，通电要求孙中山"取销帅府，赴沪倡导兵工"，接着，兵分三路进攻广州。

孙中山亲自率领卫队登上观音山督师反击。他一进入镇海楼，就望见滇军军长范石生躺在床上抽鸦片，三个勤务兵在一旁烧烟装斗，还是供应不上，登时非常震怒，指着范石生厉声责备道："范军长，我命令你警戒的这一带地区，现在敌人已迫近了，你不特全无准备，并且绝无察觉，如此将置军法于何地？"

正在吞云吐雾的范石生，忽然听到有人责备他，抬头一望，才知道原来竟是大元帅，登时手足失措，慌慌张张地爬起身来，立正，鞠躬。

孙中山不再理会范石生，转身向马湘高声吩咐："马湘，你立即率领卫士拿这里的机枪去布置阵地，听我指挥。"

马湘应声喊道："奉大元帅命令，取出机关枪杀敌。"随即取了范石生部轻机枪三挺、重机枪两挺，到镇海楼西边的城墙上，布置好了阵地，等候孙中山命令。

当敌军距离四五百米的时候，孙中山忽然站起身来大声命令："快放！"顿时，轻、重机枪一齐噼噼啪啪地响了起来，滇军的步枪、机枪也开了火，一阵猛烈的火力把敌人压了下去，他们的后续部队也纷纷溃退。

孙中山见敌人行伍大乱，又高声吩咐："范石生，你立即率部追击，不许敌人有喘息机会，一定要把敌人消灭。"

这时候的范石生才振作起精神，朗声应道："我尽力去干，不敢再负委任。"说毕，率领官兵一千多人从大北门向三元里挺进。

经过一二个小时的激战，叛军败退二十多里。18 日，滇、桂军占领白云山，叛军向新街退却。

30 日，吴佩孚从赣南派出两支军队援助沈鸿英，还电告他："只须英、韶[5]与赣南确实联络，进退不成问题，以急攻入省为要。竞存、隐青[6]足以遮断许军入省。外交方面此间已布置，港援已绝，计划迟早必成。"

但这并不能挽救沈鸿英失败的命运。孙中山三次亲赴前线督师，沉重打击了叛军。5 月 8 日，叛军退出韶关，北江战事暂告结束。18 日，西江讨贼联军攻克肇庆，叛军撤至广西，讨沈战役暂时告了一个段落。

讨伐沈鸿英的胜利，打破了北京政府利用沈鸿英推翻广东革命政府的阴谋，使孙中山能够集中力量继续讨伐陈炯明。

在军事上打开了局面以后，孙中山决心要"改组党务，创立党军，宣传党义"，刷新广东政治，开创革命新局面。

为开创革命新局面，孙中山特别要求国民党人要做到"人格高尚，行为正大。不可居心发财，想做大官；要立志牺牲，想做大事"。而他本人，则以"天下为公"，身体力行，成了国民党人的楷模。

内政部长谭延闿原是立宪派人士，曾任湖南都督和湘军总司令。开始，他骂孙中山为"孙大炮"，反对民主革命，后来倾向革命，服从孙中山的领导。孙中山不咎既往，委以重任，使他十分感动。他深深感到孙中山确实是一位文通中外，学贯古今，有真才实学的人，是反清、反袁、打倒北洋军阀的真正领导者，从此对孙中山更加敬重。他为了表达自己对孙中山的爱戴，特意把家里珍藏已久的两方汉玉古印送给孙中山。

这两方古印，不但玉质奇好，而且分别镌有"鞠躬尽瘁""死而后已"之字，是稀世之宝。孙中山收到这对汉玉古印，只留下"鞠躬尽瘁"的一方，而把另一方送还谭延闿，并呈上一封陈词恳切的信："鞠躬尽瘁，死而后已"，是诸葛孔明对后主刘禅表明心迹的话。我们革命党人对革命、对人民鞠躬尽瘁，是应有的志趣；但前人未完成的革命任务，后死者应该不屈不挠，继续实行。我们应当以"死而不已"为己任，再接再厉，贯彻始终。

谭延闿拿着那方镌有"死而后已"的古印，细细咀嚼孙中山的附笺，不由赞叹起来："孙先生的革命精神真伟大，我真是望尘莫及呵！"

孙妙茜来广州探望孙中山，闲聊时候告诉弟弟："现在家里的生活很艰难，阿冲[7]又没有事做，你能不能帮他找份工作？"

孙中山问："阿冲能做什么？"

孙妙茜一时也答不出来。孙中山思索了一会，恳切地对姐姐说："阿冲做大事没本领；出来做一般差事，还不是同现在一样？照旧在乡下耕田，也是很好的；如不愿耕田，做小生意也可以……"

孙妙茜要回乡了，孙中山拿出自己的一部分薪金，让姐姐带回家去给阿冲做小生意。

孙中山为了刷新广东政治，可以说是尽心竭力了。可是，历史的进展却不是尽如人意的。

一天，李烈钧、杨希闵、刘震寰、朱培德和其他高级将领来到大元帅府。孙中山对参军、副官说："你们试试枪法给大家看看！"说罢，率领在座的人到网球场，又令人在短墙上排列五只瓦钵做靶子，每人以五发为限，命令参军、副官用手枪做短距离射击。

成绩参差不齐。射击完毕，孙中山向大家说："各人的射击技术都很好，虽然有些不能完全命中，但如果靶子大一些，就可以弹无虚发了。革命军要有一个打一百个的精神和技术，我希望全体革命军人都能够达到这样的程度，这样，革命就会很快成功。"

在座的宋庆龄接着说："从前在粤秀楼抵御陈军和保卫我脱险，卫士们都有这样的技术。"

孙中山问将领们："你们有没有认真训练部下实弹射击？"

其实，这是明知故问的。在广州的滇、桂各军将领，都以胜利者和功臣自居，骄奢淫逸，腐化堕落，哪有心思练兵。可叹的是，大本营对这些现象无法加以控制，这使得孙中山极为烦恼。

将领们见问，脸白一阵，红一阵，不但不检讨自己，反而纷纷推说子弹补给困难，要求孙中山多拨给子弹。

孙中山大失所望，不由长叹一声。

滇军第一师师长赵成梁在广州中央公园举行婚礼，事前征得孙中山同意，做他的证婚人。

结婚那天，孙中山进入礼堂，发现赵成梁极尽豪奢，内心极为反感，便立即催促赵成梁举行婚礼。婚礼刚一结束，孙中山就迫不及待起身告辞："我因公事极忙，不能参加盛筵了。"

赵成梁不知就里，苦苦恳求孙中山稍为等候，接着吩咐马上开筵。孙中山还是说："公事急需处理，不能参加宴会。"赵成梁没有办法，只得送孙中山登车。

翌日，赵成梁特地派人给孙中山送来一百元席金。

过了一个月，这席金依然摆在孙中山的办公桌上。马湘不理解孙中山的心意，提醒他道："赵成梁送来的席金还在桌上哩。"

孙中山说："你拿去，我不要。"

马湘又问："用来给先生加菜，好么？"

孙中山更不耐烦了，连说："你拿去，你拿去！"

一时间，马湘也莫名其妙了。

一天，孙中山在广州南堤召集各军将领座谈。孙中山风趣地问："在座的各位都是江西人？"

什么用意？将领们面面相觑，好一会杨希闵才站起来辩白："报告大元帅，我们在座的不是统统江西人，内中只有赣军总司令一人是江西老表。"

孙中山不由苦笑了，说："是的，你们各位虽然不都是江西人，而我却是个'猴子'。你们各位愿意跟我革命，我非常高兴，但是你们的部下来到了广州，不守军纪，胡作非为，对大本营的命令阳奉阴违，对东征北伐，总是消极抵制，只知道伸手向我要钱粮，要枪炮，你们当我是个猴子耍弄。"

江西人历来有养猴、耍猴的习俗。孙中山的话，入木三分，说得那班将领羞颜满面。

"你们要知道，一旦将我这个'猴子'折腾死了，你们还能做猴戏吗？没有'猴子'，你们再敲锣打鼓，会有民众来看吗？"孙中山的话又引起了哄堂大笑。待笑声停下，他又沉重地说下去，"这不是什么可笑的事。希望大家以国家为重，以民族为重，顾全大局，同心协力，早日完成北伐大计……"

座谈从下午2时开始，一直到了6时多。孙中山反复用救国救民的道理开导那班将领，情词恳切，使得他们不得不表示服从大元帅的命令。

几天过后，大本营下令严禁各军包烟开赌，设卡勒索。各军也表示服从命令，气焰比先前收敛了很多。

军阀的劣根性毕竟是难以改变的，在孙中山面前唯唯诺诺的各路司令，在实际上仍然自行其是。

还是在讨沈战事激烈进行的时候，孙中山就清醒地认识到广东革命政府能否巩固，关键在于能不能肃清陈炯明叛军。

这是正确的。

陈炯明龟缩惠州，可手上仍有三四万兵。他以叶举为各路总指挥，带领东江嫡系部队驻守惠州、海陆丰一带，以林虎为东路总指挥，带领投靠陈炯明的部分桂军驻守兴梅、河源一带，以洪兆麟为东路副总指挥，带领部分湘军驻守潮汕一带，陈炯明则住在香港，遥控指挥。

1923年5月8日，叶举趁沈鸿英公开叛变之机，分兵三路进攻广州；洪兆麟部也在潮汕地区响应。

东江前线告急。

孙中山马上将西、北江两路军队调集石龙，任命程潜为东江讨贼军总指挥，统率滇、粤、桂联军分路直捣叛军巢穴——惠州；同时，电令许崇智固守潮汕，应付战况的发展。

叛军为了解除惠州的危机，分兵偷袭博罗，进窥石龙。

孙中山亲赴石龙督战。6月4日，滇、桂军克复博罗，叛军杨坤如部退回惠州府城。

惠州府城，东面是大江，西南面是西湖，环抱全城，只有几条平坦的小道可通，素有"铁链锁孤舟，浮鹅水面游，任凭天下乱，此地永不忧"之称，是历代兵家必争之地。叛军深沟高垒，死守顽抗。讨贼军夺取了城外飞鹅岭制高点，集中火力猛轰惠州府城南门一角，掩护步兵架竹梯爬墙攻城，未能奏效；用挖掘坑道、爆塌城墙的办法，也没有达到预期的效果。

讨贼军从虎门长洲炮台搬来大炮，孙中山亲自指挥炮兵轰击。炮兵一连发了十炮，声如山崩地裂，惠州城墙顿时烟火弥漫。可是，叛军却没有一点动静，既没有还击，也没有向飞鹅岭进攻。孙中山用望远镜瞭望，发现炮火打不着敌人，却把城墙边老百姓居住的茅屋、泥屋轰塌了，烧毁了。他很难过，立即下令停止发炮，对身边的将士说："这样打法，打死了老百姓，炸毁了他们的房屋，只会引起他们对我们的憎恨，致使他们帮助敌人来攻打我们，这正是敌人所希望的。我们千万不要再开炮乱打了。要想办法发动各村乡民组织十字会，由政府拨款购买粮食和建筑材料，救济受害的老百姓。这样，可以挽回人心，也是爱民的策略。"

9月下旬，得到吴佩孚大批饷械接济的陈炯明，从香港窜回东江，策划全面反扑。

各路叛军开到东江前线，迫使刘震寰部退出飞鹅岭。11月上旬，叛军相继占领了龙门、博罗，讨贼军节节败退。孙中山组织反攻，企图挽回颓势，但是反攻失败，全军大溃，叛军进占石龙，分兵四路，直迫广州市郊。

广州又一次出现严重的军事危机。

孙中山从前线退回广州，立即布置广州防务，他急调谭延闿的湘军回援广州。

中国共产党人也发动广州近郊的工农群众，协助讨贼军保卫广州。

叛军洪兆麟、杨坤如部从11月18日开始，向广州进攻。孙中山亲自指挥讨贼军奋勇杀敌，"永丰"舰也由江面发炮助战。

恰巧，归从孙中山的豫军樊钟秀部由韶关乘火车赶到了黄沙车站，他们下车后立即跑步赶到前线。

孙中山见援军赶到，非常高兴，开口便问樊钟秀："你需要什么？"

"一概都不要。"樊钟秀说罢，一口气吃了几个馒头。

新任的财政部长叶恭绰见他这样豪壮，也爽朗地说道："我愿献一万元以备樊将军犒军。"

"不用，不用，不敢领受。"樊钟秀连声说罢，匆匆率领部队向东郊瘦狗岭一带的叛军反攻。

叛军原以为胜利在握，正是宽衣解甲，优哉游哉，猛见豫军横冲直撞杀过来，一下就乱了阵脚，四处奔逃。

谭延闿率领的湘军也赶到了广州，加入战斗。

经过两天激战，击溃了叛军主力，讨贼军乘胜追击，收复石滩，攻克石龙，叛军退回惠州。

广州方才转危为安。

1923 年这一年，广东真是多事之秋啊！

"自从沈鸿英作乱以来，北军两次自北江来攻，陈军数次自东江来攻，广州的局面总是风雨飘摇，大家无一天不是在恐慌之中。"

孙中山始终"屹立于战线最危之点"。

作战时候，孙中山"筹划战事、征调各军、审察形势、措置粮草，终日无斯须之暇，不以溽暑而少息，亦不因挫折而见沮"，以至他曾幽默地说过："我兼尽一个排长的职务，凡侦察敌情，考察地势，我都得亲力亲为。"

更使孙中山头痛的，还是财政问题。大元帅府成立以来的八个月间，正常的财政收入仅得三百二十八万六千八百八十三元，支出却达一千零八十七万三千一百零五元。而每月滇军却可自行收得税款三百一十九万元，粤军可得一百零六万元，桂军可得十万元，海军可得三十七万元，其他军队可得一百万元。可是，各军不仅不把收得的税款上交，而且还向孙中山伸手要饷。军需紧缺，大本营财政一直处在极度窘困之中。

怎样解决经费困难？孙中山苦思冥想，也曾多次开会讨论筹款方案，可总是找不到一个比较妥善的办法。他发行金库券六百万元，下令把所有公产拍卖，甚至一再向广州市商民加税和借款。

财政困难不仅有碍军事，而且影响了人心。到了1923年10月，孙中山也意识到这一点，而且深感内疚："自军兴以后，粤民供给饷糈已多，现军饷无可搜罗，官产已垂尽，至有天怒人怨之象。"

面对源小流大、捉襟见肘的困境，孙中山就不得不过问经费开支，全力支持军事斗争。

一天，孙中山命令胡汉民以大元帅的名义发出手令，到广州市政厅提取二十万元，作为军饷发给滇、桂各军，让他们出发攻取惠州。

那天早晨，胡汉民让孙中山的副官张猛亲持手令到市政厅提款。张猛八点前赶到市政厅，一直等到11点正，才见市长孙科登楼入办公室。张猛赶快将提款手令面交孙科。

孙科接过手令，看了一眼，大发脾气："我不会印银纸，哪来这么多钱！"说毕，随手将手令撕得粉碎，投进废纸篓，二话没说，就下楼坐汽车走了。

到了中午，孙中山打电话检查各军出发情况。滇军总司令杨希闵却说："还没有领到粮饷，部队不肯出发。"孙中山大吃一惊，打电话问桂军总司令刘震寰，也得到同样的回答。

孙中山觉得情况不对，赶紧去问会计司长黄隆生："为什么还不发饷给滇、桂军，使他们马上出发？"

黄隆生嘟嘟囔囔地回答："会计司没钱。"

孙中山睁大了惊讶的眼睛："市政厅二十万元还没拨来么？"

黄隆生一时间茫无头绪了："我不知道有这回事。"

孙中山很是诧异，赶紧到二楼去问胡汉民。胡汉民说："今天一早就让张副官去取了。"

又急又闷的孙中山正要去找张猛，刚好满肚子窝囊气的张猛来到眼前，经孙中山一问，便如实做了汇报。

孙中山一听，气得脸色发紫，直喘着粗气，半晌说不出话来。

孙中山打电话让孙科赶来。

孙科战战兢兢来到孙中山面前。不待他开口，孙中山就气冲冲地叱骂他："你这个混账东西！军情如此紧急，你怎么总没有这回事！你马上拨二十万元来，办不到，就休想再当市长……"

孙科被斥责得无地自容，待孙中山一走，便跑到二楼找胡汉民出闷气，斥责胡汉民假借命令索钱，挑拨他们父子不和。

胡汉民气得大叫："你不能含血喷人！这是大元帅亲自叫我写的，怎么叫假借命令？"

盛气凌人的孙科举起拐杖向胡汉民迎头打去。胡汉民一闪身，拐杖落在办公桌面的玻璃板上，"砰"的一声，惊动了在三楼的孙中山。

孙中山正要洗澡，不知是怎么一回事，便身着毛巾浴衣走下楼来，见是这种情况，顿时难过得几乎流出泪来。他怒不可遏，一手夺过卫士的驳壳枪，就要打孙科。孙科吓得慌忙逃跑。孙中山一面追赶，一面厉声斥骂，直到帅府大门口，把拖鞋也甩掉了。李烈钧、朱培德、黄隆生闻声赶来劝阻，才把孙中山按捺下来。

这是财政困难所引起的矛盾。

收回关税主权是解决军饷的办法之一。1923年9月5日，孙中山命令大元帅府外交部照会北京公使团，要求将粤海关关余交付广东革命政府，同时拨还1920年3月以来的关余积存。[8]

北京公使团只是这样回答：对大元帅府外交部的照会，正在考虑中。

等待了两个多月，还是杳无音讯。

北京公使团用拖延的方法阻止大元帅府收回关余。孙中山见是这样，11月23日，命令大元帅府外交部照会北京公使团，再次要求将关余拨还广东革命政府，否则将自行提取。

北京公使团12月3日致电大元帅府外交部，口气横蛮："不俟使团答复九月五日之照会，拟径行迫胁收管广州税关，此种干涉税关之举动，使团断难承认。倘若竟然为此，当以相当之强硬手段对付。"

孙中山据理力争，12月5日，命令大元帅府外交部复照北京公使团，针锋相对地驳斥他们："中国海关始终为中国国家机关；本政府辖境内各海关，自应遵守本政府命令。且关税之汇交北京，不啻资助其战费，以肆其侵略政策。本政府今欲令关税官吏，以后不得将此款交与北京，应截留为本政府之用。……此乃完全中国内政问题，无与列强之事。"

大元帅府根据孙中山的指示，不顾帝国主义列强的干涉，决定两周后正式截留关余。

帝国主义列强竟然把二十艘军舰开进白鹅潭，直接恫吓广东革命政府。

12月7日，孙中山向《字林西报》记者发表谈话，理直气壮地说："两广关税收入，年约一千万元。这本来就是两广人民的钱，因此当然应该为两广所有。"声称决心截留关余，不畏列强的炮舰政策，即使难胜外国舰队，则"虽败犹荣，果尔将另有办法"。

帝国主义者还在香港、北京、上海各大城市散布谣言，说什么孙中山要将海口开放为自由港，并且要动摇内债基金。

炮舰政策与弥天谎言，果然扰乱了一些人的耳目：有的打电报替公使团助威，要求孙中山不要截留关税；有的忧虑广东革命政府的非常行动足以惹起外力的干涉和共管；有的则把精力放在讨论自由关税制是否适宜于中国。

中国共产党支持孙中山的革命措施。12月12日发表《为收回海关主权事告全国国民》，号召全国国民迅速行动起来做"他的后盾"，并且指出："现在中国人只有两条路可走：一是永远屈伏为奴；一是起来与外国帝国主义奋斗。而孙中山氏对于收回粤关主权的坚决表示，便是这种奋斗的第一步。"

饱受帝国主义列强欺凌的广州各界人民行动起来了。他们召开国民大会，举行示威游行，派代表到大元帅府请愿，发表对内对外宣言，抗议帝国主义的侵略行径，坚决要求收回关税主权。

孙中山深受人民的鼓舞，对收回关余的信心更足了。他亲自接见请愿代表，告诉他们："我自有收回关税办法，决定三日后用正式手续提取关余。"接着，孙中山以中华民国军政府的名义发表关于海关问题的宣言，饬令总税务司："（甲）在本政府辖境内各关税收，除按比例扣还付以关税作抵之外债及赔款外，其余应妥为保管，听候本政府命令交付；（乙）并将民国九年三月以后所欠本政府应得之积存关余，照数归还。"

北京公使团对孙中山软硬两手都施展了，孙中山还是不为所动。他们理屈词穷，又对革命政府的威力有所畏惧，不得不让步。他们派美国公使前来广州"调解"，终于答应将粤海关关税余款拨交广东革命政府。

在这次斗争中，这位革命家终于享受到了战胜列强的喜悦。

注释：

[1] 陈炯明将廖仲恺囚禁在石井兵工厂，准备将他杀害。廖仲恺自忖必死，作七言诗《留诀内子》与夫人何香凝诀别。经过何香凝拼死营救，陈炯明不得不于1922年8月18日释放廖仲恺。当夜，廖仲恺夫妇离开广州前往香港。第二天上午，陈炯明后悔，下令重新逮捕廖仲恺。这时，廖仲恺夫妇已在赴沪的途中了。

[2] 李安邦原有士兵一百多人，大多数是华侨子弟，他们都非常勇敢，枪法准确。后来，他选拔了五十六人充总统卫士，粤秀楼失守后，还未归队，故现在只有五十多人。

[3]《蔡和森文集》上册，湖南人民出版社1979年版，第110页。

[4] 汝为是许崇智的字。

[5] 英，指英德。韶，指韶关。

[6] 隐青是林虎的字。

[7] 阿冲，孙妙茜的儿子杨杏冲。

[8]《辛丑条约》规定赔款本利九亿八千两百多两，由海关收入支付，分三十九年还清。偿还赔款剩余之款，称为关余。1920年3月，粤海关暂交付关余给广东军政府。

第二十四章 ｜ 国 共 合 作

　　列宁一直关心着中国的革命。早在 1912 年 1 月，中华民国刚刚宣布成立，列宁就在俄国社会民主工党第六次全国代表会议上，主持作出了"关于中国革命"的决议："鉴于政府和自由派的报纸（《言论报》）为了俄国资本家的利益，利用中国发生革命运动的时机掀起了一个宣传运动，叫嚣占领与俄国接壤的中国的几个省份，代表会议指出中国人民的革命斗争具有世界意义，因为它将给亚洲带来解放、使欧洲资产阶级的统治遭到破坏。代表会议祝贺中国的革命共和派，表明俄国无产阶级怀着深切的热忱和衷心的同情注视着中国革命人民获得的成就，斥责俄国自由派支持沙皇政府的掠夺政策的行为。"[1]

　　十月革命爆发后的第三天，11 月 10 日，孙中山指导的上海《民国日报》，以大号标题《美克齐美[2]占领都城》，报道了十月革命成功的消息。

　　时刻关注着世界局势、不断寻求救国救民新方法的孙中山，很快意识到了十月革命的意义，看到了新时代的曙光。他高兴地对宋庆龄说："十月革命使人类产生了大希望，从今以后只有沿着苏俄指出的道路，革命才能胜利。"[3]

　　同列宁建立联系，成了孙中山迫切的愿望。在上海，他通过美洲华侨给列宁和苏维埃政府拍发了一个贺电："中国革命党对贵国革命党所进行的艰苦斗争表示十分钦佩，并愿中俄两党团结共同斗争。"

这个贺电，对受到十多个帝国主义国家包围的苏维埃政权来说，无疑是很大的支持。列宁十分感动，把它看作是"东方的曙光"。立即委托苏俄外交人民委员齐契林复函孙中山，向"中国革命的领袖"致敬，还热情洋溢地说："当各帝国主义政府从东、西、南、北伸出贪婪的魔掌，想一手击破俄国革命并剥夺俄国工农用世界上前所未有的革命而获得的东西的时候，当外国银行家所扶植的北京政府准备同这伙强盗勾结的时候，——在这个艰辛的时刻，俄国劳动阶级就向他们的中国兄弟呼吁，号召他们共同进行斗争。因为我们的胜利就是你们的胜利，如果我们遭受毁灭你们也要遭受毁灭。"

可惜，这封充满革命情谊的信，并没有送到孙中山手上。

1919 年 7 月 25 日，由苏俄副外交人民委员加拉罕签署的《俄罗斯苏维埃联邦社会主义共和国政府对中国人民和中国南北政府的宣言》（即第一次加拉罕宣言）发表了，它宣布废除中俄间不平等条约，归还中东铁路。

北京政府没有理会第一次加拉罕宣言。直到 1920 年 4 月，这个宣言才正式在中国报刊出现。翌月，《新青年》出版了"劳动节纪念号"，发表了《对于俄罗斯劳农政府通告的舆论》和第一次加拉罕宣言。管仲说："善人者，人亦善之。"顷刻之间，这个宣言在中国引起了强烈反响，全国各界联合会纷纷致电苏俄政府，赞赏苏俄的正义立场，"希望中俄两国人民，在自由、平等、互助底正义下面，以美好的友谊，致力予芟除国际的压迫，及国家的、种族的、阶级的差别"。

1920 年 9 月 27 日，苏维埃政府又发表了《俄罗斯苏维埃联邦社会主义共和国政府对中华民国政府的宣言》（即第二次加拉罕宣言），重申了第一次加拉罕宣言的原则，表示将竭力促成中俄友好条约的缔结。

患难识朋友、见真情。苏俄的对华宣言，使得孙中山深受鼓舞。

列宁领导的第三国际，即共产国际，1919 年 3 月在莫斯科成立。会议期间，列宁亲切接见了出席这次成立大会的中国华侨工会负责人刘绍周、张永奎。

次年 3 月，维金斯基作为共产国际远东局的代表到了中国，帮助中国进行建立中国共产党的工作。这年秋季，由陈独秀介绍，维金斯基在上海会晤了孙中山。

这是共产国际使者同孙中山的第一次会见。

亲切交谈中，孙中山"对一个问题极感兴趣，那就是：如何将刚刚从盘踞广州的反动桂军手里解放出来的华南斗争，与遥远的俄国的斗争结合起来"。他抱怨说："广东的地理位置不允许我们同俄国接触。"

孙中山沉思片刻，询问维金斯基："是否可以在海参崴或满洲设置大功率的电台，从而使苏俄能够同广州通讯？"

这次会晤，给维金斯基留下了美好的印象。他在《我和孙中山的会见》中写道："孙中山在书房里接见了我们，一个宏大的房子摆满了书架。他给人的印象只有四十五岁到四十七岁（实际他已超过五十四岁）。他看上去端正，态度和蔼，用非常独特的手势表示他的意思。朴实、整洁的穿着立即吸引了我们的注意力……"

1920年七八月间，共产国际在莫斯科举行第二次代表大会，决定成立民族和殖民地问题委员会，确定民族和殖民地问题的方针，开始号召、组织东方民族民主革命，推动筹建中国共产党。

大会结束以后，共产国际委派马林到上海考察远东各国运动的情况和探讨在上海建立共产国际远东局的可能性。

马林[4]从欧洲取道苏伊士运河，于1921年6月3日抵达上海。他一到上海，就参加了中国共产党第一次全国代表大会的筹备工作。

1921年7月，中国共产党第一次全国代表大会在上海举行，通过了《中国共产党纲领》，确定了今后的中心任务是组织工人阶级，领导工人运动。中国共产党的诞生，成了中国开天辟地以来的一件大事。"自从有了中国共产党，中国革命的面目就焕然一新了。"[5]

在上海，马林同中国国民党本部建立了联系，推动中国国民党在1921年下半年派出代表出席了远东各国共产党和民族革命团体代表大会。接着，马林又经过张继的介绍，和中国共产党党员张太雷一起，经武汉、长沙、广州，到桂林会晤孙中山。

这时候的孙中山，早已决心向苏俄学习了。1921年8月28日，他在复苏俄外交人民委员齐契林信中深情地写道："亲爱的齐契林：……我希望与您及莫斯科的其他友人获得私人的接触。我非常注意你们的事业，特别是你们苏维埃的组织、你们军队和教育的组织。我希望知道您和其他友人在这些事情方面，特别是在教育方面所能告诉我的一切。像莫斯科一样，我希望在青年一代——明天的劳动者们的头脑中深深地打下中华民国的基础。向您和我的朋友列宁以及所有为了人类自由事业而有许多成就的友人们致敬。"信末，孙中山还特别说明："这封信是经伦敦苏俄商务代表团转寄的。如果它能安全无阻地到达您手中，就请通知我，以便我今后能经过同一个中间人与您联系。如果从莫斯科来的信将由你们在伦敦的使节转寄的话，我就这样地建立联系来接收它们。"

"有朋自远方来，不亦乐乎？"马林到桂林访问，孙中山有说不出的高兴。12 月 23 日，他在北伐大本营亲切地会见了马林。马林在北伐大本营住了九天。孙中山同他谈了三次。在马林面前自称为"社会主义者""布尔什维克"的孙中山，"讲述了国民党的策略、它的历史、袁世凯时期在国外的非法活动、与太平洋各国华侨的联系和他们对国民党的帮助"。马林则向孙中山介绍了苏俄的情况。他们"讨论了群众运动和在工人阶级中进行宣传的必要性等等"。

孙中山问："你对中国革命有什么建议呢？"

马林直截了当地提出了三点："改组国民党，与社会各阶层，尤其与农民、劳工大众联合；创办军官学校，建立革命军的基础；谋求中国国民党和中国共产党的合作。"

"非我而当者，吾师也。"马林这几句话，正好说到孙中山的心坎上。他像喝了又劲又香的茅台酒，不由心头一热，慢慢品味起来。的确，孙中山所领导的革命党，虽然一而再再而三地改组，并变换了国民党、中华革命党、中国国民党三个名称，仍然缺乏朝气，力量薄弱，以致奋斗了二十多年而革命还是没有成功；他曾依靠会党、旧军队，利用军阀，结果不是战败，便是被利用或者是被驱逐。所有这些，不都说明中国革命党人还没有想出良好的方法？马林的建议，不正是打中要害吗？孙中山十分赞赏马林的建议，而且当即表示：国民党与苏俄的联盟在北伐胜利结束的时候立即可以实行；目前愿与苏俄建立非正式的联系，以免招致列强的干涉。

事后，孙中山打电报给在广州的廖仲恺和汪精卫："我从前听说苏俄实行共产，很是诧异。以为俄国的经济状况，共产的条件，还未具备，从何实行？马林来，才知道俄国的新经济政策，实与我的《实业计划》差不多一样，所以非常高兴。"

结束了桂林之行，马林前往北京，同苏俄1921年年底派出的使者裴克斯会面，请他将两份报告转往莫斯科。一份是向共产国际执行委员会介绍中国共产党和国民党的情况，另一份交苏俄外交人民委员会，建议派一位苏俄使者到中国南方来。

这些建议，都被苏俄和共产国际采纳了。

1922年1月21日，远东各国共产党和民族革命团体第一次代表大会在莫斯科隆重召开。

会议期间，列宁接见了中国共产党代表张国焘、国民党代表张秋白和铁路工人代表邓培。当他们三人来到克里姆林宫列宁办公处的会客室时，列宁立即从隔壁的办公室走过来，和他们握手、交谈。气氛是这样的亲切和愉快，以至张秋白不由得请列宁对中国革命给以指教了。

列宁回答得十分坦率："我对中国的情况知道得很少，只知道孙中山先生是中国的革命领袖，但也不了解孙先生在这些年来做了些什么，因此不能随便表示意见。"说罢，他转而询问张秋白："中国国民党和中国共产党是不是可以合作？"

张秋白爽朗地答道："一定可以很好地合作。"

列宁点着头，显得十分满意。他转过头来，又以同样的问题问张国焘："你的看法呢？"

张国焘说："在中国民族和民主革命中，国共两党应当密切合作，而且可以合作；在两党合作的进程中，可能发生若干困难，不过这些困难相信是可以克服的。中国共产党当努力促进各种反对帝国主义的革命势力的团结。"

列宁又点着头表示满意。他们要告辞了，列宁紧握着邓培的手，兴奋地说："铁路工人运动是很重要的。在俄国革命中，铁路工人起过重大的作用；在未来的中国革命中，他们也一定会起同样的或者更重大的作用。"

经过这次大会，共产国际指示中国共产党制定国共合作的方针，加快同孙中山建立革命联盟的步伐。

3月，少共国际代表达林到达上海，随即被任命为苏俄政府全权代表，由共产党员瞿秋白、张太雷陪同南下广州同孙中山会谈。

陈炯明叛变前，达林和孙中山又会晤了几次。有一次，孙中山兴高采烈地把北伐军胜利进军的消息告诉达林，还说："再过两星期，至多一个月，就能占领汉口。到那时我将正式承认苏维埃俄国。"

谈到这里，孙中山压低声音告诉达林："您以为所有国民党员都对苏俄怀有好感吗？完全不是那回事，甚至在我的政府中和议会中都有苏俄的敌人。此外，请别忘记，香港就在旁边。要是现在我承认苏俄，英国人就会出来跟我作对。"

通过双方的五六次会晤，使孙中山对苏俄的了解加深了。1922年8月9日，孙中山被迫离开广州。在船上，他批驳了那种"以为俄国布尔什维克为可怖，而不一究其事实"的荒谬态度，对随行人员说："今日中国的外交，以国土邻接、关系密切来说，则莫如苏维埃俄罗斯。中国革命许多地方须借镜于俄国。"9月，孙中山又对香港《电信报》记者说："自苏维埃俄罗斯成立之后，过去对于中国政治独立和领土完全最大危险之一，业已消除。……在目下中国'近代化'的当中，中国是很需要能对他平等待遇和承认他有完全统治权的强国的帮助。……俄、德是能以平等条约待遇中国的。"

1922年3月，中国共产党中央局在杭州西湖召开特别会议（即第一次西湖会议），专门讨论国共合作问题。马林在会上建议共产党人加入国民党，在国民党内开展政治活动，同时保持共产党的独立性。

中央局书记陈独秀和部分党员虽然同意国共合作，但对加入国民党，却持着不同的见解：把共产党同国民党混合在一起，岂不是模糊了阶级界限，妨碍了独立政策的执行吗？

陈独秀还特地写信给维金斯基，向共产国际申诉他反对"中国共产党及社会主义青年团均加入国民党"的理由：一、共产党与国民党革命之宗旨及所据之基础不同；二、国民党联美国、联张作霖、段祺瑞等政策和共产主义太不相容；三、国民党未曾发表党纲，在广东以外之各省人民视之，仍是一个争权夺利之政党，共产党倘加入该党，则在社会上信仰全失（尤其是青年社会），永无发展之机会；四、广东实力派的陈炯明，名为国民党，实则反对孙逸仙派甚烈，我们倘加入国民党，立即受陈派之敌视，即在广东亦不能活动；五、国民党孙逸仙派向来对于新加入之分子，绝对不能容纳其意见及假以权柄；六、广东、北京、上海、长沙、武昌各区同志对于加入国民党一事，均已开会议决绝对不赞成，在事实上亦已无加入之可能。

在中国共产党内，反对国共合作的阻力是这样的大，马林一筹莫展，只得离开上海前往莫斯科向共产国际汇报，祈望形成一个苏俄援助下的国共合作的战略决策。

1921年下半年开始，中国出现了在中国共产党领导下的新式农民运动。农民运动的兴起，工农联盟的出现，为建立中国工人阶级领导的各革命阶级的统一战线创造了重要条件。形势的发展、变化，使得中国共产党改变了在"一大"时候那种"不准与其他党派建立任何联系"，以及"对现有各政党，应采取独立、攻击和排他的态度"，开始对中国民主革命和革命统一战线有了新的认识。1922年6月15日，中国共产党中央局发表了《中国共产党对于时局的主张》，指出国际帝国主义和国内封建军阀的压迫，是中国内忧外患的源泉，也是人民受痛苦的源泉；提出"依中国政治经济的现状，依历史进化的过程，无产阶级在目前最切要的工作，还应该联络民主派共同对封建式的军阀革命，以达到军阀覆灭能够建设民主政治为止"；而"中国现存的各政党，只有国民党比较是革命的民主派，比较是真正的民主派"；表示中国共产党愿意"邀请国民党等革命民主派及革命的社会主义各团体，开一个联席会议……共同建立一个民主主义的联合战线，向封建式的军阀继续战争"。

出席远东各国共产党和民族革命团体第一次代表大会的中国共产党人，1922年上半年先后回国了。他们传达了大会的精神，又带来了共产国际要求中国共产党从事国民革命，反帝反封建，建立民主国家的指示和文件。这样，7月16—23日，中国共产党在上海召开第二次全国代表大会，通过了《关于"民主的联合战线"的议决案》，确定了国共合作、建立革命统一战线的基本思想。

7月18日，共产国际执行委员会采纳了马林《给共产国际执委会的报告》中提出的国共合作的主张。27 日，马林穿着打印了共产国际文件的衬衣，陪同苏俄政府全权代表越飞一起启程来华。

8 月间，共产国际执行委员会发出《给共产国际驻中国特派代表的指示》：

"一、根据马林的报告，代表的所有活动必须以共产国际第二次代表大会关于殖民地问题决议为基础。二、共产国际执委认为国民党是一个革命的政党，这个政党坚持辛亥革命的使命，并渴望建立一个独立的中华民国。三、共产党人为完成他们的任务，必须在国民党内部和在工会中组成从属于他们自己的团体。在这些团体之外，建议成立一个宣传机构，宣传与外国帝国主义作斗争、创建民族独立的中华民国以及组织反对中外剥削者的阶级斗争的主张。四、这一机构的建立主要尽可能地得到国民党的同意，当然它应保持完全的独立性。"

接受了马林的要求，8 月 17—18 日，中国共产党中央执行委员会召开了第二次西湖会议。在会上，马林根据共产国际的指示，提议中国共产党党员应以个人资格加入国民党，使中国民族革命运动加速进行。

开始，到会的大多数人还是反对马林的主张，都说国民党是一个资产阶级政党，中国共产党如果加入进去，会与资产阶级混合，丧失无产阶级政党的独立性。

马林则坚决声言："国民党不是一个资产阶级的党，而是各阶级联合的党，无产阶级应该加入去改进这个党，以推动革命。"

双方进行了激烈的辩论，一时间，谁也没有充分的理论说服得了谁。马林不由恼火了，问道："你们是不是遵守共产国际的决定？"

结果，会议接受了共产国际的提议，原则上确定：只要国民党能够根据民主主义的原则进行改组，取消入党时打手模和向孙中山本人宣誓的封建主义形式，共产党员可以加入国民党，以实现国共两党的合作。

这个决定，揭开了国共合作、共产国际和国民党紧密联系，苏俄政府和孙中山革命政府结成联盟的历史。

8 月 25 日，马林在上海再次拜会孙中山，向孙中山介绍了自己去莫斯科的情况和共产国际关于中国共产党人加入国民党的决定，劝告孙中山不要单纯用军事行动去收复广州，而要以上海为基地，开展一个群众性的宣传运动。

适乎历史发展潮流的孙中山，"审察当时国际之局势，本党革命失败之症结，国内青年思想之变动，与民众对于政治改革之要求"，接受了马林的意见，"下改组本党之决心"。

第二次西湖会议结束以后，李大钊也到上海和孙中山多次交谈，共同探讨"振兴国民党以振兴中国"的"种种问题"。李大钊态度诚恳，议论透彻，使得孙中山十分敬佩。宋庆龄回忆说："孙中山特别钦佩和尊敬李大钊，我们总是欢迎他到我们家来。"[6]

孙中山希望李大钊加入国民党，以便从内部帮助他。李大钊自然同意，同时向孙中山表明："我是第三国际的党员……"孙中山回答得十分爽快："这不打紧，你尽管一面做第三国际党员，一面加入本党帮助我。"

不久，李大钊由张继介绍、孙中山主盟，加入了国民党。接着，陈独秀、蔡和森、张太雷、张国焘等一批共产党员也相继加入了国民党。

孙中山很信任加入国民党的共产党员，认为"这些人是他的真正的革命同志"，"在斗争中能依靠他们的明确的思想和无畏的勇气"。[7]

宋庆龄在《孙中山和他同中国共产党的合作》一文中说："孙中山一旦作出决定，就决心实现国民党和中国共产党之间的合作，然后保护和进一步发展这种合作。"[8]

事实正是这样。

9月4日，孙中山召开改进国民党会议，即席解释了"联俄联共"政策，马林也应邀讲话，使得与会各省国民党员赞同改组国民党。

接着，孙中山指定茅祖权、覃振、丁惟汾、张秋白、吕志伊、田桐、陈独秀、陈树人、管鹏九人为中国国民党改进案起草委员会委员。这个委员会从9月7日开议，历时一个半月，草拟成《中国国民党党纲》《中国国民党总章》，呈送孙中山审核。

11月15日，孙中山在上海召集会议，审议中国国民党改进案，推定胡汉民、汪精卫二人为《中国国民党宣言》起草人。

1923 年元旦，孙中山发表《中国国民党宣言》，翌日，又召开中国国民党改进大会，公布《中国国民党党纲》《中国国民党总章》。

正在积极"改组党务"的孙中山，这时候已经与苏联特使越飞直接通信了。1922 年 9 月下旬，他委托廖仲恺到日本，同越飞的代表深入商议合作事项，准备直接同越飞会谈。

国内外的反动派对孙中山与苏俄合作十分关注，时刻不停地派特务跟踪着孙中山和他的战友。廖仲恺只得借口参加侄女在东京的婚礼，偕同何香凝由上海赶赴日本。当时，廖仲恺的哥哥廖恩焘担任北京政府驻日本代办。廖仲恺抵达日本，便住在东京中国公使馆。他利用中国公使馆的有利条件，同越飞的代表秘密谈判。双方详细交换了反对帝国主义和中苏合作的初步意见，为后来发表的《孙文越飞宣言》做好了技术性的准备工作。

日本特务形影不离地跟踪着他们，会谈只好在 11 月间中断。廖仲恺又匆匆地返回上海，向孙中山详细汇报。孙中山听了，对中苏合作的前途十分乐观。12 月，他又直接给列宁写信说："本人拟派遣全权代表于近期往莫斯科，与你和其他同志磋商合作事宜，以俾俄中两国之合法利益。"接着，孙中山又派遣张继去北京会见越飞，商谈他要与越飞亲自会晤的事。

1923 年 1 月 16 日，越飞以养病的名义，由北京搭快车南下上海。从 18 日开始，越飞一连六天前赴孙中山寓所和孙中山会谈。

关于会谈的情况，马湘回忆说："林伯渠、李大钊介绍苏俄特使越飞来访先生。先生与越飞相见之下，极为喜悦，当即与越飞在楼上客厅开始会谈，孙夫人、林伯渠和李大钊亦参加，一连整整谈了六天。在这期间，先生吩咐我，无论何人都不予通传和不许登楼。过了几天之后，林伯渠来，我问他前几天会谈的是什么问题，关防为什么要这样严密。他告诉我说，这次谈的是关于革命党应以苏俄为师、苏俄帮助中国革命，打倒军阀的问题，要我保守秘密。"

1 月 26 日，著名的《孙文越飞宣言》发表了："中国最要最急之问题，乃在民国的统一之成功，与完全国家的独立之获得。关于此项大事业，……中国当得俄国国民最挚热之同情，且可以俄国援助为依赖也。"宣言中，越飞重申了 1920 年 9 月 27 日苏俄对华宣言所列举的原则，"即俄国政府准备且愿意根据俄国抛弃帝政时代中俄条约（连同中东铁路等合同在内）之基础，另行开始中俄交涉"。

这个宣言，标志着孙中山联俄政策的最后确立。

《孙文越飞宣言》发表后第二天，孙中山又指派廖仲恺到日本同越飞继续商谈细节，以便把中苏合作的事项具体化。

日本的热海有群山，有温泉，是著名的疗养胜地。越飞以治疗足疾为名，先行到达热海。廖仲恺则借口带女儿梦醒养病，也来到这里。

廖仲恺和越飞在著名的伊豆山海滨的热海饭店秘密会谈。他们两人"住在一块，天天讨论，非常契合"。他们一谈就是好几个钟头。每次谈话回来，廖仲恺"都是满面笑容，表示出很得意的样子"。

后来，在中国国民党第二次全国代表大会上，汪精卫在《政治报告》中叙述了热海会谈的情况："彼此在热海同住了一月。此时东方人未知道的许多事情，廖同志便已知之甚详。如俄国之现状，俄国对东方被压迫民族之态度，与俄国何以想和中国携手之原因，都已十分了解，所以十二年[9]春间廖同志由东京回广州帮助总理做联俄的工作，当时许多同志怀疑，而廖同志却很勇敢很坚决去干，其中实有原故的。因为有一个月之久和越飞互相辩论，把各种问题通通研究过了。由此总理与苏俄的关系更日深一日了。"

就在《孙文越飞宣言》发表期间，共产国际、中国共产党也积极协助中国国民党加快改组的步伐。

1923年1月12日，共产国际执行委员会通过了《关于中国共产党与国民党的关系问题的决议》，又一次明确地说，目前"中国唯一重大的民族革命集团是国民党……国民党与年青的中国共产党合作是必要的……中国共产党党员留在国民党内是适宜的……只要国民党在客观上实行正确的政策，中国共产党就应当在民族革命战线的一切运动中支持它。但是，中国共产党绝对不能与它合并，也绝对不能在这些运动中卷起自己原来的旗帜"。

5月13日，共产国际执行委员会对即将召开的中国共产党第三次全国代表大会发出了十三点指示，其中说道："在孙中山与北洋军阀内战的问题上，我们支持孙中山……共产党必须不断地推动国民党支持土地革命。在孙中山军队的占领地区，必须实行有利于贫苦农民的没收土地政策，并采取一系列其他革命措施……中国共产党应当要求尽快地召开国民党代表大会。关于建立广泛的民族民主运动问题，应当是这次代表大会的中心议题。"

而肩负共产国际使命的马林，从5—7月短短的三个月时间内，在中国共产党机关刊物《向导》《前锋》上连续发表了《吴佩孚与国民党》《第二次的世界战争》《临城案件与国民党》《中国改造之外国援助》等十二篇文章，宣传反帝反军阀的见解，建议国民党举起反帝的旗帜，唤起农民、工人，联合苏联[10]，加强宣传工作，以担负起领导国民革命的重担。

以国共合作为中心议题的中国共产党第三次全国代表大会，6月间也在广州召开了。大会通过了《关于国民运动及国民党问题的议决案》，决定接受共产国际的指示同国民党合作，全体共产党员以个人名义加入国民党，建立各民主阶级的统一战线。

8月，中国共产党领导的中国社会主义青年团在南京召开第二次全国代表大会，也做出了社会主义青年团员加入国民党的决定。

有了共产国际和中国共产党人真诚而有力的帮助，孙中山有计划地进行着改组中国国民党的工作。1923年5月7日，他任命廖仲恺为广东省省长，加强广东革命根据地和改组国民党工作的领导。8月16日，他派遣"孙逸仙博士代表团"由上海启程前赴苏联考察军事、政治和党务。

10月6日，苏联驻广州代表米哈伊尔·马尔科维奇·鲍罗廷到达广州[11]。

鲍罗廷于1903年成了布尔什维克。长期的革命锻炼，使他成了一位长于实践的政治家和外交家。鲍罗廷恭恭敬敬地向孙中山呈上苏联政府首任驻华大使加拉罕[12]的介绍信。

加拉罕是共产国际早期的执行委员，他因为签署了两次对华宣言，在中国享有盛誉。1923年9月2日，他从莫斯科到达北京，翌日，又发表第三次对华宣言，重申前两次对华宣言的原则。8日，他给"新俄的老朋友"孙中山拍发了电报，表明自己将要竭尽全力建立中苏两国人民的友谊。现在，加拉罕又介绍鲍罗廷前来广州，孙中山很是高兴。他接过介绍信，拆开一看：

"亲爱的孙博士：莫斯科长期以来强烈地感受到我们的政府在

广州缺少一个常驻的负责的代表。随着鲍罗廷的任命，在这方面迈出了重要的一步。鲍罗廷同志是我们党的一个老党员，在俄国革命运动中已经工作了很多年。请把鲍罗廷同志不仅看做是政府的代表，而且也是我个人的代表，您应当相信他所说的一切，就像同我进行讨论一样。他了解整个形势，而且在他去南方之前，我们进行了长谈。他将向您转达我的想法、愿望、感情。希望随着鲍罗廷同志的到达，更加迅速地把一切推向前进，非常抱歉，直到现在才能做到这点。并衷心祝愿您的事业的成功，我向您致以友好的问候。"

孙中山衷心欢迎鲍罗廷，迫不及待地向他详细询问列宁和苏联的情况。事后，鲍罗廷回忆道：当时，"他的眼睛好像特别有神，从他问的问题和插话中令人感到，他对革命家和全世界被压迫人民的领袖弗拉基米尔·伊里奇个人很敬佩"，"称列宁是中国最好的朋友"，他"不仅以一个革命者，而且以一个医生的身份，关心着伊里奇的健康状况"。

10 月 18 日，孙中山任命鲍罗廷为国民党顾问、训练员。他对国民党员说："我请鲍君做我们党的训练员，使他帮助训练我们党的同志。鲍君办党报有经验，望各同志牺牲自己的成见，诚意去学他的方法。"

翌日，孙中山致电国民党上海事务所，告知已委任廖仲恺、汪精卫、张继、戴季陶、李大钊五人为国民党改组委员，同时，密电北京李大钊即赴上海商讨改组事项。24 日，孙中山又委任廖仲恺、邓泽如、林森、谭平山、陈树人、孙科、许崇清、谢英伯、杨庶堪九人为国民党临时中央执行委员，林直勉、谢良牧、徐苏中、林云陔、冯自由五人为候补委员，组成国民党临时中央执行委员会，负责筹备改组工作。

改革，向来是没有一帆风顺的。"孙中山在思想中每前进一步，就遇到来自右派分子的抵抗。"[13]

他用说服教育的方法来克服阻力。

就在 11 月 25 日公布《中国国民党改组宣言》那天，孙中山在广州大本营向国民党员发表演说："这次我们党改组唯一的目的，在乎不单独倚靠兵力，要倚靠我们党本身的力量。所谓我们党本身的力量，就是人民的心力……以人民的心力做基础，为最足靠……要学俄国的方法组织及训练，方有成功的希望。"有人问:"俄国是过激党执政,我们学俄国,岂不是学过激党?"孙中山做了回答:"盖当革命时,非采激烈手段,一定不能成功;而今日的俄国,秩序已经回复,何尝有过激的举动发生?这是不足虑的……他们气魄厚,学问深,所以能想出良好的方法。我们想要取得革命成功,一定要学他。"

12月9日,孙中山又在广州大本营对国民党党员演说:"我们党这次改组,乃以苏俄为模范……俄革命六年成功,而我则十二年尚未成功,什么原故?则由于我们党组织的方法不善。以前固然无可仿效。法国革命八十年成功,美国革命血战八年而始得独立,都是因为无一定成功的方法;而现在俄国有了,殊可作为我们党师法。"

国民党右派仍然反对改组国民党,反对国共合作。

这样,孙中山不得不"决心同一切想阻止他同共产党合作的企图作斗争"[14]了。

冯自由、戴季陶、张继激烈反对联合共产党,叫嚷"国共合作,共产党将会乘机打倒孙中山","叫共产党参加进来,只能把他们作为酱油或醋,不能把他们作为正菜的。"

孙中山多次劝说、教育无效,不由气得甚至吃不下饭,恼怒地斥责他们:"你们怕共产党,不赞成改组,可以退出国民党呀!你们不赞成改进,那就解散国民党,我个人可以加入共产党。"

身为改组委员的张继,反对改组却最为激烈。一天晚上开会,他大吵大闹。孙中山着恼了,叫马湘硬把张继拉出会场,软禁了一夜,还要开除他的党籍。

邓泽如、林直勉等十一人也联名上书孙中山,说什么"本党改组,其动机虽出自我总理之乾纲独断,惟组织法及党章、党纲等草案,实多出自俄人鲍罗廷之指挥……全为陈独秀之共产党所议定。陈……今竟率其党徒,群然来归……借国民党之躯壳,注入共产党之灵魂……使我党隐为彼共党所指挥,成则共党享其福,败则吾党受其祸。又党章草案定总理一职为选举职,窃恐事实随环境变迁,五年之后,将见陈独秀被选举为总理矣……我党无形消灭,即在此时思之,实为寒心"。

孙中山读罢，不由皱着眉头，马上提笔批复："此稿为我请鲍君所起，我加审定。原为英文，廖仲恺译之为汉文，陈独秀并未与闻其事，切不可疑神疑鬼。……我国革命，向为各国所不乐闻，故常助反对我者，以扑灭吾党。故资本国家，断无表同情于吾党，所望为同情，只有俄国及受屈之国家受屈之人民耳。……民权主义发端于选举，若因噎废食，岂不自反其主义乎？若怕流弊，则当人人竭力奋斗，不可放弃责任，严为监视。……因一人所见有限，故不得不付之公举。亦自觉所任常存不当之处，故不得不改革。"孙中山写完这段话，还担心不解决问题，又在信封上亲批："交邓泽如照所批，约各人会齐，细心研究，如尚有不明白者，可于星期日再来问明。"

　　邓泽如、林直勉非但不听孙中山的解释，反而纠集抵达广州准备出席代表大会的海外代表，打算组织反对派集团，"为救党准备"，甚至连反对派的章程也写好了。孙中山知道了这件事，十分生气，立即命令邓泽如召集海外代表到家里来，狠狠地批评了他们一顿。一部分代表听了孙中山的解释，才觉得自己的不对，便改变了态度。这件事方才平息下来。

　　国民党改组工作刚刚开始，胡汉民、汪精卫便对共产党怀有戒心。汪精卫甚至说："共产党如果羼入本党，本党的生命定要危险，譬如《西游记》上说，孙行者跳入铁扇公主的腹内翻跟斗，使金箍棒，铁扇公主如何受得了。"孙中山看见胡汉民、汪精卫"非俄派之革命"，"不能降心相从"，决定起用廖仲恺，由他负责改组国民党的工作，以利"另开新局"。

　　在孙中山改组国民党的整个过程中，廖仲恺"是始终赞助最力的一人"。

　　陈炯明叛变，"攻总统府之人"正是"党军"，使廖仲恺痛感国民党非彻底改弦更张不可，因此毫无保留地支持孙中山改组国民党的计划。他主持的临时中央执行委员会自1923年10月28日正式成立起，至次年1月19日，共开会二十八次，议决案件四百多件，完成了改组国民党和召开第一次全国代表大会的一切准备工作。

　　宋庆龄曾经问过孙中山："为什么需要共产党加入国民党？"

　　孙中山告诉她："国民党正在堕落中死亡，因此要救活它就需要新血液。"[15]

　　他也曾不止一次地对宋庆龄说："国民党里有中国最优秀的人，也有最卑鄙的人。最优秀的人为了党的理想与目的而参加党，最卑鄙的人为了党是升官的踏脚石而加入我们这一边。假如我们不能清除这些寄生虫，国民党又有什么用处呢？"[16]

宋庆龄信这些话，始终和孙中山同心同德，积极参加改组国民党的工作。鲍罗廷夫人回忆说："孙中山的妻子宋庆龄对我们以及对所有的苏联同志很热情友好，她一直积极参加她丈夫的政治活动。我们与她来往同样也可不用翻译，因为她的英文相当好。宋庆龄向我讲述了很多关于中国妇女的饶有趣味的事情，介绍我认识了社会各阶层的很多女代表，我后来曾不止一次与她们见过面。"

有几个顽固反对改组的国民党人，以为宋庆龄年轻可欺，企图利用她去影响孙中山，使孙中山改变主意。便瞒着孙中山，悄悄地来找宋庆龄，要求她劝说孙中山放弃实现国共合作的决心。宋庆龄只是微微一笑，解释说："孙先生这种决心，是从他的全部革命经验中产生的。"

他们哑口无言，只得灰溜溜走了。

1924 年 1 月 20 日上午 9 时，中国国民党第一次全国代表大会在广东高等师范学校礼堂[17]开幕。到会代表 165 人，其中共产党员 24 人[18]。孙中山以总理身份担任会议主席。

这次大会能够顺利召开，孙中山异常高兴。他在开幕词中欣喜地说："今天这个盛会，是本党开大会的第一次，也是中华民国的新纪元。"

顿时，会场响起了热烈的掌声。

孙中山估计反对国共合作的人会干扰大会，便在阐述了中华民国成立十三年以来的经验教训之后，紧接着宣布："这次大会只有十天，十天的时期很短少，我希望大家要爱惜光阴，明白这个大会的宗旨，如果大家有更好的意见，当讨论之时便贡献出来，参加在内。但是……当研究问题之时，必须各人虚心，不可以无意识的问题来挑拨意见，如果生出无谓的争论，会中的大问题就恐怕十天解决不了，我们这个会的成绩便不好，所以我们要提防、要警戒。"

大会通过了由孙中山指定的胡汉民、汪精卫、林森、谢持、李大钊五人为主席团成员。

下午，孙中山又在《中国之现状及国民党改组问题》的报告中强调："此次改组，就是从今天起，重新做过……将十三年前种种可宝贵最难得的教训和经验来办以后的事，以前有种种力量来创设民国，以后便有种种力量改造政府。"

秘书长刘芷芬宣读了《中国国民党第一次全国代表大会宣言》草案全文。宣言猛烈抨击帝国主义列强和国内军阀给中国带来的苦难：

> "可知中国内乱，实有造于列强；列强在中国利益相冲突，乃假手于军阀，杀吾民以求逞。不特此也，内乱又足以阻滞中国实业之发展，使国内市场充斥外货。坐是之故，中国之实业即在中国境内，犹不能与外国资本竞争。其为祸之酷，不止吾国人政治上之生命为之剥夺，即经济上之生命亦为之剥夺无余矣。……由是言之，自辛亥革命以后，以迄于今，中国之情况不但无进步可言，且有江河日下之势。军阀之专横，烈强之侵蚀，日益加厉，令中国深入半殖民地之泥犁地狱。"

宣言对"一则中国民族自求解放，二则中国境内各民族一律平等"的民族主义，"于间接民权之外，复行直接民权，即为国民者不但有选举权，且兼有创制、复决、罢官诸权"的民权主义和"一曰平均地权，二曰节制资本"的民生主义，都灌注了更新的革命内容。

宣言在"对外政策"中明确宣布"一切不平等条约……皆当取消，重订双方平等、互尊主权之条约"；"对内政策"则强调"实行普通选举制，废除以资产为标准之阶级选举"，强调"改良农村组织，增进农人生活"，强调"制定劳工法，改良劳动者之生活状况，保障劳工团体，并扶助其发展"。

宣读完毕，孙中山又再次强调："这个宣言，系此次大会之精神生命……这个宣言今后即可管束我们的一切举动，所以须要详细审慎研究。大家通过以后，不能随意改变，都应该遵守，完全达到目的，才算大功告成。"

然而正是在这些关系重大的问题上，国民党内发生了激烈的争论。

早在上海，廖仲恺、鲍罗廷、瞿秋白和胡汉民、汪精卫，对宣言的第一个草稿就争论过整整一夜；在广州，廖仲恺、鲍罗廷、胡汉民、汪精卫"四人委员会"，又花了十五个小时激烈争论宣言所提出的各种问题。

在代表大会上，对这些问题又发生了激烈的争论。国民党右派分子仍然制造"暗潮"，而且对孙中山施加强大压力，以致使得孙中山也一度产生了动摇。

23 日，孙中山派一名信差邀请鲍罗廷到代表大会秘书处商谈。

孙中山问鲍罗廷："用国民政府纲领来代替宣言是否好些?"

政府纲领没有明确提出反对帝国主义，没有联俄、联共、扶助农工的内容，也没有对三民主义做出新的解释。

鲍罗廷意识到"情况是危急的。取消宣言草案，就意味着召集全国代表大会是毫无益处的，国民党无谓的漂亮空话依旧统治着党"。在这个关键时刻，鲍罗廷作为国民党的顾问，责无旁贷地提出自己的见解："我认为，用纲领代表宣言是不能容许的。纲领需要完成，它应当公布，但无论如何它不应和全国代表大会的宣言混淆起来。宣言回答了与中国命运攸关的问题，因此，它必将成为运动指导性的和决定性的文件……"

孙中山点着头，表示赞同鲍罗廷的见解，打消了原来的动议，决定通过宣言，同时也公布政府纲领。

两人一直交谈到了下午开会的时间，孙中山这才站起身来，伸出手和鲍罗廷握手，走下楼去，回到主席位上。

宣言审查委员报告完毕，孙中山说："宣言审查结果报告已毕，请付讨论。"

为力求宣言顺利通过，廖仲恺首先要求发言。

孙中山面露笑容，说道："现请廖代表发言。"

"本席对于宣言审查修正结果认为满足。"廖仲恺说，"此次大会宣言全文及政纲大致表现十分清晰，本席对此宣言有三种见解，第一层，本党之宣言及政纲是革命的性质，实行打破一切军阀官僚，铲除一切发展的障碍，并且表现本党作事的精神，不可与普通的一般宣言同论。第二层，我国从前许多政党均有洋洋大文发表，其实皆满纸空谈一无价值，绝对不如本党此次之宣言丝毫不假借，完全依照主义而实行。第三层，此次本党既发表切实之宣言，实将本党置于几何学之定点上，有了定点才能前进，才能发展，如太阳升天，同一向上，发扬光大。此宣言不但代表本党大会诸君的意思，并且代表全国人民的要求，嗣后无论如何必须以此宣言为奋斗进行之标准，努力前进，冀贯彻本党主义完全达到目的。"

这个发言受到了大多数代表的赞赏。廖仲恺刚讲完最后一句，场内就响起了热烈的掌声。

在这之后，表示异议的发言在大会中便孤掌难鸣了。

孙中山提出："现将中国国民党第一次全国代表大会宣言全文交付表决，赞成中国国民党第一次全国代表大会宣言全文者，请举手！"

他带头举手，其他代表也跟着举手。大厅内又响起了经久不息的掌声。

宣言一致通过了。

孙中山笑容满面，又对宣言旨趣做了说明："现在本党大会宣言已经表决，这是本党成立以来破天荒的举动。……我们通过宣言，就是从新担负革命的责任，就是计划彻底的革命。终要把军阀来推倒，把受压迫的人民完全来解放，这是关于对内的责任。至对外的责任，有要反抗帝国侵略主义，将世界受帝国主义所压迫的人民来联络一致，共同动作，互相扶助，将全世界受压迫的人民都来解放。我们有此宣言，决不能又蹈从前之覆辙，做到中间又来妥协。以后应当把妥协调和的手段一概打消，并且要知道，妥协是我们做彻底革命的大错。"

这一番话，一再被热烈的掌声打断，会场内，洋溢着革命的气氛。

25 日上午，大会代表正在开会，孙中山、鲍罗廷走进了会场，向全体代表宣布了列宁逝世的噩耗。

"方才得俄代表报告，俄国行政首领列宁先生已于前日去世[19]。"孙中山停顿了好一会，才又慢慢地继续说下去，"俄国革命在中国之后，而成功却在中国之前，其奇功伟绩，真是世界革命史上前所未有。其所以能至此的缘故，实全由其首领列宁先生个人之奋斗，及条理与组织之完善。故其为人，由革命观察点看起来，是一个革命之大成功者，是一个革命中之圣人，是一个革命中最好的模范。彼今已逝世，我们对之有何种感想和何种教训？我觉得于中国的革命党有很大的教训。什么教训呢？就是大家应把党基巩固起来，成为一有组织的，有力量的机关，和俄国的革命党一样，此次大会之目的也是在此。"

大会根据孙中山的提议，决定休会三日，以志哀悼；广泛宣传列宁的生平事业，广州各机关下半旗三日致哀；以孙中山名义向苏联驻北京代表加拉罕发出唁电。

28 日上午，大会由胡汉民主持讨论《中国国民党章程》草案。

讨论一开始，广州特别区代表方瑞麟就提议："本党党员不得加入他党，应有明文规定。"主张增加"本党党员不得加入他党"的条文。

胡汉民朗声问道："以方君主张咨询，有无附议。"

顿时，全场喊喊喳喳地喧嚷开了。

"见微知著。"这是共产党员代表早就预料到的。还在大会的第一天晚上，孙中山举行宴会招待出席大会的代表，发表演说，强调应该学习"俄国的好榜样"，称赞俄国革命成功是"因为俄国人立志稳健，眼光远大，把国家大事算到一百年，什么方法都计划到了，这就是经验多而成功快"。而茅祖权却大唱反调，说什么"如果共产党员们接受我们的纲领，他们就应当离开自己的党"。

24 日，审查章程的时候，何世祯已经提出禁止国民党员加入其他政党的动议。许多人表示反对，何世祯也撤销了这项动议，但是，汪精卫仍然建议把这个问题提交到代表大会讨论。

树欲静而风不止。斗争是不可避免的了。25 日，共产党员代表集会讨论：是否应该在大会上发表一个关于共产党员在国民党内工作原则的声明？

沉思、探讨与争论交织在一起。李大钊说："最好是公开表明我们的态度，阐明我们为什么要加入国民党。国民党的某些老党员认为，我们参加他们的党，是要利用他们的经费干自己的事情，是要抢他们的饭碗，占他们的位置。"

大家赞同这个主张。

鲍罗廷还建议："希望当着孙中山的面做这件事情。"

李大钊赞同鲍罗廷的意见："我们加入国民党的经过，和我们实现两党联合所追求的目的，孙先生是很清楚的。"

方瑞麟的主张得到十人以上的附议。这时候，李大钊要求发言了。

胡汉民让大家安静下来。

态度从容的李大钊娓娓而谈："我等之加入本党，是为有所贡献于本党，以贡献于国民革命的事业而来的，断乎不是为取巧讨便宜，借国民党的名义作共产党的运动而来的。……本党总理孙先生亦曾允许我们仍跨第三国际在中国的组织，所以我们来参加本党而兼跨固有的党籍，是光明正大的行为，不是阴谋鬼祟的举动。不过我们既已经参加了本党，我们留在本党一日，即当执行本党的政纲，遵守本党的章程及纪律；倘有不遵守本党政纲、不守本党纪律者，理宜受本党的惩戒。"

共产党人的态度如此明确，但陕西、吉林、加拿大支部的代表还发言支持方瑞麟提案，而上海特别区、直隶的代表则表示反对。双方互不相让，争论不休。

"长于调和"的汪精卫发言了："过去吴稚晖、李石曾、张溥泉诸君都是无政府主义者，我们已经承认他们为国民党员。如何对于共产党员又不允许他，这是什么道理？……且党章上已有纪律专章，对于党员违反党义有所制裁。则党员跨党一层亦可不必过虑。从前既然已经允许，又是经过慎重考量，况且共产党又系国际的团体，更不碍于本党的了。"

"对方君的提案，我表示反对。"廖仲恺开门见山地发言了，他时而挥舞着右手，旗帜鲜明地阐述自己的观点，时而语重心长地说话，使人默默沉思，"我们第一要问，我们的党是什么党，是不是国民党？第二要问，我们的党是否有主义的，是否要革命的？如对于我们的主义能服膺，革命能彻底，则一切皆可不生问题。且加入本党的人，我们只认他个人的加入，不认他团体的加入。只要问加入的人，是否诚意来革命的，此外，即不必多问。这次共产党人加入，正是本党一个新生命。诸君如果不以为然，请先闭目静想。况且他们亦不是来拖累我们的，是与我们同做国民革命工夫的。请大家思之，重思之。"他义正词严，掷地有声的发言，激起了一阵阵的掌声和赞许声。

形势急转直下。另一位"长于调和"的胡汉民做总结发言了："现听大家的讨论，实际上并没有什么争执，不过讨论之焦点，在怕违反本党党义和违反党德党章。但此种顾虑，只要在纪律上规定即可，现在纪律已订有专章，似不必再在章程上用明文规定何种取缔条文，惟申明纪律就可以了。"

湖南代表毛泽东提议停止争论：

"请付表决"。

"表决！""表决！"大多数代表赞成这个提议。

事后，胡汉民向加拿大支部代表黄季陆解释他的苦衷："不许跨党案若被通过，而总理又不在场，我如何交代得了！"

不管怎么说，方瑞麟提案终于被否决了，《中国国民党章程》终于通过了。

中国国民党原是实行总理制。会议期间，孙中山主动提出取消总理制，建议成立委员制。好些人觉得很诧异。孙中山恳切地向他们解释："当前次大家灰心的时候，我没有法子，只得一人起来担负革命的责任。现在有很多有新思想的青年出来了，人民的思想觉悟也提高了。如果仍然沿用总理制，则万一将来我不死于床笫，而死于枪林弹雨之中，你们怎样办？所以我建议以后取消总理制，成立一个中央委员会，选出一批中央委员，大家共同负责比较好。"

大会通过了孙中山的建议。

中央执行委员和监察委员的名单，先由出席代表以多数推举，再由孙中山提出，经过选举通过。推选名单中，本来有孙科的名字。由于孙科曾经发表过反苏反共的论调，表示不赞成改组，孙中山便把孙科的名字勾掉："不要以为他是我的儿子就要选他。还是把这个名额留给真正赞成改组的老同志吧。"

30 日上午，大会选举了孙中山、胡汉民、汪精卫、张静江、廖仲恺、戴季陶、谭平山、李大钊、于树德等二十五人为中央执行委员，邵元冲、邓家彦、沈定一、林伯渠、毛泽东、瞿秋白、张国焘等十七人为候补中央执行委员，选举了邓泽如等五人为中央监察委员，蔡元培等五人为候补中央监察委员。

选举前夕，廖仲恺提出一项临时动议，要求在大会宣言政纲的对外政策部分，加入三项内容："一、租界制度于二十世纪之今日尚任其存在于中国，实为中国人民之耻辱，应由中国收回管理。二、外国人在中国领土内应服从中华民国之法律。三、庚子赔款当完全划作教育经费。"

大会宣言草案原先包括有收回租界、收回海关、废除不平等条约等内容。黄季陆和一些代表顾虑这些要求将会刺激列强，使得华侨在国外的处境更加恶化。主张把这些具体要求删掉，代之以笼统抽象的词句。主持宣言最后定稿的胡汉民，接受了他们的意见。孙中山知道了，不由十分愤慨："本党此次改组，如果还不能把反对帝国主义的纲领提出来，中国革命至少还要迟二十年才能成功。可叹！"他指示廖仲恺："你来提出临时动议。"这样，当天的会议一开始，廖仲恺就提出变更议程，先行讨论这项提案。

孙中山立即表示支持廖仲恺的提案："本案议决加入政纲内，原属甚善。现在咨询本案加入政纲对外政策，有附议者请举手。"

附议者在十人以上，廖仲恺的提案列入了议程。

孙中山问："还有没有议论？"

吉林代表李希莲说："查政纲中对外政第一、二两款已将提案主旨完全包括无遗，本案实非必要，请大家细细一看即知。"

安徽代表张秋白赞成廖仲恺一案："本案加入政纲是不容讨论的。本席固极赞成加入，并请即付表决。"

巴城支部代表李国瑞反对廖仲恺提案："本席对于此案亦甚赞成，但加入政纲中，则期期以为不可。因为宣言是在会议期中所议决的，不能在同一会议期中又来增改。本席为尊重本会议决案起见，所以不赞成加入。但此乃议事时间的问题，非可以加入不可以加入的问题，请大家注意。"

会议对此大有争辩不休而影响当天整个议程的可能，廖仲恺连忙递了一张纸条给孙中山："会场形势不佳，本案请总理自行说明。"

看了纸条，孙中山立即发言："本案加入政纲中，本总理非常赞成。当初起草宣言的时候，本总理曾嘱于对外政策应列举事项。现在政纲中的对外政策，乃将此三件事情忘却，虽有概括之规定，犹嫌未能明白。本总理以为应将这三件事大书特书……现在趁大会尚未闭会，赶紧将这个意思加入政纲对外政策中实为必要，本总理对此提案亦加入附议。"

这番话，说得情绪激昂，态度严肃，语调也异常沉重，使得原来反对这个提案的代表也不禁折服了。顿时，会场鸦雀无声。孙中山见没有人再表示反对意见，便说："现在不要多费讨论，如大家认为可以加入，即由本总理修正文字便可。"

许多代表朗声响应："请付表决。"

孙中山非常高兴，高声说道："现付表决。赞成本案通过由本总理修正文字者请举手！"

全体代表举手，廖仲恺提案终于通过。

国民党改组成功了，新三民主义确立了，国共合作实现了。中国革命史上一个前所未有的巨大高潮，从此澎湃而起了。

正确的决议如果不付诸实践，研究不过是一纸空文。国民党"一大"之后，孙中山为贯彻"一大"决议孜孜不倦，劳碌奔波。

就在"一大"期间，向国民党党员和全国人民宣传新三民主义，成了孙中山的重大使命。他从1924年1月27日开始，在广东高等师范学校礼堂系统地讲述三民主义，每周演讲一次，每次两小时，自春而夏至秋，风雨无阻，一共讲了十六次。其中民族主义六讲，民权主义六讲。8月3日，开始讲述民生主义，可惜，刚刚讲了四讲，北伐事务繁忙，不得不中断了。

在这些讲演中，孙中山十分注意用浅显生动的语言和故事来阐述深奥的道理，务求听众明白易懂。有一次，他在讲演民族主义时，先给大家讲了一个故事：

"我少年时候在香港读书，有一次看见很多苦力聚集在一处休息。他们有的在哈哈大笑，有的在摇头叹息，还有的在赌博，我觉得很奇怪：那大笑的是笑什么，既然有人大笑，为什么同时又有人叹息呢？便上前去问个明白。有一个苦力说：'后生哥，你读书好了，知道我们的事于你无益，又何必打听？'又有一个说：'我告诉你吧，我们有个工友，天天在轮船码头，拿一根竹杠和两条绳子替旅客挑东西，辛辛苦苦地积存了十块钱，买了一张吕宋彩票。因为无家可归，所以他就把所买的彩票藏在竹杠之内，因为彩票藏在竹杠之内，不能随时拿出来看，所以他把彩票的号数死死记在心头，时时刻刻都念着。到了开彩的那一日，他便到彩票店内去对号数，不料自己一下中了头彩，可以发十万元的财。他喜到上天，几乎要发起狂来，以为从此便可不用竹杠和绳子去做苦力了，可以永久做大富翁了。由于这番欢喜，他把手中的竹杠和绳子一齐投入海中，他跑到彩票店去探问领奖的手续。票房人告诉他，拿中奖的彩票到指定的银行，便可领取奖金和开户存款。这时，他才猛然想起彩票藏在竹杠里，便拼命跑回到海边找竹杠；可是哪里还有竹杠的影子呢？我们笑的是他钱还未到手，就把竹杠丢了；叹息的是他辛苦大半辈子，现在放着一个现成的富翁却做不成。而且因受刺激过大，神经变得错乱了，到现在还没有上工呢……'"

讲到这里，孙中山话锋一转："吕宋彩票好比是世界主义，是可以发财的。竹杠好比是民族主义，是一个谋生的工具。……不要竹杠……不但世界上的大主人翁做不成，连自己的小家产都保守不稳……此后我们中国人如果有方法恢复民族主义，再找得一根竹杠，那么就是外国的政治力和经济力无论怎么样来压迫，我们民族就是在千万年之后，决不至于灭亡。……强权打破以后，世界上没有野心家，到了那个时候，我们便可以讲世界主义。"

孙中山在演讲民权主义，讲到"权"与"能"要区分的时候，他又讲了一个有趣的故事：

"在上海，我有一天和一位朋友约定了时间，要到虹口去商量一件事。可是，一直到了约定时间前的 15 分钟，他才记起了这次约会。

我住在法国租界，距离虹口很远。如果步行，15 分钟内根本不可能赶到。我走出家门，见迎面来了一辆汽车，连忙拦住问司机：'15 分钟之内，可不可以走到虹口？'

司机沉思片刻，肯定地回答：'一定可以赶到。'

我很是高兴，连忙上车。

汽车匆匆向目的地驶去。上海的道路，我还是比较熟悉的。由法租界到虹口，好比由广州沙基到东山一样，一定要走长堤和川龙口，才是捷径。但是，司机偏偏选择一条弯弯曲曲的道路。当时，汽车走得飞快，声音很大，我不能够和司机说话，可心里很不高兴，以为他是故意和自己捣乱。但出乎意料。不到 15 分钟，汽车到了虹口。

怨气顿消。我惊讶地问司机：'为什么要弯弯曲曲地走这一条路呢?'

司机笑了笑，说：'如果走直路，便要经过大马路，大马路的电车、汽车、人力车和行人货物的来往是很拥挤的，是很不容易走通的。'

经这么一说，我才明白过来，才晓得自己的想法原来是不切实际的。假若当时我不给司机以全权，由他自由去走，要依我的走法一定是赶不到。因为我信他是专门家，不掣他的肘，他要走哪一条路便去哪一条路，所以能够在预约时间之内，可以赶到。"

说着说着，孙中山自自然然地把演说转到"权"与"能"这个主题上来："我们实行民权，便不要学欧美，要把权与能分得清清楚楚。……国家的政治，根本上要人民有权；至于管理政府的人，便要付之于有能的专门家。把那些专门家不要看作是很荣耀很尊贵的总统、总长，只把他们当作是开汽车的车夫，或者是当作看门的巡捕，或者是弄饭的厨子，或者是诊病的医生，或者是做屋的木匠，或者是做衣的裁缝，无论把他们看作是哪一种的工人，都是可以的。人民要有这样的态度，国家才有办法，才能够进步。"

积数十年的经验、教训，孙中山认识到"国民革命之运动，必恃全国农夫、工人之参加，然后可以决胜，盖无可疑也"。国民党"一大"结束以后，孙中山主持召开一届一中全会，确定设立工人部，由廖仲恺任部长，共产党员冯菊坡任秘书。

1924 年 5 月 1 日，孙中山出席了广东各界国际劳动节纪念大会，鼓励中国工人"要废除中外不平等的条约……做全国的指导，做国民的先锋，在最前的阵线上去奋斗"。

孙中山、廖仲恺坚决支持工人的正义斗争。从此，广东的工人运动变得如火如荼，蓬蓬勃勃。

7 月，广州沙面举行罢工，数千名工人反对帝国主义限制中国人自由出入沙面租界的新警律,坚持斗争一个多月,终于取得了胜利。

8月27日,广东工团军成立,而且立即进行军事训练。

对国民党内的不良分子,孙中山更是努力清除,撤职查办广东兵工厂厂长马超俊,便是一个事例。

借着孙科推荐,马超俊当上了广东兵工厂厂长。他长期积欠工人工薪、盗卖兵工厂枪械弹药给地主武装、土匪,经常用护厂武装恫吓工人,引起了工人的愤慨。工人们要求组织工会,马超俊认为兵工厂顶多只能成立俱乐部,不准组织工会。官司打到廖仲恺那里,廖仲恺接见工人代表,坚决支持他们的要求:"兵工厂工人组织工会有什么不好?铁路工人组织工会,参加东江讨陈战争很有成绩。兵工厂工人也可以像他们一样干起来。你们马上回去选出代表,把工会搞起来,我用电话通知马厂长就行了。"马超俊见是廖仲恺同意工厂组织工会,才不敢哼声。

兵工厂成立了工会,工人们由国民党特别党部秘书,共产党员罗绮园带领,向马超俊索薪[20]。马超俊却是一味拖延,今天说明天发,明天说后天发。工人们非常气愤,在工厂内外,挂起一长列瓦煲,两旁大书:"出粮无期,沙煲挂起"的大标语。马超俊回到厂里,见状大怒,咒骂工人:"有意捣乱,形同造反。"竟然勒令护厂队把工人代表扣留起来。

马超俊的工贼面目暴露无遗了,激起了全厂工人的愤怒,也引起广州工人的义愤。廖仲恺马上用电话警告马超俊,批评他破坏扶助农工政策,限令他立即释放工人代表。

马超俊被迫释放了工人代表,却又指使他的老婆出马,邀请工人代表吃饭,说什么"马厂长和大家都是机器工人,什么事情都容易商量,现在大家急要钱用,我可以先给大家"。跟着,每人发给五十元港币。有意思的是,只有一个代表收下了钱,其他代表们却拒绝接受。

工人代表回到工厂,工会马上召开全厂工人大会,公布马超俊收买代表的卑鄙行为。收钱的那个代表在会上也承认错误,说出了受贿经过,并且当场把五十元港币交了出来。

马超俊的兄弟、总务科长马治和恼羞成怒,强令护厂队包围工人,扬言要将那个代表拘捕治罪。工人们当即声明,如果护厂队胆敢拘捕工人,工人们必然针锋相对，立刻回车间取出机关枪对抗。

马超俊闻讯赶回工厂，见众怒难犯，连忙令护厂队撤退，让工人回家静候解决。但马超俊转过身来，却又捏造事件，诬蔑工人聚众要挟，图谋不轨，开列黑名单，呈请政府缉拿工人代表。公安局局长吴铁城也果然下令拘捕了许多工人。一时间，马超俊不可一世，得意扬扬地把公安局的通缉令和厂方恫吓工人的布告，在工厂内外大肆张贴。

是时，孙中山正在韶关督师北伐，廖仲恺也已经辞去了广东省省长的职务，国民党右派认为机不可失，正要放手打击工人运动。正可谓是，道高一尺，魔高一丈，兵工厂的工人也罗列了马超俊十二条罪状，报由廖仲恺转请孙中山查明办理。

孙中山闻报大怒，马上下令撤销马超俊职务，释放被捕工人，委派兵工厂前厂长朱中和负责查办。

消息传出，广东工人无不欢欣鼓舞；而国民党右派分子、工贼，一时间像是一堆泄了气的皮球。

孙中山还特意在国民党中央设立农民部，任命共产党员林伯渠担任部长，彭湃担任秘书。农民部制订了农民运动计划，举办农民运动讲习所，颁布《农民协会章程》，派遣农民运动特派员到广东各地组织农民协会和农民自卫军，积极开展农民运动。

1924 年 7 月，广东省第一次农民大会开幕。孙中山看到许多穿着破烂衣服，赤着双脚的农民，挑着箩筐扁担从四面八方赶到广州参加大会，十分感动，高兴地对宋庆龄说："这是革命成功的起点。"[21]

7 月 28 日，孙中山出席了"在中国是破天荒的第一件事"的广州农民联欢会，号召农民要结成大团体，挑选出各家各户的壮丁来组成农民自卫军："你们能够这样进行，政府还可以从中帮助，用极低的价卖枪给你们。你们有了枪，练成了很好的农民自卫军，便是中国第一等的主人翁，能讲很有力的话。"

在国共两党同心协力、卓有成效的工作下，广东农民运动犹如雨后春笋般迅猛发展起来了，到 1925 年 5 月，全省二十二个县有农会组织，会员达二十一万，到处洋溢着蓬勃的革命气息，"惊起全国农民运动"。

民族振兴的追梦者——孙中山

孙中山把中国的希望寄托在年青一代的身上，鼓励他们"要立志做大事，不可想做大官"。一天，有两三个部长级的老国民党党员来找孙中山聊天。孙中山派人出来说："孙先生头疼，不见客。"这几个老国民党党员只得怏怏不乐地走了。

大约过了半个小时，恽代英、邓中夏等几个年青的共产党员来拜访孙中山。孙中山不但马上接见，而且和他们亲切地交谈了三个钟头。

一时间，在场的何香凝简直是莫名其妙了。

送走了客人，孙中山见何香凝带着疑惑的目光望着自己，便告诉她："我觉得和那几个人谈话不投机，还不如不谈好。这些青年就不同了。别单从外貌看他们穿得有点破旧，可是中国将来就完全靠这些有为的青年了。"

后来，宋庆龄也回忆说："孙中山经常了解到中国革命的成功必须依靠青年的热情和支持。甚至在他最忙碌的日子里，他也从不拒绝那些成群跑来找他谈话的男女青年们。他时常不得不请那些事务繁忙的人等上几小时或几天——但从来不让青年学生或那些年轻、热情而纯朴的工人和农民等候他。对于这些人，他的门永远是敞开着的。如果有人抗议说：青年们年轻，有时间等待。他就会回答说：国民党的主义只有中国青年才能完成，老的领导者们随着年月的消逝，有的死了，有的动摇了；只有青年们才是坚决的，能克服一切的。"[22]

中国工农运动的兴起，中国人民革命热情的高涨，使得帝国主义列强坐立不安，加紧了对中国革命的干涉。广州政府决定接收湖北的俄租界，汉口的法国领事却跑出来制造借口企图加以阻挠，这就激起了中国人民的义愤。北京、上海各地很快成立了反帝大同盟，广泛掀起了废除不平等条约的反帝运动。1924 年 9 月 10 日，中国共产党发表第三次对时局宣言，号召全国人民反对帝国主义，推翻直系军阀统治。

孙中山从工农运动中吸取了政治养料，反帝反封建的斗志更加坚决："对于外国之帝国主义及国内之专制余孽，务当摧陷而廓清之。"

青年军官罗桂芳眼看到帝国主义列强的蛮横行径，内心非常气愤，自告奋勇地向孙中山请缨："请大元帅给我十支驳壳枪，我便把广东海关接收过来！"

当时，好些人说罗桂芳是"大炮罗"，担心他的做法会引起列强干涉。孙中山却很赞赏罗桂芳的热情和勇气，立即任命他为广东海关监督，让他率领十名士兵前往接管广东海关。

罗桂芳果然率领十名士兵来到海关，平日惯于作威作福的外籍税务司，面对着荷枪实弹的士兵，不敢放肆了。罗桂芳一枪不发地把广东海关接管过来。

喜讯传到孙中山那里，他笑逐颜开，分外赞扬罗桂芳："谁说罗桂芳'大炮'，其实，罗桂芳是有胆有识。说罗桂芳是'大炮'的人，是怕洋人怕惯了吧！"

要使一个正确的思想得到贯彻，要使一条正确的路线得到施行，是需要经过反复斗争的！国民党"一大"以后，孙中山为贯彻执行联俄、联共、扶助农工的政策，竭尽了全力。可是，一些国民党人仍在或明或暗地抵制"一大"确定的方针、政策。"一大"闭幕不久，胡汉民便向孙中山提出要组织一个民族国际，以"打破共产党的阴谋诡计"。邓泽如、刘成禺、谢英伯、冯自由一伙更是集会，通过"警告李大钊等不得利用跨党机会以攘窃国民党党统案"。

孙中山为此用很多的精力反复向这些人做说服教育工作，乃至进行斗争，希望那些"非俄派"人物会认识错误，"不得再起暗潮"；劝告那些悲观或疲沓的国民党员要"以共产党人为榜样，像共产党人一样地为革命辛勤工作，不怕牺牲"[23]。1924年3月2日，孙中山发表《通告党员解释本党改组容共意义书》，恳切地说："俄诚足为吾党借镜之资，而亦当引为吾国互助之友。盖以言主义，则彼此均能吻合，以言国情，则彼此有若弟兄。国民党和共产党彼此既志同道合，则团体以内无新旧分子之别。并且容共可以使吾党之新机于是乎生。"斥责那些反对"容共"的人，"非出诸敌人破坏之行为，即属于毫无意识之疑虑。"

斗争并没有停息。6月1日，国民党广州市党部执行委员孙科、黄季陆，向国民党中央提出制裁共产党人所谓不法行为的反共提案。18日，中央监察委员邓泽如、张继、谢持以共产党人在国民党内组织党团为借口，向国民党中央抛出《弹劾共产党书》。

面对着这股逆流，孙中山不为所动。他在《民生主义》第二讲中，又批评了那些反对共产党员的国民党人："我们对于共产主义，不但不能说是和民生主义相冲突。并且是一个好朋友，主张民生主义的人应该要细心去研究的。共产主义既是民生主义的好朋友，为什么国民党员要去反对共产党员呢?" 8 月 20 日，他主持中央政治委员会第六次会议，通过关于"国共合作"和"国民党与世界革命运动"两个问题的草案，指出"谓本党因有共产党员之加入，而本党主义遂以变更者，匡谬极戾"；"谓本党因有共产党员之加入，而本党团体将以分裂者，亦有类于杞忧"。"证之本党改组以后发展情形，益可以无疑。"

孙中山坚持不懈地宣传自己的信念。一天，他在韶关火车站前面的一座楼上讲演民生主义，当说到"民生主义就是社会主义"，"是进入'大同世界'所必由之路"时，眼睛里充满着兴奋、向往的神采。张继、居正听了，觉得这话说得太刺激，太过火，想建议孙中山修改，希望能把话说得婉转一些。他们碰过钉子，不敢当面去说，便委托大本营秘书长谭延闿转达。孙中山听了，摇着头，对谭延闿说："这是我亲笔写的，是我亲口当众讲的，一切由我负责，不可更改。"

孙中山的意见传达给了张继、居正。他们还是要谭延闿把自己的意见再转达一次。孙中山听罢，严肃地说："绝不可以。不可有半字的改动。"

他们还是不肯罢休。谭延闿第三次又来转达张继、居正的意见。这次，孙中山生气了："组庵[24]，难道你也不相信我吗? 为什么偏要听他们的话，一再来代他们请求呢? 我决不会修改的，你把讲稿拿去付印吧!"

谭延闿见是如此，只得拿着讲稿送印。孙中山思索片刻，还是不放心，追上前去，严肃地吩咐："组庵，你要马上送印，如有半字更改，我将唯你是问。"

能够说是孙中山主观独断，听不得别人的意见吗? 不，孙中山还是勇于接受部下意见，勇于改正错误的。

一次，孙中山在广东省议会上发表演说，讲到修身治国平天下，他说，西洋人也重视修身，他们出则衣履整洁，纽扣必结，须面必剃，革履必擦，指甲必去污垢……

会后，一些随行人员议论开了，说今天孙中山的讲话恐怕有错。中国人讲修身，主要是从品行上讲的，所谓意诚而后心正，心正而后修身，以身作则乃为士民之范，这是从内在来讲的。今天先生所举的西洋人的例子，是指讲卫生，不是中国人所指的修身。这与中国人所讲的"正其衣冠，尊其瞻视"一样，是属外表范围，不是修身的重点。

这些议论被孙中山听到了。他沉思了好一会，猛地说："那不是我错了？"

随行人员点着头："这事恐怕是先生弄错了。"

孙中山说："错了就得改正，不可让它谬种流传；但我的讲稿已发给了报馆付印，怎么办？"

随行人员建议马上派人把原稿取回来。

孙中山说："对，应该马上取回来。"

深夜，孙中山的卫士匆匆赶到各间报馆，收回了正要付印的讲稿。

孙中山不肯听从张继、居正的意见，应该归之于他执行联俄、联共、扶助农工政策真诚而执着的感情吧。

在《回忆孙中山先生》中，何香凝有一段话，很好地概括了国民党"一大"前后孙中山的苦衷："孙先生在百忙之中，亲自来抓党员的思想建设工作，就是希望党内全体同志都有正确的革命思想目标，希望党内的右派人物会认识错误，回心转意，赞成三大政策。很多同志都在这个时期接受了孙先生的教导，如柳亚子、彭泽民等，后来成为国民党左派的骨干。可是头脑顽固、思想反动透顶的右派人物，虽经孙先生反复理喻，却转变不多，或则表面随和，实际阳奉阴违，甚至有的死硬反对到底，终于变成革命事业的敌人。"

这也是无可奈何的事。

注释：

[1]《列宁全集》第十七卷，人民出版社1959年版，第457页。

[2] 美克齐美是 Maximalist 之音译，过激党之意。

[3] 转引自陈锡祺：《孙中山与辛亥革命论集》，第175页。

[4] 马林，原名亨德利库斯·斯内夫利特。荷兰人，1883年生，1907年马林加入荷

民族振兴的追梦者——孙中山

416

兰社会民主工党，从事铁路工会活动。1914年，他在爪哇建立了东印度社会民主联盟。马林出席了共产国际第二次代表大会，成为共产国际执行委员会委员，民族和殖民地问题委员会秘书，会后，被任命为共产国际驻中国代表。

[5]《毛泽东选集》第四卷，第1360页。

[6][7][14]《宋庆龄选集》，人民出版社1966年版，第465页。

[8]《宋庆龄选集》，人民出版社1966年版，第462页。

[9]十二年，即民国十二年，1923年。

[10]1923年1月1日，苏维埃社会主义共和国联盟正式成立。

[11]1923年春，越飞因病回国，孙中山托他带信给苏联政府，请求苏联政府支援中国革命。信中说："为了改造国民党，建立革命军队和为了进行统一中国的北伐战争，希望得到声援、支持和帮助，并希望对拟议中的各项事业给以财政援助。"（《中国革命与苏联顾问》，中国社会科学出版社1981年版，第19页）5月1日，苏联政府致电孙中山，表示苏联准备给中国以必要的援助。根据协定，开始援助的主要形式是向中国派遣军事顾问、政治顾问以及其他的顾问。鲍罗廷为首席政治顾问。

[12]越飞因病回国后，苏联政府任命副外交人民委员加拉罕为首任驻华大使。

[13]《宋庆龄选集》，人民出版社1966年版，第373页。

[15][16]《宋庆龄选集》，人民出版社1966年版，第109页。

[17]广东高等师范学校礼堂，今广州鲁迅纪念馆正厅。

[18]他们是：陈独秀、李大钊、谭平山、于树德、沈定一、詹大悲、谢晋、林伯渠、李维汉、夏曦、袁达时、于力舟、张国焘、毛泽东、胡公冕、宣中华、廖乾五、朱季恂、韩麟符、王尽美、刘伯垂、李立三、陈镜湖、李永声。

[19]列宁于1924年1月21日逝世。

[20]当时广东兵工厂直属大元帅府，工薪虽偶迟发，但基本上是照发的。马超俊借机克扣及挪作其他经营。

[21]《宋庆龄选集》，人民出版社1966年版，第21页。

[22]《宋庆龄选集》，人民出版社1966年版，第39-40页。

[23]《宋庆龄选集》，人民出版社1966年版，第466页。

[24]组庵是谭延闿的字。

第二十五章 | 手造黄埔军校

"到黄埔去！"

这是广大青年喊出的响亮口号。

黄埔为什么能吸引那样多的有志青年呢？这是因为国民党"一大"以后，那里出现了新生事物——黄埔军校。

就像新生事物的成长都要经历的那样。黄埔军校的产生和发展，也有着一段曲折的过程。

辛亥革命之后，孙中山在与南、北军阀的斗争中，差不多都是利用民军打仗，利用一个军阀打另一个军阀，结果是自己连连碰得焦头烂额。

马林在桂林与孙中山会晤时，曾经建议孙中山创办军官学校，建立革命军的基础。孙中山回顾了以前的教训，从心底里赞同这个建议。可是，那时他正忙于准备北伐，还不可能付诸实施。

"革命同志"陈炯明发动政变，"炮攻观音山，拆南方政府的台……做敌人所做不到的行为"。这个反革命事件，犹如晴天霹雳，深刻地教训了孙中山。孙中山痛定思痛，深切感受到，要继续革命，非要建立真正的革命军队不可。

俄国十月革命的成功和国内战争的胜利，使得孙中山大开眼界。他看到俄国"革命一经成功，便马上组织革命军；后来因为有了革命军做革命党的后援，继续去奋斗，所以就是遇到了许多大障碍，还是能够在短时间之内大告成功"。觉悟到中国革命"只有革命党的奋斗，没有革命军的奋斗：因为没有革命军的奋斗，所以一般官僚军阀便把持民国，我们的革命便不能完全成功"。

找到了症结，孙中山便痛下决心"仿效俄国"，创办军官学校，培养革命军事干部，建立一支"为三民主义去奋斗，为三民主义去牺牲"的革命军。

1923 年 2 月，廖仲恺、越飞的热海会谈，详细讨论了筹办军官学校事宜。8 月 5 日，马林在上海会见蒋介石，商谈了蒋介石奉派去苏联考察的事。最后由孙中山决定，组成了由蒋介石任团长，有共产党人沈定一、张太雷、王登云参加的"孙逸仙博士代表团"，赴苏考察军事、政治和党务。

"孙仙逸博士代表团" 8 月 16 日从沪启程赴苏，9 月 2 日抵达莫斯科。按照孙中山的指示，代表团向苏联政府提出三点要求："一、代表团希望革命军事委员会派人到华南，仿照红军编练中国军队，派去的人愈多愈好。二、代表团希望革命军事委员会为孙中山代表提供方便，以考察红军。三、代表团请求共同商讨中国作战方案。"

代表团在苏联逗留三个月，参观了苏联红军和各种军事学校，学习了红军的政治工作和军事训练的方法。这些，都为后来建设黄埔军校打下了基础。

1923 年 10 月 15 日，国民党党务讨论会通过了"设陆军讲武堂于广州"的提案。接着，临时中央执行委员会批准了这个方案，决定命名为"国民军军官学校"，呈请孙中山亲任校长。孙中山任命廖仲恺和鲍罗廷一起具体筹划开办学校和选定教职人员。

国民党"一大"期间，孙中山又将原定的"国民军军官学校"确定为"中国国民党陆军军官学校"，校址黄埔，成立陆军军官学校筹备委员会，蒋介石任筹备委员长，王柏龄、李济深、沈应时、林振雄、俞飞鹏、宋荣昌、张家瑞任筹备委员。

正当筹备工作日趋紧张之时，蒋介石以"环境恶劣，办事多遭掣肘"为由，于 1924 年 2 月 21 日向孙中山提出辞呈："所有军官学校筹备处已交廖仲恺先生代为交卸，乞派人接办"，拍拍屁股跑回上海去了。

看了蒋介石的辞呈，孙中山不由皱着眉头，立刻挥笔批示："务须任劳任怨，百折不回，从穷苦中去奋斗，故不准辞职。"

孙中山创办黄埔军校的决心，是谁也阻挠不了的。他马上委派廖仲恺出任筹备委员会代委员长，保证筹备工作照常进行。

筹备处从成立到5月5日第一期学生入学，历时三个多月，召开了三十二次会议，议定了修理校舍、订定校章、任命教职员、招考学生和第一期学生教练计划。

招考学生是一件艰巨的工作。筹备委员会委托国民党"一大"代表回到各地选拔优秀青年来校应考，廖仲恺特别声明："请各代表对于介绍青年军官学生特别注意，必其人明白本党主义，且诚实可靠，能做事，方可入选。"

中国共产党中央执行委员会也指示各地党组织注意选送党、团员和进步青年投考。

1924年3月27日，各地初选来的考生集中在广东高等师范学校参加总复试。4月28日揭晓，在1 200多考生中，录取正取生350人，备取生120人。稍后，四川省继续送来20人，军政部长程潜办的讲武堂100多名学生，也编进了第一期。周恩来回忆说："当时黄埔军校有六百学生，大部分是我党从各省秘密活动来的'左倾'青年，其中党、团员五六十人，占学生的十分之一。"

中国共产党根据革命需要，陆续选派了周恩来、恽代英、肖楚女、熊雄、聂荣臻、张秋人、鲁易、金佛庄、安体诚、包惠僧、高语罕等一批共产党员到黄埔军校任政治教官。

苏联政府按照孙中山的请求，也先后派遣了数十名军事干部组成顾问团到黄埔军校工作。孙中山十分高兴地接见顾问团成员，向他们说："我们要按照苏维埃的军事制度来组织革命军队。要在南方建立北伐战略基地。你们在从国内驱逐帝国主义及其走狗的斗争中得到了丰富的经验，我们希望，你们能够把这些经验传授给我们的学员——革命军队未来的军官们。"

5月3日，孙中山任命蒋介石为黄埔军校校长。

黄埔岛距离广州约四十里水路，汽船一个小时便可到达。小岛方圆二十多里，林木葱茏，山峦起伏，内有长洲炮台，南连虎门，是广州的第二门户。过去，在这里曾经办过广东陆军学校和海军学校，只是年久失修，败瓦颓垣，荒烟蔓草，早已成了废墟。孙中山认为黄埔岛四面环水，隔离城市，地当枢要，实在是军事重地，也便于兴学讲武，便指定开发为陆军军官学校校址。

学员入校，乘坐海轮驶入虎门，远眺珠江两岸山脉，映入眼帘的，首先就是十分醒目的"打倒帝国主义！""打倒军阀！"两幅巨大标语。走进黄埔军校，学员们唱的第一首歌是《国际歌》，第二首是校歌："莘莘学生，亲爱精诚，三民主义，是我革命先声。革命英雄，国民先锋，再接再厉，继续先烈成功。同学同道，乐遵教导，终始生死，毋忘今日本校。以血洒花，以校作家，卧薪尝胆，努力建设中华。""怒潮澎湃，党旗飞舞，这是革命的黄埔！主义须贯彻，纪律莫放松，预备做奋斗的先锋！打条血路，引导被压迫民众。携着手，向前行；路不远，莫要惊。亲爱精诚，继续永守，发扬本校精神，发扬本校精神。"

黄埔军校，激荡着革命的歌声，充满着朝气蓬勃的革命气氛。

1924 年 6 月 16 日，黄埔军校隆重举行开学典礼。

主席台上摆着一张长条桌，上面铺着白布。主席台正中央挂着军校校训："亲爱精诚"。两边的对联是："养天地正气""法古今完人"。学生们一律穿着中山装[1]式的黄色卡基布军装，精神饱满，气宇轩昂。身穿白色中山装，头戴白通帽的黄埔军校总理孙中山亲自主持典礼，发表长篇演说：中华民国成立以后，中国革命由于没有一支革命军而失败了。"如果没有好革命军，中国的革命永远还是要失败。所以，今天在这地开这个军官学校，独一无二的希望，就是创造革命军，来挽救中国的危亡。"孙中山尤其要求学生要有高深学问做根本，"造就高深学问的方法，不但是每日在讲堂之内，要学先生所教的学问，还要举一隅而三隅反，自己去推广。在讲堂之外，更须注重自修的工夫，把关于军事学和革命道理的各种书籍及一切杂志报章，都要参考研究。研究有了心得之后，一旦融会贯通，自然可以发扬革命的精神，继续先烈的志愿，舍身流血，造成中华民国的基础，使三民主义完全实现。革命大告成功，像俄国一样，我们中国才可以同世界各国并驾齐驱，中国的民族才可以永远的生存于人类"。

黄埔军校早期的编制，设总理、校长和党代表，组成校本部。总理是学校最高领导，统理一切。校长在总理之下处理校务事项。党代表对学校实行监督和指导，务使学校人员遵行革命政策；凡属学校文书、命令，没有党代表附署一律无效。

校本部之下成立教导团。孙中山"鉴于苏俄革命之成功，实赖于采取党代表制之红军，特于教导团成立之始，委派各级党代表，施以切要之政治工作"。团的各级指挥官、党代表和班、排骨干都由本校教官、学生队长和毕业生担任。

建立政治工作制度和推行党代表制度，正是黄埔军校区别任何旧式军校的根本所在。孙中山委任廖仲恺为校本部党代表，保证学校贯彻执行国民党的方针政策，防止它成为个人独断独裁的工具。廖仲恺就任以后，与国民党左派和共产党人密切合作，竭尽全力克服困难，努力办好军校，被师生们誉为学校的"慈母"。

黄埔军校经费不足和武器短缺，成了孙中山和廖仲恺最棘手的问题。

当时，驻防广东的滇、桂系军阀，表面上虽然接受孙中山的指挥，实际上却是各据防区，把持财政，多方面阻挠筹办黄埔军校。何香凝曾经辛酸地回忆："为了办好黄埔军校，仲恺也不断和当时把持广东财政的军阀杨希闵等做斗争。他常常夜里要到杨希闵吸食鸦片烟的烟床旁边去等杨希闵签字，然后才能领到款来，送去黄埔军校。黄埔军校几百学生的学费、宿费、伙食费，甚至连服装费、书籍文具费用，都是政府供给，而这些钱就是这样辛苦筹来的。"

张治中回忆的艰苦创校的情况，至今读来也令人慨叹不已："我们常常听到廖先生同我们讲起筹款时种种困难的时候，他几乎落下泪来。他晓得本校明天的伙食就没有了，他在今天就四出奔跑设法，一直到了下午八九点钟，还没有得着一个钱的时候，他只好跑到军阀的公馆里面去。这一些军阀总是正靠在烟榻上抽大烟，我们廖先生本来是一个革命党员，对于这班军阀的情形怎么能看得惯？但是他不得不为我们牺牲身份，也靠在大烟床上陪着军阀谈笑，等到军阀高兴了，他才提出某一个地方有一笔款子可以让他去收一收，只说有一个紧急的用途，始终不敢提起到是为黄埔学生的伙食，然后这班军阀才答应了廖先生，廖先生真是'黄埔的慈母'。"

黄埔军校开学前夕，孙中山批示发给军校三百支粤造七九毛瑟枪。但是，广东兵工厂也由滇、桂军阀控制了，厂长只是多方推宕，就是不肯给枪。廖仲恺跑去交涉了多次，开学时候，才拨来三十支毛瑟枪。这三十支枪，只够守卫学校用。

苏联顾问团电请苏联政府赠送一批军械。

苏联的第一批军械运到广州，黄埔军校师生欢欣雀跃，情景令人十分感动。王柏龄在《黄埔创始之回忆》中，就谈到当时的情景：

"在一天的下午，总理来了电谕，说苏俄补充我们的枪械船，快到了，叫我们预备收。哈！哈!! 天大的喜事，全校自长官以至于学生，无不兴高采烈，尤以一般要革命的学生，喜得无地自容，拍手打掌，说今后革命有家伙了，不愁了。眼望远航船之到来，日如望岁。然而不久就知道，明日下午可到。于是大家忙起来了，收拾储藏的地方，保管点收的人员，俄国兵船官兵的招待，绳子，杠子，真是忙得不亦乐乎。夕阳将向西了，炮台上的了望，报告快到了。我与多数人都跑到校门外，码头上迎候。远远见白色三烟囱的兵船出现了，满船挂起旗饰，船尾上悬的一面红旗，角上有白的，是斧头镰刀。咦！这是我们与国的国旗。炮台礼炮响了，兵船的礼炮也响了……于礼炮一致一答的声中，船渐渐靠近了学校江中，抛了锚。在这时将停未停之际，斜刺里尾巴上插着一支青天白日满地红的国旗的小汽艇飞跃而出，浪花四溅。扑！扑！扑!! 飞向大船而去。却原来校长、校党代表，及顾问先去慰访。这远途密航到来的珍客，自有一番接应酬答的礼，慰劳致谢的词。我未去，无从知道，想起来大概不错。未几辞返，跟着船主，及二三位军官（海军）上岸来答拜。经过一番来往之后，船主下令靠黄埔码头，我们大码头上顿时现出活气。我们码头是木料做的，五寸宽的洋松条及洋松桩，水深有二三十尺，面积突入水面倒不小，形如工字，十足的可以靠这船。如是过了夜。天明了，全体动员，学生做了码头小工，队上官长做了工头。大木箱，小木箱，一箱，一箱又一箱；大的大到一丈见方，小的至少总有三五尺。七八个人一杠的，一二十人一杠的，多到四五十人一杠的。……长枪八千支，还有小手枪十支，这小手枪，小得好玩，可以装在洋服上边小口袋里。……每枪有五百发子弹，是一个很大的数量，大家无不欢天喜地，说道：'今后我们不愁了，革命有本钱了。'"

当时，黄埔军校的学生生活还很艰苦。学校发给的服装只是一套灰布衣服，没有袜子，只能穿草鞋。住的房子更是简陋，只有一小部分学生借住从前黄埔陆军小学的瓦房，大部分同学就住在临时用芦席搭成的棚子里，睡的是用竹子拼的床。

戴季陶、邵元冲曾经担任过军校政治部主任，却很少到学校里来，"政治部是个空架子，学校也没有多少真正进步的政治工作可言"，发给学生的也只是《曾、胡治兵语录》之类的东西，学生非常不满。这样下去，也实在不行了，校长、党代表和苏联军事总顾问会商，决定请中国共产党推荐适当人选担任政治部主任。

中共中央决定派遣周恩来担任这个职务。周恩来上任，"努力改变这种状况，真正在军校推行列宁创造红军的经验"。他"提议政治部要做好三项工作：其一是向新成立的军校教导第一团选派党代表；其二是建立'青年军人联合会'，出油印壁报《士兵之友》；其三是建立政治部正常工作秩序和政治工作制度。最后还进行了分工，制订了工作细则"。从此，黄埔军校的政治工作蓬蓬勃勃开展起来了。

黄埔军校教学，贯彻执行政治与军事并重、理论与实践结合的方针。政治课程有三民主义、社会主义、帝国主义、苏联研究、社会发展史、各国政党史、各国革命史、帝国主义侵略中国史、工人运动、农民运动、政治学、经济学、军队政治工作等二十六门。校党代表训令规定："本校学生为担负本党军事工作之中坚，除切实接受党的训练，努力研究本党主义，凡本党之一切出版物皆须细心阅览外，更必须注意世界潮流。所以关于社会主义、共产主义、马克思主义等书籍，以及表同情于本党或赞成本党政策而极力援助本党之一切出版物，除责成政治部随时购置外，本校学生皆可购阅。"政治教育的目的，是使学生确定革命的观点，"不仅知道枪是怎样放法，而且知道枪要向什么人放"。

民族振兴的追梦者——孙中山

424

军事教育尽量采用最新的军事理论和技术。这方面，苏联军事顾问发挥着重要的作用。顾问们既有作战的实践经验，又有相当的军事理论修养。他们不但善于组织课堂教学，而且能够通过实践讲明基本原理。他们以大部分时间进行实际操练，采用示范教学的方法，让学生们尽快学到实际的本领。

军校学生的生活紧张而严肃。学生们读书都很用功。学校规定晚上9时熄灯就寝。好些学生熄灯后躺在被窝里还打着手电筒看书，有的干脆到教室里偷偷开着灯学习。周恩来经常巡夜，发现这种情况，便悄悄走到学生身边婉言劝说："要注意爱护身体，不要过度疲劳。"

学校对学生的纪律要求更是严格。学校设有禁闭室，学生违反了纪律，一般都要关禁几天。有个学生违反了校规，关在禁闭室里号啕大哭，正巧蒋介石走过，听到哭声，马上板起脸孔，厉声说道："革命军人是有价值的，自爱的，犯了校规受处分，认错悔改就是了。哭！丧失了革命军人人格，错上加错，再加禁闭三天。"说罢，扭头便走。

在各方面的共同努力之下，黄埔军校的幼苗终于开出了美丽的花朵，结出了丰硕的果实。

可是，不同的人却有着不同的议论。

帝国主义列强和封建地主蔑视她："让粤军和黄埔军校的人来进攻吧。陈炯明一定会把这一小股学生军打败的；只要他们一跑，滇军就会解除他们的武装。"

滇、桂系军阀嘲笑她："新编一二个团成得了什么气候？这只不过是孙中山晚年的消遣而已！"

一些好心的人则对她忧心忡忡："黄埔学生军未必能杀得贼死吧？"

孙中山苦心培育的黄埔革命军以他们的实际行动和光辉战绩做出了响亮的回答。

1924年下半年，广州商团策划叛乱，广州局势恶化。广东省省长、黄埔军校党代表廖仲恺决定派遣第一期学生第三、四队开赴广州保卫省长公署，维持广州治安。8月13日下午7时左右，这支队伍在广州东堤黄埔军校办事处码头登陆。当时，正是雷鸣电闪，大雨滂沱，永汉路街道两旁的屋顶泻下千百条瀑布，地上雨水横流，成了汪洋泽国。他们冒着雷雨前进，步伐整齐，飒爽英姿，气势高昂，一往直前。路旁的人看了，非常感动，无不啧啧称赞："像这样的队伍，广州前所未见。"

1924 年 10 月 14 日，黄埔军校四百多名学生全副武装开到广州市区，佯作夜间演习巷战，协同其他各军，平定了广州商团的武装叛乱，消除了广东革命政府的心腹之患。学生军初试锋芒，便一鸣惊人了。

1925 年 2 月 1 日，广州留守府发布讨伐陈炯明总动员令。许崇智任东征军总指挥，以黄埔军校教导团两个团为主力，举行第一次东征。

"革命军自有革命的特色！"

出征前夕，教导团宣传队准备了几十万份《敬告士兵同志们》《告东江人民书》《告人民同胞》《告百粤父老兄弟姊妹》的传单和五万份革命歌曲，进军途中，宣传队到处张贴、散发。军队每到一处，党部和政治部制备茶点，邀请乡民联欢，尽力使乡民明了革命军作战的意义。

到了淡水，教导团终于有机会打了一场攻坚战。

淡水是进入东江地区的一个重镇，城堡高陡坚固，城外平坦，既没有房屋，也没有树林，是一座宜守不宜攻的城堡。敌人凭借着这些，有恃无恐地与教导团周旋。

教导团第一团担任主攻。

2 月 15 日上午 7 时，教导团炮兵连开始轰击，守城的敌军，有的被榴霰弹消灭了，有的被从城上轰走了。手榴弹在城墙上炸开了一个豁口。过了半个钟头，机枪火力掩护着，第一团第一营冲到城墙下。是指挥员估计不足，还是一时疏忽？这时候，他们才意识到竟连一把云梯也没有。

顾问切列潘诺夫忽然想起自己往昔当消防队员时候用人梯爬墙的情景，立即和顾问尼库林给战士们做了示范动作。

营、连党代表十人率领敢死队从豁口处爬上城堡。营党代表蔡光举自动报名当敢死队队长。他抱着必死的决心，出击前夕写好了遗书，攻城的时候，他身先士卒，肚子打穿了，还是不肯下火线，直到临终时刻，仍喘息着说："赶快为我医治，逆贼正待我们痛杀！"

仿佛是坦克履带在转动似的，一人倒下去，第二人又扑上来。战士李青的脑袋打伤了，鲜血淋漓，自己动手用手巾包扎好，又跟着队伍冲上前去。

顽强的战士终于爬上了城堡，用火力压住城内的敌人，打开了城门，队伍像决堤的洪水一般涌进城里，真正是："号声一响打冲锋，巨炮隆隆震太空，黄埔练兵今上阵，凯歌淡水小城中。"

可是，时隔不久，陈炯明的党羽洪兆麟组织火力拼死反攻，猛扑淡水。正是万分危急的时候，教导团第二团连长、蒋介石的一个亲戚却擅自从火线率队逃窜到数十里外的龙冈去。周恩来率领学生队路过龙冈，正要赶去淡水援助，却看见他们抱头逃窜，十分惊讶，忙问连长："你们有任务到龙冈？"连长无言可答，只是低着脑袋。周恩来更是怀疑了，又问："你们有没有接到命令退到这里？"连长支吾了好一会，才说："前方混乱，找不到营长，所以到这里待命。"

这明明是临阵逃跑。周恩来非常气愤，当即面报蒋介石，请他大义灭亲，明正典刑，以张法纪。蒋介石左右为难，犹豫不决。可是，《革命军连坐法》明文规定："如一班同退，只杀班长。一排同退，只杀排长。一连同退，只杀连长。一营同退，只杀营长。一团同退，只杀团长。一师同退，只杀师长。"蒋介石也不好徇私，只得硬着头皮下令枪决。军纪严明，军心大振，革命军又一举再克淡水，毙俘敌两千多人，缴枪一千多支。

教导团乘胜前进，"军行所至不扰民间一草一木，老妪妇孺，喜而挤观，鸡犬不惊，商市安然。入夜无公房空房，则扎篷营露宿，东江人民父老，谓民国以来，仅此次所见，乃是真正革命军，真正为国为民之革命军"。军爱民，民爱军。教导团处处得到民众的援助，不到一个月工夫，就像疾风扫秋叶一样，克复了海丰、陆丰、揭阳、潮安、汕头一带陈炯明的地盘。

病势危殆的孙中山，获悉东征军克复潮汕，十分欣慰，立即从北京电示胡汉民："不可扰乱百姓。"

陈炯明自然不会甘心失败。他又纠集主力万余人前来进犯。蒋介石率领何应钦第一团拂晓从揭阳开进棉湖，让第二团开进鲤湖，以便左右迎击来犯的敌人。战斗打响了。第二团却未能按时到达鲤湖投入战斗。这样，第一团只能以少敌多，迎击着数倍的敌人。蒋介石、周恩来和苏联军事总顾问加仑都在阵地上指挥战斗，鼓舞官兵坚守阵地。到前线慰劳军队的廖仲恺，也亲自督促民工赶快搬运枪弹。第一团打退了敌人十多次的进攻。可是，他们打得也很艰苦，死伤惨重，有的连死伤高达三分之二以上。炮兵连也撤到了团指挥所。他们的大炮打的时间久了，撞针过热变软，连炮也打不响了。披着斗篷的蒋介石不断地来回走动，非常着急地对何应钦说："何团长，千万要站住脚，不能后退；如果退了，恐怕广州也不是我们的了。"他一眼看到炮兵连连长陈诚也在那里，又对陈诚说："你的几门炮难道都打不响吗？你自己为什么不亲自试验一下呢？"陈诚见说，也鼓起勇气，就在团指挥所架起炮来，亲自瞄准，亲自拉火，有意思的是，"哑炮"停息了一段时间，撞针已经冷却，大炮给陈诚打响了，恰好，一炮又打中了密集的敌阵。刚才还是趾高气扬的敌人突然间变成了飞快逃窜的小兔。炮兵连其他的三门大炮也打响了，全在敌人四周开花。敌人全线崩溃了。第一团官兵向逃敌发起猛烈冲锋。第二团官兵也赶到阵地。教导团和友军配合，转危为安，转败为胜，打败了陈炯明六个师，棉湖之战终于胜利了，又一次显示了黄埔军校革命军的神威。蒋介石高兴得合不拢嘴，马上命令提升陈诚为营长。

事后，加仑将军高度评价了棉湖之战："教导第一团勇敢战斗，在俄国红军中，极好的部队才能见着如此成绩。棉湖一战的成绩，不独在中国所少见，即世界上亦是少有的。"

切列潘诺夫也赞扬说："凭着一团士兵、军士、连排长等军官以及政工人员的无比勇敢、沉着和顽强精神，击溃了数量上超过七八倍的优势敌军。确实是革命思想战胜了军阀反动派。"

黄埔军校的革命军用自己的行动证实了总理孙中山的至理名言："军队之能不能够革命，是在乎各位将士之有没有革命志气，不是在乎武器之精良不精良。"

注释：

[1] 黄汉纲辑录的《中山先生事迹七则》一文中说："公元 1923 年，中山先生在广州任中国革命政府大元帅时，感到西装不但式样繁琐，穿着不便，又不大适应当时中国人民在生活、工作等方面的实用要求。"而中国原来的服装（对胸式短衫裤，大襟式长衫等），既不能充分表现当时中国人民奋发向上的时代精神，在实用上也有类似西装的缺

点。于是主张以当时在南洋华侨中流行的'企领文装'上衣为基样，在企领上加一条反领，以代替西装衬衣的硬领。这样一来，一件上衣便兼有西装上衣、衬衣和硬领的作用；又将'企领文装'上衣的三个暗袋改为四个明袋，下面的两个明袋还裁制成可以随着放进物品多少而涨缩的'琴袋'式样。孙中山先生说，他这样改革衣袋，为的是让衣袋放得进书本、笔记本等学习和工作的必需品，衣袋上再加上软盖，袋内的物品就不易丢失。孙中山先生设计的裤子是：前面开缝，用暗纽；左右各一大暗袋，前面一小暗袋（表袋）；右后臀部挖一暗袋，用软盖。这样的裤子穿着方便，随身必需品的携带也很适用。

协助孙中山创制中山装的助手名叫黄隆生，广东台山人，原在河内保罗巴脱街开设隆生洋服店……公元1923年随孙中山先生在大元帅府任事。孙中山先生设计中山装时，曾请他帮同规划和负责缝制，顺利地制成了世界上第一套中山装。当中山先生穿起自己设计的、也是世界上第一套中山装时说："这种服装好看、实用、方便、省钱，不像西装那样，除上衣、衬衣外，还要硬领，这些东西又多是进口的（当时这些东西多是从外国进口），费事费钱。"（《纪念辛亥革命七十周年史料专辑》下册，广东人民出版社1981年版，第282－283页）

第二十六章 | 平定广州商团叛乱

广东，自鸦片战争以来，一直是英帝国的势力范围。

英帝国主义者为了扑灭广东的革命运动，保住自己的势力范围，暗中操纵两股反动势力，内外夹攻广东革命政府。在香港，他们暗输军械给苟延残喘的陈炯明，鼓动他寻找机会从外部反攻广州；在广州，他们利用买办资产阶级组织商团军，煽动他们从内部颠覆广东革命政府。

英帝国主义的代表人物拍着广州商团团长陈廉伯的肩膀，笑眯眯地给他打气："如果你能够运动商团反对政府，我们英国便帮助你组织商人政府，你陈廉伯就是中国的华盛顿。"

广州商团，成立于 1912 年。参加的人，大都是资本家、商店老板、少东或高级职员。开始的宗旨，不过是"防御内匪，保全生命财产，维持公安"，而对"其他事项，概不干预"。就是捉到小偷、劫匪，也只是扭送到警察局处理。

陈廉伯 1919 年当上广州商团团长后，商团的性质逐渐起了变化。1923 年，广州商团"向加拿大购买步枪千数百支，由北洋军阀曹锟、吴佩孚窃踞大权下的北京陆军部发给入口护照，海关又为英人所把持，上下一气"。到了广州商团叛乱前夕，广州商团已经有十个分团，四千多人。连同后备力量，竟达六千多人。陈廉伯自任总团团长，他的党羽分别把持着各个分团。这样，广州商团就成了由陈廉伯控制的反革命武装组织。

竭力制造颠覆广东革命政府的反革命舆论，是陈廉伯一伙重要的一手。陈廉伯通过他的"军师"关楚璞，收买广州一些报刊发表文章反对政府，咒骂孙中山联俄是"引狼入室"，又说孙中山要"实行共产"，商人将不能存在。英帝国主义者也遥相呼应，无日不在香港报刊大肆散布"国民党赤化""广州共产在即"的一类鬼话，"以图怂恿广东的买办阶级与地主，使之急速地法西斯蒂化"。

单靠商团武装还不足以对抗政府军队，陈廉伯很明白这一点。他派遣亲信四出活动，北通曹锟、吴佩孚，东连陈炯明，还勾结厕身革命营垒的滇军第二军军长范石生、第二师师长廖行超，讨贼第三军军长李福林，勾结农村中恶霸地主鱼肉平民的"民团"，勾结广东各埠的商团，以图共举。

当时，佛山商团近两千人，加上与佛山近郊莲华的四十六个乡联团，组成莲华佛山四十七个乡镇联团保卫局，一时间，声势赫赫。佛山既是广州的外围，佛山商团的力量又是如此庞大，足可与广州商团互为犄角，作为陈廉伯叛乱的资本。陈廉伯看中了这一点，对佛山商团也特别倚重，和它的团长陈恭受结成了死党。

利令智昏者总是过高地估计自己的力量。陈廉伯一伙做了这些准备后，自以为"大事"可以"成功"，便公开与广东革命政府对抗，准备发动叛乱了。"军师"关楚璞就曾经毫不掩饰地吹嘘过："陈廉伯、陈恭受等早有计划的，一是有老番[1]替他撑腰；一是陈恭受在佛山以山大王自居；再则广州有些驻军，早已联络，陈炯明的队伍，也准备响应；他们认为暴动的成功可以十拿九稳了。"

从 1924 年 5 月开始，广州商团公开与广东革命政府对抗。

5 月下旬，广州市政府公布《统一马路两旁铺业权办法》。陈廉伯趁机唆使商人向广东革命政府"请愿"，反对抽收铺底捐，声言如果达不到目的，立即实行罢市。他唯恐天下不乱，乘机联络广州附近的商团和乡团，煽动罢市。27 日，陈廉伯擅自召开有一百零八埠商团代表三百多人参加的广东省商团代表会议，决定成立广东省商团联防总部，8 月 13 日举行成立"庆典"，陈廉伯任总长，邓介石、陈恭受任副总长；决定购置武装巡逻舰，筹设商团军制弹厂，设立军事参谋部。各商团对于总部，须用"呈文"，而总部对于各商团，则用"命令"。这样，联防总部实际上成了"军司令部"。

陈廉伯当上了联防总部总长，"欲步意国墨素连呢[2]之后尘，期于8月14日起事，推翻政府，自为督军"。

以商团的名义，由汇丰银行拨款，向香港南利洋行定购几批军火。第一批军火机枪、步枪、驳壳手枪、大小手枪九千八百四十一支，各种子弹三百三十七万多发，计划由丹麦商船"哈佛"号潜运广州。

哈佛号商船抵达印度哥林波港的时候，因为这批军火没有领取护照，违反了国际惯例，被印度海关扣留。后来香港当局向印度当局疏通，才给放行。

孙中山从外国报纸上获悉这些消息，马上"令杨希闵、刘震寰等预为防范"。孙中山还不放心，又特别吩咐蒋介石："注意来往商船及一切船只，查缉军火的私运。"

1924年8月8日，"哈佛"号商船驶抵虎门。翌日，又偷偷进泊白鹅潭。

参加工团军的理发工人发现了这只私运军火的商船，立即报告革命政府。孙中山一听，便说："这批军火，不是偷运，便是顶包。"当即命令"永丰""江固"两舰将"哈佛"号押至黄埔，将这批军火封存在黄埔军校，同时指示广东省省长廖仲恺发布《扣留商团私运枪械布告》。

扣械事件打得陈廉伯措手不及。他慌忙召开紧急会议，企图胁迫政府发还军火："如政府不恤违法，悍然扣留，激动公愤，则其对待办法，当尽其力之所能至，以保存其自卫之用具。"这还不够，广州商团的头目还虚张声势地宣布辞去广州商团职务，声言"所有商团行动，决不负责"。

廖仲恺不理睬这一套。12日，他奉孙中山命令，又发布《扣留商团枪械的再次布告》，郑重要求"各商民务宜安分营业，静候查明处置，万勿受人煽惑，自生纷扰"。

陈廉伯一伙根本不把广东革命政府放在眼内，四处张贴布告，悍然宣布13日联防总部正式成立。第九分团在牌楼门前甚至张贴这样露骨的对联："联团为自治机关，拯众生于火热水深，责无旁贷；武装即和平保障，举全粤之妖氛毒雾，一扫而空"。

翌日，他们又进一步威迫，一千多人穿起军服，整队到河南大元帅府

"请愿"，要求发还枪支，否则次日开始罢市。

在此以前，孙中山还以为陈廉伯是"没有什么野心""安分的商人"，以为广州商团是自卫性质的"人民的机关"。扣留了"哈佛"号商船运来的军火后，他派人调查，才知道这船军火是广州商团偷运进来。不错，在"哈佛"号商船进入广州前5天，陈廉伯是曾经以广州商团的名义，向广东革命政府领取了一张购买自卫武器的护照。不过，陈廉伯领取这张护照的时候，声明是在四十天之后才生效。陈廉伯所以这样声明，就是他对"哈佛"号偷运军火，以为有十分的把握。他领取的护照，是预备第二批军火到达的时候才用的。孙中山又查知有几个英国人不喜欢国民党，煽动陈廉伯反对国民党政府，另立"商人政府"，陈廉伯受了英国人的鼓动，野心勃勃，正准备大动干戈。而且，还查知陈廉伯曾经"密商李[3]军长代任起卸，许从驳壳二百杆酬劳；李军长拒绝不允，乃转而密请于滇军"。

孙中山这才如梦初醒，大吃一惊，立即命令完全扣留"哈佛"号运来的军火。他接见前来"请愿"的商人，劝告广州商团不要附和叛逆："陈廉伯所私运的军火，其中一部分是诸位集资购买的，政府已可承认；行当令省长按照民团条例，交给诸君。惟近日由各方面发现，陈廉伯有极大阴谋，欲借商团的力量，以倾覆政府……而政府以宽大为怀，不忍株连，除陈廉伯以外，分两层办法处理：一、知道悔悟，能自行检举的，政府不事深究。二、倘有执迷不悟，仍然图谋不轨的，则要求诸君主动指出，送交政府惩办。我期望诸君切实协助政府，淘汰内奸，使商团与政府联成一气，捍卫乡邦，剪除残暴，这样，不独是商团之幸，也是广东之福。"

只要能达到卑鄙的目的，陈廉伯是会不择手段的。8月18日，他煽动广州银钱业罢市，拒收中央银行[4]纸币。20日，商团联防总部转移到佛山，渐次集中全省商团军准备发动叛乱。陈恭受声言陈廉伯助款百万，在石湾一带纠集土匪，冒称商团民团，自称攻城总司令，磨刀霍霍，准备大动干戈。24日，广州商团以广东商团全体团军名义致电大本营、内政部长、军政部长、广东省省长，滇、湘、桂、粤、豫军务总司令，威胁说："全省商团，众情汹汹，万一激成意外，固非职团之力所能制止，亦恐政府乏术，以善其后，千钧一发，利害所关，势难再事缄默。"

他们果真行动了。至 25 日，广东各地罢市一百多次。商团联防总部还通电各县商团，驱逐县长，宣布独立。

广东革命政府逮捕了散发反动传单的广州商团第九分团中队长邹竞先，决定处以极刑。广州商团竟策划派武装和巡逻车，在惠爱西路劫走邹竞先。这个阴谋让革命政府获悉，提前枪决了邹竞先。广州商团又大做文章，召开"追悼大会"，邓介石在会上叫嚷："邹竞先为国而死，为商人利益而死，设使商人屈服，献械倾家，亦不能满足孙文野心，为着阻止实行共产，商人如不猛省，以后无立足生存之地，亡团即亡家亡省。"

陈廉伯一伙对孙中山的污辱漫骂，无所不用其极。他们在灯柱上，广告墙中，张贴着双眼被挖掉的孙中山的石印像，旁边还伴着"一世全凭三寸舌，再来不值半文钱"的对联。

此刻，英帝国主义者也按捺不住了，从幕后跳到前台，公开支持广州商团。

领事团派人气势汹汹质问广东省省长廖仲恺："政府是否要开炮轰击商民，果有此事，外国决不能袖手旁观，当以实力制止。"

果然，九艘英舰集中白鹅潭，脱去炮衣，炮口对准中国军舰和大元帅府。

英国驻广州总领事干脆向大元帅府发出哀的美敦书[5]："奉香港舰队司令命令，如遇中国当局有向城市开火之时，英国海军即以全力对待。"

主子和奴才的双簧戏，使孙中山看清了广州商团是英帝国主义支持下的"中国法西斯蒂党之团体"，广州商团事件确实是货真价实的反革命事件。他再也不能忍耐下去了，命令广东省省长发出通令，通缉"罪大恶极、万难姑容"的陈廉伯、陈恭受归案惩办；谴责范石生、廖行超"阳拥政府，阴护商团"的可恶行径；毫不含糊地告诉商界代表："目下枪械一支都不能发还，须即日开市，始有商量之余地。倘明日仍不复业，我当派遣大队军队，拆毁西关街闸，强制商店开业。"

面对着英帝国的炮舰政策，孙中山拍案而起。9 月 1 日，他发表《为商团事件对外宣言》，接着又致电英国麦克唐纳尔政府，怒斥英帝国主义干涉中国内政，妄图支持"陈廉伯叛乱"打倒广东革命政府；指出这是"帝国主义狂热之一种表现"；直截了当地戳穿英帝国之所以要"毁坏"广东革命政府，是因为这个政府"乃我国中唯一力图保持革命精神之政府，乃唯一抗御反革命之中心"。

这是一场涉及中外的革命派与反革命派的大激战。在短兵相接中，国民党内部左、中、右派都提出了自己的主张，都影响着孙中山的部署。

从广州商团事件发生时起，廖仲恺和国民党左派一道，就坚决支持孙中山扣留商团私运的军火，主张禁止商团联防总部成立，揭露陈廉伯、陈恭受"阴谋内乱"的罪行，劝告廖行超要"以快刀断麻之法"，制止广州商团罢市，"若不制止，必至酿成大祸"。可惜的是，当时的广东革命政府受滇、桂军阀和国民党右派的挟持，作为广东省省长的廖仲恺"救时有心，回天无力"，只得在8月29日向孙中山呈请辞职。

国民党右派的军阀"是利用革命做买卖"，那些政客"是利用政权做生意"，孙中山，则常常无可奈何地成了他们的"商品"。

广东革命政府与广州商团的矛盾是这样的激烈，"想藉此与商人接近，见好商人，然后从中剥夺"的范石生、廖行超，自恃军权在握，决定出面"调停"了。8月29日下午，他们与广州商团代表签订了"调停"条件：

一、陈廉伯、陈恭受通电拥护大元帅，服从政府，然后政府即下取消缉令并发还财产。二、范石生、廖行超担任照军政部所发护照所载枪械数目完全发还。三、广州商团联防改组，应受省长节制，其细则则于7日内公布。但呈请立案，有不完备被驳之点，由范石生、廖行超出面主持公道，要求立案。四、各商店一律于29日复业，军队于商店复业后立即解严。其在扣械风潮发生后回省军队，一律请帅令各回原防。五、广州商团报效军费五十万元，于领械时缴纳。六、广州商团联防改组完毕后，由范石生、廖行超担任全部枪械点交商团总部。

范石生、廖行超心怀鬼胎，生怕孙中山和国民党左派不肯接受这六项"调停"条件，便对广东革命政府和广大民众大肆威吓一番："市面危机四伏，险象环生，万一变故发生，全局皆坏，所谓小不忍则乱大谋，在此两三日内，无论如何，必要解决，否则我撒手不理，将全军调回，竭力保护市内治安，无论何方部队，如有骚扰商场，糜烂地方，我当派队迎头痛击。"

实际上，这是"以五十万将中山卖了"。

而以胡汉民为代表的国民党中派，对商团事件主张"犹夷妥协，居中取巧"。他们提出"最好暂时瞒住真消息，与商团中最接近政府的人士联络，再设法使商团'就范'改组，使实际上得着同样的结果，而表面上不露痕迹"。

这个"暗度陈仓"的办法，实际上是行不通的。它"无异间接做了反革命与帝国主义的工具而引起群众深深愤激的反感"。孙中山越是意识到自己被范石生、廖行超以五十万元出卖了，越是"气愤不过"，待要有所作为，中派却"竭力怂恿他忍气吞声地接受范、廖等私定和约"。

此刻的孙中山"虽非心愿，亦无可如何"，只得"答应"下来。

国民党右派、中派包围和影响的结果，使孙中山过高地估计了帝国主义和军阀的力量，以为广州目下正是处在"不生不死"的局面，"现在之生路，即以北伐为最善"，决定将商团事件交给胡汉民、汪精卫处理。

有意思的是，此刻的国民党右派，"因为恐怕中山与英国帝国主义冲突而打破他们的巢穴，因为要成功与陈炯明的调和以巩固他们与左派对抗的武装势力，因为要讨好段、张[6]、唐继尧等军阀以遂其绳营狗苟、奔走南北、升官发财的勾当"，也赞成孙中山离开广州，率兵北伐。

胡汉民代行了帅务和兼任广东省省长，立即向广州商团妥协，取消对陈廉伯、陈恭受的通缉令，发还他们被封的财产，让亲近广州商团的李福林做广州市市长、广东民团统率处督办，更让广州商团干事李朗如做广州市公安局局长。可是，这样做，矛盾不但没有解决，反而助长了广州商团的反革命气焰，广州局势更加险恶，形成了"半军阀半买办阶级"统治广州的"新局面"。

陈廉伯一伙看见政府一步步退让，以为很容易欺负，便在佛山召集有广东全省一百八十八个县镇商团头目出席的会议，策动反革命武装叛乱。他们又纠集了两三千土匪，假充商团，筹组"中华靖国军"，陈廉伯充当"中华靖国军"军长。

依照胡汉民转呈的李福林所拟妥协办法，1924 年 10 月 9 日晚，孙中山命令蒋介石发还广州商团枪械。翌日早晨，李福林亲赴黄埔军校，将四千支枪运回广州长堤慎记码头，发还广州商团。

广州商团头目认为这是"商团已获第一步胜利"，气焰更加嚣张。他们领了枪械，不但不按照协定缴纳款项，而且借口所领到的枪械不及半数，竟然举行武装示威。10 月 10 日下午 3 时，庆祝"双十"节的民众游行队伍路过太平南路，早有准备的商团军在楼上鸣枪为号，街上的商团军立即向游行队伍连放排枪，当场打死二十多人，受伤和被商团军拘捕的竟达数百人。工团军黄驹被枪杀了，还被他们毫无人性地开胸剖腹割阴囊。

这就是震惊中外的"双十惨案"。

广州商团军的"得手"，使他们更加横行无忌。他们占据西关一带，把全市商团的枪支集中起来，以太平桥、普济桥、白糖桥和西门口为重要据点，堆置沙包，撬起街石，筑成街头堡垒，架设天桥，用铁栅门分锁各街道，把广州俨然分成了两个部分：城内属于政府范围，西关属于商团范围。凡是商团范围的地方，都由商团发号施令。西关和城内，完全成了交战区域。

他们还以西关为据点，步哨从西关一直伸展到东山区。在广州全城，遍贴了"驱逐孙文""打倒孙文"的标语。

这时候，连英帝国主义者也以为广州商团胜利在握，大局已定。他们在香港英文报纸上狂叫："广州的实在势力已经到了商团之手，政府没有力量行使职权，政府人员马上便要逃走。"

对革命者来说，这确是一个非常危急的局势。

不错，国民党的中派以至右派，并不愿商人政府取代那时的广州当局。但他们在此险境下还在继续不断地奔走调停。不过，此刻广州商团根本拒绝调停，回答得也很干脆："请你们站开，我们来。"

广州商团的反革命面目暴露无遗了，国民党的中派、右派却又是如此软弱无力，这样拖下去，广州势必陷于一片火海之中。

广州民众义愤填膺，决不肯坐以待毙。

李福林企图折中一下矛盾。他以广东民团统率处的名义广贴布告。把

"双十惨案"说成"误会"，劝告工农团军与广州商团"互相谅解"，为广州商团开脱罪责。

广州民众对李福林的态度自然不满。广州商团也根本不买他的账，继续四处张贴布告："本团派商团军巡街，如有不法之徒，扰乱治安，准予痛剿。"而且决定"15日拂晓开始行动，收复省署、公安局及各财政机关"。

广东，大有成为广州商团天下之势了。

可悲的是，面对着广州商团的不断进攻，广州当局仍是一再退让，"屠杀后四日中的广州状况，完全是商团和军阀横行的反动局势"。

时至今日，结局是明摆着的了：要么是广东革命政府倒台，要么是商团解散，二者必居其一，已经没有妥协的余地。

敌人已经举起屠刀，时间已经刻不容缓。

国民党左派、中国共产党人和广大工农群众在关键时刻挺身而出，决心作最后的死战。

还在扣械事件发生后不久，中国共产党就揭露帝国主义者、买办、军阀互相勾结，共同反对广东革命政府的罪恶行径，对广东革命政府的优柔政策也提出了忠告："对付商团事件的正当政策，只有坚持没收全部扣留的军械，否认范廖二军阀与商团私订的六条件，进一步完全解除买办阶级（商团军）的武装，实际抵抗英国帝国主义的干涉，以唤起全国人民之同情与助力，而开始努力推翻帝国主义之新时期。"

"双十惨案"发生后的第二天，中国共产党两广区委立即委派陈延年专程赶赴韶关，面见孙中山和廖仲恺，向他们历数了广州商团的反动行径，代表中国共产党、社会主义青年团广东区委和广州的革命群众，向孙中山表示做革命政府坚强后盾的决心，敦促孙中山当机立断，"立刻以少数的可靠的革命军力，向一切反革命的商团和军阀下总攻击，以决最后的死战"。

广州各阶层人士纷纷采取行动，成立工农兵学商革命联盟，提出"解散商团、严惩军阀、为死者申冤"三项处理商团叛乱的原则。广州市民还组织平粜委员会，"预备收管食粮以及重要的公共消费品，使商团不能以罢市要挟，尤其要使他们不能以饿死平民的手段胁迫革命政府妥协"。

共产国际和苏联政府也主张广东革命政府坚决镇压广州商团，巩固广东革命根据地。9月3日，苏联《真理报》发表文章强调："孙中山之打倒反革命，非仅中国蒙其利益，且将影响世界全局。"翌日，共产国际执行委员会发表《关于中国的宣言》，揭露英国麦克唐纳尔政府"正准备对华南进行武装干涉，企图推翻中国进行民族革命的国民党政府"，号召各国工人支援广州人民的斗争。

苏联政府还从军事上援助孙中山。10月7日，苏联巡洋舰"波罗夫士见"号运载援助孙中山的武器抵达黄埔。

在此紧急关头，孙中山接受了国民党左派、共产党人和广大民众的要求，觉悟到以往"曲予优容"的态度，实际上是一种"自杀"的政策，"宁弃广州"这块"革命地盘"是一种错误的主张；他"看出了这个姑息养奸的反动局势除进攻外无别道"。

孙中山的态度明朗了。他下决心采取一系列紧急措施平定广州商团的叛乱。

10月10日，孙中山致电范石生、廖行超：广州商团不肯按"政府所订条例领枪，且供给陈逆[7]以一百五十万，约定罢市反攻同时并举，此非叛逆尚何为叛逆？我当当机立断，为严正之解决"。又电示胡汉民和各军司令，广州商团叛逆显露，"生死关头，惟有当机立断。……切勿犹豫，以招自杀"。

同日，孙中山成立了镇压广州商团叛乱的指挥机关——革命委员会，亲任会长。翌日，特派廖仲恺、汪精卫、蒋介石、许崇智、陈友仁、谭平山为革命委员会全权委员。

10月12日，孙中山电令胡汉民"即宣布戒严，并将政府全权付托于革命委员会，以对付此非常之变，由之便宜行事以戡乱"。又致函蒋介石，命令他将苏联援助的军械分给"肯为我杀奸杀贼者"，并且"立即起义杀贼，绝无反顾"，"尽灭省中之奸兵奸商，以维持革命之地盘"。

13日，孙中山任命鲍罗廷为革命委员会顾问，规定"遇本会长缺席时得有表决权"；电令湘军总指挥宋鹤庚速派军队千人，前往西村一带驻扎，以资策应；通电粤汉沿路各部队，一体警戒；又命令警卫军及湘、粤一部连夜回师广州戡乱。

14 日，孙中山下达平定广州商团手令："兹为应付广州临时事变，未平定期内，所有黄埔陆军军官学校、飞机队、甲车队、工团军、农民自卫军、陆军讲武学校、滇军干部学校、兵工厂卫队、警卫军统归蒋中正指挥，以廖仲恺为监察，谭平山副之。"电令胡汉民、驻广州各军："收缴商团枪支，刻不容缓，务于二十四点钟内办理完竣，以免后患。否则，东江逆敌反攻，必至前后受敌。"

在战云密布、千钧一发的时刻，孙中山这一系列措施，显得十分得力。

13 日深夜 11 时，警卫军赶回广州，其余各军也都在 14 日晚上 7 时前先后抵达广州。

根据孙中山的战略部署，14 日，革命委员会免去李朗如的职务，以吴铁城继任广州市公安局局长；由广东省省长布告责成各军解散广州商团；派廖仲恺向范石生、廖行超指出镇压广州商团的理由，说明由粤军负责解决广州商团叛乱，他们可守中立。

这时候的范石生、廖行超也害怕自己的地盘被广州商团夺去，"不能不暂时改变态度，与政府合作"。

双方交战是不可避免的了，广州商团军剑拔弩张，凡是广东革命政府各个机关附近的当铺高楼，都埋伏着数十名商团兵，他们居高临下，不断向广东革命政府挑衅。

革命委员会命令各军按照计划，分路包围西关。

15 日凌晨，商团军首先向警卫军开枪。第一枪打响了，革命派与反革命派的决战开始了。

孙中山获悉广州商团发动武装叛乱，立即电令胡汉民："商团既用武力以抗政府，则罪无可逭，善后处分，必将商团店户、货物、房屋，悉行充公。其为首之团匪，严行拿办，万勿再事姑息，除贻后患；其在省外之商团，亦限期自首悔罪，永远脱离商团，否则亦照在省团匪一律惩办。"

15 日 4 时，革命委员会下达总攻击命令，各军分路进攻，商团军凭借高楼和铁竹木栅顽抗。扫射政府军。政府军迫不得已，用炮火摧毁商团军据点，用消防车载煤油引火焚烧竹木栅，打开缺口，冲入西关，和商团军展开巷战。

虽说商团军平日身穿黄斜布军服、脚穿皮鞋、扎脚绑、头戴硬边军帽，肩上还斜挂着一条绣上"粤商团军"的黄色布带，加上驳壳、曲尺枪支随身携带、显得神气活现，威风十足，以致市民们给他们起了个"洋兵"的诨号。但就战斗力来说，他们毕竟是纸老虎，表面上张牙舞爪，实则外强中干，虚弱得很。早在他们耀武扬威的时候，广州的市民就戳穿了"财主佬抓枪，睇得唔打得"的本质，给予他们一个"大光灯"的外号，讥诮他们是"外边声势威猛，里面实在无胆"。果然，那些平时不可一世的少爷兵，枪声一响，大半龟缩在家里，不敢出面。有的顶不上半天，见四面火光，街闸冲破，马上抛弃枪支，除掉军服，躲在亲友家里，然后逃出市外。被雇佣的土匪、流氓一见情势不好，也溃散逃命。

眼看大势不好，陈廉伯一伙连忙给商团兵打气，胡吹什么东江陈炯明的援兵就要到了，白鹅潭的英国兵舰马上就要开炮打退政府军，只要多坚持几点钟，我们便可以胜利了。

可是，陈炯明集团内部却矛盾重重，叶举手中只有数千疲惫不堪的士兵，自顾不暇，更不敢贸贸然去"救"商团军。正是孙中山的严正态度和国际舆论的谴责，英帝国主义者也不敢公然干预，他们的兵舰只得裹上炮衣，调转炮位。

反革命的商团军完全处于孤立无援、被动挨打的境地了。经过几个小时的战斗，商团军大部被歼，小部逃到市郊，也都被缴了械。

孙中山获悉广州商团被缴械的喜讯，又立即致电胡汉民："商团缴械，想已办妥也。未入商团之商店，应严令即日开市；其已入商团者，应分别处罚：为首者没收财产，附从者处以罚金，论情罪轻重，由数百至万元，作北伐军费。宜及此时，迅速办理，免致日久生息。"

还有一小撮死硬分子占据高楼负隅顽抗。孙中山立即下令："团匪高踞西濠口大新公司楼上放枪，密击我军。着即将该公司占领充公，不必畏惧外人干涉，以彼先破中立故也。务要令到即刻执行。"

中外勾结的广州商团反革命叛乱，终于被革命力量平定了。

苏联军事顾问切列潘诺夫对孙中山粉碎广州商团叛乱，做了这样的评论：

"孙中山的革命政府表现得果断，坚毅。革命政府向猖獗一时的买办商人及其主子——在香港的帝国主义分子表明，政府是确有力量的，它不允许干涉其内部事务。孙中山直接指挥作战，西关反动商人的财产和西关商业区的毁灭没有使他却步不前。粉碎这次叛乱是朝着在广东建立巩固的革命根据地的目标迈出的重要一步。"

注释：

[1] 老番，指英帝国主义。

[2] 墨素连呢，今译墨索里尼。

[3] 李，指李福林。

[4] 广东革命政府于1924年8月1日设立中央银行，8月15日中央银行正式开业。

[5] 哀的美敦书，拉丁文的音译，即最后通牒。

[6] 段，指段祺瑞。张，指张作霖。

[7] 陈逆，指陈炯明。

第二十七章 | "和平，奋斗，救中国！"

1923 年 1 月 26 日，孙中山致电北京政府总统黎元洪、署理国务总理兼陆军总长张绍曾、陆军检阅使冯玉祥、前国务总理段祺瑞、奉天督军张作霖、直隶督军曹锟、两湖巡阅使吴佩孚、江苏督军齐燮元、浙江督军卢永祥，向他们提出"以和平方法促成统一"的主张：

> "今日国内势力彼此不相摄属者，辜较计之，可别为四：一曰直系，二曰奉系，三曰皖系，四曰西南护法诸省。此四派之实际利害，果以何冲突，亦自难言。然使四派互相提携，互相了解，开诚布公，使率归一致，而皆以守法奉公引为天职，则统一之实不难立见。文今为救国危亡计，拟以和平之方法，图统一之效果，期与四派相周旋，以调节其利害。"

过了五天，共产党人蔡和森发表文章对孙中山的和平统一主张做了评论：

> "直系、奉系、皖系是什么东西？是前清遗留和外力扶植的封建势力。西南势力是什么东西？除了现还忠于革命的领袖外，都是由封建残局孳乳出来的新军阀。关于统一问题，我们早就从事实上理论上论证过：'政治上的统一，显然不是混合或调和各大军阀的旧势力可以做成的，乃须经过不停的革命奋斗才能真正成功。若舍却革命的宣传与行动，只与军阀谋统一，结果只有上当'；关于和平

问题，我们认为十一年以来民主与封建之争的主要原因，在旧支配阶级的武装未解除，北洋派领袖至今因其武力而承袭政权，所以我们屡次高声肯定，用和平方法去与军阀谋裁兵是做不到的，必须用革命手段根本破坏旧军事组织，由民众武装去解除旧支配阶级——军阀的武装。"

事实证明，蔡和森的这一评论是切中时弊的。尽管孙中山谋求和平统一祖国的用心真诚而又良苦，但现实状况却使他的这一用心流于破灭。

孙中山派谢逸涵到洛阳去"联吴"。吴佩孚知道谢逸涵是江西的老翰林，又做过江西省省长，特地用隆重的礼节招待他，还装腔作势地把自己的诗文拿出来请教。可是，当谢逸涵向吴佩孚说明来意，拿出孙中山著作《三民主义》和《建国大纲》赠给吴佩孚的时候，吴佩孚登时变脸，冷笑一声："这不是传教的地方！"说罢，把这些书丢在茶几底下。谢逸涵认为大失面子，赶忙回到广州向孙中山汇报。孙中山听罢大怒："吴佩孚刚愎自用，到现在尚未觉悟。好吧，我决定讨伐他。"

孙中山派孙洪伊、杨度到北京去"联曹"，曹锟也只是假意殷勤，敷衍应酬一番。后来，孙中山获得沈鸿英的电报，证实曹锟实无诚意，与他谈论和平统一，实在是对牛弹琴，才打消了"联曹"的念头。

皖系军阀段祺瑞、奉系军阀张作霖此时正在谋求对抗曹锟、吴佩孚，企图东山再起，就"主动"向孙中山提出联合"反直"的建议。孙中山以为段、张"大有觉悟"，便"推诚相与"，结成"孙段张三角反直同盟"，"共图国是，使真正共和能早日实现于中国"。

可是，军阀们依然是猖狂地争权夺利，中国的政局还是那样动荡不安。

曹锟当了直隶督军还嫌不过瘾。1923 年 6 月，他驱逐了黎元洪，要使自己当上一个"合法"的总统，拼尽死力导演了一出贿选总统的丑剧。他先用四十万元收买了旧国会议长吴景濂，再以每张选票五千元的高价收买国会议员。10 月 5 日，国会"选举"总统。会场四周军警林立，戒备森严。大批汽车四面出动，软硬兼施，把议员拉到会场，使得会场内外充满着阴森恐怖的气氛。直到下午 1 时 20 分，签到者有 593 人了，法定的人数总算凑够了，才摇铃开会投票。4 时唱票完毕，曹锟以 480 票当选"总统"。吴景濂事先准备好的夹底票匣子和冒签人数的一套把戏，才没有搬弄出来。

不过，纸终究包不住火，一手也难以遮天。这个赤裸裸的贿选把戏，马上激起了天怒人怨，掀起了轩然大波。中国共产党立即向全国人民提出了"打倒曹锟"的口号。孙中山号召全国人民共同声讨曹锟，准备北伐。他认为，如果"不去北伐，北方的人心便很失望"。"中国的存亡，就在我们能不能北伐"。

1924 年 9 月 3 日，江浙军阀战争爆发。孙中山以为这是北伐的大好时机。翌日，在大元帅府召开筹备北伐会议，决定湘、赣、豫军全部投入北伐，滇、粤军抽调部分队伍随行；广州设留守府，派胡汉民代大元帅兼广东省省长；大本营迁往韶关，谭延闿任北伐军总司令。18 日，孙中山发表《北伐宣言》，申明北伐"不仅在覆灭曹吴，尤在曹吴覆灭之后永无同样继起之人，以持续反革命之恶势力。换言之，此战之目的不仅在推翻军阀，尤在推倒军阀所赖以生存之帝国主义"。20 日，举行北伐誓师典礼，孙中山下令各军分两路向湘、赣出发。

正在这个时刻，风云突变，北京传来了一个振奋人心的消息："首都革命"。

"首都革命"的经过是这样的：

江浙战争爆发后第二天，张作霖借口援助卢永祥，通电谴责曹、吴，亲率十五万大军进攻山海关。曹锟情知大事不妙，马上任命吴佩孚为"讨逆军"总司令，急如星火地电召他上京率兵二十万迎战奉军。两人见面，曹锟紧握着吴佩孚的手，显得格外凄凉："老弟，我已经老了，辛苦你摄行陆海军大元帅的职权，一切便宜行事！"吴佩孚野心勃勃，正中下怀，他扬扬得意地对各国记者声称："我出兵二十万，两个月之内一定可以平定奉天[1]。张作霖下台以后，他的儿子张学良可以派送出洋留学。所有外国人在东三省和南满铁路的权力，我们都予以尊重。南方问题不久也可以解决，陈炯明快要打进广州，目前广东商团正在向我们请求援助，但我无暇及此。"

这就是北方军阀规模空前的第二次直奉战争。

两军在山海关一带正厮杀得难分难解。突然之间，"讨逆军"第三军总司令冯玉祥秘密命令所部将后队改为前锋，沿途割断电线封锁消息，以一昼夜一百四十里的急行军，神不知鬼不觉地杀奔北京而来。10 月 22 日晚上 9 时，冯军第八旅、第二十二旅两部首先到达北京城郊，事先与冯玉祥约妥的北京警备副司令孙岳开门迎入，不发一枪，冯玉祥便占领了北京全城，囚禁了曹锟，重组内阁。不可一世的吴佩孚腹背受敌，惊慌失措，仓皇地由塘沽登舰逃往南方。

乍看是偶然的事件，追究起来，却事出有因。

冯玉祥原是吴佩孚的部属，当他出任河南督军的时候，在财政上与吴佩孚发生了很大矛盾。吴佩孚以明升暗降的手段，调他为陆军检阅使。从此，冯玉祥对曹锟、吴佩孚十分不满。曹锟贿选总统期间，孙中山秘密派人向冯玉祥示意倒直。当时，冯玉祥以个人控制的兵力有限，不敢冒险盲动为由，通过马伯援回复孙中山：俟时机到来，定有所举动。冯玉祥、孙岳诸人一致确认孙中山是中国唯一的革命领袖。在北方军人中，孙中山认为能够依靠的力量，也只有冯玉祥、孙岳数人。因此，孙中山派遣孔祥熙携带自己手书的《建国大纲》访晤冯玉祥。孔祥熙告诉冯："孙先生特地让我征求你的意见，说你可以增减。要加就加，要改就改，如果不加不改，就希望你信仰这个。"当时，虽说冯玉祥对孙中山的革命主张还谈不上有什么坚定的信仰，但也确实接受了《建国大纲》的启迪，认为这是一条光明之路，表示愿意为这个目标奋斗。从此，双方有了秘密的联络。因此，直奉混战时刻，冯玉祥见曹、吴后方空虚，便趁机起事，推倒了曹锟、吴佩孚政权，马上电请孙中山速驾北上主持大计。

形势毕竟错综复杂，良好的愿望也不可能支配一切。

曹锟、吴佩孚政权垮台了，张作霖正好趁机率兵入关，龟缩了一段时间的段祺瑞，此刻也破门而出。冯玉祥势力单薄，经验不足，难以应付这种局面。只得既电请孙中山入京共商大计，又和奉、皖两系妥协，组成了由奉系支持、以皖系段祺瑞执政的临时执政府。

无论如何估价，这总是一个有利革命的转机。孙中山决定"借这个机会可以做宣传工夫，联络各省同志，成立一个国民党部，从党部之内成立革命基础"。立即复电冯玉祥："义旗聿举，大憝肃清，诸兄功在国家，同深庆幸。建设大计，亟须决定，拟即日北上，与诸兄晤商。"

老奸巨猾的段祺瑞也故作姿态，和张作霖联名电请孙中山早日入京。

孙中山到底该不该北上？一时间，大家议论纷纷。不少人认为，时局动荡，形势险恶，段祺瑞又是一个心狠手辣的政客，不仅不会谈出什么名堂，反而有可能遭他暗算，还是不去为好。孙中山是决意北上的。对于个人的安危，他有自己的估计："你们以大元帅看待我，我此行确是有危险；若以革命党领袖看待我，此行实在是没有什么危险可说的。不入虎穴，焉得虎子，为了国家大计，也顾不了这么多了。"

其实，此刻的孙中山，已经不是民国初年的孙中山了。他实行了联俄、联共、扶助农工的政策，得到了苏联、中国共产党和工农群众的支持，又有了广东这一块比较巩固的革命根据地，有一支北伐军，还有黄埔军校的教导团。和过去相比，孙中山无论在政治上、军事上都处在比较主动的地位了。孙中山还做了这样的思想准备：段祺瑞如果以军人的资格在会议上专横，不让大家公平讨论，我便马上出京，请他们直截了当去当皇帝。这也是一个宣传革命主义的难得机会。

11月10日，孙中山发表《北上宣言》，重申反对帝国主义和反对军阀的政治立场，要求"召集国民会议，以谋中国之统一与建设"。

时势刻不容缓。13日，孙中山偕夫人宋庆龄和随员二十多人乘"永丰"舰到香港，转乘日本邮船"春阳丸"号北上上海。

近年来，孙中山的革命言论，已经引起了帝国主义列强的仇恨，而他这次的北上，更使得他们感到恐慌。帝国主义御用作家极尽污蔑之能事，胡诌什么："双手还沾满他的同胞的鲜血就来到上海的孙博士，在那些小流氓眼里充满了胜利的全部魅力，他们首先赞美的，是他作为仇视外国人的鼓吹者。""春阳丸"号抵达上海的前夕，英国的《字林西报》发表评论，居然提出："孙中山是广州大本营的大元帅，一举一动，都负有政治上的任务。上海租界之内，完全是商务性质，是不是相宜？""上海不需要孙中山，应阻止他登岸。"《大陆报》更叫嚷"要驱逐孙中山出上海"，"绝不要理睬孙中山所提出的废除不平等条约的要求"。

世界上既然没有无缘无故的恨，当然也没有无缘无故的爱。帝国主义者仇视孙中山，这自然是不假。可是，中国需要孙中山，中国人民热爱孙中山。这更是历史的必然。17 日，"春阳丸"号抵达吴淞口时，万余民众汇集码头，齐声高呼："打倒帝国主义！""打倒军阀！"的口号，热烈欢迎孙中山。

孙中山步出码头，一位日本记者劈头就问他："英国想抵制先生在上海登岸，你的态度如何？"

孙中山坦然答道："上海是我们中国的领土，我是这个领土的主人，他们都是客人。主人行使职权，在这个领土之内，想要怎么样便可以怎么样。我登岸之后，住在租界之内，只要不犯租界中的普通条例，无论什么政治运动我都可以做。"

《大陆报》又发表了一篇《条约神圣》的文章，再次攻击孙中山。

孙中山针锋相对，在上海莫利爱路寓所连连接见各界人士，宣传召集国民会议和废除不平等条约的主张："中国现在祸乱的根本，就是在军阀和那援助军阀的帝国主义。我们这次来解决中国问题，在国民会议席上，第一点就要打破军阀，第二点就要打破援助军阀的帝国主义。打破了这两个东西，中国才可以和平统一，才可以长治久安。""我这次到北京去，讲到对外问题，一定要主张废除中外一切不平等条约，收回海关、租界和领事裁判权。"

理屈词穷的帝国主义者，暂时不动声色，另作打算了。

当时，京沪铁路恰好中断，而从海道前赴天津，半个月之内也没有船位，孙中山只得乘日轮"上海丸"号绕道日本，转赴天津。

途经日本长崎、神户、门司时，孙中山频频接见新闻记者，出席欢迎会，会见日本友人，发表演说，宣传他的政治主张和对外政策："共管中国之说，是外国人做梦！……中国同俄国革命都是走一条路。所以中国同俄国不只是亲善，照革命的关系，实在是一家。""日本真有诚意来和中国亲善，便先要帮助中国废除不平等条约，争回主人的地位，让中国人得自由身份。"

12 月 4 日正午，孙中山从神户乘日轮"北岭丸"号抵达天津，两万多群众闻讯自动汇集码头迎接。天津街头悬灯结彩，燃放鞭炮，像过盛大节日似地隆重欢迎孙中山。

事过五十七年，邓颖超在 1981 年悼念宋庆龄的文章中，以诗一般的语言追述了孙中山夫妇抵达天津时的情景：

"你们出现在轮船的甲板上，同欢迎的群众见面。我在欢迎行列中，看到为推翻清朝帝制，为中国独立、自由、民主而奋斗不息的伟大的革命先行者——孙中山先生，坚定沉着，虽显得年迈，面带病容，仍然热情地向欢迎的人群挥帽致意，同时看到亭亭玉立在孙先生右侧的你。你那样年轻、美貌、端庄、安详而又有明确的革命信念。你，一位青年革命女战士的形象，从那时就深深印入我的脑际，至今仍然清晰如初。"

　　北上时候，孙中山就感觉身体不太舒服，沿途劳顿，面色变得更加黝黑。到天津那天，朔风呼啸，天寒地冻，孙中山长时间站在船头上，脱帽向欢呼群众致意，受了风寒，身体发冷发热，很不舒服。当天下午，又带病到曹家花园访问张作霖，往返途中，浑身颤抖，冷得难受。

　　当晚，孙中山肝病发作了。

　　翌日，"关外大帅"张作霖动用二十辆汽车，率领一百多卫士，派头十足地到张园回访孙中山。

　　孙中山需要静卧休息，随从人员表示谢绝会客。张作霖却昂然而入，边走边说："今天我来向孙先生说话，孙先生可以睡在床上，不必开口回答。"

　　卧室内，孙中山接见了张作霖。张作霖开口就说："我决心追随先生，愿做先生的卫士队长。"不过，醉翁之意不在酒，说着说着，却又劝孙中山不要反对外国列强，因为他们都是不好惹的；而且各国公使非常讨厌孙先生联俄，只要孙先生放弃这个政策，他愿意代替孙中山向各国公使疏通感情。他拍着胸口保证，只要孙中山点头答应，"这件事情包在我张作霖一个人的身上，一定可以成功"。

　　这番话，使得孙中山哭笑不得。毕竟，志不同，道不合啊！

　　走出卧室，张作霖又做汪精卫的工作："我从前以为孙先生是个很难说话的人，今天才知道是个温厚君子。只是各国公使都不赞成孙先生，大概是孙先生联俄的缘故。你能不能请孙先生放弃联俄的主张，我张作霖包管叫各国公使都和孙先生要好。"

　　孙中山对张作霖失望了。

　　时局像万花筒似地瞬息万变。

就在孙中山北上途中，北京的政局又出现了新的变化：冯玉祥一派受到排斥，段祺瑞当上了中华民国临时执政。段祺瑞一上台，就扯下了假面具，迫不及待地致书外国使团表白自己"外崇国信"，承认历年来和列强缔结的一切不平等条约；主张召开军阀官僚政客包办的"善后会议"，对抗孙中山提出的召开国民会议的主张。

面对这种急转直下的形势，中国共产党发表了第四次对时局的宣言："挽救此迫在目前的危机之方法，不是各省军阀的和平会议或国是会议，也不是几头元老的善后会议"，而是"由人民团体直接选出，能够代表人民的意思和权能"的国民会议。在召开国民会议之前，应该迅速在北京召集国民会议预备会。

这是中国人民的意愿。人民行动起来了，全国各个地区、各个阶层，纷纷成立国民会议促成会，积极开展斗争，誓做孙中山北上的后盾。

革命的浪潮直接涌向北京。12月18日，迫于形势，段祺瑞也不得不装模作样派叶恭绰、许世英到天津拜晤孙中山，表示欢迎孙中山从速进京。

孙中山询问叶恭绰、许世英："外交团要求尊重条约，听闻执政府已经照会复允，这消息是否真实？"

这是明摆着的事。叶恭绰、许世英不好否认，只能支支吾吾答道："是有这件事，但照会尚未送出。"

孙中山勃然大怒："我在外面要废除那些不平等条约，你们在北京偏偏要尊重那些不平等条约，这是什么道理呢！？你们要升官发财，怕那些外国人，要尊重他们，为什么还来欢迎我呢？"

面对着正义凛然的孙中山，叶恭绰、许世英还能说些什么呢？他们只能低着脑袋，默默听着孙中山的训斥。过了好一会，才又厚着脸皮"劝"孙中山："先生说话要和平一些，不要太过激烈，免得引起列强交涉。"

孙中山气愤得直喘着粗气，厉声回答他们："假如我不打倒帝国主义，我就不革命了。"

就在当天晚上，孙中山肝病急剧恶化，脉搏每分钟跳动一百二十次以上。

然而，孙中山还是念念不忘工作。翌日，他命令北京国民党中央执行部派员分赴各省开展促成国民会议运动。12 月 23 日，又致电中央直辖豫军讨贼军总司令樊钟秀，要求他继续歼灭逃豫的吴佩孚残敌。

得到"洋大人"撑腰，段祺瑞有恃无恐，悍然在 24 日公布《善后会议条例》，指派许世英筹备"善后会议"。

孙中山立即指示中国国民党通电反对召开"善后会议"。

段祺瑞的倒行逆施震怒了全国，各界人民纷纷通电赞同孙中山的主张。天津市民大会致书孙中山说："先生之来也，帝国主义之强暴及祸国军阀之狡展，处处与先生主张以阻挠，亦即处处与民众利益以残害。军阀所主张之善后会议，愚民欺世，更辱我公。望公能坚持宣言三点，慰苍生之喁望也。吾辈唯有以政权归民之义，为吾革命领袖之后盾。临颖神驰，务望先生为国珍重、为国努力。"

北京各界纷纷派代表到达天津，敦请孙中山入京主议国家大计。

1924 年除夕，孙中山不负民意，扶病入京。

这天，古老的北京灰云密布，寒风凛冽，尘沙弥漫。可是，在前门东车站，手执"欢迎孙中山先生"小旗的学生、民众，早已人头涌动，挤得水泄不通。车站上空，"欢迎民国元勋革命领袖孙中山先生！""北京各团体联合欢迎孙中山先生！"的两幅巨大标语迎风飞舞，飒飒作响。

冯玉祥的代表生怕东车站人多杂乱，不便保卫，特地赶到永定门，请求孙中山就在永定门车站下车。此刻的孙中山，正躺在卧铺上，尽管面容憔悴，枕边还放着书，手里也拿着书。孙中山谢绝了他的好意，恳切地说："在永定门下车，那可使不得。我的抱负是什么？我的目的是什么？你当然是了解。我是为学生、为民众而来的，我不能只为了个人安全打算，辜负了学生和民众对我的这番热情。请不必担心，我要在前门东车站下车，学生和民众即使是挤着我，也是不要紧的。"

事实和那位代表的担心恰恰相反。站在月台上黑压压的人群，整齐有序，严肃而又恭敬地等待着，没有动乱，也不喧哗，只听得人们手中数不清的红、绿小旗在朔风中瑟瑟作响。

孙中山从卧铺站起，和随行人员一起走下火车，缓步徐徐走过欢迎的行列，含笑向庄严肃穆的学生、民众答礼，然后和夫人乘上汽车，直往北京饭店。

许多许多的学生、民众掉泪了。

只是，此刻的孙中山已经不能向欢迎的群众发表演说，只能请人代读一篇书面谈话了：

> "文此次来京，曾有宣言，非争地位权利，乃为救国。十三年前，余负推倒满洲政府，使国民得享自由平等之责任。惟满清虽倒，而国民之自由平等早被其售与各国，故吾人今日仍处帝国主义各国殖民地之地位；因而吾人救国之责，尤不容缓。至于救国之道多端，当向诸君缕述，惟今以抱恙，不得不稍俟异日。"

在北京，孙中山一面延请西医诊治，一面继续着救国救民的斗争。

翌日，1925 年元旦，段祺瑞"邀请"孙中山出席"善后会议"。孙中山断然拒绝，指示中国国民党中央执行委员会发表宣言："废除不平等条约运动，为今日中国民族求独立解放之唯一途径，乃实行本党政策之第一步，与以党建国之第一步。故必以此提出于国民会议，任何诬蔑、威胁，皆不暇顾，愿同志及国民矢诚拥护。"

在病魔百般折磨的时刻，孙中山还接见了郭秀兰（共产党员、律师施洋的遗孀），而且亲自替她改名郭继烈。

这件事，是病危中的孙中山对军阀吴佩孚的抗议，对工人运动的支持，对中国共产党人的敬重，表达了他对革命烈士的深切怀念之情。

1 月 20 日以后，孙中山的病势加重了，体温有时高达 41 摄氏度，有时低至 27 摄氏度。到了 25 日，孙中山面色由黑转黄，已经不能进食了。

医生们建议立即迁居医院，马上手术治疗。26 日下午 3 时，孙中山被送入协和医院。孙科、孔祥熙、宋子文和鲍罗廷四人在手术室内守候。孙中山神态自若，对医生们说："我不怕痛，开刀吧！" 6 时，开始手术。打开腹腔，呈现在医生们眼前的肝脏，已经坚硬如木，显然是晚期肝癌，已经无法手术了。医生仅从肝脏上取出少许组织，立刻又把腹腔缝合。化验结果证实：孙中山患的果然是晚期肝癌。

事后，协和医院提出了这样的报告："孙先生体温如常，脉枢缓和，此仅能谓开割后经过良好，本病仍系难治。"

过了十天，孙中山问医生："我究竟患了什么病？几时才可以痊愈？我也懂得医学，请直言告诉我。"

一段可怕的沉默之后，医生木然地告诉他："请孙博士写遗嘱吧！"

"人生自古谁无死？"这位饱尝人生艰辛而又鞠躬尽瘁的革命者，对死亡并不畏惧。但是，灾难深重的祖国需要他，陷于水深火热之中的中国人民还有许多事情需要他去做。他决定接受镭锭治疗，与病魔斗争到底。

镭锭治疗毫无效果。2月18日，孙中山从协和医院移居铁狮子胡同5号，改用中医治疗，还是不见起色。真是扁鹊无力，药石罔效了。作为一个医生，孙中山知道自己不久将要离开人间了。他还有许多话要说，还有许多事需要吩咐。他对身旁的人说："现在可以写遗嘱了。"24日，孙中山口授国事、家事遗嘱，由汪精卫笔记：

> 余致力国民革命凡四十年，其目的在求中国之自由平等。积四十年之经验，深知欲达到此目的，必须唤起民众及联合世界上以平等待我之民族，共同奋斗。

> 现在革命尚未成功，凡我同志，务须依照余所著《建国方略》、《建国大纲》、《三民主义》及《第一次全国代表大会宣言》，继续努力，以求贯彻。最近主张开国民会议及废除不平等条约，尤须于最短期间促其实现。是所至嘱！

> 余因尽瘁国事，不治家产。其所遗之书籍、衣物、住宅等，一切均付吾妻宋庆龄，以为纪念。余之儿女，已长成，能自立，望各自爱，以继余志。此嘱！

孙中山又用英语口授了致苏联的遗书，由鲍罗廷、陈友仁、孙科和宋子文笔记：

苏维埃社会主义共和国大联合中央执行委员会亲爱的同志：

> 我在此身患不治之症。我的心念，此时转向于你们，转向于我党及我国的将来。

> 你们是自由的共和国大联合之首领。此自由的共和国大联合，是不朽的列宁遗与被压迫民族的世界之真遗产。帝国主义下的难

民，将借此以保卫其自由，从以古代奴役战争偏私为基础之国际制度中谋解放。

我遗下的是国民党。我希望国民党在完成其由帝国主义制度解放中国及其他被侵略国之历史的工作中，与你们合力共作。命运使我必须放下我未竟之业，移交与彼谨守国民党主义与教训而组织我真正同志之人。故我已嘱咐国民党进行民族革命运动之工作，俾中国可免帝国主义加诸中国的半殖民地状况之羁缚。为达到此项目的起见，我已命国民党长此继续与你们提携。我深信，你们政府亦必继续前此予我国之援助。

亲爱的同志，当此与你们诀别之际，我愿表示我热烈的希望，希望不久即将破晓，斯时苏联以良友及盟国而欣迎强盛独立之中国，两国在争世界被压迫民族自由之大战中，携手并进以取得胜利。

谨以兄弟之谊，祝你们平安！

孙逸仙

三个遗嘱立就，本来准备当天签字。因为担心宋庆龄在孙中山口授遗嘱的时候悲伤过度，大家特地让她暂时离开孙中山卧室。站在孙中山卧室门外的宋庆龄，尽管是以坚强的意志抑制着自己，但那令人心碎欲绝的泪水还是沿着双颊涌流出来，以至不可控制的低泣还是传进卧室里来。夫人的悲怆深深刺痛了孙中山，他叹着气，喘息着吩咐："今天不要签字了，过几天再看吧！"

何香凝隐藏着巨大的哀伤，站在孙中山的床沿安慰着他："你是不会一下离开我们的！"

当晚，是一个漫长而又难熬之夜。孙中山辗转反侧，彻夜不眠。他放心不下这个多灾多难的祖国，也放心不下和自己患难与共的同志。

孙中山已经是病入膏肓了。往昔的朝气和活力一天快比一天地离开、消散。这对夫人宋庆龄来说，是多么揪人心肺的日子啊！宋庆龄像是丧魂失魄，常常觉得头昏目眩，两脚发软，常常要恸哭出声来。但她把悲痛深深地埋藏在心底里，日夜守候在孙中山身旁，递茶送水，体贴入微，真使孙中山百感交集，疼痛难分。一天破晓，孙中山醒来，望着宋庆龄说道："我曾计划访问莫斯科，与中国的坚强的革命友人们会谈，你替我实现这个未遂的愿望吧。"宋庆龄含泪点头。过了一会，孙中山又说："我一定要死了，马湘一生跟随我，必须养他过世，教育他的子女到大学毕业。"

"请你放心，我会照料他的。"泪水蒙住了眼睛，宋庆龄侧过脸来，生怕孙中山见了更加难受。

凝望着夫人的背影，孙中山内心像是刀砍箭穿似的痛楚。他轻轻地安慰着夫人："达龄[2]，你不用悲哀，我的所有即是你的所有。"

平心而论，孙中山的精神遗产固然是无法估量的，但就财产来说，孙中山"所遗"给宋庆龄的"一切"，不过是两千多本书籍和一所华侨赠给的住宅，以及生前的一些日用品。无怪乎当时就有人把孙中山与世称廉洁的诸葛亮比较："昔诸葛临终遗表，谓臣成都有田二十顷，有桑八百株，说者谓以此方齐民之产固多，以此为汉丞相固尤少也。今先生并此区区之田与桑而亦无文；谁谓古今人不相及也？"

他们正在交谈着，何香凝入卧室问候，孙中山转用粤语问她："仲恺、铁城在哪里？"

"都在广东。"

"你最要通知仲恺，办教育，自教育，办党务，自党务，不能混而为一，务须分别办理。"

"我会把你的话知会他。"

孙中山又用手指着宋庆龄，叮嘱何香凝："你今后要照顾夫人。"

何香凝强忍悲痛，沉静地回答孙中山："我将尽我的力量照顾夫人，请您放心。"

宋子文入卧室问安，孙中山当即对他说："有革命政府一天，必须维持一天，勿令所失。"

宋子文连连点头答应："我们定当尽力去做。"

死神像一片密密实实的黑云，一步紧似一步地逼近孙中山，把他团团围住了。3月11日上午8时，何香凝又到孙中山的卧室慰问，只见孙中山的瞳孔变大，呼吸浅促，眼看形势不妙，她赶紧走出卧室，找同志们商量："应当马上请孙先生在遗嘱上签字，稍一延误，恐怕就来不及了。"

大家估计到，孙中山深深爱着夫人宋庆龄，如果听到夫人的哭泣，决不肯签字。何香凝便找宋庆龄商量。宋庆龄说："现在我不特不阻止诸位，而且要协助诸君了。"何香凝叫汪精卫拿出遗嘱来，恳请孙中山签字。

此刻的孙中山头脑清醒。他巡视着一张张悲伤、呆滞、慌乱的脸孔，伤感地说道："现在要和你们分别了。"

这句话，使得在场的人都恸哭失声了。宋庆龄更是泪如雨下，她托着孙中山气弱颤抖的手腕。孙中山用孙科递过来的钢笔，在遗嘱上逐一签了字。孙中山喘息了片刻，又神情自若地对大家慢慢说道："我这次放弃两广来京，是谋求和平统一。我所主张的统一方法是开国民会议，实行三民主义、五权宪法，建设一个新国家。现在为病所累，死生本不足惜，但是数十年为国民革命所抱定的主义，不能实现，至为遗憾。我深望诸位同志努力奋斗，使国民会议早日开成，达到实行三民主义、五权宪法的目的。那么，我虽然是死了，也是瞑目的。"

在场的人饮泣着，祈求多听听总理最后的吩咐。

护理人员给他搬掉炕桌，孙中山望着她，慈祥说道："谢谢你，你的工作太辛苦了，过后你应当好好休息，这一阵你太辛苦啦！"

下午，孙中山常常陷入昏迷，呼吸更是浅促，连说话也困难了。他忽然张开眼睛，十分吃力地对站立在身旁的人们说道："我死了，四面都是敌人，你们是危险的，希望你们不要为敌人软化。"

有的点头垂泪，有的面面相觑，大家又能说些什么呢。

天黑了，气氛更是深沉、阴冷。突然，孙中山现出一片混沌的热情，用僵硬的舌头喊道："廖仲恺夫人，廖仲恺夫人……"喊了这两声，便作声不得，但又像是还有什么吩咐一样。

往昔，孙中山都是用日本话亲热地把何香凝叫作"巴桑"，意即老太婆。此刻，何香凝一听到他那样郑重而又沉痛的叫唤，赶紧掩泪和宋庆龄一起走到孙中山的眼前。何香凝理解孙中山的心思，虔诚地对他说："我虽然没有什么能力，但孙先生改组国民党的苦心，我是知道的，此后我誓必拥护孙先生改组国民党的精神。孙先生的一切主张，我也誓必遵守。至于孙夫人，我也当然尽我的力量来爱护。"

孙中山潸然泪下："廖仲恺夫人，我感谢你……"他紧紧握着何香凝的手，迟迟没有放开。

深夜，孙中山又从昏迷中醒来，呻吟中梦呓般呢喃："同志啊！继续我的主义！以俄为师！"接着，嘶哑的声音断断续续地反复呼喊着："和平，奋斗，救中国！"

许世英来到孙中山卧室门外，假惺惺地虔诚敬礼，说："大总统，段执政即来拜见。"

孙中山不再听他们的鬼话了，他灰暗的眼睛凝住了，奔放的热情冷却了，生命的火焰熄灭了。他终于长眠了。

12日上午9时30分，世界失去了一位巨人。古老的北京、辽阔的中华，沉浸在巨大的悲痛之中。

中国共产党致唁中国国民党，沉痛哀悼这位伟大的革命家的逝世，诚挚表示"中国共产党与中国工农阶级热烈的愿与贵党协力奋斗到底，即全世界无产阶级和第三国际下的一切友党皆将与贵党以恳挚之同情和援助"。发表《中国共产党为孙中山之死告中国民众》书，号召全国民众要遵守孙中山先生的遗嘱，加倍努力，"一方面猛烈地继续国民会议及废除不平等条约运动，反抗帝国主义的工具段祺瑞、张作霖在北方对于这些运动之进攻；一方面保卫南方的革命根据地——广东，肃清陈炯明、林虎、唐继尧等及其所勾结之买办地主的反动势力"。

苏联共产党中央委员会致电中国国民党中央执行委员会，深切哀悼"争取中国人民的自由和自主，争取中国的统一和独立的中国工农民族解放斗争的组织者"孙中山的逝世，坚信"孙中山的伟大事业是不会和孙中山一同死去的，孙中山的事业将活在中国的工人和农民的心里，而使中国人民的敌人发抖"。

临终前夕，孙中山告诉家属和同志："我一生仰慕列宁，我希望死后能像列宁一样的殡殓。"

遵照逝者的遗嘱，中国国民党决定仿照列宁的殡殓办法，孙中山遗体经过协和医院的处理，移灵柩到中央公园举行公祭。

中国人民沉痛哀悼她的伟大儿子孙中山，先后到灵前致祭的竟达七十四万之众。灵柩由中央公园转到西山碧云寺那天，又有三十万民众从中央公园步送到西直门，还有两万多人从西直门步送到西山。

身穿黑色丧服、面罩黑纱的宋庆龄出现在送丧的行列。她没有哭泣，没有流泪，脸上既是无限悲痛，又是坚定沉毅。她护着灵柩，在人流中默默地走着，走着。

按照孙中山生前的意愿，1929 年 6 月 1 日，中国国民党将孙中山的灵柩由北京运到南京，安葬在紫金山南麓中山陵园。

孙中山，这位全心全意为了中华民族振兴而耗费了毕生精力的革命家，完成了他力所能及的事业，从此长眠紫金山中山陵园了。他永远活在世世代代的中国人民心中。中国人民在他所开拓的事业的基点上，又继续猛进了。

孙中山，正像诗人拜伦所赞颂的英雄那样：

　　　你生命告终，威名却树立；

　　　你故乡的歌曲谣讴，

　　记述她英雄儿子的胜利，

　　　记述他刀剑的格斗，

　　他建立的功勋，他打赢的战役，

　　　他所夺回的自由！

注释：

　　[1] 奉天，今辽宁省。

　　[2] 达龄，汉语音译之英语单词，意思是"亲爱的"。

参考书目

［1］马克思. 中国革命和欧洲革命［M］//马克思恩格斯选集：第二卷. 北京：人民出版社，1972.

［2］马克思. 英人在华的残暴行动［M］//马克思恩格斯选集：第二卷. 北京：人民出版社，1972.

［3］恩格斯. 波斯和中国［M］//马克思恩格斯选集：第二卷. 北京：人民出版社，1972.

［4］列宁. 俄国社会民主工党第六次（"布拉格"）全国代表会议［M］//列宁全集：第十七卷. 北京：人民出版社，1959.

［5］列宁. 执行自由派工人政策的机关报［M］//列宁全集：第十七卷. 北京：人民出版社，1959.

［6］列宁. 自由派工人政策的蹩脚的辩护人［M］//列宁全集：第十七卷. 北京：人民出版社，1959.

［7］列宁. 马克思学说的历史命运［M］//列宁全集：第十八卷. 北京：人民出版社，1959.

［8］列宁. 中国各党派的斗争［M］//列宁文稿：第二卷. 北京：人民出版社，1978.

［9］列宁. 中国的民主主义和民粹主义［M］//列宁全集：第十八卷. 北京：人民出版社，1959.

［10］列宁. 新生的中国［M］//列宁全集：第十八卷. 北京：人民出版社，1959.

［11］列宁. 中华民国的巨大胜利［M］//列宁全集：第十九卷. 北京：人民出版社，1959.

［12］列宁. 亚洲的觉醒［M］//列宁全集：第十九卷. 北京：人民出版

社, 1959.

[13] 列宁. 落后的欧洲和先进的亚洲［M］//列宁全集: 第十九卷. 北京: 人民出版社, 1959.

[14] 列宁. 论民族自决权［M］//列宁全集: 第二十卷. 北京: 人民出版社, 1958.

[15] 斯大林. 俄共（布）中央致国民党中央执行委员会［M］//斯大林全集: 第七卷. 北京: 人民出版社, 1958

[16] 斯大林. 给邱贡诺夫的信［M］//斯大林全集: 第九卷. 北京: 人民出版社, 1954.

[17] 李大钊. 十月革命与中国人民［M］//李大钊文集: 下册. 北京: 人民出版社, 1984.

[18] 李大钊. 中日俄三国关系日益接近［M］//李大钊文集: 下册. 北京: 人民出版社, 1954.

[19] 李大钊. 北京代表李大钊意见书［M］//李大钊文集: 下册. 北京: 人民出版社, 1954.

[20] 李大钊. 在共产国际第五次代表大会第二十二次会议上的报告［M］//李大钊文集: 下册. 北京: 人民出版社, 1954.

[21] 李大钊. 孙中山先生在中国民族革命史上之位置［M］//李大钊选集. 北京: 人民出版社, 1978.

[22] 李大钊. 挽孙中山联［M］//李大钊文集: 下册. 北京: 人民出版社, 1954.

[23] 李大钊. 狱中自述［M］//李大钊文集: 下册. 北京: 人民出版社, 1954.

[24] 李大钊. 中山主义的国民革命与世界革命［M］//李大钊选集. 北京: 人民出版社, 1978.

[25] 毛泽东. 战争和战略问题［M］//毛泽东选集: 第二卷下册. 北京: 人民出版社, 1952.

[26] 毛泽东. 湖南农民运动考察报告［M］//毛泽东选集: 第一卷. 北京: 人民出版社, 1952.

[27] 毛泽东. 国共合作成立后的迫切任务［M］//毛泽东选集: 第二卷. 北京: 人民出版社, 1952.

[28] 毛泽东. 论联合政府［M］//毛泽东选集: 第三卷. 北京: 人民出版社, 1953.

［29］毛泽东. 全世界革命力量团结起来，反对帝国主义的侵略［M］//毛泽东选集：第四卷. 北京：人民出版社，1960.

［30］毛泽东. 团结起来，划清敌我界限［M］//毛泽东选集：第五卷. 北京：人民出版社，1977.

［31］毛泽东. 美帝国主义是纸老虎［M］//毛泽东选集：第五卷. 北京：人民出版社，1977.

［32］毛泽东. 青年运动的方向［M］//毛泽东选集：第二卷. 北京：人民出版社，1952.

［33］毛泽东. 中国革命和中国共产党［M］//毛泽东选集：第二卷. 北京：人民出版社，1952.

［34］毛泽东. 新民主主义论［M］//毛泽东选集：第二卷. 北京：人民出版社，1952.

［35］毛泽东. 论人民民主专政［M］//毛泽东选集：第四卷. 北京：人民出版社，1960.

［36］毛泽东. 唯心历史观的破产［M］//毛泽东选集：第四卷. 北京：人民出版社，1960.

［37］毛泽东. 中国人民站起来了［M］//毛泽东选集：第五卷. 北京：人民出版社，1977.

［38］毛泽东. 中国人民大团结万岁［M］//毛泽东选集：第五卷. 北京：人民出版社，1977.

［39］毛泽东. 纪念孙中山先生［M］//毛泽东选集：第五卷. 北京：人民出版社，1977.

［40］蔡和森. 统一、借债与国民党［M］//蔡和森文集：上册. 长沙：湖南人民出版社，1979.

［41］蔡和森. 武力统一与联省自治：军阀专政与军阀割据［M］//蔡和森文集：上册. 长沙：湖南人民出版社，1979.

［42］蔡和森. 中德俄三国联盟与国际帝国主义及陈炯明之反动［M］//蔡和森文集：上册. 长沙：湖南人民出版社，1979.

［43］蔡和森. 四派势力与和平统一［M］//蔡和森文集：上册. 长沙：湖南人民出版社，1979.

［44］蔡和森. 中国革命运动与国际之关系［M］//和森文集：上册. 长沙：湖南人

民出版社, 1979.

[45] 蔡和森. 商团事件的教训 ［M］//蔡和森文集：上册. 长沙：湖南人民出版社, 1979.

[46] 蔡和森. 北伐呢? 抵抗英国帝国主义及反革命呢? ［M］//蔡和森文集：上册. 长沙：湖南人民出版社, 1979.

[47] 蔡和森. 警告国民党中派诸领袖 ［M］//蔡和森文集：上册. 长沙：湖南人民出版社, 1979.

[48] 蔡和森. 孙中山逝世与国民革命 ［M］//蔡和森文集：上册. 长沙：湖南人民出版社, 1979.

[49] 恽代英. 评国民党政纲 ［M］//恽代英文集：上卷. 北京：人民出版社, 1984.

[50] 恽代英. 国民党中的共产党问题 ［M］//恽代英文集：上卷. 北京：人民出版社, 1984.

[51] 恽代英. 为"国民会议"奋斗 ［M］//恽代英文集：上卷. 北京：人民出版社, 1984.

[52] 恽代英. 国民党左派与共产党 ［M］//恽代英文集：上卷. 北京：人民出版社, 1984.

[53] 恽代英. 孙中山先生逝世与中国 ［M］//恽代英文集：下卷. 北京：人民出版社, 1984.

[54] 恽代英. 广东军官学校与国民党问题 ［M］//恽代英文集：下卷. 北京：人民出版社, 1984.

[55] 恽代英. 孙中山主义与戴季陶主义 ［M］//恽代英文集：下卷. 北京：人民出版社, 1984.

[56] 恽代英. 廖仲恺与黄埔学校 ［M］//恽代英文集：下卷. 北京：人民出版社, 1984.

[57] 恽代英. 纪念孙中山先生 ［M］//恽代英文集：下卷. 北京：人民出版社, 1984.

[58] 刘少奇. 悼孙中山先生 ［J］. 中国工人, 1925 (4).

[59] 刘少奇. 廖仲恺先生与工农政策 ［J］. 工人之路, 1926 (412).

[60] 朱德. 纪念中国伟大的民主革命导师孙中山先生 ［N］. 人民日报, 1956 - 11 - 11.

［61］朱德. 辛亥回忆［N］. 解放日报，1941 – 10 – 10.

［62］朱德. 辛亥革命杂咏［M］∥朱德诗选集. 北京：人民出版社，1977.

［63］周恩来. 在辛亥革命五十周年纪念大会上的开会词［N］. 人民日报，1961 – 10 – 10.

［64］周恩来. 在纪念"双十"大会上的演说词［J］. 双十屠杀特刊号，1924.

［65］周恩来. 最近二月广州政象之概观［N］. 向导周报，1924 – 10 – 30.

［66］周恩来. 怎样纪念孙先生的伟大［N］. 新华日报，1938 – 03 – 12.

［67］周恩来. 关于一九二四至二六年党对国民党的关系［M］∥周恩来选集：上卷. 北京：人民出版社，1980.

［68］周恩来. 在孙中山先生逝世三十周年纪念大会上的开会词［N］. 人民日报，1955 – 03 – 12.

［69］董必武. 在孙中山先生逝世三十周年纪念大会上的讲话［N］. 人民日报，1955 – 03 – 12.

［70］董必武. 在辛亥革命五十周年纪念大会上的讲话［N］. 人民日报，1961 – 10 – 10.

［71］鲁迅. 两地书（一二）［M］∥鲁迅全集：第十一卷. 北京：人民出版社，1981.

［72］鲁迅. 中山先生逝世后一周年［M］∥鲁迅全集：第七卷. 北京：人民出版社，1981.

［73］鲁迅. 黄花节的杂感［M］∥鲁迅全集：第三卷. 北京：人民出版社，1981.

［74］鲁迅. 哀范君三章［M］∥鲁迅全集：第七卷. 北京：人民出版社，1981.

［75］鲁迅. 忽然想到［M］∥鲁迅全集：第三卷. 北京：人民出版社，1981.

［76］鲁迅. 战士和苍蝇［M］∥鲁迅全集：第三卷. 北京：人民出版社，1981.

［77］鲁迅. 两地书（一〇）［M］∥鲁迅全集：第十一卷. 北京：人民出版社，1981.

［78］鲁迅. 两地书（三五）［M］∥鲁迅全集：第十一卷. 北京：人民出版社，1981.

［79］鲁迅. 《杀错了人》异议［M］∥鲁迅全集：第五卷. 北京：人民出版社，1981.

［80］鲁迅. 迎神和咬人［M］∥鲁迅全集：第五卷. 北京：人民出版社，1981.

［81］鲁迅. 致杨霁云［M］∥鲁迅全集：第十三卷. 北京：人民出版社，1981.

［82］鲁迅. 习惯与改革［M］//鲁迅全集：第四卷. 北京：人民出版社，1981.

［83］鲁迅. 病后杂谈之余［M］//鲁迅全集：第六卷. 北京：人民出版社，1981.

［84］瞿秋白. 孙中山与中国革命运动［N］. 新青年，1925 – 06 – 01.

［85］瞿秋白. 革命失败之责任问题［N］. 向导周报，1927 – 07 – 08.

［86］宋庆龄. 广州脱险［M］//宋庆龄选集. 北京：人民出版社，1966.

［87］宋庆龄. 为力争两广关余向英帝国主义斗争的孙先生［M］//宋庆龄选集. 北京：人民出版社，1966.

［88］宋庆龄. 青年与革命［M］//宋庆龄选集. 北京：人民出版社，1981.

［89］宋庆龄. 儒教与现代中国［M］//宋庆龄选集. 北京：人民出版社，1981.

［90］宋庆龄. 关于国共合作的声明［M］//宋庆龄选集. 北京：人民出版社，1966.

［91］宋庆龄. 十月社会主义革命和中国革命的历史联系［M］//宋庆龄选集. 北京：人民出版社，1966.

［92］宋庆龄. 回忆孙中山［M］//宋庆龄选集. 北京：人民出版社，1966.

［93］宋庆龄. 上海中山故居［M］//宋庆龄选集. 北京：人民出版社，1966.

［94］宋庆龄. 孙中山和他同中国共产党的合作［M］//宋庆龄选集. 北京：人民出版社，1966.

［95］共产国际有关中国革命的文献资料（1919—1928）：第一辑［M］. 北京：中国社会科学出版社，1981.

［96］宋庆龄. 为抗议违反孙中山的革命原则和政策的声明［M］//宋庆龄选集. 北京：人民出版社，1966.

［97］宋庆龄. 孙中山：中国人民伟大的革命的儿子［M］//宋庆龄选集. 北京：人民出版社，1966.

［98］宋庆龄. 孙中山：坚定不移、百折不挠的革命家［N］. 文汇报，1966 – 11 – 13.

［99］孙中山选集［M］. 北京：人民出版社，1981.

［100］孙中山全集：第一卷［M］. 北京：中华书局，1981.

［101］孙中山全集：第二卷［M］. 北京：中华书局，1982.

［102］孙中山全集：第三卷［M］. 北京：中华书局，1984.

［103］孙中山全集：第四至六卷［M］. 北京：中华书局，1985.

［104］冯自由. 中华民国开国前革命史：上编［M］. 上海：上海良友印刷公

司，1928.

[105] 郑东梦. 檀山华侨 [M]. 檀香山：[不详]，1929.

[106] 徐蓬轩. 孙中山生活 [M]. 上海：上海世界书局，1929.

[107] 孙逸仙博士医学院筹备委员会. 总理开始学医与革命运动五十周年纪念史略 [M]. 广州：岭南大学，1935.

[108] 胡去非. 总理事略 [M]. 上海：商务印书馆，1937.

[109] 总理年谱长编稿 [M]. 台湾：中国国民党党史史料编纂委员会编印，1944.

[110] 罗香林. 国父之大学时代 [M]. 重庆：重庆独立出版社，1945.

[111] 高良佐. 孙中山先生传 [M]. 成都：近芬书屋，1945.

[112] 冯自由. 中国革命运动二十六年组织史 [M]. 上海：商务印书馆，1948.

[113] 罗香林. 国父与欧美之友好 [M]. 台北：台湾中央文物供应社，1951.

[114] 罗香林. 国父家世源流考 [M]. 台北：台湾商务印书馆，1954.

[115] 中国史学会. 辛亥革命：（一）～（八）[M]. 上海：上海人民出版社，1957.

[116] 邹鲁. 中国国民党史稿 [M]. 北京：中华书局，1960.

[117] 张枏，王忍之. 辛亥革命前十年间时论选集：第一卷 [M]. 北京：生活·读书·新知三联书店，1960.

[118] 张枏，王忍之. 辛亥革命前十年间时论选集：第二卷 [M]. 北京：生活·读书·新知三联书店，1963.

[119] 张枏，王忍之. 辛亥革命前十年间时论选集：第三卷 [M]. 北京：生活·读书·新知三联书店，1977.

[120] 吴玉章. 辛亥革命 [M]. 北京：人民出版社，1961.

[121] 辛亥革命回忆录：第一集 [M]. 北京：中华书局，1961.

[122] 辛亥革命回忆录：第二集 [M]. 北京：中华书局，1961.

[123] 辛亥革命回忆录：第三集 [M]. 北京：中华书局，1962.

[124] 辛亥革命回忆录：第四集 [M]. 北京：中华书局，1962.

[125] 辛亥革命回忆录：第五集 [M]. 北京：中华书局，1963.

[126] 辛亥革命回忆录：第六集 [M]. 北京：中华书局，1963.

[127] 辛亥革命回忆录：第七集、第八集 [M]. 北京：文史资料出版社，1982.

[128] 李剑农. 戊戌以后三十年中国政治史 [M]. 北京：中华书局，1965.

[129] 陈固亭. 国父与日本友人 [M]. 台北：幼狮文化事业公司，1965.

［130］林翠. 孙中山传［M］.［不详］：帕米尔书店，1968.

［131］罗家伦. 国父年谱［M］. 黄季陆，增订. 台湾：中国国民党中央委员会党史资料编纂委员会，1969.

［132］陈健夫. 国父全传［M］. 台北：自由太平洋文化事业公司，1969.

［133］陈鹏仁. 孙中山先生与日本友人［M］.［不详］：大林书店，1972.

［134］傅启学. 国父孙中山先生传［M］. 台湾：［不详］，1977.

［135］何香凝. 回忆孙中山和廖仲恺［M］. 北京：生活·读书·新知三联书店，1978.

［136］中国近代史编写组. 中国近代史［M］. 北京：中华书局，1979.

［137］黎明. 伟大的孙中山［M］. 北京：中国少年儿童出版社，1979.

［138］汤志钧. 章太炎年谱长编：上册［M］. 北京：中华书局，1979.

［139］中国人民政治协商会议湖北委员会. 辛亥首义回忆录：第一辑［M］. 长沙：湖北人民出版社，1979.

［140］中国人民政治协商会议湖北委员会. 辛亥首义回忆录：第二辑［M］. 长沙：湖北人民出版社，1980.

［141］中国人民政治协商会议湖北委员会. 辛亥首义回忆录：第三辑［M］. 长沙：湖北人民出版社，1980.

［142］中国人民政治协商会议湖北委员会. 辛亥首义回忆录：第四辑［M］. 长沙：湖北人民出版社，1981.

［143］章开沅，林增平. 辛亥革命史：上册［M］. 北京：人民出版社，1980.

［144］章开沅，林增平. 辛亥革命史：中册［M］. 北京：人民出版社，1980.

［145］章开沅，林增平. 辛亥革命史：下册［M］. 北京：人民出版社，1981.

［146］金冲及，胡绳武. 辛亥革命史稿：第一卷［M］. 上海：上海人民出版社，1980.

［147］唐才常集［M］. 北京：中华书局，1980.

［148］孙中山年谱［M］. 北京：中华书局，1980.

［149］吴剑杰. 辛亥革命在湖北［M］. 武汉：湖北人民出版社，1981.

［150］黄兴集［M］. 北京：中华书局，1981.

［151］肖万源. 孙中山哲学思想［M］. 北京：中国社会科学出版社，1981.

［152］胡绳. 从鸦片战争到五四运动：上册［M］. 北京：人民出版社，1981.

［153］胡绳. 从鸦片战争到五四运动：下册［M］. 北京：人民出版社，1981.

[154] 冯自由. 革命逸史：1－6集［M］. 北京：中华书局，1981.

[155] 广东辛亥革命史料［M］. 广州：广东人民出版社，1981.

[156] 林家有. 辛亥革命与少数民族［M］. 郑州：河南人民出版社，1981.

[157] 张磊. 孙中山思想研究［M］. 北京：中华书局，1981.

[158] 李时岳，赵矢元. 孙中山与中国民主革命［M］. 沈阳：辽宁人民出版社，1981.

[159] 丘权政，杜春和. 辛亥革命史料选辑：上册［M］. 长沙：湖南人民出版社，1981.

[160] 丘权政，杜春和. 辛亥革命史料选辑：下册［M］. 长沙：湖南人民出版社，1981.

[161] 丘权政，杜春和. 辛亥革命史料选辑：续编［M］. 长沙：湖南人民出版社，1983.

[162] 尚明轩. 孙中山传［M］. 北京：北京出版社，1981.

[163] 李新. 中华民国史：第一卷上［M］. 北京：中华书局，1981.

[164] 李新. 中华民国史：第一卷下［M］. 北京：中华书局，1982.

[165] 中山大学学报编辑部. 辛亥革命论文集［C］. 广州：中山大学学报编辑部，1981.

[166] 辛亥革命资料类编［M］. 北京：中国社会科学出版社，1981.

[167] 华侨与辛亥革命［M］. 北京：中国社会科学出版社1981.

[168] 曹亚伯. 武昌革命真史：上、中、下［M］. 上海：上海书店，1982.

[169] 汤志钧. 戊戌变法人物传稿：上、下册［M］. 增订本. 北京：中华书局，1982.

[170] 我怎样认识国父孙先生［M］. 新北：传记文学出版社，1982.

[171] 贺觉非. 辛亥武昌首义人物传：上、下册［M］. 北京：中华书局，1982.

[172] 吴相湘. 孙逸仙先生传［M］. 香港：远东图书公司，1982.

[173] 丁文江，赵丰田. 梁启超年谱长编［M］. 上海：上海人民出版社，1983.

[174] 辛亥革命诗歌选集［M］. 广州：广东人民出版社，1983.

[175] 孙中山研究论丛：第一集［M］. 广州：中山大学学报编辑部，1983.

[176] 孙中山研究论丛：第二集［M］. 广州：中山大学学报编辑部，1984.

[177] 孙中山研究论丛：第三集［M］. 广州：中山大学学报编辑部，1985.

[178] 陈锡祺. 同盟会成立前的孙中山［M］. 修订本. 广州：广东人民出版

社，1984.

[179] 邵传烈. 民主革命的先行者：孙中山［M］. 上海：上海人民出版社，1984.

[180] 陈锡祺. 孙中山与辛亥革命论集［M］. 广州：中山大学出版社，1984.

[181] 康白石. 陈炯明传［M］. 香港：文艺书屋，1978.

[182] 朱执信集：上、下册［M］. 北京：中华书局，1979.

[183] 五四运动回忆录：上、下册［M］. 北京：中国社会科学出版社，1979.

[184] 广州三月二十九革命史［M］. 上海：上海民智书局，1926.

[185] 尚明轩. 廖仲恺传［M］. 北京：北京出版社，1982.

[186] 蔡端. 蔡锷集［M］. 北京：文史资料出版社，1982.

[187] 回忆李大钊［M］. 北京：人民出版社，1980.

[188] "一大"前后［M］. 北京：人民出版社，1980.

[189] 毛注青. 黄兴年谱［M］. 长沙：湖南人民出版社，1980.

[190] 李宗一. 袁世凯传［M］. 北京：中华书局，1980.

[191] 杜春和，等，北洋军阀史料选辑：上、下册［M］. 北京：中国社会科学出版社，1981.

[192] 陶菊隐. 北洋军阀统治时期史话：上、中、下册［M］. 2 版. 北京：生活·读书·新知三联书店，1983.

[193] 李新，陈铁健. 伟大的开端（1919—1923）［M］. 北京：中国社会科学出版社，1983.

[194] 中共中央党校党史教研室. 中国共产党史稿：第一分册［M］. 北京：人民出版社，1981.

[195] 中国革命与苏联顾问（1920—1935 年）［M］. 张静，译. 北京：中国社会科学出版社，1981.

[196] 彭明. 五四运动史［M］. 北京：人民出版社，1984.

[197] 陈旭麓，何泽福. 宋教仁［M］. 南京：江苏古籍出版社，1984.

[198] 马光复. 宋庆龄的故事［M］. 沈阳：辽宁人民出版社，1983.

[199] 民初政争与二次革命：上、下篇［M］. 上海：上海人民出版社，1983.

[200] 向青. 共产国际和中国革命关系的历史概述［M］. 广州：广东人民出版社，1983.

[201]（苏）卡尔图诺娃. 加伦在中国（1924—1927）［M］. 北京：中国社会科学出版社，1983.

［202］刘福祥，赵矢元. 蔡锷［M］. 哈尔滨：黑龙江人民出版社，1984.

［203］中国国民党"一大"六十周年纪念论文集［C］. 北京：中国社会科学出版社，1984.

［204］马林在中国的有关资料［M］. 增订本. 2 版. 北京：人民出版社，1984.

［205］回忆张太雷［M］. 北京：人民出版社，1984.

［206］余炎光. 朱执信［M］. 上海：上海人民出版社，1984.

［207］于培明，袁梦德. 伟大的宋庆龄［M］. 北京：中国少年儿童出版社，1984.

［208］第一次国共合作时期的黄埔军校［M］. 北京：文史资料出版社，1984.

［209］英国蓝皮书有关辛亥革命资料选译：上、下册［M］. 胡滨，译. 北京：中华书局，1984.

［210］李希泌，等. 护国运动资料选编：上、下册［M］. 北京：中华书局，1984.

［211］曾业英. 蔡松坡集［M］. 上海：上海人民出版社，1984.

［212］李华兴，吴嘉勋. 梁启超选集［M］. 上海：上海人民出版社，1984.

［213］谢本书. 唐继尧评传［M］. 郑州：河南教育出版社，1985.

［214］姜义华. 国民党左派的旗帜：廖仲恺［M］. 上海：上海人民出版社，1985.

［215］孙永猛. 女中之杰宋庆龄［M］. 济南：山东人民出版社，1985.

［216］吴长翼. 八十三天皇帝梦［M］. 北京：文史资料出版社，1985.

［217］善后会议［M］. 北京：档案出版社，1985.

［218］黎显衡，等. 陈延年［M］. 广州：广东人民出版社，1985.

［219］黄埔军校史料（1924—1927）［M］. 2 版. 广州：广东人民出版社，1985.

［220］石芳勤. 谭人凤集［M］. 长沙：湖南人民出版社，1985.

［221］宋庆龄纪念集［M］. 北京：人民出版社，1982.

［222］中国人民政治协商会议广东省委员会，文史资料研究委员会. 广东文史资料：第三十一辑［M］. 广州：广东人民出版社，1981.

［223］中国人民政治协商会议广东省委员会，文史资料研究委员会，广东革命历史博物馆. 广东文史资料：第三十七辑［M］. 广州：广东人民出版社，1982.

［224］中国人民政治协商会议广东省委员会，文史资料研究委员会. 广东区党、团研究史料（1921—1926）［M］. 广州：广东人民出版社，1983.

［225］中国人民政治协商会议广东省委员会，文史资料研究委员会. 广东文史资料：第四十二辑［M］. 广州：广东人民出版社，1984.

［226］中国人民政治协商会议广东省委员会、广州市委员会，文史资料研究委员会，

广东革命历史博物馆. 广东文史资料：第四十三辑［M］. 广州：广东人民出版社，1984.

［227］中国人民政治协商会议广东省广州市委员会，文史资料研究委员会. 广州文史资料：第十八辑［M］. 广州：广东人民出版社，1980.

［228］中国人民政治协商会议广东省广州市委员会，文史资料研究委员会. 广州文史资料：第十九辑［M］. 广州：广东人民出版社，1980.

［229］中国人民政治协商会议广东省广州市委员会，文史资料研究委员会. 广州文史资料：第二十辑［M］. 广州：广东人民出版社，1980.

［230］中国人民政治协商会议广东省委员会，文史资料研究委员会. 广州文史资料：第二十四辑［M］. 广州：广东人民出版社，1979.

［231］中国人民政治协商会议广东省委员会，文史资料研究委员会. 广州文史资料：第二十六辑［M］. 广州：广东人民出版社，1982.

［232］中国人民政治协商会议广东省委员会，文史资料研究委员会. 广州文史资料：第二十七辑［M］. 广州：广东人民出版社，1982.

［233］中国人民政治协商会议广东省委员会，文史资料研究委员会. 广东文史资料：第四十六辑［M］. 广州：广东人民出版社，1985.

［234］中共"三大"资料［M］. 广州：广东人民出版社，1985.

［235］中国人民政治协商会议广东省广州市委员会，文史资料研究委员会. 广东文史资料：第二十五辑［M］. 广州：广东人民出版社，1979.

［236］孙中山与辛亥革命史料专辑［M］. 广州：广东人民出版社，1981.

［237］纪念辛亥革命七十周年史料专辑：上、下［M］. 广州：广东人民出版社，1981.

［238］（苏）切列潘诺夫. 中国国民革命军的北伐：一个驻华军事顾问的札记［M］. 北京：中国社会科学出版社，1981.

［239］（苏）卡尔图诺娃. 加伦在中国（1924—1927）［M］. 北京：中国社会科学出版社，1983.

［240］（美）林百克. 孙逸仙传记［M］. 上海：上海三民图书公司，1926.

［241］（美）罗比·尤恩森. 宋氏三姐妹［M］. 北京：世界知识出版社，1984.

［242］（美）史扶邻. 孙中山与中国革命的起源［M］. 北京：中国社会科学出版社，1981.

［243］（美）薛君度. 黄兴与中国革命［M］. 长沙：湖南人民出版社，1980.

［244］（日）北一辉. 中国革命外史［M］. 汉口：大楚报社，1945.

［245］（日）宫崎滔天. 三十三年之梦［M］. 广州：花城出版社，香港：生活·读书·新知三联书店香港分店，1981.

［246］（日）池亨吉. 中国革命实地见闻录［M］. 上海：上海三民图书公司，1927.

［247］中国共产党为孙中山之死告中国民众向导［N］. 向导周报，1925 – 03 – 15.

［248］中国共产党致唁中国国民党［N］. 向导周报，1925 – 03 – 15.

［249］孙中山先生逝世周年纪念日告中国国民党党员书［N］. 向导周报，1926 – 03 – 12.

［250］纪念伟大的民主主义革命家：孙中山［N］. 人民日报，1955 – 03 – 12.

［251］孙中山先生永生［N］. 人民日报，1956 – 11 – 12.

后 记

　　本书是根据我们手头掌握的资料写成的。在撰写本书的过程中，我们尽量吸取学术界的研究成果；广东高等教育出版社决定出版本书，纪念孙中山，在此一并致谢。

　　我们对孙中山心怀敬意，但评价他的革命生涯时则坚持既不溢美，也不护短，实事求是，平实公允。我们提出自己的见解，并对各种观点、说法在正文或注释里略加评论或说明。

　　我们期望读者对本书提出宝贵的意见。

著　者

2016 年 3 月 12 日于广州